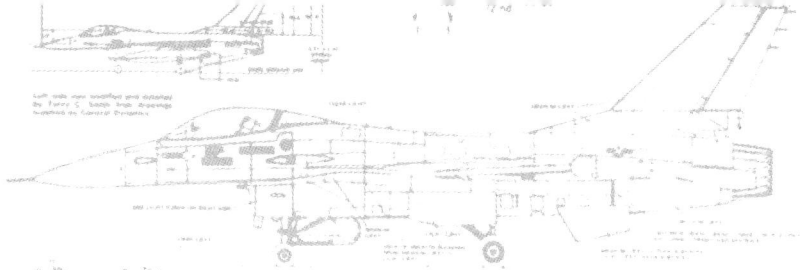

博伊德传

改变战争艺术的
战斗机飞行员

The Fighter Pilot
Who Changed the Art of
War

〔美〕罗伯特·科拉姆　著

杨斌　译

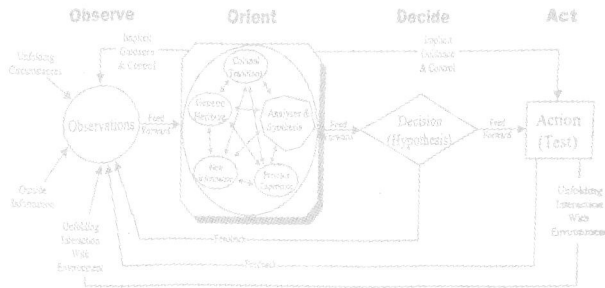

新华出版社

图书在版编目（CIP）数据

博伊德传：改变战争艺术的战斗机飞行员 /（美）罗伯特·科拉姆著；杨斌译 . -- 北京：新华出版社，2025. 4. -- ISBN 978-7-5166-7948-7

Ⅰ . K837.126.1

中国国家版本馆 CIP 数据核字第 2025HH3452 号

北京市版权局著作权合同登记号 : 01-2025-1021

博伊德传：改变战争艺术的战斗机飞行员
作者：[美] 罗伯特·科拉姆　　　　　　译者：杨斌
出版发行：新华出版社有限责任公司
　　　　（北京市石景山区京原路 8 号　邮编：100040）
印刷：天津鸿景印刷有限公司

成品尺寸：145mm × 210mm　1/32　　　印张：18.75　　字数：420 千字
版次：2025 年 7 月第 1 版　　　　　　印次：2025 年 7 月第 1 次印刷
书号：ISBN 978-7-5166-7948-7　　　　定价：88.00 元

微店

视频号小店

抖店

京东旗舰店

请加我的企业微信

微信公众号

喜马拉雅

小红书

淘宝旗舰店

扫码添加专属客服

业界书刊评介

"40 秒"约翰·博伊德可能是美国空军培养的最重要的军官——这位怪才之于喷气式战斗机和地面战术，正如乔治·巴顿将军之于坦克战……罗伯特·科拉姆的这本严谨的传记著作表明，博伊德是一位打破传统信仰的美国斗士，他一生追求的不是空战胜利的刺激，而是创新战争理论的机遇……博伊德最重要的贡献或许是机动战理论，十年前，迪克·切尼在担任国防部长时采纳了这个理论，才有了联军在海湾战争中闪电般的胜利。

——西格·克里斯坦森，《圣安东尼奥新闻快讯》

毫无疑问，罗伯特·科拉姆的引人入胜的传记应成为当代美国军队领导人的枕边书。虽然空军战斗机飞行员博伊德止步于上校军衔，只留下寥寥文字，其思想流传于口头简报，但是在很多人眼中，他是这个国家产生的最伟大的战略思想家，"美国的孙武"……

博伊德的学说已深刻影响美国军队，尤其是海军陆战队，在同样以竞争为目标的商业研究领域也影响深远。

——安德鲁·库克伯恩，《洛杉矶时报书评》

难以置信的故事……在这部很有意思的传记中，罗伯特·科拉姆传神地写出了约翰·博伊德令人目眩的多彩人生——战斗机飞行员、空战专家、工程师和学者……这部作品出色地表现了约翰·博伊德的主要成就：让战斗机重新装上内置机炮、创作《空中攻击研究》且使之成为美国空军官方战术教材、打造后冷战时代组织筹划军事行动的新范式。

——李·盖拉德，《海军陆战队员杂志》

非常有趣、内容充实、发人深省……作为博德伊的传记作者，科拉姆表现了高超的材料驾驭能力。

——威廉·D.布什内尔，《军官杂志》

约翰·博伊德是我知道的最精明的人物，也是一位杰出的领导者……直到读过这本书，我才发现自己以往对博伊德的所谓了解，不过是一些有限的碎片。科拉姆把细节融合起来，创作了一部了不起的传记杰作。

——詹姆斯·P.斯蒂文森，《亚特兰大宪报》

科拉姆细致而全面地刻画了博伊德及其同事兼战友——托马

斯·P. 克里斯蒂、皮埃尔·M. 斯普雷、富兰克林·斯平尼、詹姆斯·伯顿和迈克尔·怀利。科拉姆的作品充满同情、敬仰但不乏批评。这本书的精彩之处在于，清晰而全面地表现了博伊德及其门徒为之战斗的种种复杂议题。这本书还表现了他们为挑战军队中的最强大势力而在个人生活和事业上付出的沉重代价。

——罗纳德·斯佩克特，《纽约时报书评》

科拉姆通过这部作品，对一个一生致力于推进变革——自我的变革、职业领域的变革、所处环境的变革——的人物进行了案例式研究……在科拉姆的作品中，主人公首先把自己看作一个从逆境中成长起来的竞争者……结合经验和理论，他彻底改变了战斗机设计的艺术和科学……他的贡献建立在不懈地追求真理的基础上……博伊德及其同伴对美国国防部的影响之巨大，与其人数之少是不相称的，而这正是这本博伊德传记的核心思想。作为一部优秀传记作品，这本书有着传记杰作一脉相承的中心思想。这个中心思想就是，在经年累月的努力下，追求理想的无数个人将形成推动历史前进的积极的、建设性的力量。读这本书吧。思考书中呈现的事实与你的想法，思考一个人如何改变他所在的世界。

——克里斯·容克尔少校，《海军陆战队公报》

在这个即使平淡无奇（而且过目即忘）的情景喜剧明星都在A&E 电视网络上拥有自己的人物纪实片的时代，人们很难相信，约翰·博伊德竟然不是电视连续剧的主题……罗伯特·科拉姆带着他的引人入胜的传记作品来了……科拉姆细致入微地讲述了博伊德如何在家境贫困的情况下艰苦奋斗，直至在朝鲜战场上的"米格走廊"驾驶F-86战斗的过程……科拉姆特别精彩地描写了博伊德的门徒们与体制官僚展开的斗争……这本书还提供了美国军队文化的很多细节，从男性荷尔蒙充沛的内利斯基地到严谨刻板的官方简报会现场。

——普雷斯顿·勒纳，《威尔逊季刊》

扣人心弦的传记故事……科拉姆用娴熟的笔法创作了一部优雅的散文作品，他通过孜孜不倦的研究，全面地反映了约翰·博伊德的一生。科拉姆采用通俗的军事历史故事的框架，刻画了一个不相容于其时代的不易相处的天才的凄美人生。

——比尔·帕金斯，《多森鹰报》

在这部令人着迷的传记作品中，科拉姆呈现了一位军队既爱且恨的飞行员的引人入胜的画像。博伊德改变了空中作战的面目，被认为是20世纪最伟大的军事思想家。现在，在他去世五年之际，约翰·博伊德上校的传奇故事终于完整地呈现在人们面前。

——鲍勃·沃尔克，《沃森维尔纪事报》

科拉姆的传记力作剖析入微、细节丰富，以至对博伊德部分理论的技术细节都有所描述。作为博伊德的拥戴者，科拉姆并没有避讳博伊德往往自我拆台的生硬和粗暴、对长期逆来顺受的妻儿的漠视和虐待，并流畅而动人地讲述了一个独特的人生故事。

——《出版人周报》

引人入胜的传记……现在看来，即使我们未曾听说博伊德这个人，也已经听到过他的声音。每当副总统迪克·切尼、国务卿科林·鲍威尔或者国防部长唐纳德·拉姆斯菲尔德谈及基地组织，说起"我们必须进入他们的决策循环"之类的话时，那正是约翰·博伊德在说话……尽管博伊德的研究内容似乎非常复杂，但是科拉姆的书生动活泼、激动人心、引人入胜，有时简直妙趣横生。这是使"约翰·博伊德"成为家喻户晓名字的效果良好的开端之作。

——比尔·斯旺森，《帕河脉动报》

（帕塔克森特河海军航空站）

推荐序

　　人们很难想象有哪位飞行员能像约翰·博伊德那样同时在空战战术、航空工程和军事思想方面取得那样令人瞩目的成就，而生前却又像他那样默默无闻。博伊德当飞行教官时，有"40 秒博伊德"之称，这意味着不论在他空战中处于怎样不利的态势，他都可以在 40 秒内反败为胜；他提出的能量-机动理论，是设计战斗机和制定空战战术的重要理论依据；他参与设计的 F-15、F-16 战斗机，成为 20 世纪最受欢迎、服役时间最长的两款战斗机；他提出的"OODA 循环"理论揭示了军事冲突和商业竞争的制胜之道；他倡导的机动作战理论对美军作战思想转变和防务改革发挥了重要作用。但是，博伊德在有生之年可以说寂寂无名，正如这部传记的作者罗伯特·科拉姆所说，"博伊德是他所在的那个时代里最重要的隐士之一"。博伊德生活在一个黑白、对错、善恶分明的世界里，在 22 年的军旅生涯中，他始终在与军队的官僚体制和主流价值观抗争。他那哈姆雷特式的设问——"做官还是做事"，一针见血地指出了军人职业生涯的困境，也拷问着每一名军人的良心与操守。

　　博伊德在爱荷华大学上学期间参加了空军后备军官训练团，

1953年毕业后直接到朝鲜参战，驾驶F-86"佩刀"战斗机。他作为僚机飞行员执行过22次任务，但未发一弹。从朝鲜回国后不久，博伊德进入有"空军尖子飞行员摇篮"之称的战斗机武器学校，他在那里成为飞行教员，并得到了"40秒博伊德"的美名。据传记作者科拉姆说，在模拟空战中，博伊德确实没有输过任何人。有人建议博伊德参加"雷鸟"飞行表演队，那里聚集着美国空军最优秀的飞行员。博伊德确实接到过"雷鸟"的邀请，但是他拒绝了，并以一向尖酸刻薄口吻说道："'雷鸟'飞行员就像一群该死的训练有素的猴子，是讨厌的马戏团演员。他们专门到沙漠里一遍又一遍地做同样的动作。那不叫飞行，随便找几个老太太训练一下都能做到……我不想跟这些人有任何瓜葛。那只不过是举办鸡尾酒会和卖弄风情的马戏表演。"

1960年，博伊德整理出版了《空中攻击研究》。在此之前，美国空军的空战战术很大程度上是飞行员口口相传的各种招术，而博伊德将其转化为文字、图形和数据表格，别的飞行员用手来比划战术，博伊德用数学工具来说明。《空中攻击研究》这本手册告诉战斗机飞行员，当攻击敌机的时候，他可以根据攻击的高度、速度和方位，知道敌机可能采取的所有机动，以及如何应对敌机的机动；如果敌机攻击他，不管是从高位、低位还是迎头攻击，他都能知道自己应该能做哪些机动，以及敌人会如何反制自己的机动。《空中攻击研究》在当时的一个重大贡献在于，它证明了战斗机可以通过机动躲开空空导弹，导弹并非不可战胜，空中格斗没有消亡，而这恰恰是战略空军将军们的执念。《空中攻击研究》成为美国空军的战术手册，后来被西方国家空军广泛使用。而博伊德为此荣获了通常奖常奖给上校以上高级军官的军功勋章。嘉奖状上写道，《空中攻击研究》是"战斗飞行史上，对战术进行抽象化和客观化研究的首次尝试"。

就在他发表《空中攻击研究》的那年，博伊德进入佐治亚理工学院攻读航空工程专业的硕士学位。那年他 34 岁，是四个孩子父亲，家里还有一位怀孕的妻子。攻读工程学硕士对一位战斗机飞行员的职业发展来说并不是什么好的选择。航空工程专业中公认最难的一门课程是热力学，热力学中"熵"的概念给博伊德极大的启发，使他认识到在空战中战胜敌人的关键不是动力或速度，而是能量。他发现当飞机从直线匀速（阻力等于飞机引擎推力）飞行状态开始转弯时，若推力保持不变，那么飞机要么会减慢速度，要么会降低高度，或者两者同时下降。这说明，此时飞机在损失能量。由此他认识到空战取胜的关键是在空空对抗中的任何一点都要恰当地保持自身的能量优势。他在数学家托马斯·科里斯蒂的协助下，提出了一个著名理论，即能量-机动理论，它给战斗机机动性以一个简洁而优美的数学表达：战斗机的单位剩余功率 =（推力—阻力）×速度 / 重量。在随后的实践中，他又发展出单位剩余功率曲线图来衡量空战中战斗机是否占有优势，这个曲线图也被用来改善飞机的设计。能量-机动理论打破了 20 世纪 60 年代"唯速度论"的战斗机研发原则，为评估战斗机机动性和制定空战战术提供了科学方法，也成为现代战斗机设计的基本工具，被应用到 F-15、F-16、F-18 等战斗机的设计上。

1966 年，博伊德调到五角大楼任职，参与空军 F-X 飞机发展规划论证。当时他 39 岁，还只是一位小小的少校。他处在五角大楼食物链的最底端，既没有大人物作靠山，也不熟悉那里的官僚文化。博伊德很快崭露头角，颠覆了美国空军当时对"大、高、快、远"的迷恋。他用自己的理论证明了 F-111 是一款完全失败的战斗机，改进了 F-15 战斗机的设计，并启发了"轻型战斗机"计划，直接导致了 F-16 战斗机的研发。曾与博伊德共同努力推进 F-16 战斗机项目的埃弗里斯特·里乔尼这样评价博伊德的贡献："有了博伊德以后，战斗机制造业不同以往了……空战战术也不可能再回到博伊德之前的时代了。"

博伊德引起了空军高层的关注，他有了四星上将作为自己保护人，但他得罪的人越来越多，其中既有不少高级军官，也有神通广大的国防项目承包商。他经常对身边的人发表"做官还是做事"的演说，他说："你得决定自己向哪个方向前进。如果选了那条路，你可能出人头地。你将不得不委曲妥协，背弃自己的朋友。但是，你会成为某个群体的成员，被提拔，有好的职位。或者你可以走另一条路，做一些事——为你的国家、为你的空军、为你自己。因为你决定要做事，所以可能失去提拔机会，失去好职位，而且必然失去上司的欣赏。但是，你不必有所妥协，与朋友肝胆相照，做真实的自己。你所做的将是真正了不起的事业。"博伊德有自己的处世哲学："如果上司要你忠于他，你就对他说真话。如果上司要你说真话，你就忠于他。"

博伊德在中校和上校两个级别上的晋升都不是很顺利，他的军衔与贡献始终不成比例。1975 年，博伊德上校从空军退休，没有晋升到将军。当时美国军队正在经历越南战争失败后的阵痛。在 20 世纪 60 年代的国防部长麦克纳马拉的影响下，美军将领热衷于学习企业管理，而不是熟读军事理论，很多高级军官对于军队战术的了解，甚至不及业余军事爱好者。退休后的博伊德开始钻研军事历史，试图从中寻找战争制胜之道。他受邀参加 A-10 攻击机的研发计划，有机会与"二战"德国空军的斯图卡式俯冲轰炸机飞行员座谈，由此激发了他研究"二战"德军闪击战战术的热情。在研究过程中，他发现闪击战战术与"一战"的渗透战术有密切联系，再往前追溯是老毛奇、拿破仑的战争实践和克劳塞维茨、若米尼的军事思想，这样追根溯源，他又研究了蒙古人、拜占庭人、土耳其人、罗马人、希腊人和波斯人的作战方式，最后是 2500 多年前中国的《孙子兵法》。期间，他还从游击战的视角，深入研究了毛泽东、"阿拉伯的劳伦斯"、德国游击战大师保罗·冯·雷托文-沃尔贝克（Paul Von Lettow-Vorbeck）的军事思想。通过倒读战争史和军事思想史，博伊德认识到，战争制胜机理存在很好的连续性和继承性。

20 世纪 80 年代，他将这些研究与思考整理成一篇题为《冲突的类型》的讲稿，在这篇讲稿中，博伊德深刻阐述了机动作战思想。他研究发现，"一战"时期德军的渗透战术与"二战"的闪击战术有共同之处，德军先头部队并不是预先选好进攻方向，而是通过小规模、多方向的快速突击，寻找敌军弱点，干扰敌军判断，造成敌军混乱，进而选择敌方弱点，实施坚决、快速、连续的突破，使敌军不能建立稳固防线，直至造成心理崩溃、无力抵抗。博伊德认为，闪击战的灵魂不是火力，而是机动，在欧洲战场上，巴顿运用同样的战术击败了德军。博伊德在美国国会、政府、五角大楼和部队进行了上百次演讲，有时长达 6 小时。讲座内容可以浓缩为两个简单概念：（1）战略的基本要素是正和奇；（2）正奇运用最有效的方法是使己方的 OODA 循环比敌人的更快。正是在他不断的思想冲击下，越来越多的人开始支持机动战思想，对美军的作战理论变革产生了重大影响。

博伊德最著名的理论就是 OODA 循环，即"观察—判断—决策—行动"。传记作者科拉姆说，"人们经常将 OODA 循环视为简单的单维度循环：对敌人进行观察、判断其行动、做出决策，然后采取行动。这种对复杂理论进行弱智式理解的做法在军队里特别流行，他们只看懂了表面的浅显部分……军方把循环如此简化，目的是建立计算机模型。但是，计算机模型不考虑该循环中至为关键的部分——判断，特别是判断部分中无法用语言说清的那些东西"。

OODA 循环的理论价值并不在于为决策周期提供一个通用模型，而在于揭示克敌制胜的机理。博伊德比较了孙子和克劳塞维茨的理论，他认为克劳塞维茨承认战争是充满不确定性的领域，指挥官必须接受并随时准备克服不确定性，而孙子的高明之处在于他主张制造不确定性迷惑敌人，这样就进入了敌方的 OODA 循环。博伊德认为，"观察—判断—决策—行动"并不是一个按部就班的线性流程，在这个循环中，判断是最重要、最复杂的思维活动，涉及文化习俗、遗传基因、增量信息、过往经验、分析 / 综合等，判断决定着观察、决策和行动方式。博伊德引用了德国人的 Fingerspitzengefühl 的概念，这个词直译为"指尖的感觉"，隆美尔将其解释为"对战斗态势直觉的迅速的反应"。他指出，如果对环境变化有相应的直觉，就可以加快作战节奏，不走"判断"和"决策"等规定环节，几乎在"观察"的同时就采取"行动"。至于如何获得这种直觉，正如巴顿将军说："军官必须熟知军事知识，以便能自觉使用。研究战争史就是为了达到这个效果，而学习数学就不行。"

尽管 OODA 循环最初源自博伊德对空战的观察和思考，但他后来发展了这一思想。他认为，战争不是一个人与另一个人较量，武装集团是一个有机的整体，从步兵排到战区，每一级都有自己的"观察—判断—决策—行动"循环，控制的层级越多、越细，OODA 循环就越长，也就是说各级有不同的作战节奏。那么如何确保上下协调一致呢？他认为，集中控制方式是让较快的下级适应较慢的上级；而分散控制方式，也就是德军任务式指挥的方式，是上级用任务和意图提供一种较宽松的约束，让下级保持行动自由和较快的作战节奏，不是追求无时无刻的协调一致，而是追求宏观和整体上协调一致。那么指挥体系内的上下级之间和友邻之间，如何能够在分散行动中做出一致判断呢？他在德军将领京特·布鲁门特里特的著作中找到了答案："一群职业军官，在和平年代长期接受同样的训练，同样的战术教育、同样的思维和讲话方式，对他们而言，所有的战术构想都是完全明了的。"他说："整个战役和战术指挥观念都是……迅速、准确做出判断，快速决策，快速行动，坚信先敌一分钟都是优势。"2012 年，美军参联会主席邓普西在《任务式指挥白皮书》（*Mission Command White Paper*）中指出，"实施任务式指挥是为比敌人决策更快，这是博伊德 OODA 理论的精髓"。

20 世纪 80 年代，在博伊德、比尔·林德和迈克尔·怀利等机动作战学派人物的引领下，美军的作战思想从注重火力的消耗战向机动战转变。1991 年美军在海湾战争中取得了辉煌胜利，博伊德在其中做出了鲜为人知的重要贡献，这种贡献体现在他对国防部长切尼、对参与作战方案制定的"绝地武士"，以及对陆军和海军陆战队一代年轻军官的思想影响上。后来成为国防部长的詹姆斯·马蒂斯在回忆录《呼号"混沌"》（Call Sign Chaos）中写道："我们行动的成功在于不给敌人反应时间。我们要进入敌人的OODA循环，这是传奇的特立独行的空军上校约翰·博伊德创造的。博伊德写道，要赢得一场战斗，你必须观察到发生了什么，确定自己的方向，决定该怎么做，并在对手完成相同过程之前采取行动，以比敌人更快的速度不断重复这一循环。博伊德认为，战斗机飞行员获胜并不是因为其反应速度更快，而是因为其反应速度与比对手更快思考的大脑相连。要在战争中取得胜利，就必须夺取并保持主动权——海军陆战队已将博伊德的OODA循环作为机动作战的智力框架。在分散决策的情况下，加速我们的OODA循环会给当面之敌造成一系列灾难。"

1997年3月9日，博伊德去世，时年70岁。3月20日，在美国阿灵顿国家公墓为他举办了标准的军葬礼。正如这部传记开头描写的那样，一位空军中将奉命代表空军参加葬礼，而海军陆战队以最高礼遇送别博伊德，并将一枚海军陆战队徽章放在他的骨灰盒旁。《战争头脑：约翰·博伊德与美国安全》（The Mind of War：John Boyd and American Security）的作者格兰特·哈蒙德（Grant T. Hammond）回忆说，博伊德去世后不久，空军参谋部的一位少校打电话问他说："空军大学举行过什么纪念博伊德的活动吗？"哈蒙德回答说："我没听说过。"接着那位少校又问哈蒙德，能否在他正写的有关博伊德的书中，提及空军对博伊德的承认呢？哈蒙德说："不行，这是我的书，不是空军研究项目。"一些空军的高级将领说，尽管博伊德对空军做出过许多重要贡献，但因为他胆敢公然挑战等级制度和官场文化，他很难被公开承认。

博伊德的困境是制度性问题，在美国空军历史上，像博伊德那样特立独行的"先知"，如威廉·米切尔（William Mitchell）、约翰·沃登（John A. Warden）同样经历过不公正的对待。而这并不是个别军种、个别领导的问题。曾经同博伊德并肩战斗、一起推动海军陆战队作战思想变革的迈克尔·邓肯·怀利，同样没有晋升到将军，也同样没有得到本军种应有的承认。在军队这样一个以服从为天职和行为准则的特殊群体中，挑战权威注定要付出代价，正像博伊德所说，"做官还是做事，这是个问题"。做正确的事与走成功的路有可能背道而驰，博伊德选择了做正确的事，为此他牺牲了仕途，也牺牲了家庭和个人生活，从这个意义上说，博伊德是一个成功的悲剧人物。

1955 年，美国陆军参谋长马修·李奇微在退休仪式上被问到，他作为陆军参谋长最重要的作用是什么。他的回答迅速而简洁，震惊四座。他说："保护特立独行的人。"他又进一步解释说，像过去发生过的战争一样，未来战争往往完全不同于计划人员的预见。当这样的危机到来时，他最希望的就是身边有一群特立独行的人，他们看问题的角度有别于正统思想和学校里的标准答案。因为各军种是如此强大而僵化的机构，这些特立独行的军官并不总是受欢迎，他们的职业生涯常常岌岌可危。他觉得自己最大的贡献就是保护这些人。

一支军队要想实现创新和变革，需要像博伊德那样的人，也需要像李奇微那样的人。从这个意义上说，在博伊德的传奇故事中，空军参谋长约翰·麦康奈尔将军、空军系统司令部的詹姆斯·弗格森将军和埃格林空军基地的艾尔曼·卡尔伯森准将等人同样值得尊敬。

杨 虎

二〇二五年二月六日

目　录

1

序言：追忆

1997 年 3 月 20 日，一群神情肃穆的人聚集在与华盛顿特区隔波托马克河相望的阿灵顿国家公墓老教堂，参加美国空军退役上校约翰·理查德·博伊德（Colonel John Richard Boyd）的追悼仪式。

弗吉尼亚北部丘陵地区冬季特别漫长。那个星期四的清晨，天色阴郁，冷雨阵阵，人们不得不竖起衣领，匆匆走进教堂大门。

博伊德的下葬伴随着最隆重的军队礼仪——礼兵、军乐队、步兵班、由 6 匹灰色挽马牵引的覆盖国旗的炮兵弹药车组成的仪仗队。战斗机飞行员博伊德在美国空军服役 24 年，在战斗机战术、设计和空战领域作出了空军历史上无人能媲美的贡献。然而，在安放博伊德骨灰的伤感悲凉的日子，美国空军近乎无视了他的辞世。只有两名身着制服的空军军官到场参加仪式。一位是代表空军参谋长的中将，他局促不安地独自坐在第一排。另一位是了解博伊德其人其事的少校，他只是过来表达自己的敬意。

两个人都与约翰·博伊德未曾谋面。

牧师开始了新教仪式。然后，3 位与博伊德相识最久的友人一个接着一个地走到教堂前面。

托马斯·菲利普·克里斯蒂（Tomas Philip Christie），一个白发高个子，神情庄重地诵读了《圣经·诗篇》第23篇。

博伊德以前的学生和飞行员战友罗纳德·卡顿（Ronald Catton）宣读了第一份悼词。他引述古希腊悲剧诗人索福克勒斯的话："直到夜幕降临，人们才知道白昼的辉煌。"想起与博伊德共同飞行的昔日时光，他双唇颤抖，几乎无法念完悼词。在场的人群中，很多人若有所思地把目光转向博伊德覆盖着亚麻布的骨灰盒，沉浸在对往事的回忆之中。

值得回忆的东西太多了，很少有人能像博伊德一样度过如此异彩纷呈的一生。

想起博伊德手舞足蹈、情绪高涨的样子时，友人们脸上不禁浮出了笑容，有人甚至咯咯地笑起来。这笑声让牧师困惑了，军队葬礼应该是庄严肃穆的气氛。缓慢从容的仪式和缅怀往事的环节使人们满怀敬畏地平静下来。这是一个神圣的场合，是对一个为报效国家贡献一生的人的最后追念。在这个场合，轻佻浮浪是不合时宜的。

然而，博伊德的友人不是来伤心沮丧的。他们之所以来这里，是要向一段奔腾咆哮、波澜壮阔的生命历程表示钦佩和赞美。神气十足、白发背头的皮埃尔·斯普雷（Pierre Sprey）开始宣读第二份悼词。当他提到"少有人像他那样由于接受军事法庭审判和多次调查而鹤立鸡群"的时候，听众们哄堂大笑。斯普雷追述了博伊德如何飞掉 F-86 的尾翼，如何进入螺旋而摔了一架 F-100，他如何盗得价值 100 万美元的计算机的上机时间，之后的多次调查也拿他没有办法。长着一张娃娃脸、与博伊德情同父子的五角大楼分析员富兰克林·"查克"·斯平尼（Franklin "Chuck" Spinney）笑得最响，他的声音在教堂外面都听得见。当听到博伊德由于向媒体泄露消息受到十几次调查，而他的 his guerilla tactics for successful leaking 游击战术至今仍行之有效的时候，即使人群中不熟悉博伊德的人也咧着嘴笑起来。

博伊德的职业生涯跨越 20 世纪后 50 年，参加过第二次世界大战、朝鲜战争和越南战争。他的思想深刻地影响了美国 1991 年海湾战争的战略和战术。世界贸易中心和五角大楼遇袭事件后，媒体普遍报道的"第四代战争"理论就源自博伊德的研究。尽管取得了一系列影响深远的成果，博伊德生前最看重的是他进入空军时获得的那个简单头衔，他首先、最后、永远都是一名战斗机飞行员——叼着雪茄、粗门大嗓、引人注目的战斗机飞行员。不要再说什么"前战斗机飞行员"，只要一个年轻人曾经跨进座舱，飞上万里云天去奋勇拼杀，头脑中就会刻下不可磨灭的烙印。飞行员终究会挂起飞行服——所有飞行员最后都得这么做——在人生暮年，他可能老眼昏花、龙钟伛偻，但是当被问到人生经历，他立刻两眼放光，挺起腰板，手掌比划起空中态势，反复地说着："我那时的位置是在……"他又一次回到风华正茂的年纪、尽情驰骋天空的日子。他扣动扳机，唤起闪电雷鸣之力，他是天地之间唯我独尊的霸主。回想自己辉煌的过往，他又一次焕发了青春活力。

在悼念仪式上，友人们回想起 20 世纪 50 年代中后期，博伊德成长为优秀战斗机飞行员的历程。他从朝鲜战争战场回来，任教于战斗机武器学校（FWS）——美国空军首屈一指的空战格斗训练机构——赢得了"40 秒博伊德"的美名：他在空战训练中可以在 40

秒之内击败任何越南飞行员。像所有名声大噪的西部快枪手一样，很快就有人向博伊德发起了挑战。空军飞行高手不断找他约阵，海军和海军陆战队的顶尖飞行员接踵而至。然而，没有人能比博伊德更出色，他一次也未输过阵。

博伊德不只擅长使用一杆两舵，他也是极其罕见的一种人——有头脑的战斗机飞行员。了解美国空军的人都认同以下两个事实：第一，飞行员向来以男性荷尔蒙而非思想深刻而闻名；第二，军队条令是肩扛星徽的将军们的专属品。但 1959 年，年轻的上尉博伊德成了第一个全面系统地分析神秘难测的空对空作战的人。他的《空中攻击研究》（*Aerial Attack Study*）被纳入空军正式条令，并作为空中作战权威文献——首先传遍美国空军，然后经过解密传授给外国空军。就是说，虽然博伊德彼时不过一个下级军官，他却改变了世界各国空军训练和作战的方式。

但是，创立空对空作战新范式只是博伊德对空军所作的初次理论贡献。皮埃尔·斯普雷回忆，美国空军 1961 年派博伊德进大学攻读第二学位，博伊德选择了在全美州立理工大学中以治学严谨闻名的佐治亚理工学院。一天晚上，在准备热力学考试时，博伊德在聊天中兴之所至，谈起在朝鲜战争中作为战斗机飞行员，驾驶 F-86 穿越"米格走廊"的往事。霎那间，热力学课上所学的知识与驾驶战斗机所获得的经验发生了接触和交融，于是博伊德有了灵感，"能量-机动理论"（Energy-Maneuverability，E-M）产生了。

汤姆·克里斯蒂想起往事，不觉微笑颔首。在让美国空军认识和接受能量-机动理论的坎坷动荡的日子里，当博伊德被称为"疯子少校"的时候，是克里斯蒂为桀骜不驯、争强好胜的博伊德扶稳根基、保驾护航。能量-机动理论问世以后，航空领域的面貌焕然一新了。能量-机动理论的出现标志着新旧时代的转换，就像人类社会从哥白尼时代进入牛顿时代。以能量-机动理论为引导，F-15和F-16成为全世界最优秀的战斗机。人们认为，博伊德是这两型飞机的奠基人。

《空中攻击研究》和"能量-机动理论"无论哪一个都能使博伊德在航空史上永久地占有一席之地。但是，他影响最大的成果仍有待问世。1975年，从空军退役的博伊德发起了"军事改革运动"并成为其精神上的领袖人物。这是一个美国历史上罕见的向五角大楼这个貌似全能的庞然大物发起进攻的游击战式运动。在很多年里，博伊德一直是华盛顿最势焰熏天的人物之一。

之后，博伊德进入自我流放状态，全心投入对哲学、工程学、军事历史、心理学等十几种似乎风马牛不相及的学科理论的坚毅刻苦的钻研。他从一名斗士成长为一名斗士兼工程师，准备进入更高层次的纯理论研究。他将各门学科知识与空战感悟融会贯通，思考人类的冲突现象，创作了引人瞩目的《冲突的类型》（*Patterns of Conflict*）简报。

讲到这里，斯普雷停下来，目光扫过教堂，看到了人群中的克里斯蒂、斯平尼和另外两个人——雷蒙德·利奥波德（Raymond Leopold）和詹姆斯·伯顿（James Burton）。他们是博伊德的门徒和最热诚的追随者。他们与博伊德一起经历了人生中至为关键的岁月，在博伊德的率领下与体制官僚展开了几十场斗争，他们的职业生涯因此发生重大转变，也有人说是惨败。这些人相信，博伊德后期的研究成就使他成为自2400年前的孙子以来影响最大的军事思想家。正像圣经《旧约》里的摩西因为在沙漠中的跋涉而心灵得到净化，博伊德的流放使他获得了全新的视野。这种视野的确惊人和深刻，于是美国陆军和海军陆战队决定立即推倒重来，从头打造新版作战条令。这似乎有些奇特和令人难以置信，然而，这名老飞行员的确指导过地面部队如何打赢战争。他教导的硕果在海湾战争的熔炉中大放异彩。美军在战争中惊人的机动速度和扭转战局的胜利，既不应归功于新闻中的战地英雄们，也不归功于那些自负而浮夸的将军，而应归功于一位在佛罗里达南部的自以为被世人遗忘的落寞老者。

博伊德是他所在的那个时代里最重要的隐士之一。他有幸做到了很少人做到的事情：改变这个世界。但是，他所做的大部分事情，或者因此造成的影响，要么至今仍未解密，要么囿于军事领域。他公开发表的作品仅有几篇刊登在美国空军内部杂志上的文章和一份 11 页的研究报告，他最主要的成果是一份时长 6 小时的简报稿。因此，几乎没有什么可以让后世学者精研细读、阐释发扬的东西。正是因为这个原因，博伊德及其成就在军队以外的世界基本上默默无闻。

门徒们正在努力改变这种状况，他们努力唤起对博伊德的鲜活记忆，使他的思想融入美国社会的主流体系。30 年来，他们每周三晚上在迈尔堡（Fort Myer）军官俱乐部举行聚会。聚会所在的地下房间有个恰如其分的名称："老卫队酒吧"。他们畅谈博伊德其人，重温以往战斗经历，笑谈博伊德独创的"斗篷戏法""火热大拼盘"和"热狗"。然而，他们谈论的更多的是博伊德的个性和正直品德。他不是高大完美的模范人物，远非如此。和许多战斗机飞行员一样，他相当自得于自己的鄙俗、缺乏教养和粗野的幽默感。他不讲究个人形象，总是待人苛刻、生硬暴躁、不可理喻。尽管他在职业生涯中取得的成就受到人们景仰，但在个人生活中的所作所为却常常为人侧目。

博伊德的门徒们竭力掩饰他的缺点。他们说，重要的是博伊德的核心观念坚不可摧，他道德取向端正公允，而且他从不胡作非为。他的人生动机非常简单：尽可能地接近真理。只不过，他不断追求着某种始终在召引着他，却始终无法触及的东西，在追求的过程中，他比大部分人更接近不可能达到的绝对真理。

博伊德从未得到他最希望得到的东西。他去世时，认为家乡人永远不会理解他对国家安全的贡献。即使有人记起他，也可能只是一个怪人和失败者、一个永远当不了将军的人、一个思想晦涩难懂而成就不值一提的人。

博伊德终其一生都在遭受现实与想象中敌人的迫害。他用自己所擅长的唯一方法来应对：进攻。敌人的军衔、地位、体制性威吓或气势，他都不在乎。他进攻了。博伊德发起进攻时，从不对敌人手下留情。他一次又一次巧妙地智胜敌人，使他们灰溜溜地败下阵来。

博伊德身边的人，还有与他长期相处并深知其个性的人，都说他成功抵御了大把金钱的诱惑。这个粗卑的清教徒强迫自己和他人恪守最高道德标准。他生活在非黑即白、非正即邪、非善即恶的世界中，从未背弃自己的信仰，绝不宽恕背信弃义之人。他是一个出淤泥而不染的人，在众人皆污的地方保持着清白。在需要人们清白做人，却很少人愿意这么做的时代里，他就是那个纯朴清白的人。

在这个阴郁的日子里，在阿灵顿国家公墓的教堂里，约翰·博伊德的友人追忆往昔、浮想联翩。悼念仪式结束了，人们相互扶持着，在凄风冷雨中缓缓走出教堂，心中无不对美国空军满怀怨愤。对这个做了如此巨大贡献的人物，空军做得太少了。

如果说，美国空军惹人注目地缺席了悼念仪式，那么美国海军陆战队则由于出现在悼念仪式现场而令人印象深刻。事实上，如果一个了解军事文化却不知道博伊德的人从这里路过，会由于在一名空军飞行员的悼念仪式上见到成群结队的海军陆战队员而有点摸不清头脑。特别显眼的是一群年轻的海军陆战队尉官——来自匡蒂科（Quantico）海军陆战队基地初级军官班神情严肃、身材高大的锅盖头青年。他们是正在接受训练的斗士，海军陆战队未来的领导人将从他们中间产生。还有一个资深的海军陆战队上校，从他胸前的勋表和奖章来看，他身经百战。上校的出场镇住了年轻尉官们，他们都目不转睛地看着他。

上校威严的仪态使他看起来与众不同，而且当众人沿着雨中泛着光亮的小路，在无数整齐排列的墓碑间行进的时候，他与所有人保持着距离。湿润的空气中，只能隐约听到马蹄有节奏的"踢嗒"声和礼兵锃亮的皮鞋的金属后跟发出的清脆落地声。

在一处绿油油的迎风山坡前，送葬队伍停住了。草木润泽，空气清新，人们围聚在第60区第3660号墓址前。上校取出一枚刻着鹰、地球与船锚的美国海军陆战队徽章，走出人群，单膝跪地，把徽章放在博伊德骨灰盒边。有人用相机拍下了这一场面。在这定格的一瞬间，鹰、地球和船锚在闪光灯下熠熠生辉，在古铜色骨灰盒和清翠欲滴的草木映衬下显得格外醒目。黑色徽章吸引了所有人的目光。尉官们不约而同地齐刷刷立正行注目礼。将海军陆战队标志置于墓前，是海军陆战队员表达敬意的最高形式，即使在战功卓著的海军陆战队员的葬礼上也很少见到。这或许是史上第一次有空军飞行员得到这个荣誉。这一举动虽然简单，却表现了深切的挚爱——对逝者的挚爱，对真理的挚爱，对国家的挚爱，对海军陆战队的挚爱，全都凝聚在这一举动之中。它意味着，一个斗士的灵魂已经离开队列，回归故乡。

7人步兵班对空3次致鸣枪礼，司号兵吹起了忧郁的"熄灯号"。悼念仪式结束了。参加葬礼的人们开始转身离开。但是，海军陆战队年轻军官们依然保持立正，最后一次表达对逝者的不舍和敬意。博伊德的友人和海军陆战队员一样，迟迟不愿与他告别，他们流连在细雨中，互诉心曲。在头顶的高空，他们能听到一小队F-15正在看不见的地方来回逡巡，试图寻机穿过云隙下降，在博伊德墓地上空完成一次低空飞越仪式。但是，天公不作美，云层太厚了。友人们在雨中蜷起肩膀。在他们周围，是美国最崇高、最庄严的地址之一，是成千上万为信仰而战的牺牲者的墓地。这里是适合博伊德安息的地方。但是，在某种程度和某种意义上，他的墓地应当与其他人的墓地保持一定距离，因为尽管美利坚合众国不断自诩能产生博伊德这样的人物，然而事实是，将斗士精神与全方位、持久的理论成就汇集于一身的人物，不仅在美国，而且在任何国家都极其罕见。他们极少出现在我们中间，只在时势的变迁发出迫切呼唤的时候，才应运而生。

第一部分

飞行员

第一章　生于忧苦

宾夕法尼亚州伊利市是一座风格粗硬的蓝领工人城市，街道凋敝，建筑破败，与同处五大湖区铁锈地带的布法罗和克利夫兰相似，却与该州其他城市不大相同。它高踞偏僻的西北高原，以州内广阔腹地为依托，面向大湖，是宾夕法尼亚州在这一带唯一的港口。令该州人相当意外的是，大约截至去年，伊利还仅次于古色古香的费城和欣欣向荣的匹兹堡，排名宾夕法尼亚州第 3 大城市。这座拥有 10 万人口的城市看起来不太像一座大都市——不仅由于它位置偏远，这毫无疑问，而且由于它那么贫乏、那么土气。

伊利值得一提的自然胜地是风景优美的普雷斯克艾尔半岛。它向湖面延伸出 7 英里①，形成一个湖湾，无论夏季泛舟还是冬季溜冰，这里都是理想场地。当地人叫它"半岛"。这里不仅分布着 11 处沙滩，而且有一片人迹罕至的荒野，沼泽遍布、小径蜿蜒、景色宜人，吸引着成千上万游客，是大自然赋予的独特礼物。

但是伊利亦可以说是工业化港口城市和五大湖出入口。差不多

---

① 1 英里 ≈1.61 千米。——编者注

从建城之初，伊利人就纠结于两个大相径庭的发展方向：是做旅游胜地，还是做工业化港口。后来，对工业城市的向往占了上风，所以本地工厂排放到湖底淤泥里的污染物现在可能永远无法清除了。

多年来，伊利人总在寻觅使他们的城市独具一格的某种东西——值得向外地人吹嘘的历史事件或人物。这样的事件或人物寥若晨星，而且在外地人看来，常常似乎让人发笑。比如，本地人自豪地指出，在 1812 年战争的伊利湖战役中，奥利弗·哈泽德·佩里海军准将（Commodore Oliver Hazard Perry）指挥的战舰是在伊利建造的；还有伊利的斯特朗·文森特上校（Colonel Strong Vincent），他在葛底斯堡战役中挺身而出，挥动马鞭，激励部下打冲锋——此一举动的后果是，南部邦联军队狙击手直接干掉了他。历史学者普遍认为，约书亚·张伯伦上校（Colonel Joshua Chamberian）是葛底斯堡战役的英雄，而伊利人却表示，斯特朗·文森特才是当天力挽狂澜的那个人；还有把亚伯拉罕·林肯总统的遗体从华盛顿送回家乡伊利诺伊州的火车，那趟火车当时是从伊利经过的。

20 世纪 20 年代，休伯特·博伊德（Hubert Boyd）、埃尔茜·博伊德（Elsie Boyd）和 3 个孩子——两个儿子，一个女儿——住在伊利市西区林肯大街 514 号一幢棕色两层木板房里，距离湖湾仅隔一条马路。这里是伊利市最享盛名的街区之一，林肯大街本身就是家长们向往的那种大街：房屋保养良好，街区安全可靠，有成荫的枫树和高大的橡树，房子一般带有前廊，整齐有致，紧靠着人行道。湖湾以外是半岛，半岛以外是伊利湖，而伊利湖以外，则是无垠的地平线和加拿大。

休伯特花了 16500 美元买下这座房子。埃尔茜追求室内装修的优雅细节，为餐厅铺上了深色硬木地板——不是普通硬木板，而是紧密扣合的深色橡木窄板，是价钱最昂贵的那种，并订购了有精美纹理的红木餐桌，配上爱尔兰亚麻长条花桌布。至于起居室，鉴于家里人口渐增，而且他们会在那里度过漫长的冬夜，她订购了铸铁煤气取暖炉。为了活跃气氛，她还在墙上贴了粉红色墙纸。起居室的另一大特色是一架黑色斯坦威钢琴，是休伯特给她的礼物。埃尔茜爱好弹钢琴，结婚以前曾作过钢琴教师。

在 20 世纪 20 年代末的伊利市，这是一个生活舒适的中产之家。休伯特在哈默密尔（HammerMill）造纸公司担任旅行推销员，工作既令人羡慕，又报酬不菲。

埃尔茜的父母鲁道夫·拜尔（Rudolph Beyer）和朱莉娅·拜尔在伊利市南郊耕作一小块农地。埃尔茜信奉基督教德国长老会教义，体态丰满，有强烈自尊心和表达其理念的自信，这经常体现在她简洁有力的话语中，例如"这世界不是你想要的那样，它就是它"，或者"你必须大胆地说出你的想法"，或者"决不要屈服，决不要让步"。她说话的时候，声音低沉、充满权威，总是带着不容置疑的语气。

说到休伯特，他的双亲是玛丽·戈尔登（Mary Golden）和托马斯·博伊德（Thomas Boyd）。托马斯在船上工作，大概是某一条往返于大湖区的渔船。休伯特身材高挑而瘦削，棕色眼睛，一头蓬乱卷曲的黑发，是一个乐天派。尽管他是个天主教教徒并在天主教教堂为孩子施洗，但相比教堂，他更喜欢高尔夫球场。

正是在这样心满意足、事事顺遂的家庭环境中，约翰·理查德·博伊德于 1927 年 1 月 23 日降生了。

博伊德出生时，父母住在正面的卧室，11 岁的姐姐玛丽昂有自己的房间，男孩子们则住在另一间卧室里。比尔刚过 10 岁，休伯特——也叫格里——4 岁了。约翰的小床放在父母的房间里。1928 年 9 月 23 日，安也出生了，她是博伊德家第五个孩子，也是最小的孩子。

安出生以后，休伯特开始意识到抚养和教育 5 个子女的重担。他没读过大学，温暖的笑容和爱尔兰人的活泼开朗帮他得到了哈默密尔公司的好工作，但他知道自己凭本事很难再晋升了。他希望孩子们能享有自己不曾得到的优越条件，并向玛丽昂唠叨接受大学教育的重要性。1926 年秋天，他与邻居谈起打算购买一份保险，这样自己即使出现意外，孩子们也能上得起学。但是，那个时候他正当壮年，所以决定等一等再说。

1929 年 11 月下旬，休伯特"深入南方各地"，作了持续几个星期的的推销旅行。谁也不记得他去的到底是哪里，只记得像玛丽昂所说的，是"天气很热的地方"。他回到家乡，见证了冬寒和落雪，与家人欢度了圣诞节，然后在 1 月中旬，染上了大叶性肺炎。家里人说，他得肺炎是由于从南方到伊利气温的急剧变化，言外之意显然是南方是他得病的罪魁祸首。但是，医生们通常把大叶性肺炎归因于长期抽烟，或者反复感染。休伯特是个老烟枪。

休伯特病重期间，除安以外的其他子女都被寄养到伊利市南区姑妈们的家里；博伊德太太拒绝别人帮助，独自担起了照料丈夫的责任。房间窗户敞开着，让湖上的风吹进来——以那时候医学界奉行的观点，这会"把肺炎冻除掉"。玛丽昂坐在台阶上的一把椅子上，冷得浑身发抖，禁不住失声痛哭。

冰冷的气温和刺骨寒风没能治愈肺炎，休伯特·博伊德于1930年1月19日离开人世，时年37岁。父亲下葬时，博伊德仅有3岁。

玛丽昂在耄耋之年曾表示，父亲去世并不像别人看起来的那么使人痛苦。大部分孩子的父亲们每天晚上会回家，但她的父亲"总是在外面"。葬礼以后的几个月里，她总在想："噢，爸爸又去旅行了。"但是，她当时已经是个大孩子，70年时光的流逝抚慰了她心里的伤痛。约翰则太年幼，不能理解旅行和回家的含义。即使他能够理解，也肯定在某个时刻曾经痛彻心肺地发现，他将在没有父亲的情况下长大，所以会是一个与众不同的孩子。

休伯特的人寿保险金只有一万美元，主要用来还清抵押贷款。埃尔茜面临抚养和教育5个孩子的艰巨任务。安和约翰还在咿呀学语的阶段，所以她必须寻找那种在家里也能做的工作。但是，经济大萧条那时正席卷美国，伊利这样繁忙的港口城市也开始受到波及。

她还有一个因为自身原因而形成的负担。作为哈默密尔公司推销员的妻子，埃尔茜享受着相当有品质的生活，在社区里也拥有一定的声望。现在她两者都不想失去。这意味着，必须让伊利人看到她并不真正需要工作。

她开始烘培蛋糕出售给左邻右舍。孩子们都不记得蛋糕的价钱，但在20世纪30年代初，她卖一份蛋糕所能挣到的，不过几个美分而已。她制作各式各样的蛋糕，而伊利当地人交口称赞的，是她做的巧克力蛋糕和圣诞节时推出的海枣果仁蛋糕。有一年圣诞节，埃尔茜接到 80 份蛋糕的订单，于是她的家在接下来几个星期变成了蛋糕房。为了用小小的烘箱在短时间内制作这么多蛋糕，她必须从早晨忙碌到傍晚，把时间排得满满的。埃尔茜不允许孩子们过来帮忙，他们得到命令是，离厨房远一点。

博伊德太太还销售圣诞节贺卡和文具用品，还承接了用电话为酒店宴会菜单广告插页招揽客户的工作。她从自己在林肯大街的家里向外拨打电话，中间抽空照顾孩子们。

玛丽昂还记得，母亲在家里打电话拉客户的时候，她的声音低沉而威严，"强势、善辩、有气场"。博伊德太太希望伊利人知道，尽管丈夫已经去世，可是他们的生活未受任何影响。住在林肯大街的博伊德一家人过得相当不错，多谢。

但是，更多的事件接踵而至，有些相当严重，连可敬的埃尔茜·博伊德也无能为力。

令人称奇的是，埃尔茜同时采用两种不同的思路来养育子女。一方面，她允许孩子们释放天性，在家里家外自由行动。邮递员曾向博伊德太太报告，他看见约翰一丝不挂地跑过后院，在自来水龙头下玩耍。坐在餐桌边吃饭时，经常有人大发脾气，孩子们喧闹斗嘴。这家人做什么事情都是这样，热闹喧嚣、随心所欲、无拘无束。

如果说博伊德太太允许孩子们在家里拥有的自由度出乎寻常，那么她向孩子们灌输外面世界的规则的努力可谓呕心沥血。通过孜孜不倦的教诲，她让孩子们学会了铭记一生的自我保护方法。她一再告诉孩子们，如果家里的事情被别人知道得太多，别人就会利用这些来对付他们。她教导说，如果有的话不想传出去，就绝对不要告诉别人。别人总想探听你们的弱点和毛病，所以对别人只能讲你们的优点；家里的事情绝对不要拿到外面说。因此，博伊德家的孩子们对家事一般保持着异乎寻常的缄默，即使迟暮之年依然如此。

埃尔茜竭尽全力使伊利人相信她们现在与丈夫在世时过得一样惬意，可她在家里却把贫困说成是一种基本美德。对子女，特别是对正在可塑性最强年纪的约翰，她教导说，他们一家有富贵人家所没有的正直和诚实。她让约翰记住，只要他坚守正确信念，坚持正直行事，就胜于那些只有地位和金钱的人。她还教导他，正直的人会使别人害怕，会因为坚守信念而受到攻击，但是他必须始终坚持自己的信仰。"如果你没有错，那么你就是对的。"她说。

丈夫去世后的几年里，埃尔茜在家里营造了一种近于宗教的氛围。因为丈夫生前信奉天主教，而且孩子们都受洗于天主教教堂，所以她鼓励玛丽昂和格里去教堂做礼拜。但是，在她看来，教会迫使人们不断拿出财物作奉献，这又让她越来越感到气恼。

玛丽昂学习坚信礼，但她记不住《教理问答》中的答词。有一天，玛丽昂向母亲报告说，神父在全班同学面前嘲笑她，让她跪在他前面，一副"自以为了不起的"样子。那时候，天主教神父的武断专横是普遍现象，但埃尔茜·博伊德——基督教长老会信徒和护子情切的母亲——由于玛丽昂以至她的家庭所受到的羞辱而怒不可遏。她打电话告诉神父："我辛苦带孩子已经够麻烦了，现在你这个神父还要跟他们过不去。"神父试图辩解，但是博伊德太太以更强烈的敌意斥责他。神父坚持己见，而博伊德太太宣布孩子们将退出天主教教会，接着就挂断了电话。

稚嫩的小约翰还不会为此事烦恼，但是玛丽昂听说过小孩脱离教会后的遭遇，她心想："哦呀，这下我要下地狱了。"休伯特的两个妹妹都是虔诚的天主教教徒，她们对孩子们改变宗教信仰一事惊骇不已，为孩子们的灵魂担惊受怕。激烈尖刻的指责纷至沓来。

埃尔茜保持了她惯常的毅然决绝。孩子是自己的，她要用自己认为合适的方式养育他们，她的小姑子们对此没有说三道四的资格。她直截了当地请她们马上离开。之后若干年里，博伊德家的孩子们一直被禁止去姑妈家里玩。

这不是埃尔茜最后一次向冒犯自己的人或机构表明愿与之一刀两断的决心。这种事她做起来决不拖泥带水，决不瞻前顾后，而且做了以后就不会再提它。只要她关上大门，就永远不会再打开它。她的举动对约翰是一种训诫，他此后一生都将此铭记在心。

几个星期之后，埃尔茜让孩子们退出天主教教会并决定约翰将改信基督教长老会。一个星期日，玛丽昂带着约翰乘车前往伊利市中心的盟约教堂，在主日学校入了学籍。但是，埃尔茜很快发现，基督教长老会和天主教会一样糟糕。"他们只认钱。"她抱怨说。她没有钱捐献给教堂，断绝了与基督教长老会教堂的联系，并让约翰从主日学校退了学。她在多年里不断激烈抨击各种教会组织。约翰自那以后从未走进教堂，也从未声称有任何宗教信仰。根据美国空军档案，他后来把宗教信仰登记为基督教长老会，但那只不过不想让文档留下空白而已。

几年又过去了，看起来埃尔茜能够克服种种困难，在掌控自己世界的斗争中取得胜利。看起来，她战胜了命运给她带来的无数艰难，生活逐渐进入了还过得去的正常状态。

　　玛丽昂高中毕业后，考进了位于俄亥俄州牛津小镇的迈阿密大学。1933 年 3 月 20 日，她突然收到母亲寄来的信。信上说伊利市内的银行在大萧条中纷纷倒闭，约翰患上了麻疹，不得不在家里隔离 16 天。"把他关在黑屋里真是太难了，"埃尔茜写道，"他活像一匹小马驹。"她告诉玛丽昂，家门外立了一个提醒此处有麻疹病人的大告示牌，并预言安也很快会得上这种病。

　　安确实得了麻疹，但是病愈一个月左右以后，她又一次病倒了，这一次是肾感染。她在附近一家天主教教会医院住了两个星期。出院回家时，安仍然特别虚弱和倦怠。家庭医生弗兰克·克里梅尔博士来到家里，给安做了检查，宣布她得了脊髓灰质炎。1933年，人们对脊髓灰质炎知之甚少，认为它是一种可能源自游泳池的夏季传染病。根据惯例，博伊德的家门前立起大告示牌，上面用大号字体写道"POLIO MYELITIS（脊髓灰质炎）"。非家庭成员被拒之门外。邻居孩子经过这里，都改走大道对面一侧的人行道，还朝博伊德家的孩子喊："我们不想得病！"他们对待这座房屋的态度，就好像它遭了瘟疫。

　　在今后的人生岁月里，约翰会由于特殊原因将这一切永远记在心里。

　　安被诊断为脊髓灰质炎之后，母亲从红木餐桌上撤掉长条形亚麻桌布，好让安在上面做腿部拉伸。每天，埃尔茜温柔地把安抱上桌子，然后揉搓、拉伸和按摩她纤细的双腿。安的病是全家的头等大事。埃尔茜想让安住进附近的圣泉兄弟会医院，那里治疗条件优越，又不收任何费用，却不收治信天主教的儿童。埃尔茜找到一位做石匠活的邻居，请他为安说个情。他照做了，安住进了医院，然而治疗收效甚微。几个月以后，医生说安必须进行足部外科手术。她被转送克利夫兰的一家医院并在那里住了一年。如此的长期住院和复杂治疗过程，即使在20世纪30年代初也代价不菲。哈默密尔造纸公司承担了安的外科治疗和住院费用。安的第二次手术也得益于救济金，埃尔茜严禁孩子们向外人透露手术费用的来源。

安住院接受治疗的那一年，对埃尔茜来说是极其煎熬的。玛丽昂转到伊利市一所专收女生的梅西赫斯特学校，以照顾留在家里的4个弟弟妹妹。埃尔茜则频繁地乘车去100英里外的克利夫兰照顾安，然后返回家里。安每次手术之后，埃尔茜都在医院陪护一个多星期。

当埃尔茜带着安回到家里，情况已经十分明显了。手术和治疗都没产生多大效果。安的双腿戴着沉重的矫正架，只能依靠拐杖走路。

直至现在，埃尔茜仍在尽力掌控局势，她禁止在家里听到"残疾"这个词，对医生所谓安再也不能行走的断言嗤之以鼻。她宣布，安会走起来的，她将尽可能和其他孩子一样。

约翰站在一边，注视着这一切。他听到母亲和安的争吵，一个人不屈不挠地坚持安必须每天训练，另一个人则试图逃避难受的训练。但是埃尔茜还是一如既往地占了上风。到11岁时，安还在用矫正架和拐杖练习。最后，像埃尔茜·博伊德宣告的那样，她扔掉了矫正架，完全可以独立行走了。她有点蹒跚，但是看不出是脊髓灰质炎的后遗症。

在这些年月里，约翰始终处于一种异样的状态。玛丽昂、比尔和格里都到了照顾自己和相互帮助的年纪，埃尔茜差不多被同时打

3份工和陪护小女儿占去了全部时间、精力和注意力。约翰不上不下地吊在中间，他没有父亲，母亲顾不上他，哥哥、姐姐们不愿意跟小孩子玩。在将近一年时间里，他走起路来一直东倒西歪。连医生也无法断定，这到底是轻度脊髓灰质炎的症状，还是出于怜悯小妹妹的生理反应。可是没人想过，他是为了得到母亲的关注而故意这么做的。

很多年后，美国空军军史办公室在做空军口述历史研究的时候采访过博伊德。他说："……母亲那个时候必须把有限的精力分散给每个子女。结果，我没得到太多关注。"他说，这让他在儿童时代拥有比其他孩子"更多的自由"。他还忆起母亲曾因家务琐事而唠叨他们，然而在长时间的采访过程中，他始终没提到，母亲那时之所以如此忙碌，是因为她要同时做3份工作，因为安得了脊髓灰质炎。

1933年来了，大萧条在伊利的影响日趋深入。1929年还在工作岗位上的市民在这一年半数失了业。伊利市内倒闭了10家银行，其中4家再也未复业。

随着安的治疗支出的持续，任何人现在都能看出来，博伊德家在财务问题上遇到了大麻烦。比尔穿旧的衣服交给格里，格里穿过后再留给约翰。每天早晨约翰上学时，母亲经常忙着照顾安。他的行头寒酸到做母亲的但凡看一眼，就绝不会让他穿。

1933年，约翰入读离林肯大街住所仅一个半街区的哈丁小学。他一年级期末考试没能及格，因为老师说他注意力不集中。但是，大约在二年级，他开始展示出惊人的专注力，那时的伙伴们至今对此仍津津乐道。所以老师的话现在看来并不正确。更可靠的解释是，作为班上唯一失去了父亲的孩子，离开家人和初次与陌生孩子相处，约翰意识到自己多么与众不同。他家境贫寒，顶着家里有个脊髓灰质炎儿童的耻辱。他的衣着如此破落，老师曾经当着全班同学的面问他，是不是没有体面一点的衣服。他强忍着泪水，直到回家才告诉母亲学校里发生的一切。母亲伸出双臂拥抱他，说："不要为这事烦恼。要不断地对自己说，'这没什么大不了的，这没什么大不了的'。要记住，你拥有的东西，是其他任何同学都没有的。你拥有正直和诚实的品质。这意味着你将遭受别人的批判和攻击，但是最终你将战胜他们。不要为这种事烦恼。"

天气有时候特别炎热，在家里不方便生火。这时候，埃尔茜会把午饭做成野餐包，带着孩子们乘车去半岛野餐。约翰在那里学会了游泳。在母亲关切的注视下，他从最初水花四溅地扑腾，到会蹬腿划水，最后能从容地长距离游动。每去一次半岛，他的技术就提高一步，直到有一天，他在水里游得强健有力，姿势相当优雅。

约翰8岁了。从学校回到家里，他就问母亲："妈妈，有没有我的邮件？"母亲被儿子逗得直想笑，因此总是说没有。可是问题一直不停，所以她问："你想要什么？"原来，约翰在杂志上看过查尔斯·阿特拉斯健美运动课程的广告，写信过去索求更多资料。终于，他的邮件来了。他走到厨房说："妈妈，能给我50美元吗？"

"你究竟要做什么？"她问道。

"我要订购查尔斯·阿特拉斯健美运动课程。"

埃尔茜放声大笑，告诉约翰，他得耐心地等上一段时间。

三年级时，约翰开始表现出非凡才智和专注力的征兆，而且对航空产生了强烈兴趣。他的同学鲍勃·诺克斯（Bob Knox）现在还记得，约翰总是第一个完成课堂作业。其他同学还忙着做课堂作业的时候，约翰画起了飞机——不是20世纪30年代初的那种飞机，诺克斯回忆说，是"未来派的"、线条明快的流线型单翼机。他似乎已经预见20年或30年后战斗机的外形。画完飞机，他把作品放在双腿之间的椅子上，搓着双手，眼睛紧盯着它，直到其他同学都写完作业。每到这时候，他都沉浸在完全的全神贯注中，诺克斯后来说："我可以发誓，他那时候一定想开那飞机。"

博伊德青少年时代的另一位朋友叫杰克·阿巴克尔（Jack Arbuckle），他每周两三次在放学之后到阿巴克尔家里玩。约翰一走进他的家门就开始翻阅杂志，寻找有关飞机的图画或故事。阿巴克尔还记得，很多时候，三四个朋友放学后来到他家，商量如何打发接下来的时间，约翰却拿起一本杂志，坐下来"独自神游"了。男孩们可能决定打棒球，而约翰一旦全神贯注地看杂志，就全然听不见他们的大呼小叫。两三次试图吸引约翰的注意不成之后，阿巴克尔会凑过去，在他的耳边大叫："约翰，去打球！"而约翰会一下子惊跳起来，惊慌失措地四下顾望。

约翰五年级时的一次罕见的经历，无疑使他对航空产生了坚定不移的兴趣。埃尔茜有个中学好友，是杰克·埃克德（Jack Eckerd）的同父异母妹妹。伊利人埃克德创建了一家全国连锁杂货店，拥有一架小型飞机。他有一次回到伊利，带约翰乘飞机上天兜了一圈。后来，约翰告诉阿巴克尔，埃克德做了大坡度转弯和俯冲，并绘声绘色地讲述了他们近乎特技飞行的航程。这也许是真的，但是要说一个飞行员带着从未坐过飞机的乘客做这样的机动飞行，那可是少见而没有同情心的。更合理的解释是，约翰对这件事的描述初次表现了战斗机飞行员固有的一种性格特征——喜欢夸大其辞和相信好故事胜过事实本身。

1939年9月，约翰·博伊德和杰克·阿巴克尔进入斯特朗·文森特中学读初中。阿巴克尔记得，他和约翰都争强好胜，经常比谁的考试成绩好。他们在哈丁小学的成绩始终不相上下，但在斯特朗·文森特中学开始学习理科课程以后，约翰很快领先了。他在数学方面特别有天赋。

初中期间，约翰尝试参与径赛项目，但很快就退出了。他没有选择橄榄球、篮球或是棒球。他知道自己在那些方面只是中等水平，他不会在自己不突出的项目上浪费时间。但是，当他进入游泳池的时候才发现，在伊利湖上度过的那些漫长的夏日原来没有白白浪费。他优美的姿势和进取态度引来了中学游泳教练的目光，这位教练以后会对这位才华过人的运动员产生特别的兴趣。

约翰开始上中学的时候，战争新闻已占据了全美各地报纸的头版位置。《伊利每日时报》的新闻报道、广告和漫画大多与战争相关，专题栏目不断报道家乡人在军队的情况，阵亡或失踪者的消息每个月都出现在报纸上。当地剧院放映的多半是战争电影。约翰逐渐长大了，他现在知道，自己毕业以后会上前线打仗。

约翰一直喜欢讲述一个以他在1942年9月2日进入高中为背景的故事，这是他最喜欢的故事之一。他说自己参加了一系列入学考试，其中一场考试结果表明，他的智商只有90。学校让他再考

第一章　生于忧苦

一次，他却拒绝了。这场考试使约翰获得了他后来所说的对付体制官僚的一大战术优势——当得知他智商只有 90 以后，他们总是低估他的能力。现在，博伊德身高接近 6 英尺 [1]，深色头发，眉清目秀——一个四肢修长的大男孩，带着天生运动员的那种从容和优雅。他有一种同龄人身上罕见的成熟。母亲不断地对博伊德进行塑造和修正，使他继承她的性格。他对自己的事情讳莫如深，给人以反差很大的印象。只有过了很多年，他的行为才展示了他的真实面目，又过了更多年，他的成就才证实了他杰出的思想才华。由于成长过程中没有男性偶像，现在的博伊德就像一张白纸，期待着一只强有力的手在上面写下必要的文字。在高中，他找到两个偶像，两只强有力的手，两个对他一生有着巨大影响的男人。

第一个人是斯特朗·文森特中学的游泳教练阿特·魏贝尔（Art Weibel）。魏贝尔是他所执教的这座红砖校舍学校里的标杆人物：诚实可靠、坚定不移。他笃信做人的传统原则：勤奋、自立和责任。他是全美知名教练，这一定程度上是因为他手下的运动队只接受最优秀的男孩——不仅游泳成绩最优秀，而且必须各方面都优秀。他的运动员以个性鲜明、坚毅和凡事勇争第一的决心而闻名。对初入成年、渴望探索人生的孩子们来说，魏贝尔具有莫大的吸引力。他顽强执拗、恪守原则、相信奉献多于索取。以今天的眼光看来，他是具有传统美德的老派人物。不是所有孩子都能接受他的信条，但是约翰正需要一位能够教他做事和培养他成人的人。阿特·魏贝尔提供了他极度渴求的指导。

---

①　1 英尺 ≈0.3 米。——编者注

约翰牢记母亲教导的勤奋战胜懒惰的信念。他每天在队友之前很早就进入泳池训练，在队友下课离开之后继续训练到很晚。他不停地训练，直到划水姿势近乎完美，直到形成长距离游泳运动员的肌肉记忆，直到游得迅疾自在，像在水面掠过。

游泳本领把博伊德带入了另一个以后对他有重大影响的男人的视野。尽管这个人只比博伊德年长 14 岁，却成为他从未有过的父亲一般的角色。他叫弗兰克·佩蒂纳托（Frank Pettinato），是半岛上的一名救生员助理主管。

在半岛当救生员是伊利男孩最热衷的夏季工作。每一季只有约 20 人获选担任救生员。无论申请人的父亲在当地多么显赫，或者与哪个政客有关系，都无助于他入选。佩蒂纳托是绝对权威。他倾向于挑选大学生，但符合要求的本地大学生此时大部分去了海外服役。佩蒂纳托退而求其次，在中学生里寻找候选人。担任救生员的男孩必须格外认真，因为半岛海滩受北方、东方和西方的风暴影响，巨浪往往几分钟内就会出现。他希望申请人将这份工作视为一种神圣的职责——担当弱小、无辜和疏忽大意者的守护人。他希望申请人明辨是非、坚持正义、有强烈的职业道德观念。与魏贝尔一样，佩蒂纳托希望他选中的孩子在各方面都出类拔萃。他灌输给孩子们的信念是，美国是实现不可能的梦想的地方。

毕业班学生大部分应征入伍，合乎要求的高三年级学生数量不够，佩蒂纳托只能招募高中二年级、仅 16 岁的稚嫩男孩。约翰·博伊德和朋友杰克·阿巴克尔、切特·赖克特（Chet Reichert）被选上了。赖克特和阿巴克尔一样，是约翰的邻居和好朋友。

孩子们来报到了。佩蒂纳托跳上吉普车，先带着他们在海滩上跑上一两英里。然后，他命令他们下水游回长跑起点。他们在水里游的时候，他在车上叫喊，催他们加快速度。有时候，他会换一个花样，指着外湖说："游到那个鱼杆。"鱼杆扎根于离湖岸一英里多以外的湖底，用于标记大眼鲈鱼的位置，也是渔船系鱼漂的地方。下雨的日子里、起雾的日子里、刮风的日子里，湖上常常波浪汹涌，但这都不是什么事。除非刮起大风暴，他不会命令他们回来。

赖克特现在想起约翰的强壮和耐力，仍然摇着头表示难以置信。约翰会先跑上几步，然后一跃而入，头扎入水下，手臂开始有力、不倦、有节奏地划动，推着他像利箭一样在水面疾行。

佩蒂纳托特别欣赏的、他认为今年最棒的救生员，可以获得邀请，在他开吉普车巡视沙滩时与他同乘，而且可以在他专属的瞭望平台底部与他待在一起。几乎从最开始，博伊德就能坐上吉普车，并站到瞭望平台底下。

佩蒂纳托的儿子小弗兰克四五岁时第一次来沙滩。他童年时代最初的记忆之一就是父亲说起约翰·博伊德的样子。佩蒂纳托说的不仅是约翰的游泳能力，他从未遇到这般如饥似渴地接受他的思想和信念的孩子。约翰汲取佩蒂纳托的思想，响应他的召唤，展示了钢铁般的意志和强烈责任感，这是佩蒂纳托在他手下的救生员中间从未见过的。在约翰的青少年时代，没有人象弗兰克·佩蒂纳托那样对他产生如此重要的影响。

尽管是个沙滩明星，但是在高中后两年，约翰同时体验了前所未有的荣耀与成就和习以为常的痛苦与尴尬。高中阶段有两件事给他留下了难以磨灭的印记。第一件事是有个老师对他说："约翰·博伊德，你也就能当一个推销员。"哪怕父亲是个推销员，约翰仍然把这话当作尖刻的侮辱，意思是他油腔滑调、浅薄和缺少内涵。结婚之后他曾告诉妻子，他一生中每天都听到这些可怕的语言，他一生都在致力于证明，他不只能做一名推销员。

第二件事同样对他影响巨大。尽管美国陆军至 1944 年仍在招募 30 岁以上的男子入伍，约翰的哥哥比尔时年已经 27 岁，却仍待在家中。比尔试着做过电梯司机、劳工和保安，每一次不是他自己不干，就是被辞退。他的意志开始消沉下去，因为他不是奔赴战场的成百上千的伊利青年中的一员。家人对外表示，他因为心脏有杂音不能参军入伍。事实却截然不同。

潜伏多年的疾病终于在 1944 年 4 月 1 日星期六那一天发作了，比尔突然毫无征兆地攻击自己的母亲。第二天晚上，他情绪十分激动，跳出窗外，严重划破了胳膊和手，人们不得不送他去医院缝合伤口。两个人合力才能把他按在床上，给他服下镇静药。

根据比尔的病理档案，他在星期一宣称牙齿里装有雷达，告诉医院员工：“我要去见教皇，他要是能帮助我，我就皈依天主教。我准备路过印度去见他。”那天晚些时候，他抱怨头疼得厉害，说：“我要见医生，救救我，你们把我逼上绝路了。”用了好几种镇静药之后，人们把他送到沃伦州立医院，那是伊利东区的一家精神病中心。他于 5 月 3 日在那里去世，并被单独安葬在伊利公墓。死亡证明上写着，死因是精神紧张急性发作一整天以后所导致的晚期支气管肺炎，而折磨了他 4 年的早发性痴呆是精神紧张的起因。用现代语汇来说，比尔得的是精神分裂症。

比尔的病理档案表明，他的外祖母和一个舅舅在精神方面不正常，而且有个“神经质”的妹妹。尽管没提到名字，但这可能是指玛丽昂。

比尔去世后，沃伦州立医院的人来到博伊德家，向埃尔茜询问家里是否还有人得了精神疾病，是否需要入院治疗。在20世纪40年代，精神疾病还是难以承受的耻辱。精神病医院的人敲响她的家门，并询问家里有无精神病患者，这对埃尔茜来说几乎是吃不消的。孩子们得到命令，不得向任何人提起这次来访。如果有人问起，就说比尔死于肺炎。伊利没有人知道真相。即便阿克巴尔和盖特·赖克特后来也说，他们从不知道比尔发生了什么事情。

就在全家人陷入强烈悲痛的同时，约翰正经历人生中的初次荣耀，因为他是个出类拔萃的运动员，能够把事情干得很好。初中和高中期间，他在游泳和水球项目上5次获得校级荣誉。高中时，他所在的游泳队赢得州冠军。同年，他在220码[①]自由泳项目上夺得州亚军。他还担任了水球队队长。

没有家人来到游泳比赛现场为约翰助威。别的孩子的父亲坐在露天座位上为他们加油鼓劲。比赛结束后，他们拍着儿子的肩膀表示祝贺。约翰的胜利是孤独落寞和徒有其名的。

约翰在高中几乎从未与女生约会过。他没有钱参与约会或社交活动，他的衣服仍然大多是兄长们穿旧的。母亲告诉他，这些都不重要。她一遍又一遍地强调，如果他努力拼搏和坚守原则，终有一天他会凌驾于那些嗤笑他的贫穷、讽刺他的衣着、自以为比他优越的人们之上。这对约翰应该是一种安慰，他将之铭记于心。夏天，他和切特·赖克特经常在各种天气下划着独木舟穿越湖湾，约翰谈

———————
① 1码≈0.91米。——编者注

起他如何必须向全世界证明自己。他下定决心要成为一个了不起的人，尽管那时他还不知道会怎样实现这个目标。他只知道他必须把事情做得比前人更好。他必须向伊利人证明，他不是一个无足轻重的人。

刚进高中时，约翰就知道自己将被征募入伍，但是他不想去陆军当兵，他不想做那种在地上艰苦跋涉和战斗的人。1944年10月30日，正在读高中三年级的他报名参加美国陆军航空队（USAAF），服役时间是战争时间外加6个月。实际上，直到高中快要毕业时，他才到军队报到。

此时，约翰已经遭受了生活给予他的、同龄青年未曾经历的种种沉重打击。无论后面发生什么，都不会比他已经历过的更坏了。他已经做好了准备。他现在身高6英尺，体重164磅①。友伴们称他为"J.B（大个子）"。学校的年刊对他的评价是"强壮而沉默""顽强"和"游泳健将"。

约翰错失了人生中一次重要的仪式：他没有参加高中毕业典礼。美国正处于战争状态。1945年4月16日，他应征入伍，前往美国陆军航空队报到。

在入伍调查表上，他在入伍前职业一栏里填的是"救生员"。

---

① 1磅≈0.45千克。——编者注

第二章　运动猛男与长老会教友

博伊德差一点错过了他的第一场战争。

离开家乡伊利，博伊德去了得克萨斯州的谢泼德基地参加新兵训练。在此期间，他申请学习飞行学员课程。新兵经过这门课程的严格培训，可在结业之际同时获得军衔和飞行翼章，当上飞行员。但博伊德未被录取，因为他"接受能力不强"。

新兵训练结束了，他奉命到科罗拉多州劳里基地接受飞机炮塔维修专业培训，但是，随着第二次世界大战于那一年夏天结束，对这个专业的需求不存在了。然而美国军方在根深蒂固的体制性惯性作用下，仍然把年轻人大批派往海外；博伊德——在亚利桑那州某地待命几个月之后——被编入驻扎在日本的美国占领军部队。他于1946年1月3日到达日本，进入第49战斗机大队第8中队。根据博伊德的服役档案，他一个多月后因"军种需要"成为游泳教练兼陆军航空队远东游泳队队员。日复一日地在恒温室内的游泳池里四处划水，还到日本各地参加游泳比赛，对这个以后将被奉为终极斗士的人来说，以这种方式初次参加战争是一种不详的预兆。

关于士兵博伊德的短暂服役历程，现在人们知道的不多。那个时期留下来的大概只有他经常提起的一个故事，也是多年以来人们口口相传的无数个"博伊德的故事"中的第一个。在这个故事中，现实中的博伊德和传说中的博伊德混淆在一起，让人难以分辨。1945-1946年日本的冬天特别寒冷潮湿。在博伊德所驻的原日本航空基地，军官有温暖的住房、床铺和热食，士兵却在帐篷里打地铺，吃着K种口粮。这里有很多大型木结构飞机棚，很适合用作集体宿舍，却被闲置起来，任其荒弃。博伊德对此非常不满，带头搞了一次反抗行动，他和伙伴们动手拆掉两座机库，用木料生火取暖。不久，当美国陆军清查基地资产时，发现机库不见了。博伊德以主犯身份受到传讯，准备接受军事法庭审判。军官们认为罪证确凿，审判将迅速而毫无争议地结案。但是，士兵博伊德主动出击，把即将开庭的军法审判变成针对军官领导和责任制度的复决投票。他首先问传讯他的军官，当他用飞机棚的木料生火的时候，陆军通令是否有法律效力。得到肯定的答复之后他说，通令规定，爱护部属是军官的首要职责。如果在适用房舍闲置的情况下让士兵睡在地上，军官们就没尽到职责。博伊德说，如果军事法庭审判如期进行，他将向上级提出军官尽责这个问题。

指控撤销了。美国军方在与博伊德的初次冲突中败下阵来。博伊德以后经常向别人，尤其是五角大楼里视他为偶像的下属们讲起这段故事。在最热诚地追随博伊德的门徒中间，这故事获得了近乎神话般的力量。博伊德也向记者们讲过这段故事，还添枝加叶地补上了一句："如果他们当时送我上军事法庭，后来就不必忍受我了。"

但是，空军军史办公室采访博伊德的时候，他没有提到这个故事。个中原因人们也只能推测。他在长时间的采访中讲了很多故事，把自己描述为经常违犯空军纪律的人，但是他没有提到破坏机棚的事，虽然归根结底，他的行动的起因和取得的胜利无疑都值得一提。也许是因为故事很难令人相信：士兵拆除两座飞机棚，然后放火烧掉木料，军官竟然不知情。况且，有必要拆掉机棚吗？如果机棚适合作宿舍，博伊德和同伴为什么不干脆搬进去住呢？博伊德威胁把军官对下属尽责的问题提交上级裁决，这只能视为讹诈。历史上从未出现过军队屈服于士兵的讹诈的先例。

美国空军没有所谓军事法庭审判的记载，但博伊德门徒对这件事的真实性深信不疑。他们认为，博伊德讲述故事时始终口径一致，如果博伊德编造故事，其中的细节会随着时间流逝发生改变。

不管怎么样，这个故事说明——特别是当它是虚构的情况下——博伊德那时以及后来是如何看待自己的：一个与不讲道德准则的上司对抗的正直人、一个与推诿塞责的上司斗争的理想主义者、一个顶着可怕后果的压力孤注一掷而终于大获成功的人。信念坚定的他战胜了油滑虚伪的对手。一切正如母亲所言。

1947 年 1 月 7 日，距离 20 岁生日还有两周时，博伊德退出现役。服役档案表明，他的服役时间持续了两年零两个月，但是那包括从他在 1944 年 10 月 30 日初次入伍之时——那时他仍然是个中学生——到第二年 4 月到军队报到之前的 6 个月。他实际服役的时间大约是 20 个月。

博伊德在日本期间身高长了一英寸，体重也增加了。根据退役文件，他这时身高 6 英尺 1 英寸，体重 180 磅。当他回到家里，母亲看到他如今健硕的样子，感到十分惊喜。回到伊利以后，博伊德首先去见了弗兰克·佩蒂内托。他们大概聊了后者的升职，他现在是半岛的救生员主管。由于博伊德有资格享受《退伍军人福利待遇法》（亦称《大兵法案》）——政府资助的高等教育——的补贴，几乎可以肯定的是，佩蒂内托不仅劝他上大学，而且对他选择哪所大学给出了建议。他们可能还聊了博伊德重新开始练习游泳的事情。湖湾已经封冻，博伊德可以到伊利市内第 10 大街与皮奇街交叉路口的基督教青年会游泳。几周之后，他随伊利水上俱乐部前往匹兹堡，与闻名遐迩的密歇根大学游泳队进行比赛。博伊德是那次比赛的明星，他以 26.2 秒的成绩夺得 50 码项目冠军，还拿了成年组100 码自由泳项目的亚军。

夏天来了，博伊德又回到半岛担任救生员主管助理，每天跟着佩蒂内托在沙滩巡逻。小弗兰克·佩蒂内托（Frank Pettinato Jr.）现在还清楚地记得，当年 7 岁的他每次去沙滩，父亲总是对博伊德赞不绝口，回到家里也经常对他说，长大以后要成为博伊德那样的人。

夏末秋初，博伊德动身去了艾奥瓦州立大学专攻经济学。他之所以选择艾奥瓦州立大学，是因为传奇式游泳教练戴维·安布鲁斯特在那里。安布鲁斯特于 1917 年在该大学确立了游泳的重要地位，被认为是蝶泳划水和翻滚转身动作的创造者。1927 年，在他的影响下，艾奥瓦州立大学修建了 50 米标准游泳池。安布鲁斯特编写了教材《竞技游泳与跳水》（*Competitive Swimming and Diving*），培养了 30 多名全美最佳游泳和跳水运动员，他的运动员不断打破大学校际比赛纪录。

无论在体育领域还是在学术领域，大学让人痛苦和给人羞辱的地方在于，学生经常会发现，在中学里趾高气扬的优等生到大学里未必能继续出类拔萃。如果说博伊德在 1948 年 1 月赛季开始时是全力以赴地争取进入游泳队，那结果可以说是失败了。在艾奥瓦州立大学的第二年，他发现自己的竞争对手是非凡的沃利·里斯。后者于 1947 年开始不断打破游泳纪录，1948 年获得奥运会游泳金牌，擅长 100 米和 200 米自由泳——那正是博伊德主攻的项目。

博伊德在里斯于 1950 年毕业以后才进入大学游泳队。后来每当谈起在艾奥瓦州立大学作为游泳运动员的经历时，他总是说安布鲁斯特教练"有偏袒心态"。博伊德是阿特·魏贝尔和弗兰克·佩蒂内托的宠儿，但是在艾奥瓦州立大学，他没有脱颖而出，显露过人本领。他对大学生活的怨恨格外强烈，在后来一生中都嘲讽地称艾奥瓦州立大学为"玉米棒子大学"，并始终这样讲："我不知道为什么去那儿。我什么也没得到。"

大学三年级时，约翰·博伊德与同年级的玛丽·埃塞琳·布鲁斯（Mary Ethelyn Bruce）相识了。玛丽是艾奥瓦州奥塔姆瓦市人，是一位身材娇小、仪态端庄、黑色头发、浅黑色皮肤的女子。她毫不隐讳自己上大学的目标就是找个丈夫。博伊德遇到玛丽是在"老兵俱乐部"，当时她正跟博伊德的大学兄弟会好友在一起。玛丽给博伊德印象的深刻程度一定超过了他给玛丽的印象，因为几天之后他打电话给玛丽请求约会，而她不记得他了。她在大学年刊上找到他的照片，认为他"还算英俊"，因此答应见他。

一开始，他们似乎有很多共同点。

他们都当过游泳救生员，都来自有 5 个孩子的家庭——3 个男孩和 2 个女孩，母亲都是意志坚定而控制欲强烈的寡妇，笃信德国基督教长老会教义，他们的家庭都曾因为父亲去世遭遇经济困难。

玛丽没费什么周折就知道了博伊德的全部。他说她长得像电影明星珍妮特·麦克唐纳，然后说起自己的事。他跟她聊起日本，讲述了带头反抗军官的经过。他告诉她自己曾在伊利市获得游泳冠军，并谈到了不起的弗兰克·佩蒂内托。他告诉她自己的家人非常亲密团结，相互间忠贞不渝。他说："我们家生活比较艰苦，但我并不为此苦恼。我不是个为点小事就唉声叹气的人。我始终向前看。"他声若洪钟、绘声绘色、做着手势，让人觉得这个世界是那么新鲜、有趣和激动人心。

艾奥瓦州立大学里随处都是从战场上下来的大龄男生，选择对象应有尽有。但博伊德与众不同，与他在一起，人生有了一种探险的意义。他的热情奔放和尽情享受的生活态度使她为之神魂颠倒，她很快就不再与别人约会了。逐渐地，她也向博伊德透露了自己的生活历程。她是家里的第五个孩子，母亲伊丽莎白·博纳（Elizabeth Bonar）出生在艾奥瓦州一家农场，长大后嫁给了机修工阿尔伯特·韦耶·布鲁斯（Albert Weyer Bruce）。阿尔伯特性格温和、安分守己、喜欢修理汽车，也想讨妻子的欢心，可是他发现，同时做好这两件事太困难了。

伊丽莎白与阿尔伯特个性截然相反，阿尔伯特有多么温和宽厚，她就有多么强硬专横。伊丽莎白在农场见过太多的灰尘和污垢，希望自己和孩子们能过上不同的生活，在奥塔姆瓦有较高的社会地位。她想让阿尔伯特洗掉指甲缝里的油污，去当个企业经理。在她不断的怂恿鼓励下，他先做了公司顾问，后来到一家制造家禽处理设备——也就是拨鸡毛的设备——的公司担任主管。但是，阿尔伯特在那里郁郁寡欢。他不想在公司当个管理人员，哪怕是低层管理人员，而是渴望干机修工。在玛丽11岁的时候，阿尔伯特死于心脏病。他自此守寡的妻子多年以来始终在疑惑，他是不是因为她而死。"我不知道，是不是逼迫逼他逼得太过分了。"她有时候这样说。

布鲁斯太太的这般自我反省是特别罕见的，她是个必须掌控局势的女人。家禽处理设备公司按月寄给她的支票金额太少，不足以养活5个孩子。她把孩子们赶到没有暖气的阁楼去住，把自家住房改造成提供食膳的家庭旅馆，并且用军队式的高效率来管理它。

布鲁斯太太专制地掌控着玛丽的生活，因此玛丽少有自己的主见，只思考母亲希望她思考的事，在生活上随遇而安，几乎从不与人发生争执，即使与人有意见分歧，也是点一下头，先同意别人的看法，然后把头埋进手掌，表示一下她小小的消极抵抗。

中学毕业以后，玛丽进入位于艾奥瓦州费尔菲尔德市的一所小型教会学院——帕森斯学院。她只在那里待了一年，然后转入规模更大、男生更多的艾奥瓦州立大学，专攻家庭经济学。因为觉得别人不理解她，也因为觉得自己的思路和世界观有些问题，她选修了不少心理学的课程。

"事实上，我的主修专业是'寻找丈夫'。"她后来说。她非常清楚自己想要什么。因为两个哥哥都不擅长运动，交友也不广泛，她希望嫁一个心目中的"运动猛男"。她想，运动员随和又宽容，毕业以后可以当个体育教练。他们可以在艾奥瓦州找个小镇子，过上简单的生活。她会参加当地基督教长老会的教堂活动，参加唱诗班，生活不会那么复杂。

博伊德恰好契合她的要求，身材高大、相貌英俊，跟她的哥哥们一样，长着黑色头发。他是个运动员，特别有人缘。她不质疑他信仰是否坚定，也不怀疑他对宗教是否像她那样虔诚。她笃信基督教长老会教义，认为他也一样。在她看来，世界黑白分明、善恶有别，中间是绝对、严格和不可跨越的界线。她仰视博伊德，把他放在心灵深处一个珍贵的小盒子里。

博伊德唯有一点与她心目中的"运动猛男"形象不相符，就是他太爱读书。他走到哪里都带着书，不仅有教科书，还有历史、战争和哲学书。玛丽不在乎这个，认为这不过是一个相当古怪的个人爱好。再有就是那些军事的东西了。大学三年级开学时，博伊德报名参加了美国空军后备军官训练课程（ROTC）。他说只是从经济上考虑，因为自己需要后备军官训练学员每月28美元的津贴。无论出于什么原因，他都以极高的热情投入了后备军官课程训练，他吼叫着口令，几乎每次训练集合都负责带队，其他学员开始称他为"博伊德队长"。他现在比过去更加自信，成了军队所说的"骨干"。他找到了自己的方向，长大成人了。

玛丽问博伊德毕业以后打算干什么。他告诉她，想加入空军驾驶喷气式飞机。她皱起了眉头。但她觉得没必要担心，因为他当不了几年飞行员，就会改做其他工作。

后备军官训练课程学员要想成为军官，要在大三学年结束后参加补充军事知识的夏令营。1950年6月，博伊德正在前往夏令营的路上，突然间，美国又一次进入战争状态。朝鲜战争是冷战时代的第一场战争，被视为正义与邪恶的较量。

大学最后一年，博伊德像在高中时一样，知道自己毕业后会参加战争。他早就决定当战斗机飞行员。在空军口述历史采访中，他说轰炸机飞行员是"一帮子卡车司机"，而"我不愿意待在拥挤的公共汽车上，让一群人不停地对我指手画脚"。他去奥马哈参加招收飞行学员的体格和心理测试，而且顺利通过了。

即将开始飞行训练的博伊德向玛丽详细介绍了想驾驶的飞机。1950 年 12 月以后，他只有一种选择——F-86"佩刀"式喷气机。

12 月 17 日，一架"佩刀"式战机在鸭绿江西端的新义州上空击落一架米格飞机，是当天美国各地报纸的头条新闻。突然之间，F-86 成为历史上最具浪漫色彩的战争机器，一颗以机炮为美国意志代言的划空而过的银色流星。

1950 年，美国人大多已然忘记德国空军在第二次世界大战末期装备过喷气式战斗机，而且大部分人不记得，美国可敬的 F-80 飞机的前辈 XP-80 是 1944 年首飞的。"二战"结束后，美国和苏联两国根据它们获得的德国喷气式飞机研究资料，开始生产喷气式飞机。苏联的米格-15 和美国的 F-86"佩刀"在外形上特别相似，两者都是后掠式机翼，机体尺寸也差不多，米格机稍小一些。

以美学标准看来，F-86"佩刀"是人们能想到的最有魅力的喷气式飞机。它两翼向后伸展，舱盖像透明气泡，尤其是 D 型机的进气道上唇呈鸟喙状，使其更显得威风凛凛、气势逼人。这种飞机并非以螺旋桨在前面拉进，而是以烈火和雷电从后面推进，是喷气式飞机。在美国人看来，F-86"佩刀"绝妙地展现了牛顿第三定律：点火、接通加力燃烧室，飞机立即在反推力作用下，以令人不可思议的迅猛之势冲上天空。很少有飞机像 F-86"佩刀"那样强烈地激发了美国人的想象力。

在当时人们叹为观止的野性力量的推动下，F-86能以45度角爬升，以680英里时速平飞，刷新了当时全部速度纪录。它线条流畅、外形优美，在朝鲜天空中象征着美国对喷气式战斗机的强烈兴趣，象征着刚获独立地位的美国空军。它是美国空军在之后将近20年间所拥有的最后一种真正伟大的战斗机。博伊德对后来更优秀战斗机的设计起了关键的作用。

博伊德对任何愿意倾听他的人说，这是唯一适合他的飞机。

玛丽心不在焉地听着。她已经确信，博伊德就是她要嫁的人。她认为他很快就会求婚，但是此时朝鲜战争发生了，他的话题全是喷气式飞机、喷气式飞机、喷气式飞机。1951年2月毕业以后，她回到家乡奥塔姆瓦等待他来求婚。她租了一间公寓，开始寻找工作，最后给一个当地医生做助手，负责打针和杂务。她等待着。

独自生活太寂寞，她几周之后搬回家里与母亲同住。她现在是成年人，但这并不妨碍母亲对她发号施令。"我不喜欢母亲教训我该做什么，"玛丽说，"但是家里比较舒服。"她报名学习驾驶课程，获得了第一张驾驶执照，此时她22岁。

玛丽和博伊德经常通过电话联系。他差不多每个周末都会乘公共汽车从艾奥瓦城过来看她。他于1951年6月大学毕业，被授予空军少尉军衔。埃尔茜和安赶到艾奥瓦，参加了博伊德的毕业典礼。玛丽也在现场，她已经等待了好几个月，想着博伊德在毕业时会向她求婚。时至今日，她仍记得博伊德太太对她的惊吓。玛丽试图表现得周到、体贴，但是埃尔茜始终板着脸，目光冷峻刺骨，似乎除了她儿子，谁都让她生气。她相当明确地表示，她认为儿子可以选择更好的女朋友。

玛丽从未接触过残疾者，安磕磕绊绊的样子让她特别不舒服。这个周末她过得特别不愉快，加上博伊德没向她求婚，她更加觉得不快乐了。

博伊德接到命令，要去新墨西哥州阿尔伯克基参加下一期飞行学员训练班。玛丽返回了奥塔姆瓦。博伊德也许很快就要向她求婚了吧，但要是她遇到别的男人怎么办？要是他非得等飞行训练结束，被派往朝鲜时才向她求婚怎么办？在奥塔姆瓦找到丈夫的机遇是十分渺茫的。

玛丽愿意等下去。

第三章　羽翼初丰

因为佩带的那根金色条杠军衔标志，少尉们也被称为"黄油条"。他们经常要做那些必须由军官从事而更高阶层军官又不愿屈尊去做的最卑微的工作。这说法特别适用于开始飞行训练的少尉们。这些年轻人相信自己是神一样的存在，但是在飞行专业以外的空军军官看来，他们不仅令人难以忍受，而且一旦完成飞行训练，将银质翼章缀于左胸袋之上，会更加令人难以忍受。如果说地球上还有比战斗机飞行员更唯我独尊的人，那么人们至今尚未找到。美国空军人事部门认为，卑微的工作将教育这些羽翼初丰的家伙学会保持谦逊。多年以来，他们已经发现，这种想法出发点很好，但与现实不相符——战斗机飞行员无论过去还是将来都不会保持低调。不过人事官员仍然没有停止努力。

博伊德被授予军衔的时候，驻阿尔伯克基柯特兰空军基地的军官食堂需要一名助理，因此博伊德去了新墨西哥州。他在那里只干了一个月，那个月肯定如永恒一样漫长。

8月1日，他奉命到驻密西西比州哥伦布空军基地的3301训练中队报到，在那里开始飞行训练。飞行学校学员班以计划毕业时间来编号，博伊德在 52-F 班。由于朝鲜战场急需有经验的飞行员，而且他们身价较高，把时间用在基础飞行教学上是一种浪费，因此哥伦布基地从民间请来了教官。博伊德的教官叫 C. 韦恩·莱蒙斯（C.Wayne Lemons），来自加利福尼亚东部航空公司。这家从事包机和货机业务的公司获得了为空军对年轻人进行飞行教学的承包合同。博伊德先进行了所谓"廉价观光乘机"，即在密西西比州东北部上空体验飞行，持续了几个月时间。他见到数不清的简易辅助机场，其中有些只是棉花田里的条形地块。然后，他开始课堂学习，包括航空学、气象学、飞行理论、导航学、长途航法飞行、摩尔斯电码、无线电通信程序以及其他深奥难懂的课程。

博伊德所在班里共有约 110 名飞行学员，其中有约 40 名通过后备军官训练团得到军衔的尉官。几个星期后，这 40 位尉官就彼此熟悉了。一起学习飞行的同袍之情和加入战斗的共同期待，使他们紧密结合成有着兄弟般情谊的团体。他们中很多人后来成为高级军官或立下显赫战功，有些会成为空军传奇人物，但是始终保持着作为 52-F 班同学的亲密感情。

在哥伦布空军基地的 6 个月期间，博伊德不仅在年轻尉官中以飞行和领导能力闻名，而且个人特色也十分突出。他能比其他人更快速地吞下大量食物。在食堂里，他把盘子里的食物堆得满满的，走到餐桌的一路上，食物甚至会纷纷掉到地上。他端坐在椅子上，低着头，目不斜视地叉起食物，仿佛是在用铁锨铲起煤炭，为炉子添加燃料，他的手在盘子和嘴巴之间不停地忙碌，似乎永不停止，而且他显然从不咀嚼。同伴们通常还没开始进餐，博伊德就已经结束了。他舒一口气，揉一揉肚子，把椅子向后面推开，往嘴里丢进一整包水果味口香糖，然后开始聊天。他嚼了太多口香糖，而且嚼得相当起劲，所以 52-F 班里都叫他"果味男孩"。同伴们进餐的时候，他开始大谈空中战术，大谈他如何打算接受高级机动训练，却不得不失望地遵从空军训练日程，大谈他如何将成为空军最优秀战斗机飞行员。

每天早晨，学员们都会驾驶老掉牙的 T-6"得克萨斯人"，这种串列双座单发飞机在第二次世界大战中曾被用作高级教练机，很适合改装喷气式飞机之前的基础训练。"可怕的得克萨斯人"的主起落架间距比较窄，很多学员降落到地面后控制不了飞机，在水平方向上急剧打起转。这种"地面筋斗"可能压折甚至扯断主起落架。人们常说："有两种 T-6 飞行员，一种是已经做过地面筋斗的，另一种是即将做地面筋斗的。"尽管有让粗心大意的飞行员栽跟头的习性，但 T-6 皮实耐用，能不紧不慢地以每小时 135 英里的速度巡航，加速俯冲时的最高安全速度是大约每小时 260 英里。

从开始训练那天起，博伊德就在基地里派头十足，活像一个将军。他从不羞于向其他学员喋喋不休地宣讲空中战术。他的无所顾忌发展到了执拗的地步，频频与文职教官就他认为老牛拉破车一样的教学进度发生争吵。

短暂休假期间，博伊德乘火车前往艾奥瓦州看望玛丽。在一个周末，他终于向她求婚了。他和玛丽在奥塔姆瓦一家小珠宝店里买了一只戒指。她开始筹划婚礼。

博伊德重返飞行训练，很快完成了基础机动训练，开始单独飞行。现在，他放开手脚，驾着 T-6 大胆地在天空中上下翻飞，看起来好像已飞过成百上千次。同学们很难相信他是与他们一样的学员，以前从没有参加过飞行课程。坦率地说，他是第一流的 T-6 飞行员。

要理解其中的含义，我们必须知道，当一个年轻人初次坐进飞机座舱，看到各种奇形怪状的仪表，敬仰的情感会流遍全身。无论他曾多么强烈地梦想成为飞行员，坐在座舱里的时候都会油然产生不可思议的感觉。当他初次来到空中，意识到自己正在一个三维世界里移动，当他意识到片刻的疏忽会导致撞击、烈火和爆炸的时候，会发现自己正对飞机产生强烈的敬畏。飞行员一般可能过分谨慎、过分有条不紊，他要读取和记忆参数，了解性能包线边界，打起十二分精神，绝不去触碰性能极限。但是，博伊德不相信性能参数，也不敬畏飞机。他对 T-6 又踢又打，推着它在天空飞来飞去。飞机在他的手下迅疾冲向性能边界，然后径直突破边界。如果手册上说，禁止飞机时速超过 260 英里，那么博伊德会把它推到 265 英里，或 270 英里，或 280 英里。只凭飞机的声音，他就能知道它正接近实际的而不是手册上说的极限，而对大胆探索的人来说，前者总是稍微高于后者。试飞员也这样，但他们大多数是工程师和飞行行家，惯于在刀尖上展现身手。很少有如此大胆的飞行学员。

有些飞行员以优雅风度自许，高度从未偏差 50 英尺以上，速度从未偏差 10 节[①] 以上，恪守手册规定，他们会指责博伊德"粗俗顽劣"。他们也许是对的，但是空中战斗不讲究优雅风度。许多老百姓和未从射击瞄准具里——当时叫作环心——看过敌机的人会有一种浪漫的观念。他们无疑受描写第一次世界大战的书籍和电影的

---

① 1 节 =1.852 千米 / 小时。——编者注

深刻影响，认为飞行员是空中骑士，这些高尚的人先向对手敬礼，然后才开始公平比赛。他们认为，飞行员遵守复杂的空中礼仪，晴朗的天空中发生的战斗别具一格，比起泥泞中的战斗更光荣、更崇高。这真是彻头彻尾的无稽之谈。首先，空中战斗比地面战斗更狠毒、更粗暴，它是恰巧发生于空中的原始形式的战斗。战斗机飞行员——空战幸存者——不是绅士，而是从背后捅刀子的刺客。他们背着太阳直冲下来，趁敌人眼睛睁不开的时候发起攻击。他们要么从后面或下面偷偷地摸上来，要么从上面发出威胁，要么突然咬住敌人尾部——6点钟位置——并在敌人醒悟之前对其施以"敲打"。这就是为什么战斗机总是急转闪避，左晃右绕，象个广口玻璃瓶里的水蜻虫子一样蹿来蹿去。战斗机从不在一个航向或位置上停留6秒到8秒时间。空中战斗是粗野而无情的。逊于对手意味着当场毙命，而且毙命方式通常相当壮观。大多数毙命者在被打得遍身弹孔、挣扎于烈火、在地面留下一个巨坑之前，不知道自己已然成了靶子。那些准备进行第一次世界大战时期那种浪漫的芭蕾舞式公平较量的人活不多久。空中战斗更青睐胆大包天的人，他们从不畏惧将飞机用于其真正目的，那就是枪炮平台。偷袭并杀死一个人没有什么复杂微妙的地方。空战是血腥的运动，是黑暗中的匕首，胜者生，败者亡。博伊德本能地懂得这个道理，他的飞行从一开始就属于真正的战斗机飞行员。

结业之前一个月，也就是订婚仅3个月之后，他利用圣诞节假期，与玛丽在奥塔姆瓦市的基督教长老会教堂里举行了婚礼。博伊德身着空军制服，埃尔茜和安都在婚礼现场。博伊德没有足够的钱或时间度蜜月，他和玛丽驱车25英里前往帕森斯学院所在地费尔菲尔德市，租下一个旅馆房间住了几天。然后，他们启程前往哥伦布。

在飞行训练的最后一个月——现在已经很清楚，他们将顺利毕业并获得飞行员翼章——受训学员被分为多发飞机和战斗机两组。

美国空军需要战斗机飞行员。朝鲜战争期间，战略空军司令部（SAC）的 B-29 和 B-50 在昼间任务中损失惨重，只好几乎全部采用小编队夜间飞行。战略空军司令部既不准备打小规模常规战争，也不为此配备飞机，而是全力准备投掷核武器。战斗机部队有所不同，6 个联队驻扎在朝鲜，一个联队在日本，另一个联队在冲绳——全部用于在朝鲜的战争。一个联队下辖 3 个中队，理论上每个中队有 24 架到 32 架飞机。一个战斗机联队拥有约 96 架飞机。因此，6 个联队在理论上最多有 500 架到 600 架飞机，当然实际数量只有一半那么多。F-86 飞行员执行 100 次任务之后，会轮换下来执行非作战任务。补充飞行员的需求始终存在。

朝鲜战争是战斗机而不是轰炸机的战争，博伊德这种成熟战斗机飞行员基本上不会被派去飞轰炸机。但是，在博伊德讲述的故事中，一场阻止他接近 F-86 的阴谋正在进行中。博伊德声称，空军有人告诉他，他个子太高，不能干战斗机飞行员，只能飞轰炸机。"去你的！我才不要多发飞机。"他回忆自己当时这样告诉他们。他威胁要放弃军衔。

如果博伊德确实下过这个最后通牒，那么其中很大成分是虚张声势。他知道，如果提出退役，空军不仅将逼他继续服役，而且会给他一个有辱身份的工作，让他到退役前一直过生不如死的日子。博伊德太希望驾驶喷气式飞机了，他不可能简单地一走了之。

如果真的被告知必须飞轰炸机，而且如果他真的以退役相威胁，最可能的原因是他想证明，他宁愿离开军队也不飞轰炸机。大概有的领导欣赏这种激情四射的作风。博伊德最终实现了自己的梦想，得以去飞战斗机，而博伊德的最后通牒故事，跟拆掉日本飞机棚的那个故事一样，其价值主要在于展示他的精神气质。在以后的职业生涯中，博伊德将在每次新任务中遭遇各种阴谋和惩罚。用非飞行工作羞辱或贬损他的情况将一再出现，官僚体制里的战斗将接连发生，而他面对巨大的障碍，冒着职业生涯受创的危险，最终将战而胜之。

位于亚利桑那州的威廉姆斯空军基地被叫作"威利"或"地片儿"。它是美国久负盛名的空军基地之一，也是战斗机飞行员的培养基地，飞行员在这里第一次爬进喷气式飞机座舱。"威利"还是前往专业化训练的跳板。如果一名飞行员准备飞 F-84 战斗轰炸机，他将从"威利"转往同在亚利桑那州的卢克空军基地进行作战训练；如果他准备飞 F-86 战斗机，他将从"威利"转往内华达州内利斯空军基地。

"威利"的教官都知道，他们训练出来的每个飞行员都将被派往朝鲜，因此他们把保证年轻新飞行员的训练有素和高度职业化作为自己神圣的使命。1952 年 4 月，刚刚抵达"威利"的 52-F 班成员在礼堂集合，参加为他们举办的欢迎会。一名上校站在他们面前，凶狠地盯着他们看了一会儿，然后说："如果我能按自己的想法干事的话，我们会干掉你们这些狗东西中的一半人，让另一半人作为战斗机飞行员离开这里。"他停了片刻，让他们体味其中的含义，然后说："可是该死的国会不愿意让我这么做。"

然而他的确尝试这么做了。52-F班成员经历了不同寻常的训练事故和伤亡。训练进度不断加快，向喷气式飞机和基本作战训练转换，并尽可能模拟实战——对将前往内利斯的人来说，这是更实战化训练的序曲。但是，博伊德却对训练进程相当有意见。"他们在那里做的很多事都是我学过的，我希望再快一些，"他后来追忆说，"我有一种被人从后面拖住的感觉——就是说，直到我的第一次喷气机飞行，之后就不一样了，我真的喜欢它。"

他开始喷气式飞机训练用的是F-80"流星"，这是一种单发动机、平直机翼的喷气式飞机，速度较慢，动力不足。F-80早期型号没有弹射座椅，因此如果飞机起火，或者"因发动机熄火而突然失控"，或者发生机械故障，飞行员可是遇到大麻烦了，特别是像博伊德这样的高个子。他至少将遭遇膝盖撞伤。如果他飞的是配备弹射座椅的F-80，只要双腿没有骨折或者甚至被切断，他就算吉星高照了。

高个子F-80飞行员对他们的机械师特别殷勤。

博伊德发现，喷气式飞机的操作规律与之前不同。在T-6上，向前轻推油门，它会发出雷鸣般的轰隆声，推力猛增，带着飞行员翻筋斗或者做急转弯。但在喷气式飞机上，推油门时稍有不慎，会导致所谓"熄火失灵"的新情况。某些早期喷气式发动机很不可靠，常常突发空中停车。当青年飞行员在交战中把性能包线向外推的时候，他们有时候高估了自己的飞行技术，坠落在沙漠里。

博伊德从未担心过。他说："我又一次开始玩我的鬼把戏——我对此真是欲罢不能。""威利"基地的高级飞行训练包括博伊德所说的"脑残的长途旅行"，飞行员通过无线电定时汇报情况。博伊德没有飞这些航程，他知道卢克空军基地的朋友们正在低空空域进行模拟空战，他把F-80带到那里加入了战斗。有好几次，他本来该进行长途航法飞行，却飞到教官们模拟空战的空域去恫吓他们。教官们可不喜欢这样，尤其是博伊德得逞的时候。

在口述历史采访中，博伊德被问到如果在早年的空战训练中发觉自己处于防守态势，他会怎么做。他的回答表现了作为飞行员的男子气概和那个时代的战斗飞行思想，他说，"我必须让飞机玩儿命似地飞个急转弯"，并"喷射"敌方战机。

"飞急转弯"就是比敌方战机拉出更大的过载，使自己处于追击弧线的内侧，构成良好射击条件。

喷气式战斗机开炮的时候，炮弹中夹杂的曳光弹会帮助飞行员修正瞄准方向。飞机拉过载时，曳光弹形成的光带会像从快速抖动的水龙头中喷出来的水流那样改变方向。因此，"喷射"敌方战机就是把他套到射击瞄准具里，用曳光弹追着打，并且——像飞行员们所说的那样——"玩他的屁股"。

训练进程已经过半，教官们回过头来把青年飞行员们检视了一遍，从中挑选出最优秀者，即不仅一杆两舵技术好，而且有所谓"无畏精神和进攻意识"的人，让他们飞F-86"佩刀"式战斗机。博伊德入选了。

1952年9月13日，博伊德到内利斯基地报到，准备上F-86进行战斗训练。如果说"威利"粗暴强悍，那么内利斯就是超级粗暴强悍，它是美国空军唯一对战斗机飞行员进行临战训练的地方。要是飞行员技能没有训练到足够水准，那么以训练有素的苏联人为主体的咄咄逼人的米格飞行员会在他第一次升空时就将他击落。因此，内利斯基地的目标是尽量在性能边界外飞行，使训练尽可能接近实战。当时流行的说法是"平时多流血，战时少流血"。换句话说，安全规则和常识可以置之不顾。飞行员们认为："如果在内利斯能幸存下来，朝鲜就不成问题。"

内利斯实际上是一所角斗士学校。飞行员们年轻而自负，驾驶美国空军最先进的喷气式飞机，准备从这里加入战斗。训练必须接近实战，如果有年轻人因此毙命，那也只能那样。代价是必须付出的，尤其是当失败就意味着被对手打垮的时候。

飞行员们进行模拟空战，他们不断做出各种动作，力图抢占对方尾后的 6 点钟位置。发生坠机事故时，机场工作区的警报器会响起，招唤急救人员。每周至少有一次，有时候甚至两次，凄厉的警报回响在内利斯基地上空。片刻之后，一辆蓝色公务车会缓缓驶入飞行员住家的街道，那是驾驶员在辨认门牌号码。街道两旁的房屋里，妻子们——包括玛丽——已经听到警报，现在都站在窗前，默祷汽车不会拐上她们家的车道。飞行员死亡数量格外巨大，有人告诉新来的 F-86 学员们："如果看到旗杆上没有降半旗，一定要拍照留念。"

博伊德说，基地有一年损失了 70 多名飞行员。内利斯基地一位历史学家表示，博伊德的说法还是比较保守的——如果太多飞行员丧生，联队指挥官有时会直接改写统计数字。

博伊德已开始认识到，空战不止是"拉急转弯"和飞大过载。空中战术思想的萌芽开始形成了，这不是理论意义上的，而是实践意义上的思想。他开始打败教官，其中有参加过朝鲜战争的老飞行员。

这一年 12 月，博伊德达到美国空军所谓"实用战术"的 80 课时训练标准，准备前往朝鲜。内利斯教官给博伊德的最后一个忠告是："保持在内侧，把他'喷'下去。"

出发之前，博伊德获得了一次较长的假期，因为玛丽怀孕了，是他们的第一个孩子。玛丽和博伊德开车去奥塔姆瓦。离开内利斯使她十分开心：沙漠、灌木丛、仙人掌和不停歇的大风，这一切与她熟悉的艾奥瓦州绿色原野太不一样了。喷气式飞机从早到晚不停地起飞和降落，航空燃料的味道是飞行员的最爱，却总是让她恶心作呕。

斯蒂芬·博伊德（Stephen Boyd）出生于 1953 年 2 月 14 日，他孕育于父亲在内利斯的世界，降生于母亲在奥塔姆瓦的世界。博伊德请人拍了一张他把刚出生的儿子举到空中的照片。他把照片放在钱包里，直到它出现折痕，由于年深月久而褪色、裂成碎片。做父亲的通常与头生子女比较亲近，特别是如果第一个是儿子。博伊德不同寻常地喜爱斯蒂芬，似乎他在不知不觉中能预见到斯蒂芬将经历什么。他想要抱紧这个孩子，给他留下可供回忆的美好日子。

博伊德动身前往战场的时间很快来到了。他没能赶上第二次世界大战，却将在朝鲜战场一展身手。在他之前，已经有无数伊利青年在美国进入战争状态时走上战场，但是就博伊德而言，这只是实现他的人生目标的第一步。

博伊德在朝鲜学到的东西将成为他生命之作的基石。

第四章　K-13 和"米格走廊"

在追赶战争的进程中，博伊德再一次迟到了。

1953 年 3 月 27 日，他和一群年轻人乘 C-54 运输机抵达南朝鲜水原。这群人以领子上别着银杠军衔的中尉为主，他们环顾四周，信心满满，因为他们正值二十郎当岁，经受了内利斯的残酷训练，自视为世界上最好的飞行员。当他们的目光越过机场道面，看到闪闪发光的成排 F-86，击落米格飞机的欲望油然而生。

来到朝鲜的最初几个星期，他们在相对安全的常规任务中担任僚机，或者执行老飞行员不想飞的任务——天气侦察或者护航。美国空军在空战中通常采用 4 机小队形式，即小队长及其僚机、双机长机及其僚机。小队长和双机长机就像黑帮里的枪手，是攻击发起者和扣板机的人。僚机唯一和不可违背的职责是保护长机的 6 点钟方向，阻止敌机攻击。新手飞行员必须在僚机位置上飞满大约 30次任务，才能升级为双机长机，成为一名枪手。

飞行员称水原机场为 K-13，它北距汉城约 30 英里，离鸭绿江有 50 英里，是第 51 战斗-截击大队第 25 中队的常驻基地。第 25中队不执行轰炸或对地攻击任务，而是专门夺取空中优势。中队的飞行员都是粗野的猎人。因为他们的 F-86 在垂尾顶端有红色的横贯色带，而飞行员戴着红巾，所以第 25 中队是"红色中队"。人们只要在无线电里听到 F-86 飞行员用鸟名作为自己的呼号，如"鹰 6 号"，就知道那是第 25 中队的飞行员。

第 25 中队飞行员住在瓦楞板棚屋里，棚屋标准定员 8 人，却常常住上 10 个人。即使伊利的冬天也比不上朝鲜冬天的寒冷。

刚到达朝鲜的中尉叫作"黑鬼"。"黑鬼"在被允许出击之前，必须经历几次适应性和训练性飞行。各中队做法不同，第 25 中队的做法是把"黑鬼们"派往"棍棒大学"。

"棍棒大学"有两种课程，一种是计划内的，另一种是计划外的。计划内课程要求，"黑鬼"必须爬上 F-86，跟着老飞行员起飞，后者让他们观察美军一侧战场情况，告知备降机场方向，帮他们熟悉本地天气规律，让他们做几次仪表进近。然而最重要的是，他们必须学习交战规则（ROE），规则明确了允许与米格战斗机交战的时间、方式和（最重要的）地点。无论如何，美军飞行员都不许飞过鸭绿江，进入朝鲜飞机驻扎的中国东北。美军飞行员经常在位于鸭绿江以南、宽度 30 英里的"米格走廊"遭遇在那里巡逻的敌人米格战斗机。如果 F-86 飞行员把米格战斗机套在射击瞄准具里，而米格战斗机逃过鸭绿江，F-86 必须脱离接触。中国东北是美国不得侵犯的禁地。

或者，至少官方规定是这么说的；驾驶 F-86 的青年斗士并不总是遵守规则，他们无数次跟随着米格战斗机回到他们的领地，趁米格战斗机着陆之际将他们击落。很多击落米格战斗机的记录未得到承认，因为照相胶片显示有中国东北的机场跑道，而如果飞行员认领这个事实，这意味着他将被遣送回国。(在中国东北上空击落的米格战斗机数量相当多，以致飞行员们说："在鸭绿江以南是当不上王牌飞行员的。")朝鲜上空的交战禁令预示着，美国将在下一场战争中对飞行员实施更严格的制约。

"棍棒大学"的计划外课程要求，老飞行员必须带上"黑鬼"，看看他是什么材料——让年轻中尉咬住他的6点钟位置，然后坡度转弯、爬升、拉过载，看他能在后面保持多久。然后，他飞到年轻中尉的6点钟位置，看这个青涩的飞行员能不能甩掉他。有经验的F-86飞行员的战术在本质上类似于第二次世界大战期间的P-51飞行员所使用的战术，但高度更高，速度更快。

在口述史采访中，博伊德讲述了他在非正规课程中是怎么做的。他和一名老飞行员爬升到K-13上空，老飞行员命令他咬住自己的尾巴。然后，长机开始横滚、急停、在天空中高速地左冲右突，意图迫使博伊德脱离接触，或者把博伊德甩到前面，变成一个靶子。飞机在追击时通常与前机做同样的机动动作，紧跟在前机的6点钟位置，等待合适的那一刹那出现就开炮。但是，博伊德不玩这个游戏，他拉操纵杆，飞到一侧，在老飞行员退出横滚的时候，他才猛扑过去，仍旧锁定在他的6点钟位置，仍旧保持优势，仍旧有办法开炮。

然后两人交换位置，现在博伊德成了目标。他是这样讲的："……我领着那个狗东西飞，然后以一次疯狂的横滚，使他直接冲到了前面。"当一名战斗机飞行员在被追击者死死咬住时突然减速，使追击者冲到前面，用飞行员的行话来说，他此刻是"让别人先走"。博伊德"哗"地一下拉着F-86做了一个大过载桶形横滚，立刻把速度减下来，使那个老飞行员飞快地从他身边冲过，变成了他的靶子。

在企图羞辱年轻人并对他进行战斗危险教育的飞行中，博伊德扭转了不利局面，击败了久经战阵的老手。他欣喜若狂。他觉得已经做好了战斗准备，相信敌人飞行员只要知道他在战场，就很可能放下米格战斗机，回家去了。

早春时节，玛丽带着斯蒂芬乘坐 10 个小时的火车前往伊利，让奶奶见一下孙子。因为以前从未与令人生畏的婆婆单独相处过，她心里对这次旅行有些紧张。可是她觉得，因为博伊德身在海外，她应该接近和了解婆婆，也让祖孙两人开始相互熟悉。

埃尔茜和玛丽在厨房里轻松地做着家务，这时约翰的母亲问起儿子的事情，他在信里说过些什么，他在朝鲜情况如何。玛丽有意避开话题，她不想让埃尔茜知道，她只给他写过一封信。

"约翰很喜欢那里。"她说。

埃尔茜相当吃惊。她停下来，用狠毒的目光盯着玛丽："你说他喜欢是什么意思？他可是在战场上。"

"是的，但是他受训就是要干这个的。能去那里，他觉得很激动。"

埃尔茜怒不可遏，她愤然离开了厨房。

在伊利期间，玛丽与杰克·阿克巴尔几次到湖上划船。"我儿子远在朝鲜，在战场上，而你跟另一个男人跑去湖上。"埃尔茜不满地说。从来心直口快的她还告诉玛丽，她"没有责任感"。

玛丽 5 周后离开了伊利。她觉得婆婆会很享受这次探望，如果不是因为儿媳，也必定因为她的新孙子。但后来埃尔茜告诉她："5

个星期！我都觉着你们永远不走了。"

回到奥塔姆瓦，玛丽发现博伊德给她来了一封信。他想知道，玛丽为什么不常给他写信。"这里有些家伙每天有一封信呢。"他写道。

玛丽的回信对此轻描淡写。"我本认为你在自己想去的地方，觉得你过得非常好。"

他确实过得非常好。他可以为不如想象中那样收到很多来信而愠怒，但他过得非常好，好得不得了。

玛丽在伊利泛舟湖上之后没过几周，博伊德完成了他的第29次任务，把第44个战斗飞行小时载入飞行日志。他每天都期待着提升为双机长机，当上枪手。他相信，自己很快会创造捕杀米格战斗机的纪录。

"我并不担心自己脑袋开花，"他后来说，"事实上，我思考过好几个晚上。上帝，我真是不能罢手，要是能在一次任务里当上王牌就好了。呼！呼！呼！呼！呼！"

1953年6月30日，就在战争结束之前几个星期，博伊德获得了官方承认的一次击伤米格-15记录。交战的细节找不到了，但是多年后博伊德告诉门徒，他如何偷偷越过鸭绿江击落一架米格机，却不能要求上司予以确认。博伊德说，有一个名叫乔克·梅特兰（Jock Maitland）的英国皇家空军（RAF）交流飞行员邀请他担任僚机，飞往鸭绿江对岸米格飞机活动集中地区，做一次非法掠袭。他们在4万英尺高度飞行，但没有米格机上来，因此他们下降钻入浓厚的云层。穿云而出之后，在1.9万英尺高度，他们很快看见一群米格战斗机，有14架到16架。梅特兰和博伊德俯冲而下，进入对方编队。梅特兰机动到一架逃逸米格战斗机的 6 点钟位置，但没有开炮。他就在米格机 200 英尺后面，锁定了它的机尾，却不开炮。博伊德打开无线电："该死，乔克，怎么不开炮？真要命，乔克，他们都过来了。你得把那家伙射下去。"梅特兰没有回话。

两个人驾着飞机，在天空中左冲右突，陷入米格战斗机的重重包围。博伊德当时不知道，事后才搞明白的是，梅特兰的飞机电力系统出了毛病，机炮也卡壳了。现在油料不足，于是他们脱离战斗，重新爬升高度，返回 K-13。下降穿云过程中，博伊德担任长机，梅特兰为僚机（梅特兰后来证实了这件事）。两个人非常幸运，没被遣送回国。在战争最后几个月里，第 25 中队因为飞过鸭绿江，把 6 名飞行员送回了国内。

到 6 月份，苏联飞行高手们退出了朝鲜地区，美军飞行员击落了 77 架米格战斗机，F-86 没有一架损失。现在是 F-86 飞行员的火鸡射击时间，因此一个问题自然产生了：如果博伊德格外优秀，如果他在 F-86 飞行员的最佳时段进入战场，他为什么没击落过米格战斗机？

答案是，他从未得到机会。在他提升为双机长机以前，敌对行动就结束了，他从没成为枪手。但是，即使成为枪手，他并不必然地能击落米格战斗机。有些飞行员每次升空几乎都发现米格机，另一些飞行员飞了 20 次或 30 次任务——有人飞了 51 次任务——却没看见米格机。

对于博伊德，朝鲜战争最重要的地方不是他从未击落一架米格战斗机，而是他做了什么、战争结束时他发现了什么。人的一生中很少有博伊德这样的，成功以如此清晰、恰到好处和显而易见的进程,一个接一个发生了。在朝鲜的成就即是这个进程的起点。

首先,博伊德作为飞行员的能力是出类拔萃的。朝鲜战争结束后,为了推广作战经验,参战的老飞行员很快被大量轮换到美军在世界其他地方的基地。F-86仍然在"米格走廊"巡逻,在返航过程中,如果油料足够,飞行员们会进行模拟空战。在没有侦察任务的日子里,飞行员们也会跳进他们的"佩刀"式飞机,爬升至3万英尺,展开模拟战斗,直到油料耗尽。博伊德显然是中队最好的F-86驾驭者,他于1953年10月20日成为中队助理作战军官。

除了以"飞行好手"闻名,博伊德在中队还以他在哥伦布基地时曾给伙伴们留下深刻印象的大胃而闻名。军官俱乐部每周举办一次自助餐性质的"牛排之夜"。帕克现在还记得,他和博伊德经常一起去俱乐部,每人点一份牛排,然后开始狂吃大嚼。帕克才吃了几口,博伊德就跳起来,去拿第二份、更大块的牛排。这期间,博伊德还以演说者而闻名,他的唯一话题是空战。他有一个一根筋的头脑,吃得快,说得也快,而且一边吃一边说。说话的时候,食物和唾沫偶尔从他嘴里飞出来。其他军官谈起博伊德的吃相时常常感到失望,甚至恶心。他的举止不符合军官和绅士身份。他跟人说话的时候会把身体凑近过去。如果觉得别人听不懂他的话,他会伸出他的长手指,戳别人的胸口,并且质问:"你听懂我方才说的了吗?"

他关于战术问题的演讲时间长、次数多、声音又宏亮,结果于11月25日被任命为小队长兼中队战术教官(美国空军后来把"战术教官"头衔改为"武器官")。博伊德这时所讲授的东西,是对当时战术的完善和发展,他是个一心想着扩大飞机性能极限的优秀飞行员。

飞行员们被博伊德的飞行技术和思想迷住了。他们请求他把自己的战术写成文章，绘制各种战术机动的图表。他热切地接受了这个任务，开始撰写草稿，把简报整理成册并且研究过去的战争。在朝鲜漫长寒冷的冬夜里，他不眠不休地工作到很晚，忙着起草教学计划。很快他就开班授课了。

博伊德的飞行员伙伴们都是渴望和挚爱驾驶喷气式飞机的人，但即使这样的人也为博伊德的热情和干劲所感动。不止一个人说，他们此前或者之后从未见过对飞行事业如此痴情的人。博伊德不把F-86看作发动机、机身以及各种陌生的没有生命的部件，而是看作线条明快、造型优美而又致人于死地的战争武器，它近乎一种生物，每一架都有自己的个性，必须以美利坚合众国的名义才能驾驭它们，冲向天空。

讲起空中战术的时候，博伊德扮怪相、挥舞手臂、来回踱步、扭动肩膀、猛地扬起或低下头部。如果有人向他发问，如果博伊德认为他真心求知，就会把自己掌握的空中战术知识毫无保留地告诉他。但是，他知道有人不愿意接受他的见解——这样的人很快出现了。如果有人贬低他的思想，就会立刻、永远地从博伊德的生活中消失。他们停止存在了。他再也不会提起这些人。

博伊德战术思想的萌芽和发育，正是全世界都惊叹于美国在"米格走廊"上非同寻常的优势和控制权的时候。战争末期，米格战斗机的击落比率落在下风，开始高达14:1，最后保持在10:1。美国官方的统计是，792架米格战斗机被击落，78架F-86被击落（这数字在某些地方仍有疑问。胜负几乎从未披露过，即使战争结束后也是如此。但 10:1 的击落比率仍是很多朝鲜战争史书上公开的数字）。尽管惊人的击落比率使美国将军们得以挺起胸脯自吹自擂，但在空军内部严肃认真的思想者中间却引起了很大骚动。米格战斗机在对抗 F-86 时应该做得更好才是，它在很多方面远优于 F-86，转弯半径更小，速度更高，高空性能更好。米格战斗机是很棒的飞机。那么出了什么问题？

思想混乱的平息归因于有人提出的一种基本解释，自那以后，这个基本解释已经变成传统观念。即使今天，半个多世纪过去了，当人们谈起 F-86 如何击败米格战斗机，他们还是这样解释："美方飞行员比米格飞行员训练水准更高。"话是没错，但是同样正确的看法是，那种逻辑已经成为思想上的废纸篓，用来掩盖没有人能提出更好理由的事实。

然而，博伊德仔细研究了每次空中交战的档案，知道其中必然另有缘故。他又花了 10 年时间才弄清楚这缘故是什么。当他成功的时候，他将会给航空事业带来永久的改变。

博伊德在朝鲜的短暂服役在当时的所谓《军官考绩报告》（"OER"，有时简称"ER"）中得到了合理评价。在 20 世纪 50 年代的美国空军，军官的晋升——因此他的职业生涯——近乎完全取决于其《军官考绩报告》。结论不佳的《报告》可能毁掉一个军官的职业生涯。

《军官考绩报告》一般有两页，有时也许是三页，如果有附加批注的话。一个平民看到《军官考绩报告》，可能认为它的语言比较直截了当。但那是一种误导，甚至是欺骗。撰写《军官考绩报告》是一门艺术——对不识此道的人，阅读报告就如同尝试破译

《死海古卷》（*Dead Sea Scrolls*）。表面上极尽赞扬的评语实际上可能终结一个人的职业生涯。正是出于这一原因，即使今天偶尔发生军官被强令离开军队的事情，当他向新闻媒体公开自己的《军官考绩报告》的时候，不懂得如何理解报告的新闻媒体就会掺和进来，说这位杰出的军官为何得到不公正的对待。

《军官考绩报告》最关键的部分是第二页第一段和最后一段。博伊德的中队长表示，敌对行动结束后，博伊德"在向小队成员教授战斗机战术方面，做了值得激赏的工作"。报告写道，他还向新飞行员传授了战斗飞行技术。

"我认为博伊德中尉的飞行能力优于同等军衔和资历的飞行员。"负责考察的军官写道。他接着写了几行关于博伊德的"充沛精力"和与同行的友谊的话。然后在报告最后的至关重要部分，该军官评价了博伊德可以胜任更高指挥岗位和更大职责的能力。出色的评语意味着博伊德要么提前晋升，要么去院校进修，准备升任高级职务。现实正是这样：最后一段结语建议博伊德"可被推荐参加中队军官课程进修"。

这是很好的评语，而且其后还有博伊德所在大队指挥官批注《报告》时更正面的评语，这位上校写道："博伊德中尉是一位积极进取、能力超群、精力充沛和无所畏惧的军官和飞行员。如果我们要履行美国空军义不容辞的保卫国家的责任，就需要更多像他那样的战斗机飞行员。因为他的资格和经验，我促请尽快将博伊德中尉提升为上尉。"博伊德显然给上级留下了良好的印象。

博伊德完成了作战值勤，该轮换回国了。多年以后，漫步"米格走廊"的飞行员会回顾历史，认为对战斗机飞行员来说，朝鲜战争是一场值得盛赞的，甚至是伟大的战争——这是最后一场飞行员在领导者的组织下进行的战争。下一次，他们将在管理者的领导下进行战争。

美国空军此时年仅7岁，但是它正在快速成长，不仅成为官僚机构，而且成为美军中最迷信武器装备和新奇设备的技术官僚机构。这个军种日趋以硬件为导向，其硬件的目标格外简单：更大、更快、更高、更远。美国空军将领对战斗机飞行员冷眼相看。由于喷气式空战的高速度，他们相信激烈的变革即将来临。战斗机的合并速度超过每小时1000英里，机炮已经过时了，他们说，导弹才是解决办法。

博伊德接到了去内利斯空军基地任职的命令。他将在那里工作6年。在此期间，他将成为世界上最著名的战斗机飞行员。

第五章　大祭司

20 世纪 50 年代中期，美国空军不怎么待见战斗机飞行员。

轰炸机飞行员出身的家伙们那时主宰着美国空军，他们的空中力量思想来源于其在第二次世界大战中的经历：配备多台发动机的巨型飞机冲向敌人大后方，投下一枚枚炸弹。空军之所以能够作为独立军种而存在，就是因为战略轰炸理论。20 世纪 50 年代，轰炸机作为那个时期的宠儿——有人说是唯一的宠儿——有着举足轻重的影响力。那时美国防务政策的基石是奉行"大规模报复"的艾森豪威尔主义，要求以庞大数量的飞机和核武器威慑所有外国势力。巨型轰炸机成为携带核武器到达全球任一地点的唯一选择。美国人修了成千上万个防空洞，每名学童都要练习当美国遭到苏联核武器攻击时该干什么。朝鲜战争那种"有限战争"被认为是一种不能代表发展趋势的个别案例。未来只可能发生超级大国之间逐步升级的战争，逐步升级的战争意味着使用核武器，使用核武器意味着动用美国空军。美国军队别的任何军种都没有这么神圣的使命。

1954 年，美国空军满 7 岁了。它像 7 岁孩子一样任性而聒噪，总要得到新玩具。美国空军痴迷于采购。1954 年，国防部把预算的最大一部分——120 亿美元——分给了空军（美国陆军拿到 99 亿美元，海军拿到 81 亿美元。从这一年起直至 1961 年，空军在国防预算中的份额都是最大的）。在空军内部，绝大部分预算资金流向了柯蒂斯·李梅上将（General Curtis LeMay）领导的战略空军司令部。如果有人想知道穿飞行服的上帝是什么样子，那么让他们看一看李梅上将就行了。"飞战斗机很有意思，不过驾驶轰炸机才是实用的。"他说。

李梅上将把美国空军打造成了历史上最强大的军事力量。他不仅有巨型洲际轰炸机，而且有核炸弹，还有使用它们的决心。如果他在公开场合的发言算数的话，他也有使用它们的冲动。战略空军机组 24 小时在空中待战，他们沿苏联领空边缘飞行，准备接到密令后立即调头飞往苏联心脏地区；还有机组在距离完成战斗起飞准备的飞机仅数码之遥的掩体内待命，准备冲上停机坪，飞上天空，对世界另一端的预定目标实施轰炸。以 B-47 为代表的战略空军飞机的速度和高度足以令 F-86 望尘莫及。如果 F-86 够不着它们，那么苏联人也够不着它们，因为所有人都认为，美国制造的飞机是世界上最优秀的。

鉴于战略空军军官的责任重大，他们拥有在美国空军最快的职务晋升速度。他们肩负美国的国家安全责任，在保卫美国安全的同时，也在保卫自由世界的安全。战略空军飞行员都是精英，是选定的接班人。

"我们以和平为己任"，这是为末日大战而摩拳擦掌的战略空军的箴言。

因此，战斗机部队在 20 世纪 50 年代的主要任务是拦截敌轰炸机和投掷战术核武器。战斗机在欧洲机场做好了战斗准备，严阵以待——飞机停放在跑道头，飞行员在座舱里扣上安全带，小型核弹挂在机腹下。如果战争爆发，战斗机将消灭那些不值得 B-47 机组操心的小目标。

战斗机飞行员主要训练空对地（飞行员称为"空对泥巴"）任务，他们反复演练 30 度和 45 度角俯冲轰炸、跳弹轰炸或对地扫射。战略空军司令部的将军认为，战斗机部队最好的出路是做一支小型战略空军。热衷于谈论空中缠斗的战斗机飞行员已经沦为时代的落伍者。有传言说，首批空对空导弹即将交付，它们的射程可达 10 英里，在敌飞行员发现美军飞机之前就会被摧毁。有人提出，下一代战斗机将不用携带机炮。空中炮战的时代已经结束了。

然而，有一个战斗飞行之火仍然熊熊不熄的地方，一个战斗机飞行员仍然地位至高无上的地方，一个遥远、与世隔绝、将进攻精神注入勇敢者心灵的地方。它位于茫茫大漠之中，不仅在地理意义上如此，在象征意义上亦如此。

它就是内利斯。

内利斯空军基地坐落于美国最人迹罕至和最偏僻的地区之一，好像被轰炸机将军们放逐到了一样。这里空气干燥、劲风不断、热浪逼人，周边几乎全是严酷的沙漠和荒凉的山地，间或有几处废弃矿山留下的破败遗迹。在 20 世纪 50 年代美国空军的尊卑秩序里，内利斯空军基地的地位最低。一名军官如果被派到内利斯任职，就知道自己晋升的希望十分渺茫了。然而对少数人来说，这些都不重要。内利斯是战斗机飞行员的大本营。他们唯一的渴望就是驾驶单发动机喷气式战斗机，纵横驰骋在无垠的蓝天之上。

美国原子能委员会当时开始利用内利斯轰炸靶场范围内的弗伦奇曼沼泽地试爆核武器（试爆时间总是提前公布，因此在附近的拉斯维加斯城，最流行的消遣之一是观看蘑菇云高高地升入沙漠晴空）。有人传说：一个战斗机飞行员投出核弹，急速跃升，在弹着点方向目睹了核爆炸现象，于是他打开无线电，说"来看我的作品"，然后在沙漠上空翩跹起舞。一名战斗机飞行员如果言谈中开始出现托诺帕、森赖斯山脉、印第安泉、得克萨斯湖、绿点等词语，就意味着说话者曾经去过内利斯。

内利斯。

就战斗机飞行员而言，这个词本身就有迷人的魔力。

内华达州南部大部分地区是政府公地，这里全年天气晴好，很适合空战训练。内利斯空军基地还有权使用面积近百万英亩[1]的内利斯靶场空域。那时空域管制不像如今这样严格，即使飞行员迷失方向，飞到靶场以外，也不算什么大事。这里夏季常见温度为华氏110度或120度，有时甚至高达130度[2]。美国空军把最优秀的青年飞行员送到这个大熔炉里，烧掉他们身上的瑕疵，铸造成纯金一样珍贵的战斗机飞行员。

对战斗机飞行员来说，这个遥远而荒凉的基地所拥有的神秘氛围是其他任何地方不能相比的。内利斯自成一个世界。战略空军飞行员尽可以去施展他们的魅力，可是在战斗机飞行员看来，飞B-47或B-52等于在空中驾驶公共汽车。轰炸机飞行员们作风谨慎，

---

① 1英亩≈0.4公顷。——编者注
② 1华氏度 =1 摄氏度 ×1.8+32。——编者注

按部就班，讲究团队合作。他们升入高空，嗡嗡地飞上半天，投下炸弹——经常连目标也不看一眼——然后打道回府。驾驶这种铝质巨无霸的人甚至不能叫飞行员，而应该称为飞行指挥官，因为他有副驾驶员、机械师、领航员和投弹手——一个机组干的活，等于战斗机飞行员一个人干的活。战略空军飞行员是"轰炸机渣男"。

加利福尼亚州爱德华兹基地那边的试飞员也是同样。新闻媒体喜欢那些家伙，可是战斗机飞行员却对新闻媒体的每一篇报道嗤之以鼻。不错，试飞员是驾驶最热门的试验飞机，可是他们膝盖上绑着小夹板，写着预定高度、速度和动作指令，完成动作后还要在方框里面打勾。他们是地面人员控制下的牵线木偶，是没有主动性的"金手臂"。他们永远无法挣脱牵线，像战斗机飞行员那样压坡度、拉起、打开加力，在空中自由翱翔。爱德华兹基地的试飞员走进他们内陆沙漠里的小酒吧，炫耀自己如何扩展了飞行包线。然而那只不过是言过其实的吹牛。20世纪50年代中期，试飞员主要来自战斗机部队，但他们是走了歧路的战斗机飞行员。试飞员越来越成为循规蹈矩的平庸工程师，而不是上天入地的勇敢者。

试飞员是评价者，战斗机飞行员是实践者。

试飞员是给飞机挑刺儿的悲观主义者，战斗机飞行员是发掘飞机性能的乐观主义者。

试飞员与飞机保持一定距离，战斗机飞行员挚爱他们的飞机。

试飞员会讲起有朝一日进入太空。

太空？

坐在密封舱里？

你哪里是驾驶密封舱，你只是坐在里面观看仪表，一个乘客而已。去你的太空吧。战斗机飞行员想做的就是咬住敌机尾巴，把那杂种打下去。

如同对战略空军飞行员那样，战斗机飞行员对"金手臂"充满蔑视与不屑。试飞员是"爱德华兹渣男"。

轰炸机渣男和爱德华兹渣男只略优于那些不懂飞行、不入流的官僚，即"参谋渣男"。

内利斯的箴言是"人皆成虎"，被老飞行员以"虎"相称是最高奖赏。满怀信心的聪明小伙子们在空对空战斗训练中几乎把飞机上的铆钉飞脱，因为只有这样，教官才会点头认可，称他们为"老虎"。被称为老虎意味着有钢铁般的雄性气质，铁骨铮铮，豪迈坚定，意味着做纯种战斗机飞行员，敢于毫不犹豫地直接叫某个菜鸟上校"去死"。

空对空训练主要是对着被称为DART的箭形拖靶开炮射击，但咬尾追逐训练一直是必修课。年轻飞行员们不仅逼近飞机性能包线的边界，而且不顾机上红灯频闪，突破边界进入危险禁区。他们贴近地面，从沙漠上空疾驰而过，大片短叶丝兰树被齐刷刷地削掉树冠。当他们又一次压低高度，一路扬起沙尘，降落在基地时，机翼上还残留着仙人掌的断枝。他们又从内利斯向北飞行90英里，在他们称之为"绿点"的长着草丛和棉白杨的小绿洲上空集合。那里是附近方圆上百英里范围内仅有的一抹绿色，从空中很好辨认。绿点内还有内华达州最早开办的妓院之一，其员工经常在那里晒太阳浴。

到达绿点上空，飞行员发出"开始战斗"的呼叫，从地面打到高空，又从高空打回地面，压坡度、猛拉杆、急转弯、开加力，不断变化动作，力图咬上对方尾部。他们把这称为"老鼠赛跑"，或者"嬉戏打闹"，或者"钻毛毛球"。单座、单发、单人、单机——人类创造的最凶猛的人机组合。

这个在沙漠里闪闪发光的梦想之境也是地球上最危险的地方之一，这反而为这里平添了几分魅力。一个星期里没发生飞机坠毁事件的情况是很少的。当一名飞行员以400节时速撞向地面时，他活下来的希望就很渺茫了。当飞行员进入螺旋、犯了大错、浪费了宝贵的时间，最终坠机丧生时，警报器会凄厉地响起，蓝色小汽车缓缓驶来，妻子们站到窗前，牧师赶来安慰，基地降半旗致哀。不过，这种事只会落在别人，而不是世界上最优秀战斗机飞行员的头上。如果你非要打听谁是最优秀的，那肯定不是你。飞行员们都怒目圆睁，全神贯注，每天直面死神，因为不打起精神，那就得玩完。

内利斯是小伙子们在3万英尺高空从事他们将铭记终生的任务的地方。内利斯是沙漠中的英烈神殿。

这就是博伊德即将踏入的世界——他将成为这个世界的霸主。

朝鲜战争结束后，美国空军面对忽然间出现的战斗机飞行员大量过剩的局面不知如何是好。有些人被改派到驻世界各地的空军部队，有些人被派到内利斯作飞行教官，但是超编现象依然严重。博伊德差点到维修中队去当机械员主管。他的空军档案里没有记录取消分配计划一事，因此唯一的记录是他在接受口述历史采访时的谈话，他说："我闹得他们鸡飞狗跳，去他的维修中队，我不想跟他们沾一点边。"他最终赢得了这场战斗，被派往内利斯空军基地。

1954 年，内利斯空军基地是美军在全世界任务最繁重的空军基地，而且以频发军法案件、性传染病和擅离职守事件而著称。20世纪 50 年代初，附近的拉斯维加斯城人口数量约为 2.5 万人，到20 世纪 50 年代末，那里的人口数量达 14 万人。

约翰·博伊德中尉带着玛丽和斯蒂芬，于 1954 年 4 月 20 日到内利斯空军基地报到。他们从艾奥瓦州驱车而来。博伊德一路上高谈阔论他的空中战术观点和他将如何改变美国空军。玛丽点着头，与斯蒂芬偎依在一起，偶尔附和一下。她什么也听不懂，更不往心里去。在博伊德的飞行岁月，玛丽从没有看他起飞过。不过这也不奇怪。美国空军有一种迷信风俗，或者至少在博伊德的时代是这样，战斗机飞行员的妻子从不到现场目睹丈夫起飞。

博伊德到内利斯的任务是参加高级飞行学校培训，这是新飞行员在做好战斗准备之前必须经历的"抛光"学校。把博伊德这种刚走下战场的飞行好手送来培训，似乎不合常理，但是博伊德是准备当教官的，此前他必须先充实自己，了解教学大纲并掌握美国空军教学方法。于是，博伊德学习了 9 课时的编队飞行、10.5 课时的空对地射击技术、17 课时的空对空射击技术和 15 课时的应用战术。

学完这些课程之后，博伊德的职业前景，也就是说他的晋升机会，看起来相当不赖。这位 27 岁的有战斗经验的老兵不久前接到一份《军官考绩报告》，收获了上级的极高评价。他正在战斗航空界崭露头角。而且他有思想——很多思想——空中战术思想在他头脑中翻滚。内利斯是把它们付诸实践的绝好地方。

然而，他和玛丽、斯蒂芬刚刚在基地提供的一处"二战"时期留下的没有电话和空调的小房子里安顿下来，麻烦就出现了。

时值 6 月，气温高达华氏上百度。16 个月大的斯蒂芬正在蹒跚学步。有一天，斯蒂芬发起了高烧。玛丽起初觉得问题不大——婴幼儿总会偶尔发点烧——但她还是留了心。斯蒂芬总不见好转，过了几天以后变得十分倦怠和无精打采。

"一定是流行性感冒。"玛丽想着，给他服了一点温和的药物。一天早晨，她走进斯蒂芬的房间，发现他没有像往常那样坐着等她，也不央求吃东西。玛丽笑着低声哄他，叫他大懒虫，拉他起来。斯蒂芬却头歪向一边，倒在床上。玛丽又把他拉起来，可是他的头又一次垂下来，又一次倒在床上。

年轻的主妇玛丽初为人母，又远离家乡。此刻，令人心寒的恐惧袭上她的心头。儿子出大麻烦了。

难道是……？

她无法令自己说出那个词。

她急忙抱着斯蒂芬去找医生。

他得了脊髓灰质炎。

博伊德因为妹妹安的缘故，当然对这种病不陌生。脊髓灰质炎早期症状是人们所说的"足下垂"，由于脚背肌肉部分受到影响，患者的双腿通常向外翻转。治疗方法格外残酷。病人腿上绑上沉重的沙袋，后背和腿用坚硬的钢支架固定，头部由不锈钢箍圈支撑。病人几乎都离不开轮椅，只有少数非常幸运者能够架着双拐走路。脊髓灰质炎的致死率很高，但是对有些病人来说，他们宁愿死，也不愿在铁架子里度过一生。

安患病后仍可以自主行走，但是斯蒂芬的病情特别严重，他的双腿和后背都用上了沙袋和支架。博伊德在游泳用品店里买了一台小型水泵，装在浴缸里，让斯蒂芬泡在流动的温水里。餐桌收拾清理后变成了训练台。每天早晨，博伊德和玛丽把斯蒂芬抱上去，拉拽、牵引和伸直他的双腿，按摩他萎缩的肌肉，直到他受不了疼痛而叫喊起来。博伊德经常趁午休时间抽空赶回家里，给斯蒂芬增加运动量。斯蒂芬两次差点死去。看到长子经受如此痛苦，玛丽流下了伤心的泪水。

伊利家乡的人们听说斯蒂芬患病，都想起了安和一度晃悠悠的约翰。杰克·阿克巴尔的家人说，脊髓灰质炎是遗传性疾病。无疑，博伊德经历着魂灵在炼狱中受难般的剧痛，但他从没有跟玛丽讨论过此事，从没有谈起感受或感情之类的事情。当玛丽说斯蒂芬的病可能来自博伊德的家族遗传时，他只是抿紧嘴唇，点点头，说这种猜测"很有意思"。他在与众不同的地方找到了安慰：瓦格纳的音乐作品。他尤其爱听《飞翔的女武神》(*Ride of the Valkyries*)，反复地用大音量播放这曲子。

玛丽记得看过一段电影剪辑，拍的是富兰克林·D. 罗斯福总统在佐治亚州沃姆斯普林斯市富含矿物质的温泉里嬉戏的镜头。罗斯福去过的地方一定是个好地方。

博伊德用家里的汽车换购了一辆旅行轿车，这样斯蒂芬可以更舒服地平躺在车后厢里。他请了紧急事假，与玛丽一起带着斯蒂芬，开始了为期3天的长途旅行。途经得克萨斯州和亚拉巴马州地界，他们在廉价汽车旅馆里过夜，在汽车旅馆或加油站里洗斯蒂芬的尿布，然后挂在车窗上晾干。

在沃姆斯普林斯治疗3天以后，他们又赶回内利斯。车上没有空调，南部和西南部地区此时正热浪逼人。斯蒂芬在支架的束缚下格外不舒服，他的下巴被钢托磨得生疼，颈部和双腿上又压着沉重的沙袋。他一路上哭闹不止。

就这样，博伊德一家开始了多年无数次往返内利斯与沃姆斯普林斯的长途跋涉——漫长的苦旅每次耗时 10 天，然而最终没起任何作用。博伊德只是个中尉军官，支付不起高昂的治疗费用。那时的美国空军医院无论在知识、设备还是在能力上，都无法胜任脊髓灰质炎的治疗。美国出生缺陷基金会承担了斯蒂芬的治疗费用。当高傲的博伊德意识到，他的家人正像母亲当年一样，被迫依靠别人施舍的时候，斯蒂芬的厄运给他带来的刺痛更加强烈了。

麻烦事接踵而至。玛丽又怀孕了。她开始接受丙种球蛋白连续注射，医生说这可以预防脊髓灰质炎。但是，如果脊髓灰质炎具有遗传特性，而且初生子又已经患了这种病，下一个孩子很可能也会面临同样的命运。玛丽不断告诉博伊德，她担心他的家族可能遗传脊髓灰质炎。他说要等一等看。

为了给斯蒂芬更多活动空间，让他像正常孩子那样享受童年，博伊德找来几块木板钉起来，底部装上滑轮，让斯蒂芬学会躺在上面，用手推着走。随着年龄增长，斯蒂芬开始到街上跟其他孩子们一起游戏。博伊德在 3 万英尺高空，以超过 400 英里的时速驾驶喷气式战斗机飞行，当他返航回到基地，开车到家门口时，一眼就看见自制滑板车上的儿子。他正顽强地推着小车，跟在一群嬉笑奔跑的孩子后面，穿行在街道上。

斯蒂芬罹患脊髓灰质炎的 1954 年夏天，是美国人忍受流行性脊髓灰质炎之苦的最后一个夏天。乔纳斯·索尔克博士当年发明了脊髓灰质炎疫苗。1955 年，美国政府批准该疫苗上市，脊髓灰质炎在美国事实上被消灭了。这对美国和全世界都是好消息，但对博伊德来说更重要的是，索尔克博士证明脊髓灰质炎是一种病毒——不是遗传病。博伊德不用为此负责任。可是斯蒂芬再也不能走路了。

这年夏天，博伊德从高级飞行学校毕业，被分配到第3597飞行训练中队当教官。他查看了教具、课程实施计划、教学大纲和学员情况之后，宣布准备"稍微调整一下战术课程"。

稍微调整？想都不要想。战略空军司令部的将军们认为，除非训练如何把钢铁倾泻到地面，战斗机飞行员做高级训练没有丝毫用处。课程体系中的空对空部分已经少到近乎没有，至于战术手册更是闻所未闻。有的只是产生于第一次世界大战时期，经过第二次世界大战和朝鲜战争原封不动传袭下来的那些大杂烩。

要理解这种局面的由来，必须回到航空事业的初创时期。第一次世界大战时期，德国飞行员发明了背向太阳俯冲而下，向被光线刺眼的美国飞行员射击的战法，由此产生了"当心太阳里面的猎人"的说法。美国飞行员抄袭了这个动作。

德国第二次世界大战时期著名飞行员埃里希·哈特曼直接自后方偷袭行动迟缓的轰炸机、无戒备的战斗机或其他在战斗中受创的飞机。这个打黑枪的家伙击落了352架飞机，是历史上头号王牌飞行员。

美国第二次世界大战时期的头号王牌理查德·邦根据P-38战斗机笨重不灵活的弱点，被迫采用了以下招术：守候在高空，然后一跃而下，利用P-38闪电般的速度冲入敌机群，直到把握较大的近距离才开火射击，一举将敌机击落，然后像风一般扬长而去。然后，邦利用较高的俯冲速度，急速跃升回到高空，准备下一次攻击。这个招术一点儿也不复杂，但邦就是凭借它击落了40架日本飞机。

参加过朝鲜战争的飞行员所传授的他们在"米格走廊"掌握的战术，与哈特曼或邦的战术没有多大区别。这是意料之中的，因为新飞行员一到朝鲜就接到这样的提醒：不要与米格飞机进入筋斗空战，要用高速度不断穿过敌机群。美军飞行员认为，空战双方运用的机动形式是千变万化、无穷无尽的，所以空中作战的规律不是一句话就能说清楚的。空中作战是一门艺术而不是科学。学员在模拟空战中被击落了，也不明白怎么回事。教官也说不出个所以然来，只会说："不着急，孩子。你总有一天会像我们一样优秀。"战斗机飞行员要么挺过战火考验而成为幸存者，要么就此消失。简言之，空战战术——除极少数例外情况——自第一次世界大战以来没有任何实质性发展。朝鲜战争期间 F-86 使用的机动形式、朝鲜战争后内利斯传授的机动形式，仍然是索普威思"骆驼"式飞机在第一次世界大战和 P-38 在第二次世界大战中采用的机动形式。唯一的区别只在于，喷气式飞机的速度和动力使它们能做垂直机动，而活塞式发动机飞机基本上做不到。即便如此，F-86 飞行员在朝鲜战争中也仅仅是开始摸索垂直机动，空战仍旧主要在水平方向上进行。

所以，当博伊德说他准备"稍微调整一下战术课程"的时候，他实际上打算做历史上第一个研究和梳理战斗机作战机理的人。他狂热地投入了这项工作，通宵达旦地编写一系列关于战斗机对抗的简报，并且开始训练自己的教学能力。

在美国空军里，没有人试图推进空对空作战的战法研究上心，上自总统下至普通职员的所有政府人士都相信下一场战争会是核战争。就这样，很快，博伊德的空战知识的深刻和广博就在美国空军内部达到了无人企及的程度。

作为一个以事业为重的人，博伊德对不理解或不赞同他的事业的人极度缺乏耐心，从来不容忍那些为追求名利而不择手段的人、官僚政客等与他志不同道不合的人。一般情况下，他会表现出得体的军人礼节，但他有战斗机飞行员的进攻精神，如果有人问什么问题，会得到直截了当的回答。

在博伊德的职业生涯中，上司对他的看法泾渭分明。有的不喜欢他，认为他不专业，但有的极为欣赏他，对他所作的贡献钦佩不已。博伊德在内利斯期间收到的第一份《军官考绩报告》表明，他当时仍立足未稳。在《军官考绩报告》的首页，评价者必须在"岗位知识""领导能力""发展潜力"等一系列方框内打勾，给青年军官评出等次。一般情况下，评价者都在最右边第六排方框内打勾，使这一页起到"防火墙"式的保护作用。给博伊德的勾都打在第三或第四个方框内。这是相当平庸的评价，很可能终结他的职业生涯。

在更重要的第二页评价者写道，博伊德"神经质、健谈、喜欢交际……在激烈争论中会异常兴奋和提高声量……［博伊德］博览群书，在熟知的领域内思路非常清晰，愿意与人作深入探讨"。在最重要的关于晋升潜力的末尾部分，评价者轻率地将博伊德描述为"……一名与其衔级和经历相称的、出色的青年飞行员，是任何一支昼间战斗机部队的有利资产"。

当相互进行评价时，战斗机飞行员则是自己人的死敌。有研究表明，在美国空军内部，对同僚评价最苛刻的就是战斗机飞行员，紧随其后的是护士。博伊德经常公开顶撞、指责上司，加剧了他们对他的敌意。来内利斯还不到一年，博伊德就遇到了大麻烦。

经过煎熬的妊娠期和长时间痛苦的分娩过程，玛丽于 1955 年 2 月 8 日产下了她的第二个孩子。她用 20 世纪 50 年代的电影明星凯瑟琳·格雷森的名字，给这个女儿起名凯瑟琳。关于脊髓灰质炎的恐惧时刻压在玛丽心头，她每天给凯茜（孩子的昵称）做检查，抚摸她的腿、脚和手臂，警惕斯蒂芬发病前的那些症状，然而凯茜是个健康女婴，脊髓灰质炎与她无关。她的问题是后来才出现的，那将是更让人心慌意乱的问题。

1955 年 3 月，《战斗机武器学校通讯》（*Fighter Weapons Newsletter*）刊登了朝鲜战争中的双料王牌飞行员弗雷德里克·"布茨"·布莱塞（Frederick "Boots" Blesse）以《没有胆量就没有辉煌》（*No Guts, No Glory*）为标题的文章，介绍他在朝鲜战争中的空战战术。作为内利斯战斗机武器学校的校刊，《战斗机武器学校通讯》刊登的文章通常没有什么份量——然而布莱塞的文章因为三个原因而十分重要。首先，作者是官方承认的打米格飞机的高手，而人们对王牌飞行员总是格外关注的。其次，到那时为止，无论是在两次世界大战期间，还是在朝鲜战争期间，都未见关于空中战术的文章问世。《战斗机武器学校通讯》的编辑在前言中指出了这一点，他写道："这点微不足道的证据说明，人们对空中作战这个阶段关注得太少。"他还写道："……文章基本上是对已知原则在实践中的应用。"尽管布莱塞的文章缺乏新意，但美国空军高层对王牌飞行员撰文讨论战斗机战术一事却显得相当紧张，下令把该期《战斗机武器学校通讯》列为"机密级"文件。最后，布莱塞文章的重要性还在于，因为他的这一番论述，博伊德对空中战术的开创性研究在一定程度上显得不那么重要了。

博伊德不屈不挠地坚持研究和推进空中战术，不断在飞行实践中验证他的思想。F-86飞机因为结构出现问题全部停飞了一段时间。当它恢复飞行的时候，飞行员的正常做法一般是先谨慎使用一段时间，但是博伊德一上来就粗暴地对待F-86。他最喜欢的动作之一是做快滚，这种动作非常猛烈，会使飞机的垂直尾翼承受极大的侧向载荷。他准备把它列入教学内容，但上司认为这动作太危险，如果操纵失误或者做不到位，可能造成结构破坏和失事坠毁。有一天，博伊德和另一名教官作空战训练，博伊德做了一个快滚。那名教官在上方观察，用无线电告诉博伊德："有些线正跟在你后面做编队飞行。"博伊德飞回内利斯基地，做了一个轻柔的着陆动作，把飞机停在工作区的角落里。他惊讶地发现，钢索已断裂并打穿了尾翼蒙皮。博伊德让地勤组长检查损伤情况。他在军官俱乐部没待多久，就有人在军官俱乐部门口找他。地勤组长说，飞机尾翼主固定接头断了，不过万幸的是尾翼没有失效。出于对博伊德的哥们义气，地勤组长将这件事掩盖了过去，博伊德没有受到过失指控。

1955年3月，博伊德又收到一份《军官考绩报告》，是先前评价他的那个少校签发的。新《报告》对他的批评态度比之前更加强烈。第一页评分很低，第二页上最重要的第一句是："博伊德中尉嗓门很大，饶舌多嘴，热衷于辩论和争执。"后面的部分热情地赞扬了博伊德的工作业绩：他是"非常成功的教官"，飞行能力"出类拔萃"，是"能积极地激发学员斗志的教师"，而且"他是我所知道的最挚爱飞行的人之一"。但是，少校在最后部分表示，博伊德应在飞行中队担任小队长或助理作战军官，他是"……值得信赖的、典型的能干军官"。考虑到博伊德在朝鲜战争里担任过小队长，评价者的意思是说，博伊德最好停留在他几年前就任的位子上。说他是"典型的能干军官"的意思是，他没有什么出众之处，不值得考虑晋升——他只是一个普通人。

在那个流行相互吹捧和恭维、往《军官考绩报告》里打"防火墙"成风的时代，这是相当糟糕的评价。事实上，拿到这样的《军官考绩报告》的年轻中尉一般都要认真思考一下，自己还要不要在空军干下去。

但是，就在职业生涯的至暗时刻，博伊德被战斗机武器学校录取了。他将参加于 4 月开始的期班培训，学习如何向教官们传授先进的空战技能。

美国空军战斗机武器学校 1949 年组建于内利斯。多年以来，特别是 20 世纪 50 年代末，学校校名多次变动，编制序列也几经调整，但是它始终秉持建校之初的理念，即空对空作战是对战斗机最完美和最纯正的运用。学校的宗旨是培养世界上最出色的战斗机飞行员，让他们作为种子教官，把空中作战的精华传授给部队同僚。由于美国空军强调投掷核炸弹任务，而且为期 3 个月的培训班规模很小——每次只有十几个学员——学校的培训能力没有完全发挥出来。［美国海军和海军陆战队飞行员多年来一直参加战斗机武器学校的期班培训，学习如何成为"职业杀手"。空军战斗机武器学校组建 20 年以后，美国海军仿效空军，建立了称为"王牌枪手（Top

Gun）"的空战学校。由于电影《壮志凌云》（*Top Gun*）的影响，外人一般只知道海军的那所空战学校。]

多年以来，战斗机武器学校一直是空军战斗机飞行员接受的训练中要求最高、难度最大的阶段。在理论上讲，青年飞行员都可以提出申请，但事实上，没有得到邀请的飞行员是无法进入的。从初级飞行学校毕业的飞行员进入部队以后，上司和战斗机武器学校的校友将在接下来的 4 年到 5 年时间里对他们进行考察。如果他们在中队里成为尖子飞行员，有英勇无畏、积极进取的品质，如果他们公开表达了对战斗飞行的信念，就可能获邀前往战斗机武器学校。

战斗机武器学校不只是战斗机飞行员的研究生院，也不只是美国空军的高级学府，它是战斗飞行的神殿，是把战斗飞行视为神圣使命的人们的乐土。与多数学术殿堂的情况一样，并非所有进入战斗机武器学校的人都能完成全部课程。那些昂首走出大门的毕业学员将获得荣誉和尊重，而"中途夭折"的学员会发现美好的职业生涯已然结束。因此，飞行员们在接到入学战斗机武器学校的邀请而倍感荣幸的同时，想到"中途夭折"的风险，又会不由得有一种不寒而栗的感觉。

如果说战斗机武器学校是神殿，毕业学员们是祭司，那么学校的教官们就是大祭司。在这种三维空间上演的高速死亡之舞，或者说有史以来最瞬息万变的战斗行动方面，他们堪称大师。

战斗机武器学校教官的外表与普通人毫无二致。不过他们都佩戴布章。

在博伊德的时代，教官绿色飞行服的胸口上有徽形布章，中间画着压在一只靶心上的十字标线，上方是粗体的"教官"字样。在高等教学机构，教员一般位于等级阶梯的底部，然而战斗机武器学校教官在内利斯可是个无比尊贵的头衔。可以一直干到将军，这样的人很多。但是如果问他，什么是他最感到荣耀的——当上战斗机武器学校教官，还是提升为将军——他会毫不犹豫地选择前者。毕竟将军虽有银星肩章，教官却可以佩戴布章。

战斗机武器学校教官还系着黑金色相间的方格子围巾，他们座机的机首和垂尾上也涂有同样的图案。带黑金色方格图案的战斗机立刻会被认出是来自内利斯基地的飞机。当飞机降落在别的基地时，停机坪上所有人都会停下手中的工作，凝望着——像一名中世纪骑士掀起他的斗篷一样——飞行员抬起飞机的座舱盖。在航行调度中心，来自内利斯的飞行员开始填写工作单。当轰炸机或运输机飞行员们转过头，看到胸章和黑金色相间方格围巾的时候，他们的男性气概顷刻间会萎缩不少。

战斗机武器学校毕业生也戴布章，不过在 20 世纪 50 年代，毕业生的布章缀在飞行服肩部，比教官的略小。无论训练是一对一（BFM——战斗机基本机动），还是二对二，或者更多（ACM——空战机动），佩戴布章的人都是优胜者。

20 世纪 50 年代中期，战斗机武器学校的教官大部分参加过朝鲜战争，曾驾驶 F-86 战机沿着"米格走廊"巡逻，被称为"袋熊"。对青年学员来说，能与"袋熊"在空中打斗并且荣获布章就是他们最大的向往。

不过，前来受训的所有飞行学员几乎都怀着一个深藏心底的更美妙的理想：在课堂学习和飞行训练中获得优异成绩，然后回到中队半年或一年后，接到邀请他们去学校担任教官的电话。

有时飞行员空战知识格外丰富，飞行技术堪称楷模，他不用回原中队等电话，而是在毕业之际就受邀留校担任教官。这种情况可遇不可求，这种人被视为天才中的天才、最优秀的战斗机飞行员和完美斗士。

博伊德已经完成飞行训练任务——6.5课时的熟悉和定向飞行、11课时的应用战术、20课时的空对地任务、30课时的空对空训练和12.5课时的核武器投掷训练。在课堂上，他学习了29课时的对地攻击课程、20课时的空中攻击课程、27课时的战斗机武器运用课程和24课时的空中突袭教学法课程。关于博伊德的课时记录，现在已经找不到相关文档，只有一份训练报告表明他学完了全部课程。对他的表现，最好的证明莫过于他在毕业时就接到了留校担任教官的邀请——成为大祭司。

正是在战斗机武器学校担任教官时期，博伊德成了传奇人物——众所周知的"40秒博伊德"。

第六章　高音速教皇约翰

　　1956 年 2 月，博伊德在《战斗机武器通讯》上发表题为《试论战斗机对战斗机训练》（A Proposed Plan for Ftr. vs. Ftr. Training）的文章。这是他为数不多的作品中的第一部。该作品的不同寻常之处在于，它不是重在提供某种诀窍或具体机动动作，而是向飞行员传授一种崭新的思维方式；尽管它解释了多种机动形式，然而更重要的是，它让飞行员看到了这些机动形式带来的效果。

　　尽管尚显稚嫩，这篇文章却显示了隐约可见的潜力。它是尝试的成果，只约略地预示了博伊德后来对战斗飞行的第一个重大贡献。炮弹、炸弹和火箭运用方法是美国空军训练的标准内容，但如何使飞机运动到相对敌机的最佳位置的教学内容却付诸阙如。博伊德写道，飞行员在训练中奉为金科玉律的很多技巧在战斗中可能使其丧命。他表示，战斗机训练必须从最基本的技能开始："要让学员在教官的尾部进入，学会在任何机动过程中始终不被甩掉。"战斗机飞行员必须能在敌机 6 点钟位置保持足够长的时间，这样才有时间瞄准和开火。

　　大坡度转弯（一种接近性能极限的机动，始终让敌机保持在目视范围内）是空战的基本样式，但博伊德在文章中提供了一个新招法，表现了他作为空中战术专家的天才，预示着更激进观点的到来。飞行员得到的教导是这样的，进入转弯时必须先利用操纵杆推动副翼，然后再使用方向舵。而博伊德告诉他们，要先使用方向舵，这样既降低了速度，又使转弯半径更小。对处于防守态势的飞行员，转弯时先用方向舵还能扩大与对手的速度差，把敌机挤到外侧，从而拉开横向间距。在防守时，飞行员最关注获得横向间距，因为这个战术使他能迅速脱离，然后以进攻姿态再次进入战斗。博伊德的建议不止于此，他还告诉学员如何运用"剪刀""高速摇－摇""低速摇－摇"和垂直滚剪等战术机动，以取得相对敌机的优势。

文章立刻产生了反响。因为充斥陈词滥调而死气沉沉的《战斗机武器通讯》顷刻间在飞行员中变成了抢手货，复印件被转发给世界各地的美军战斗机飞行员。他们一边逐字逐句地钻研博伊德的话，一边做手势模仿机动动作，然后赞同地点点头，因为他们弄懂了博伊德的观点。

博伊德教授的思维方法不仅是飞行动作，而是每个动作对空速的影响、敌机可能做什么反制动作、如何预见敌机的反制动作、如何保持足够空速以反制敌机的反制动作。足够的空速使飞行员能保持或获得进攻姿态。这是大胆和激动人心的见解，是使空战成为科学而非艺术的第一次尝试。

博伊德文章的粉丝主要是青年飞行员，他们稚气未脱、思想开放，渴望突破因循守旧的老路。文章并非对每个人都有吸引力。布茨·布莱塞的手册仍然在大面积传播，布莱塞的信徒们对博伊德的文章嗤之以鼻："是吗？他打下过几架米格？"

嘲讽并没有吓倒博伊德，但在某种程度上，他一定被批评的话刺痛了。他知道自己正在接近某个重要发现，只因没当过王牌飞行员就让它从手中溜走，那简直太让人气恼了。或许出于抵触批评的心理，他开始公开发表惊人的言论。

有一天，博伊德正与一群军官在一起，这时有人说，有他那样战术知识的人应该参加空军"雷鸟"飞行表演队。这番话里有明显的讥讽意味，实际上博伊德的水平可能够不上"雷鸟"飞行员，他们才被认为是美国空军最优秀的飞行员。

博伊德的回击令在场的人大吃一惊，他说曾经接到过加入邀请，但是他拒绝了。

军官们目瞪口呆地望着博伊德，而他挥舞双手，开始了抨击"雷鸟"飞行员并非正统的精彩演说。"'雷鸟'飞行员就像一群该死的训练有素的猴子，是讨厌的马戏团演员。他们专门到沙漠里一遍又一遍地做同样的动作。那不叫飞行，随便找几个老太太训练一下都能做到。他们到现场做空中表演，穿上笔挺军装到处招摇，好像电影明星一样。他们招兵的能力很强，这我承认，他们很可能是空军里最好的招兵工具，但是他们所做的跟战斗飞行没有丝毫关系。只为摆样子，对飞行没有意义。我不想跟这些人有任何瓜葛。那只不过是举办鸡尾酒会和卖弄风情的马戏表演。"

博伊德关于"雷鸟"飞行表演队成员只做表面功夫的评价是正确的，事实上，他们对外在形象和社会荣誉的重视胜过对飞行技术的重视。博伊德实际上不可能被邀请加入"雷鸟"飞行表演队。

博伊德相当得意于众人的诧异，以后他还将多次这样表态。但是，这种观点是空军上下不能接受的。哪怕轰炸机飞行员看待"雷鸟"飞行员，也如同父母看待那些特别聪明伶俐的、经常被拉出来为客人表演的子女那样。"雷鸟"飞行表演队是美国空军最了不起的公关工具。有朝一日，博伊德将为自己的评语付出代价。

但是，博伊德当时的上司经验相当丰富，他们有意忽略了他引人注目的缺点，而是欣赏他为战斗飞行事业所做的贡献。

有一份《军官考绩报告》是这样开头的："博伊德中尉是我有幸与之共事的最杰出的军官。他是战斗机飞行和战术领域的专家……（他）对布莱塞《没有胆量就没有荣誉》小册子所确立的原则进行了完善，被认为是当代最主要的空战战术权威之一。"批注《军官考绩报告》的中校对博伊德的评价是，"他狂热和激进的天性意味着有时他会把自己的观点强加于人"。但对军衔仍为中尉的博伊德更不同寻常的是，他的《军官考绩报告》还得到一位少将的批注："这个青年飞行员比我认识的任何中尉都更有积极进取的精神。"少将最后表示："建议考虑提前晋升其职级。"

这是博伊德职业生涯中得到的最出色的《军官考绩报告》之一。

1957 年 2 月，他被提升为上尉，几个月后奉命前往位于亚拉巴马州蒙哥马利市的麦克斯韦尔空军基地，接受为期 4 个月的中队军官培训。这是年轻职业军官向上发展的跳板。

回到内利斯，博伊德搬出基地旧宿舍，住进拉斯维加斯北区卡萨迪路 11 号的联式公寓里。博伊德现在的家庭安顿妥当，职业稳定而前程无忧。他已经准备好策划一场革命了。

弗农·"斯普拉德"·斯普拉德林（Vernon "Sprad" Spradling）

是一名有 2000 小时飞行经验的空军老兵，拥有公共管理学硕士学位——他身材不高，作风讲求实际，曾在亚卡台地（Yucca Flats）做了好几年的核试验观测工作，还在内利斯的绝密核武器研究中心工作过。然后，他来到战斗机武器学校，负责选调和训练教官，督导教学活动。在教官进入教室之前，他必须先过斯普拉德林这一关，展示出足够的知识修养和教学技能。斯普拉德林要确保每节课都合乎空军条令要求，并且内容全面。由于斯普拉德林的工作是提高教学质量，所以他经常探索新思想和新知识，以及能更好体现这两者的新方法。他在博伊德身上发现的东西让他格外开心。

战斗机武器学校下辖 3 个部，作战与训练部是学校的主体与核心，在教职员中最享盛名；其次是研究与发展部，与前者一样从事大量飞行活动；最末和最不受青睐的是学术部，负责制订课程计划和研究教学方法。如果说学校有个垃圾场，那就是学术部。

斯普拉德林找到博伊德说："约翰，我想让你去学术部那边带个头，担任学术部主任。"

博伊德考虑了一下，点了点头："斯普拉德，我愿意干。但是，条件是允许我把课程的战术部分改进一下。"

改进战术部分课程在斯普拉德林看来不存在任何问题。事实上，这与他革新战斗机武器学校的计划不谋而合。但是就"改进"的定义而言，他的想法比起博伊德的雄心要逊色许多。博伊德想给学术部增加 4 个班次的课程。他告诉斯普拉德林，如果拒绝他的建议，他就返回训练中队去带教飞行员，因为他们比学校毕业生更优秀。这位学校主管知道，博伊德是言出必行的。无论是出于完全认可博伊德增加学术部工作量的想法，还是出于不希望别处飞行员打败学校毕业生的想法，斯普拉德林最后允诺博伊德在课程中增加教学班次。

博伊德搬进斯普拉德林的办公室，坐在对面的办公桌后。在随后4年里，两人一直保持这样的相对位置。在当时及以后的许多年月里，斯普拉德林成了"战斗机武器学校先生"和全校人的共同记忆，军官们匆匆来去，唯独他保持不变。他在内利斯工作了22年，认识很多出色的教官和学员，其中有些在越南战争中成为英雄，或者晋升为将军。但是，对弗农·斯普拉德林来说，有关博伊德的记忆是他对22年间在学校任过职的所有人的记忆中最耀眼夺目的。没有人比他更了解博伊德。

这个时候博伊德已经认识到，艾奥瓦大学的商科学位对他在空军的事业无益。当学校里碰巧来了一位拥有航空工程学位的战斗机飞行员，博伊德第一次知道了变分法。他在中学和大学时曾经很轻松地掌握了数学，所以买了教科书，开始自学微积分。现在他可以把关于飞行战术的认识和研究提升到新的高度了。他可以把战斗机运动归纳为关于升力、阻力和向量的数学方程，用绝对数值对战斗机飞行员过去认为难以形容、无法量化的艺术形式加以整理。博伊德每天坐在斯普拉德林的对面，研究空中战术，勾画飞行轨迹图，写下晦涩难懂的方程，划掉，然后再写。斯普拉德林和博伊德也许进行过一些讨论，他会提出问题，但没得到回应。他停下手中的工作抬起头，发现博伊德紧盯墙壁，完全忘记了周围的环境，这样过了大概15分钟到20分钟，用博伊德自己的话说，他这时候"灵魂附了体"。然后，似乎某个开关接通了：椅子上的博伊德突然转过身，重新拾起话头，像狂风中的风车那样挥舞手臂，隔着办公桌俯过身体，声音越来越大，最后简直是在叫喊，嘴里唾沫星子乱飞。

博伊德在内利斯熟识的某些军官说他患有强迫症，还有些人说他"有一点疯狂"。斯普拉德林大概对这两种说法都会表示认同。

博伊德精神能量相当充沛，他开始咬指甲，直到肉根部分的指甲都啃坏了，看上去好像他把自己的手伸进了搅拌器。有人建议他抽烟，因为嘴里有东西，就不会咬指甲了。博伊德不喜欢卷烟的味道，就抽起了雪茄。他最喜欢"荷兰大师"雪茄，开始每天抽上4支到5支。现在跟他对话的人面临着新挑战。当他凑近对方，挥起持着点燃的雪茄的手时，实际上是一边说话，一边用火和烟灰在空中划圈子。

为了抑制紧张情绪，博伊德会在基地体育馆做健身运动。母亲在他8岁的时候曾经无力支付查尔斯·阿特拉斯的训练课程，而现在政府免费提供他想要的所有东西。他每天练习举重，手掌上很快起了大块茧子。紧张情绪难以平复的时候，他经常摊开手掌，把拇指和食指之间的茧子一片片啃下来，然后吐掉。

正是这个时候，博伊德对电话的挚爱开始显现。每周有三四个晚上，而且总是在午夜过后，斯普拉德林家的电话会响起来。他伸手，拿起床头柜上的电话，类似下面的谈话就开始了。

"喂，我是斯普拉德林。"

"斯普拉德林，我是约翰。"

"约翰，什么事？"

"斯普拉德，我有了个突破。"

"现在几点了？"

"斯普拉德，还记得今天上午告诉你的那个方程吗？"

"约翰，也许明天可以——"

"我现在知道少了什么了。我想出来了。"

然后他开始就某个微分方程进行持续一两个小时的谈话，完全无视斯普拉德林想要推迟讨论的心情。斯普拉德林参与讨论的方式是偶尔咕哝一声，或者不置可否的"哦"。最开始，他以为如果不回应，博伊德就会挂上电话。但连续接听深夜电话几个月后，斯普拉德林意识到，博伊德不需要一场对话，他只想说话。他通过说话来学习：在独白过程中，他的想法不断涌现，各种论点被试着提出来，再被拒绝，直到他对头脑中思考的东西有了更好的理解。一两个小时后，博伊德会说："谢谢你的帮助，斯普拉德。你的帮助太重要了。"然后，他会挂上电话。

斯普拉德林的妻子不喜欢这种深夜来电，但斯普拉德林忍了下来。这里有两个原因：首先，他在战斗机武器学校听过很多班次的课程，偶尔能为博伊德提供些建议；其次，博伊德不仅是他的好朋友，也是学校里最棒的飞行员，而且正在研究全新的空战战术和方法。实际上，约翰·博伊德上尉正成为战斗飞行界一位传奇式人物，斯普拉德林希望助他一臂之力，凌晨打来的电话只不过是需要付出的很小代价。

博伊德作为战斗机飞行员而名气陡升，还归功于美国空军历史上最古怪和不可捉摸的战斗机之一——F-100，第一种在平飞中达到音速的正式服役的飞机。

F-100 由北美公司研制，是美国空军装备过的最著名的 100 系列战机中的第一种。根据设计和制造意图，它本是昼间空中优势战斗机，但轰炸机将军们把它变成了"空对地"飞机。

F-100 被称为"Hun"，即英语数词 hundred 的缩写，而 Hun 这个单词在英语中还有"匈人"的意思。以后 100 系列还将出现其他值得称道的飞机：为战略空军轰炸机护航的 F-101、截击机 F-102、机翼短得被称为"人操火箭"的 F-104"星斗士"、战术核攻击机 F-105"雷公"和全天候截击机 F-106。但是它们都是后来者，无一达到 F-100 飞机的威望。

F-100"匈人"，特别是 A 型，是尉官杀手和寡妇制造者，有着令人恐惧的名声。1/4 的 F-100 损失于飞行事故。宽容的飞机一般允许飞行员犯错误，但 F-100 不仅不会，反而如飞行员们所说的，会"跳起来，咬你的屁股"。"匈人"是人类制造的最不宽容的飞机之一。驾驶它时每一秒钟都不能松懈，只要操纵动作有丝毫错误，注意力有片刻放松，就会"偏离航线"，也就是说，它会停止飞行，表现出一块砖头的空气动力学特性。偏航通常来得十分猛烈——自动上仰 60 度，然后急剧滚转，进入不可控制的螺旋。

F-100 有若干怪毛病，是飞行员们从未见过和认为很麻烦的。其中最不严重的是发动机转子陀螺效应。飞机起飞时，或者低速机动后加速时，机头会偏向一侧。果断地使用方向舵虽然可以控制这种偏向，但是会使飞行员手忙脚乱，相当狼狈。

还有其他麻烦。飞机急剧机动会扰乱进入发动机的气流。在机头进气道内，气流产生紊流现象，压气机开始失速。浓烟和烈火从进气道和尾喷管涌出来，机身开始颤抖，"嘭！嘭！嘭！"的爆响使飞机剧烈抖动，飞行员的脚都踩不稳方向舵踏板。喷气式发动机在当时还是新事物，压气机失速现象尚未得到全面和深入的了解。

有一段时间，有人担心如果飞机不能迅速恢复正常状态，可能会在空中爆炸。即使通过试飞，证明压气机失速相对无害，但改飞F-100的新飞行员仍然心有余悸。从飞行员把飞机滑上跑道，推动油门——使发动机开始嘎嚓作响——到返航着陆，F-100是随时可能出问题的"不定时炸弹"。

F-100"匈人"的机身里有许多秘而不宣的技术细节，因此带来另一个问题。它正式服役时，美国空军仍旧在裁撤员额。朝鲜战争后，空军已经撤编10个战术战斗机联队。这意味着，技术最娴熟的喷气式飞机机械师正被迫从军中退役，而与此同时最复杂的战斗机进入空军服役。F-100长期面临维护问题。

F-100"匈人"最令人棘手的问题是反向偏航。F-100于20世纪50年代中期问世时，飞机一般依靠副翼增加或减小它的坡度。但是当副翼偏转增加到某个程度——具体到什么程度，没有人知道——F-100会突然向相反方向横滚，进入不可控制和无法恢复的螺旋。改出意外横滚的方法一般是向反方向拉操纵杆。但在F-100上，这样做只会使危险进一步恶化。

简单来讲，在低速高攻角情况下，副翼向下偏转产生了更多阻力而非升力。正如一位F-100飞行员所说的："如果你想右转，而飞机想左转，最后获胜的总是飞机。"飞行员突然间失去高度、速度甚至意识——这都发生在同一瞬间。在战斗机武器学校，飞行学员经常在低空活动，没有机会恢复状态。干掉了如此众多飞行员并使飞机带上恐怖恶名的，正是反向偏航。

博伊德却很喜欢这种飞机邪恶的怪毛病。"它会反咬人一口。"他说。在他看来，F-100是一款很好的教练机。如果学员能飞"匈人"，就能飞其他任何机型。飞行员立刻爱上了这种飞机在平飞中就能达到音速的能力。他们喜欢飞到内利斯靶场上空，把油门向前一推，猛然越过音障，雷鸣般的音爆声随之响起。然后他们拉起机头，越过森赖斯山脉，去"爆轰"拉斯维加斯。

"那就是我，飞高音速。"成了 F-100 驾驶员的新口头禅（"匈人"飞行员不会满足于宣布自己飞超音速；必须是"超高音速"才行）。这话是漫不经心地说出来的，因为"匈人"飞行员知道，美国空军里没有其他人能夸下同样的海口，没有必要提醒别人他们都低自己一等。

F-100 到达内利斯的最初几个月里，以下的事情并非罕见：拉斯维加斯人端坐在家里，突然间窗户乱抖，声波震耳欲聋，人们陷入恐慌，有如世界末日来临。一名飞行员——有人说他在 40 英尺高度上以 815 英里的时速飞行——猛烈地爆轰了沙漠中的一座小镇，致使镇上医院主楼的墙面开裂，基地指挥官被迫前去道歉，空军不得不拿出 2 万多美元来赔偿损失。

要求赔偿的投诉纷至沓来，高级军官出面压了下来。超音速飞行被限制在远离文明社会的内利斯靶场核心区，而且爆轰人口密集地带被视为严重过失。但是，由于 F-100 比前辈机型速度高很多，实施机动需要的空间也大很多，因此美国空军申请获得了内华达南部 75 万英亩的空域使用权。

禁令的效力不涉及雪莉斯——绿点的妓院——而 F-100 驾驶员们喜欢把航向对准棉白杨林里的这家妓院，然后爆轰它。似乎没有人提出过投诉。

飞机的速度能超过自己的声音，这个现象震惊了美国人。人们站在街头巷尾，谈论着飞机如何接近，又在人们听到之前就扬长而去。他们惊奇地摇着头，深信虽然有战略空军，但只要美国拥有F-100，敌人就会在意图进犯美国时三思而行。

战略空军司令部现在正如日中天。B-47同温层轰炸机是战略空军的骄傲，它的机翼后掠36度，速度接近每小时600英里。柯蒂斯·李梅一再吹嘘，没有一架战斗机能在高度或者速度上与他的轰炸机相提并论。然而有一天，一位B-47飞行员向机舱外看了一眼，发现一架"匈人"正绕着他的飞机做桶形横滚。

"匈人"是王者。

约翰·博伊德是美国最优秀的F-100"匈人"飞行员。

在初级飞行训练期间，博伊德就表现出不敬畏飞机的性格特点，他驾驶飞机的方式非常激进，表明他是完全的掌控者。F-100尽管难以捉摸，也不能例外。战斗机飞行员一般认为，就飞行技术来说，"落手很重"是一种批评性看法，含义接近"笨手笨脚"，说明一个飞行员对飞机找不到感觉。但是要说博伊德落手很重，就是另外一个意思。他无所顾忌地狠劲使用F-100，迫使它接近甚至突破官方规定的极限。他必须找到飞机的真实性能，而不是纸面上的性能。

北美公司无法排除致命的反向偏航。在爱德华兹基地，以试图驯服F-100而牺牲的试飞员的名字来命名的街道已经有好几条了。这个问题十分严重，以致在飞行前下达简令时，给F-100飞行员的最后一句警告是："DBYA——不要太玩命（Don't Bust Your Ass）。"

F-100飞行员认为，飞"匈人"的最安全方式是保持较高速度。但F-100有一种怪癖，用博伊德的话来说就是："它的减速能力超过任何其他飞机。"它不仅能以令人吃惊的速度慢下来，而且即使空速表显示为零时，仍然能在空中飞行。它有时会以极高的速度向下坠落，只有技术高超的飞行员才能靠摆动方向舵的方法，维持对它的控制。

就目前人们所知，喜欢在高风险的低速边界飞行的F-100"匈人"飞行员只有博伊德一个人。他对付反向偏航的方法就是这样。在给战斗机武器学校的学员讲授战术时，他开创了一种新机动方式，他正是在那个时候发现了应对反向偏航的对策。

博伊德在《战斗机武器学校通讯》上发表文章，表明首要的教学手段之一是让学员进入教官的6点钟位置并保持在那里，而教官要用尽一切办法来甩开追踪。他就是这样开始对新学员进行空对空训练的。他非常耐心，起步很慢，摸透他们的技术水准和自信程度。如果他们想学到东西，他会把知道的都教给他们，但是偶尔也有博伊德所说的"有障碍"的学员——也就是说，自命不凡、拒绝教导的家伙。这种学员必须先把"障碍"清除掉，才能充分理解带教他的这个人的天才之处。

"要让一个战斗机飞行员引起重视，唯一的办法就是抽他的屁股。"博伊德说。

"障碍"学员会被要求保持在博伊德的6点钟位置，一到两次机动之后（此时要引诱学员产生自大的情绪），博伊德会突然做一个表明他不愧为美国空军最优秀"匈人"飞行员的动作。他用两手紧握操纵杆，猛然向后拉到底，并且拉着不放手。他称这种机动形式为"立起鸟肚"，此时机腹、机翼和水平尾翼下表面成为一个巨大的减速板，仅用几秒种就使"匈人"的速度从400节下降到150

节，好像在空中飞行的下水道盖板忽然面向气流方向呈 90 度立起。这时候，博伊德还拉着操纵杆，他既不向左，也不向右转弯，而是猛踩方向舵，使飞机剧烈地打起旋，进入快速横滚。学员一下子被甩到前面，而博伊德则落到学员的 6 点钟位置。他放出的这个圈套，没有人能逃脱。

事情发生在电光火石之间，学员完全搞不清楚发生了什么。前一分钟他还处于极佳猎杀地位，紧咬博伊德的尾巴，瞄准他的座舱，并即将在无线电里喊出："杀！杀！杀！"他只需要照相枪胶卷里的 16 帧图像，约等于机炮发射半分钟的时间，就能完成猎杀。但是，就像一名学员回忆的，"他一瞬间毫不费力地做了个急转弯，玩了个两面派鬼把戏，我就成了电影明星。他用照相枪把我拍了个够"。

现在是博伊德跟在学员后面，吼出："杀！杀！杀！"然后，粗犷的笑声传过来："你被击落了。"

如果学员认为这次有侥幸成分，希望重新来一次，博伊德会同意，但结果始终是一样的。"博伊德压着学员打，直到他们像猪一样发出尖声抗议，然后带他们返航，并尽情地取笑他们。"他以前的一名学员这样说。当学员意识到，继续交战只会进一步加剧他们的耻辱，就会发出就此休战的信号。着陆后，博伊德走到学员跟前，问："现在还觉着自己了不起吗？"

"不，长官。"他显然会这样回答。

准确而急剧的低速动作并不符合博伊德关于保持空速有利于下一步动作的理念。他以此来教育学员，无论他们以为自己多么优秀，都需要进一步学习和提高。他在教学中称之为每个即将被击落且走投无路的飞行员必须了解的"绝望中的机动"。他在平飞、转弯、高空、低空时都做过这种动作。这种机动形式让博伊德认识到，当F-100在低速高攻角状态时，方向舵是唯一控制它的手段。保持操纵杆中立，用方向舵控制横滚和转弯，会使"匈人"避开反向偏航。然而，大部分学员，甚至大部分经验丰富的老资格教官，都害怕做尝试。这是F-100"匈人"的又一种"JC动作"——飞行员会情不自禁地发出"上帝啊（Jesus Christ）"的惊呼。这动作如果做得不对，可能使机身铆钉飞出去，甚至使机翼变形。它还会导致"匈人"偏离航线，进入不可恢复的螺旋。博伊德教导说，秘诀是把臂肘紧贴在座舱两侧，防止误动副翼，然后再踩方向舵。

博伊德通知爱德华兹基地的人，他已经解决了反向偏航问题。"金手臂们"嘲笑这位冒失的上尉，而他驾驶一架F-100，直飞爱德华兹基地，让这些人心服口服。然后，他让人转告北美公司，公司人士也笑着表示怀疑。一个战斗机飞行员，一个小小的上尉，如何能做到几十位设计飞机的工程师都做不到的事情？北美公司的资深试飞员来到内利斯，博伊德让他坐进一架F-100F的前座，带着他升空并证明了自己的说法。自那以后，飞行手册内容更新了，而且美国空军每一名飞行教官都在传授这一要点：当"匈人"在低速高攻角状态时，不得横向移动操纵杆，主要利用方向舵进行横滚和转弯。此后每当飞行员驾驶F-100"匈人"着陆时，就会保持操纵杆中立，使用方向舵。这与飞行员在训练和空战飞行中受到的教育恰恰相反，但是行之有效，成为"匈人"飞行员的规范做法。几乎一夜之间，F-100坠毁事故开始减少了。

这个迅速而猛烈的机动是"20秒博伊德"传奇故事的起点。

博伊德对自己在 F-100 上的能力十分自信。对来到战斗机武器学校参加培训的每个班级，他都提出以下要求："在绿点上空 3 万英尺处与我会合。从后面跟上我，保持 500 英尺距离。我能在 20 秒内反转我们的相对位置，如果不能，我赔你 20 美元。"

博伊德发出承诺的时候，几乎都听得见青年飞行员们的脑海中思潮翻滚的声音："我紧咬他的 6 点，他做右横滚。我紧盯不放。5 秒钟。他拉出大过载。我跟着他。10 秒钟。即使他继续拉大过载，把我甩出射击位置，也要 15 秒钟。他还得转到我后面。我分开，与他脱离接触。他做不到的。无论如何，他都不能用 20 秒钟反转我们的相对位置。"

博伊德每次都赢了。但是，他所说的 20 秒钟对其他飞行员来说是无法容忍的。毕竟处于防守位置的飞行员更有时间优势。他得到的时间越长，就越可能把攻击的飞行员甩到前面。博伊德于是很快把打赌条件修正为 40 秒，赌注是 40 美元。但是"40 秒博伊德"仍旧只用大约 20 秒就击败了所有挑战者，这是真正非凡的成就，即使今天也使其他飞行员惊叹不已。

要与博伊德创造的飞行动作对抗，对手的唯一办法是在相反方向做同样的机动。但这种动作必须是下意识的和瞬间完成的，容不得半点犹豫，而且必须像博伊德那样全力以赴地做。即使飞行员知道博伊德接下来要做什么，F-100 的恶名也会让他们不敢做同样的动作。没有人会像博伊德那样虐待 F-100 "匈人"。

博伊德击败了来战斗机武器学校培训的所有年轻人，这毫无疑问。即使这些学员是美国空军最优秀的，这结果也不足为奇，因为他们可能在本中队是优秀的，但没受过空战训练。即使受过这种训练，也没有人像学校教官那样，把飞机性能发挥到包线的边界。博伊德应该是击败了所有学员。但约翰·博伊德的传奇不止于此，他还击败过教官、海军飞行员、海军陆战队飞行员以及——自20世纪50年代末开始——从国外来内利斯交流的飞行员。他跟所有挑战者都较量过。

在博伊德漫长而跌宕的职业生涯中，没有什么能像"40秒博伊德"的故事一样，在老战斗机飞行员中间引起这么强烈的反应。他们说，所有所谓的"最优秀"都是小孩子把戏，没有什么"世界上最优秀的飞行员"——即使最优秀飞行员也有表现欠佳的时候。他们引用一句谚语："没有一匹马驯服不了，没有一个牛仔不会掉下来。"但是，如果在20世纪50年代中后期路过内利斯基地，他们心里自然明白，这里有个人比他们更优秀。这事实到今天仍使他们耿耿于怀。

而且，大部分战斗机飞行员的技能水准只能说还过得去。他们从不追求提高自己的飞行技术，在自己从事的职业上有所建树。博伊德这两点都做到了。这更使他们充满怨恨。

某些与博伊德同时代的战斗机飞行员，说博伊德是个"一招鲜，吃遍天"的家伙，说他的末日绝望机动蠢笨，会使他在战斗中丧命。有的人说能预料到他的动作，所以能轻松地把他打败。但是，没有人能说出打败博伊德的飞行员叫什么名字。

博伊德的持续性承诺击中了战斗机飞行员们的要害。他用出色的能力使他们难堪。这个承诺是对自认为是飞行员的人的公然冒犯。没有人能像博伊德那样优秀。战斗机飞行员们渴望看到博伊德被人打败。如果有飞行员击败"40秒博伊德"，那这消息将在几天之内传遍美国空军。在战斗机飞行员聚会的任何地方，交战细节、每一个转弯、每一个动作、最终结局、"杀！杀！杀！"的胜利呼喊都将被一而再、再而三地反复重放。击败约翰·博伊德的飞行员将名垂史册。

唯一接近击败博伊德的人是哈尔·文森特（Hal Vincent），他们两人斗得不分胜负。博伊德给文森特留下很深的印象，以致后者当即提出申请并被录取为战斗机武器学校的学员——首位参加培训的海军陆战队学员。他发扬美国海军陆战队的一贯作风，取得了全班最优的毕业成绩。

20 世纪 50 年代中后期，博伊德进行了无数次空中战斗，从未吃过败仗。他是冠军称号保持者。有人称他"教皇约翰"，还有人说他是美国空军最优秀的战斗机飞行员。他们都说得很对。

第七章　不懈的战斗

在民权运动如火如荼的 20 世纪 50 年代中期，内华达州被称为西部的密西西比州。饭店、旅馆和赌场外面都挂着写有"不接待有色人种"的招牌。来自内华达州的国会议员担心联邦政府干涉日益兴旺的博彩事业，为州权辩护的热心程度不亚于南部各州的议员。

在拉斯维加斯，黑人都住在市内西区。在那里，第一家不分种族的大型旅馆兼赌场"红磨坊"于 1954 年开业，仅过了 6 个月就关张停业了。拉斯维加斯种族混合的娱乐业就此消失，直到 1960 年初才重新开始。小萨米·戴维斯曾在"红磨坊"演出。他和珀尔·贝利、纳特·金·科尔、路易斯·阿姆斯特朗、哈里·贝拉方特和艾萨·基特等黑人演员在拉斯维加斯大道上的著名酒店演出，但是他们不能住在这些酒店里，也不能在餐厅吃饭。他们住在西区的阿帕奇酒店或出租公寓房里。

1960 年初，拉斯维加斯有色人种协进会通知该市市长，如果大道在 30 天内不停止种族隔离政策，南方式示威游行就将开始。拥有和管理拉斯维加斯市多家赌场的黑手党头目们认为，黑人想从他们的生意中分一杯羹。据拉斯维加斯民权运动领袖、牙医詹姆斯·麦克米伦博士（Dr. James Mcmillan）回忆，有一个赌场老板打电话给有色人种协进会，转达黑手党头目们的口信。口信如同黑手党头目的一贯风格那样直截了当：撤回通知，否则你们将脸朝下漂浮在米德湖上。

麦克米伦博士回复说，他们不想插手赌场生意，只希望让拉斯维加斯更像大都市。向黑人这个新兴市场开放赌场和餐馆将为赌场老板带来更多收益。消除种族隔离对商业是件好事。

黑手党们明白了。几天后，这个赌场老板又一次打电话给麦克米伦博士："好吧。他们准备对所有人开放。"

全国性媒体报道了这个新闻。拉斯维加斯的公共设施不再实行种族隔离，黑人可以住进拉斯维加斯大道的旅馆，在那里的餐厅吃饭。1960年3月，关于这条大道上所有旅馆和赌场全面对黑人开放的协议签署了。这个日期被公认为拉斯维加斯全市旅馆和饭店取消种族隔离的时间。

但是3年以前，约翰·博伊德就迫使拉斯维加斯取消了种族隔离。

事情是这样的。

博伊德对数学和空战战术的兴趣日渐浓厚。他不想让部下在每个星期五基地的放荡氛围里学坏，尤其不想让他们走进军官俱乐部后面的雄鹿酒吧，因此他和斯普拉德林开始邀请他们去撒哈拉饭店举行星期五便餐会。在拉斯维加斯，这家饭店的自助餐远近闻名。每次去那里，博伊德总是排在取餐队伍前面。把食物吞下肚后，他把椅子向后一推，伸手从口袋里拿出一支"荷兰大师"雪茄，撕去包装纸，咬掉头部，然后点燃火柴。深吸几口以后，他微笑地看着此时还没开始吃饭的部下们，开始滔滔不绝地宣传自己关于空中作战本质的观点，以及如果轰炸机将军们不灭掉他，他将如何给战斗飞行带来变革。

博伊德为便餐会规定的时长是不超过两小时。他把政府称为"大叔"，取自"山姆大叔"的说法。他认为，自己有义务为"大叔"打一整天的工。哪怕是星期五下午，哪怕战斗机飞行员会到雄鹿酒吧聚会，在博伊德手下工作的飞行员们也要返回办公室，一直工作到下午 4:30。

1957 年的一天，战斗机武器学校来了一名新教官：奥斯卡·T.布鲁克斯中尉（First Lieutenant Oscar T.Brooks）。他是一个黑人。

又是一个星期五。午间快到了，博伊德的部下们准备离开，驱车沿拉斯维加斯大道去撒哈拉饭店。斯普拉德林把博伊德拉到一边，朝站在房间另一头的布鲁克斯中尉点了一下头，说："约翰，这样好吗？"

"什么好吗？"

"带奥斯卡去撒哈拉饭店。要是奥斯卡去那里，他们会把我们轰出来。他会很尴尬的。"

博伊德把脸转向斯普拉德林，声音克制、急迫而热切："斯普拉德，该死的，他必须去。我们是一起的，如果他们把我们赶出来，他们就得把整个基地、把美国空军赶出来。"

"但是，约翰，我只是——"

"斯普拉德，如果他们反对奥斯卡，他们就得反对我们所有人。空军是不分种族的。我们很多年来都是如此。我们没有问题。这他妈的是他们的问题。"

战斗机飞行员就是战斗机飞行员。如果一个人能飞"匈人"，他的肤色就不是问题。

他们一起去了。

斯普拉德林十分紧张。他穿着便服，而博伊德和其他6名飞行员身上是A级夏季制服，在宽敞的餐厅里上百位进餐者中格外显眼。斯普拉德林想知道，侍者是否会拒绝为他们服务，或者经理是否会请他们离开。他想知道，奥斯卡中尉将会作何反应。他更想知道，博伊德将会如何应对。

这一群人走过取餐队伍，拿起盘子走向餐桌。侍者们上了饮料，一名经理在附近徘徊。但是如果有人动过请他们离开的念头，他只要看一下博伊德阴沉的脸，就会立刻罢手。博伊德面露严厉的神色，这神色是他从母亲那里学到的，冷酷、阴郁而不容置辩。他在挑战饭店里的所有人，看他们有没有种闹事。他渴望战斗。

什么都没发生。每一个人都得到了及时而殷勤的服务，因为经理就在附近徘徊，确保一切井然有序。

在1957年的那个星期五，博伊德及他的飞行员们让拉斯维加斯取消了种族隔离。这事并不是一次性的，他们几乎每个星期五都来，直到博伊德于1960年调离此地。

到那时，拉斯维加斯已经取消了种族隔离。

博伊德能成为空军传奇人物，不仅因为飞行上的成就，而且因为他高超的教学本领。一般来说，教室里的一天是这样开始的：

约上午8时，战斗机武器学校学术部所在的"二战"时期旧楼里，约翰·博伊德上尉轻快地迈着大步走进教室。他走上讲台，从讲桌上拿起两个安在木棒上的 F-100 模型，转向坐在直背木椅上的一二十位年轻人，说："早上好，先生们。"

"早上好，长官。"

他们仔细打量这位久闻大名的男人。就战斗机飞行员而言，这个人身材偏高，黑色头发，鹰钩鼻子，脸庞棱角分明。他的四肢修长，举止随和，看起来更像个运动员而不是军人。他穿着整洁挺括的制服，裤缝线笔直。他容光焕发地站在那里，手指不经意地叩着 F-100 模型。

博伊德审视着班里的学员。他们来自世界各地的美军空军基地：日本福冈、美国新墨西哥州克洛维斯、日本冲绳嘉手纳、德国比特堡、英国韦瑟斯菲尔德、美国加利福尼亚州乔治等地，有着不同背景。很多人个头不高，大部分是单身汉，不到 30 岁的样子。他们都是所在中队最好的战斗机飞行员，相信自己是班上最优秀的学员。每个人都渴望在绿点上空会一会"40 秒博伊德"。

博伊德知道，他们此刻在想同一件事："这个家伙有点上年纪，眼力也不行了，不能像我那样拉出高过载。到绿点见到他后，我会狠狠地拉过载，让他晕头转向，然后我会'喷射'他。也许只要 10 秒钟。没问题。"

博伊德笑了。他们会有机会的。但在跟他对抗之前，他们必须听他讲课。教室前部的讲台有一英尺高，十分宽阔，当博伊德在讲台上踱步的时候，就像笼子里的野兽。他开始讲授在美国空军无人能与之相比的拿手课题：如何驾驶战斗机作战。最开始，他的声音轻柔而有磁性，仿佛在分享某个秘密，他迈开双腿，在教室里信步而行，又回到讲台上，在讲台边缘站定。他俯下身子，像泳池边的跳水者那样脚趾下扣，使他的鞋尖变得弯曲。然后，他向后退，转身，开始在黑板上书写方程——关于升力、阻力和向量的既长且复杂的方程，这种数学上的东西远超出大部分战斗机飞行员的理解范围。他们对数学没有兴趣。在 2.5 万英尺高度进行高过载转弯，再改出坡度时，谁他妈能记住这些东西？他们别无所求，就想咬住博伊德的 6 点钟位置，把他打下去。

博伊德用一只手写字，另一只手擦黑板，他时不时地回过头来，问："听懂我说的了吗？"

"遵命，长官。"他们异口同声地回答。

老旧楼房没有空调，几分钟以后博伊德就汗流浃背。他停下来，点燃一支"荷兰大师"，环视教室。"你们能接受吗？"

"遵命，长官。"

他抽着雪茄，想起斯普拉德林对他说的："难度要降低，约翰。学员受不了。慢一点，放松些。"

博伊德深吸一口气，试图按照斯普拉德林说的那样做。但几秒钟后，他就又写起方程，或者演示另一个空中动作。这些内容太重要，学员必须掌握。博伊德教授学员们闻所未闻的空战动作，即使他们当中最大胆的也没想过这些动作。他用 F-100 模型做演示，扭着身体和手臂做各种姿势，以表现动作和反制动作。有一种动作对学员们特别陌生，在观念上使他格外惊讶，当博伊德演示的时候，他们都疑惑地皱起了眉头。他用两个 F-100 模型比划尾追态势，一个模型紧跟着另一个模型。在战斗中，防守飞行员会不停地拉出高过载，不让攻击飞行员进入射击位置。进攻飞行员通常的战术是一边越来越猛地拉操纵杆，一边寻找合适角度，开火射击。但是博伊德表明，攻击飞行员可以先横滚，使自己的机翼水平，拉杆爬升，然后向相反方向横滚。这一切发生在电光火石之间，在对手意料之外，使其根本来不及反应。当进攻飞行员退出横滚，他会处于对手尾部的绝佳位置。

博伊德咧嘴一笑："然后，你就可以把那杂种打下去。"

这个动作如此反直觉，学员们用了好大一会儿才领会。他们沉入思考的时候，博伊德把F-100模型放到桌上，转过身面对大家，说："世上的人分为击落者和被击落者。你们作为战斗机飞行员的任务，是当一个击落者。"他身体前倾，脸上浮现出了一丝凶残的微笑："当然，我是最棒的击落者。"

到此时，那个动作的纯粹而简洁之美在学员头脑中扎下根来。他们茅塞顿开，发出由衷的惊叹。

有一个名叫埃弗里特·拉斯贝里（Everett Raspberry）、外号"拉斯"的中尉学员，被公认为美国空军有远大前程的飞行员之一。拉斯贝里将作为全班"优秀学员"从这里毕业，接着回校任教，成为博伊德的挚友。再以后，他将前往越南，在第555战斗机中队——有名的"三镍币"中队——飞F-4，并向中队同僚传授博伊德教给他的动作。终有一天，"三镍币"中队将与对手展开一场较量。他们在那场战斗中取得的辉煌战果将化为永久记忆，为世代飞行员所敬仰。

拉斯贝里与其他学员一样，很快认识到博伊德传奇是有事实根据的，博伊德显然是空军最优秀的空中战术家，他是战斗机武器学校的象征性人物。第一天教学结束的时候，所有学员都满怀激情，希望掌握博伊德传授的全部本领。

　　那天下午，博伊德开始了空中教学。现在是时候把课堂讲授的东西付诸实践了。学员们穿上绿色飞行服，套上高过载专用抗荷裤，戴上飞行太阳镜，跨过机场作业区，向银光闪闪的 F-100 走去。停机坪上骄阳似火，热浪逼人。远处的希普岭以西，是他们今天将要战斗的地方。进入 F-100 座舱之前，他们检查着装，确保飞行服袖口束紧，扎在手套里。在座舱里，无遮盖的金属部件表面温度可达华氏 140 度。他们小心地在座舱里慢慢坐定，启动发动机，滑行到 1.1 万英尺跑道的尽头，然后关上温室玻璃一样的舱盖，气温顿时飙升上去。F-100 只在发动机接近输出最大推力的时候才能启动空调，因此在等待塔台放飞信号的时候，飞行员酷热难耐，汗顺着头盔淌下来，进入眼皮，流过腰背，又沿着股沟向下，在大腿下面汪成一片。获准起飞后，他们加大马力，油门加到 75% 或 80% 时，听到发动机突突地响几秒钟。当他们加速到 100% 推力，接通加力，尾喷管末端的"眼皮"张开，惊心动魄的声浪持续冲击整个基地，火舌从尾部喷射而出，"匈人"开始起飞滑跑。学员们与博伊德保持队形，上升高度，然后以密集编队，向西北方向的靶场飞去。学员们焦灼地不停调整空调开关，试图在冷气量过大和不足之间找到平衡点。如果不足，汗还是流个不停，如果过大，冰晶会从风管喷出来，座舱盖开始起雾而变得模糊。当他们到达 3 万英尺，在绿点上空盘旋的时候，每个人都安顿妥当了。

　　被博伊德在教室里的威势压制下去的勇气现在回来了。打败"40 秒博伊德"的人将成为美国空军最有名的战斗机飞行员，他们迫不及待地想试一试。

　　他们打闹嬉戏、你追我赶、钻毛球。博伊德给每个人留出机会，接着一个接一个击落他们，然后耐心地引领他们，教导他们，向他们演示如何驾驭"匈人"。

天色已晚，F-100 返回内利斯，滑行到停机坪就位，飞行员们下了飞机。汗水早已使他们全身湿透，飞行服上结出了明显的盐渍，短发也被头盔压得紧贴头皮。紧张艰苦的高过载飞行可以使他们体重减轻 3 磅或 4 磅。现在他们干渴难耐，只想来一瓶凉啤酒。

但是首先，他们得搭乘一辆用作机场作业区出租车的卡车，前往调度中心做飞行后讲评。这是最重要的部分，战斗机飞行员飞行后讲评做得好与不好，是评价他日后是否能留下来做教官的最重要的标准之一。讲评之后，飞行员们冲向雄鹿酒吧。

雄鹿酒吧设在军官俱乐部后面，周边是由"二战"时期营房改建的单身军官公寓。飞行员们在这里可以穿着飞行服喝酒。雄鹿酒吧没有军官俱乐部那种繁琐礼仪。内衣秀很受欢迎，裸体女士有时围着俱乐部巡游，使得飞行员们如同他们中的某人所说的，变得"比发情的公羊还欲火中烧"。有传言说，其中部分女士通过另一种更古老的业务，提高了她们做模特的收入，而且从飞行员那里挣到了相当数量的钱。

星期五的晚上，酒吧不仅没有了军官俱乐部的礼仪，也没有了文明社会的行为准则。年轻人在桌子和墙壁上刻下自己的名字，咋咋呼呼，吹嘘自己是全世界最好的战斗机飞行员。烟雾弥漫，近乎伸手不见五指。话语狂野而喧闹，飞行员们有时甚至会试图放火烧掉这个酒吧，只是为了找个乐子。

飞行员们经常突然唱起歌来——不是那种彬彬有礼的客厅歌曲，而是"匈人"飞行员的歌曲，是能飞高音速的人的歌曲。歌词都比较粗俗，却以青年斗士的姿态高声唱出来。第一首通常是歌名文雅的"死亡的妓女"，根据歌曲《我的爱人在海的那边》（My Bonnie Lies over the Ocean）填词。

博伊德端坐在酒吧里，享受着学员的崇拜，他现在是人们关注的焦点，是满屋子枪手中的枪王，祭司中的大祭司。他很少在这里逗留一小时以上。他吃东西很快，喝酒速度却很慢，喝啤酒从不超过一瓶。

博伊德喜欢与青年飞行员一起度过的这些傍晚时光。他们的崇敬是他前进的动力。他坐在酒吧里，解释各种空中动作，讲述他所知道的空战历史，向学员解答关于"匈人"的问题。他告诉他们关于"米格走廊"的故事，也倾听着每个飞行员都爱听的歌曲。

> 哦，我的名字叫萨米·斯摩，把他们全干掉。
> 哦，我的名字叫萨米·斯摩。把他们全干掉。
> 哦，我的名字叫萨米·斯摩，我只有半只鸟。
> 可这也比什么都没有要好，
> 所以把他们全干掉，把他们全干掉。

哄堂大笑。一片喝彩。"再来一遍！"这时候，博伊德已经点燃一支"荷兰大师"，正像举起大棒一样挥舞着雪茄，猛烈抨击美国空军想把战斗机武器学校撤编的企图。有传言说，一名新到任的战略空军将军已经接管战术空军司令部（TAC），据说他甚至连空对空训练的一丁点儿残余都不想保留，想让战斗机飞行员别的什么都不干，只练投掷核弹。

一个飞行员转过身，对另一个说："你那天在靶场犯了一个猫性差错。"

飞行学员投掷炸弹或火箭弹时，可能犯下两种错误："猫性差错"和"虎性差错"。犯猫性差错的原因是进入时飞得高而平缓：飞行员有些优柔寡断。犯虎性差错的原因是进入时飞得低，俯冲时陡直而迅速：飞行员攻击性过强。谁都不希望被别人视为犯了猫性差错的飞行员。

两个人"猫性""虎性"地冲着对方愤怒地叫喊了几分钟，直到博伊德让他们保持安静。这时，一个军官从军官俱乐部的餐厅里走出来，表达了他的抗议。让他和同事及其配偶听到这种歌曲和这样的话，是非常不得体的。博伊德点了一下头，什么也没说。

当这位军官走向门口的时候，飞行员们发出像男声四重唱那样的声音："嗯嗯嗯嗯嗯嗯嗯嗯。嗯嗯嗯嗯嗯嗯嗯嗯。"随着军官接近门口，声音加大了音量："嗯嗯嗯嗯嗯嗯嗯嗯。"当不停抱怨的军官走出门口的时候，飞行员们吼叫起来："给我滚！嗯嗯嗯嗯嗯嗯嗯嗯。"

酒杯高高地举起来。又是一阵大笑。又是一轮痛饮。

> 哦，地狱下边没有战斗机飞行员。
> 哦，地狱下边没有战斗机飞行员。
> 那该死的地方全都是神经病、导航员和投弹手。
> 哦，地狱下边没有战斗机飞行员。

雄鹿酒吧里现在到处是哑剧表演家。飞行员们举起手，手指并紧，一前一后，弯下身子，拧着胳膊，表现他们怎么差一点就干掉"40秒博伊德"。已经那么近了。下一次。下一次。

博伊德微笑着，一口一口地抽着雪茄。很快他悄悄地离开了。关门的时候，他听到一个飞行员叫道："大家举杯！"博伊德抬头看着天上的星星。在深邃的内华达夜空背景下，它们晶莹闪烁，放射着别样的光芒。他觉得，地球上再没有其他地方能像内利斯这样让他愿意永远待下去了。走近自己的汽车时，他停下脚步，转身谛听。清凉的夜色中传来轻快的曲子，那是飞行员心底的声音：

> 我们飞筋斗于紫色的暮霭，
> 我们飞螺旋于银色的曙光。
> 后面拖着一缕轻烟，
> 诉说着战友们前进的方向。

1958年，博伊德正式决定，选择空军作为一生的职业，把身份从预备役军官转为空军现役军官。玛丽知道，她嫁给一名小镇体育教练，过简单平凡生活的梦想就此结束了。

11月2日，玛丽经过又一次艰难的孕期，生下她的第三个孩子。男孩起名约翰·斯科特（John Scott），他们决定称他"斯科特"。他是早产儿，玛丽认为，早产的原因是她在怀孕期间由于毒血症病倒了几个星期。那是一种摄入毒素导致的血液病。

斯科特出生后，医生告诉她，如果再怀孕，可能危及健康，甚至可能导致死亡。但是，玛丽很快再次怀孕了。事实上，这是孕期之间间隔最短的一次，就在医生禁止她再要孩子之后。

1959 年 9 月 4 日，在生下斯科特后约 10 个月，杰弗里诞生了。玛丽又一次度过了困难的怀孕和生产过程，她向上帝祈求，让杰弗里成为她最后一个孩子。

但是，博伊德有他自己的安排。

第八章 "40秒博伊德"与战术手册

截至1959年，内利斯已经是世界上最大的空军基地。美国空军使用着内华达州1/10以上的空域面积，建立了占地300万多英亩的射击和轰炸靶场、空战训练空域。

博伊德在内利斯工作5年半了，相比一般2年到3年的常规任职时间，这时间长得有点不同寻常。博伊德认为内利斯是自己职业生涯最重要的阶段，他经常告诉斯普拉德林，自己会永远铭记这里给予他的自由空间和在这里所做的新发现。但更重要的是，他会铭记在这里的飞行经历。当他16年后从军中退役时，将拥有约3000小时的飞行记录，其中大部分是在内利斯飞出的。

但是，博伊德准备继续前进。在职业生涯处于频获上级肯定的高潮阶段时，他决心离开。他的若干份《军官考绩报告》解释了其中的原因。有一份报告是这样开头的："博伊德上尉是我有幸与之共事的，最有效率和最有奉献精神的青年军官之一。"这份报告说，博伊德已经获得"战斗机战术领域世界级权威的声望"。一位准将在报告的批注里表示，博伊德是"我所知道的上尉中当之无愧的前10%的顶尖人物，是军官中的佼佼者"。《军官考绩报告》说，美国空军授予博伊德一枚荣誉勋表，以表彰他在空战战术领域的研究成果，这对一名上尉来说是颇受瞩目的荣誉。另一份报告表示："博伊德上尉事实上起草了美国空军和部分海军单位目前使用的全部战斗机战术教材。"博伊德已经成为战斗机飞行员群体中无人不知的人物，这是青年上尉们一般做不到的。

博伊德的调动如同往常一样，伴随着冲突和曲折。他本来想着到佛罗里达州巴拿马城附近的廷德尔（Tyndall）基地飞F-104。"调令都写好了，然后整个事情告吹了，"他在口述历史采访中说，"我不知道他们搞了什么鬼花招，但是很显然，我哪里也去不成。"所以，博伊德决定回到大学去，不过不是他仍旧相当鄙视的艾奥瓦大学。在研究战斗机战术的过程中，他对数学的钻研越来越深入。在他看来，如果拥有工程专业学位作背景，他的研究会更有说服力，更易被人接受。这一次，他要找一个工科大学。

20世纪50年代后期，如果一个美国空军军官想再次进修大学课程，他有两个选择。他要么向美国空军技术学院（AFIT）提出申请，进修空军教育课程，要么进入某个大学开办的夜校。如果选择空军技术学院，政府会发给他某大学的学位，并支付所有学费。但是，空军技术学院的规定非常严格。当一名军官完成进修，他的下一个任职岗位几乎肯定是面向空军后勤而非作战系统的"指定任职"。这意味着，一名战斗机飞行员在上学期间及其后的任职期内，将离开飞行岗位。经过这个间断，他再次回到飞行岗位的可能性微乎其微。因此，进入院校再进修的飞行员大多选择自己掏腰包在夜校学习。

内利斯飞行员们惊奇地发现，博伊德选择了空军技术学院。然后，他们想到了他的处境：他只有上尉的工资，必须养活妻子和 4 个孩子，其中一个患有严重疾病，所以无法支付学费。但这里可能另有原因。考虑到他象棋大师般的谋划本领，结合空军技术学院课程与他后来任职的真相，博伊德的精明头脑很可能击败了所有人，包括美国空军。

博伊德面对的第一个问题是，空军技术学院明文规定，它的教学目标是送军官进入大学，再次进修与本专业一致的相关课程。博伊德希望进入本科院校拿工科学位，空军技术学院拒绝了他的申请。但是，约一个月后，他们主动与博伊德联系。空军技术学院没完成今年的招生名额，更重要的是，苏联于 1957 年发射人造地球卫星，从而实现了技术领先，成为当年美国总统大选期间的热门议题。美国空军对想拿理工科高级学位的军官求贤若渴，空军技术学院愿意放宽规定，让博伊德进修工科课程，但是他们说，他只能选择电气工程专业。

"去他的，"他说，"这样只能跟发电机、马达打交道。可我对那些东西毫无兴趣。"他想进修工业工程学，一门内容广泛的跨学科课程，而且要以自己的方式进修，否则就不干。经过长时间的信函来往和电话交涉，空军让步了。从 1960 年秋季开始，博伊德可以学习工业工程专业的全部本科课程，并选择美国境内任何一所工科大学。他选了设在亚特兰大的佐治亚理工学院，理由与他想调往廷德尔基地的理由完全一致：该学院靠近沃姆斯普林斯。

当得知博伊德即将离开的时候，战斗机武器学校学员们都认为，这对空中战术课程将是一个沉重打击。博伊德也意识到，离开之前，他有必要写一本战术手册。这将是相当棘手和旷日持久的工作，而他在内利斯只剩下一年时间。博伊德对斯普拉德林说，在他写完战术手册之前，必须暂时解除他的飞行教学职务。斯普拉德林陪同博伊德走进校长拉尔夫·纽曼上校（Colonel Ralph Newman）的办公室。在斯普拉德林的目睹下，博伊德坐下来，点了一支雪茄，告诉上校他想要做的事情以及所需的时间。纽曼表示，博伊德没有义务写什么手册，教学才是他的本职工作。"我们不能为你专门留出时间，"上校说道，"如果想写手册，那很好。不过你要用自己的时间来写。"

博伊德火冒三丈，他绷起脸，从椅子上跳起来，大步走上前去，与上校面对面，开始指着纽曼的胸脯，以极高分贝的声音，历数他在过去5年半里对战斗机武器学校的贡献。他手上的力度如此之大，雪茄上的烟灰不断落到上校的制服上。斯普拉德林吓坏了，上尉不应该指点上校的胸脯，更不应该往上校的制服上洒烟灰。

"约翰。"他哀求道。

博伊德不理会他。他滔滔不绝、唾沫横飞地列举他的手册将会给战斗机武器学校、战斗飞行事业和美国空军带来的影响以及为什么在写完战术手册之前，他必须暂时离开飞行教学岗位。他说完后与上校怒目相视，谁也不肯让步。博伊德在上校胸前最后点了一下，说："那么，该死，我自己来干。"

斯普拉德林一把抓住博伊德的手臂，把他拉出房间。

"谢谢你，上校。"他说。

来到大厅里，他说："约翰，你不能那样跟上校说话。真的不能，不至于。"

"斯普拉德，这个手册太重要了。它对飞行员有用。空军会大变样的。"

"这我知道，约翰，但是……"斯普拉德林摇了摇头，"你应该为自己庆幸，纽曼上校相当理智，待人也公平。就凭你方才的所作所为，他可以下令把你绞死。"

"呸，他是一个笨蛋。"

博伊德不可能同时撰写手册、飞行和教学，时间根本不够用。另外，坐在桌前，花上几百小时写出长篇文字，他想一想都发怵。他是个善于讲话的人，不擅长写作。当他开口讲演时，思想在他头脑中翻滚，学员们给他以灵感，他能把想法淋漓尽致地表述出来。可是写作意味着要相当准确，而且一旦落到纸上，思想就不能改变了。一定要创作有意义的工作成果，这想法令他极感压抑和焦虑，以致产生了他可能会像哥哥比尔那样，精神顷刻间崩溃的念头。这是博伊德人生中的第一次，却不是最后一次有这样的感觉。博伊德在晚年曾向一位挚友吐露心声，当他每次必须坐下来写东西时，总是担心"坠入螺旋并失去控制"。

斯普拉德林想到一个解决办法。"约翰，这不是什么大不了的事情。我们有几台很不错的口述录音机。为什么不试试口述呢？"

博伊德沉吟着，他在思考。

"你口述下来，我的秘书做记录，"斯普拉德林说，"然后我帮你校对。"

博伊德拟提纲用了一个月时间。每周有两到三天，他会住进单身军官公寓，持续工作到深夜。他用两三个小时睡觉，接着上午讲课，下午飞行，然后开始研究提纲，直至天将破晓。有一天，早晨3点钟左右，斯普拉德林的电话响了。

"这是斯普拉德林家。"

"斯普拉德，我是约翰。"

"嗨，约翰，怎么了？"

"斯普拉德，现在让那个机器怪物动起来吧。"

"什么机器怪物，约翰？"

"那个该死的口述机器。"

几小时后，在 1959 年 9 月的一个清晨，博伊德开始了口述。

雪佛兰科尔维特是 20 世纪 50 年代在战斗机飞行员中很流行的车型。它开起来像战斗机，虽不能达到高音速，却足够风驰电掣。这辆红色车身、浅米色内饰的科尔维特收起顶篷，一路开着大音量收音机，连续以每小时 90 英里的速度穿过新墨西哥州沙漠，进入亚利桑那州。驾驶员狂饮着库尔斯啤酒，面红耳赤。偶尔，他伸手到脚下，从 6 听装里抽出又一听啤酒。他坐在车子里，一副不可一世的样子。只有战斗机飞行员才这样：即使端坐，也能表现得不可一世。喝到最后一听啤酒时，驾驶员开始寻找地方补充给养。短暂地停了一次后，他往脚下又塞了一箱 6 听装啤酒，挂上档位，继续向西驶去。

这个驾驶员是一个浅黄头发、黑红脸膛的瘦高男子，名叫罗纳德·卡顿。卡顿中尉飞"匈人"，来自驻坎农空军基地的第 474 战术战斗机联队。他不仅是个战斗机飞行员，而且自认为是美国空军最好的战斗机飞行员。现在，他正从新墨西哥州的克洛维斯赶往内利斯的战斗机武器学校接受培训。在他的心里，像烈火一样熊熊燃烧着两个念头：要一举打败那个叫博伊德的家伙，即所谓"40 秒博伊德";还要在课堂上、天空中拿出不俗表现。这样,学校会在毕业若干个月后给他打电话,请他回来执教。他要戴上布章,要系上黑金色相间方格围巾,成为这座战斗飞行神殿里的大祭司。

红色科尔维特继续前行,现在它稍往北转,向拉斯维加斯驶去。卡顿中尉心满意足地微笑着。他的世界,尽在掌握。

但是仅与博伊德相识了一个上午,卡顿就意识到,他面对的是一个对喷气战斗飞行了如指掌的人。博伊德的战术理念和他用 F-100 模型演示的某些机动让听课席上的他惊骇不已。这个家伙是中尉见过的其他所有飞行员望尘莫及的,甚至别的教官也听命于他。卡顿中尉认为,博伊德对同事非常真诚和热情,对学员则比较疏远。他听过博伊德叫一位教官"老虎",而从这位教官眼睛发亮的表情,卡顿知道,这句赞美并非博伊德的虚情假意。像埃弗里特·拉斯贝里一样,一节课下来,卡顿就从希望在空中击败博伊德,转变成了希望向博伊德学习,掌握他教的全部东西。出色的战斗机飞行员一般很少崇拜别人,但罗纳德·卡顿这回找到了自己崇拜的英雄。

在卡顿到战斗机武器学校的同时,他所在的中队按计划到内利斯驻训。他来学校才两三天,就在雄鹿酒吧遇到了中队战友。几杯啤酒下肚,几个人决定开车去拉斯维加斯城里,在那里的酒吧来一次晚间的逐店狂欢,然后去看歌舞表演。卡顿点起一支烟,跳进他的红色科尔维特,一阵风般驶出基地大门。门口卫兵没向他敬礼,可能因为科尔维特经过的时候开得太快,卫兵没反应过来。卡顿急踩刹车猛停下来,轮下崩飞着砾石,快速倒回大门,对着卫兵破口责骂了一通,才扬长而去。当他向左转弯,开上拉斯维加斯大道提高速度的时候，科尔维特的尾部滑了一下。驶入拉斯维加斯北区，他伸手从嘴里取下叼着的烟卷，烟卷沾在他嘴唇上，他手指没拿稳，捏在了燃烧的那一端。手指被火燎的同时，烟灰飞散在他心爱的科尔维特上。于是他冲出车流，进入一家加油站，俯下身体去清理烟灰。当他抬起头时，发现有个警察站在车外。这个冒失的警察竟然询问卡顿是否喝了酒。卡顿非常愤慨。然而，警官邀请卡顿去一趟警局。到了那里，卡顿继续抗议，可是这时候，他呕吐在地板上。没有人再相信他的话了。

　　警察通知了内利斯基地值班军官，卡顿被强行带回基地。第二天早晨，衣衫凌乱、头痛欲裂的卡顿挺立在纽曼上校面前，充分领教了"严厉斥责"这个词的含意。他面临两个不利情况：空军正对受到醉酒驾车指控的人采取严厉措施，而且拉斯维加斯北部城区已经就醉醺醺的飞行员在大道上超速行驶、危及当地居民一事提出抗议。空军迫于压力，不得不准备抓几个飞行员，以儆效尤。就卡顿使他本人、所在中队、学校和美国空军蒙羞进行了冗长的训斥后，纽曼从抽屉里抽出几张纸，扔到桌面上，蓝色眼睛里透出冷若冰霜的目光："知道这是什么吗，中尉？"

　　"不知道，先生。"

　　"这是军事法庭的立案书。"

　　卡顿窒息了。如果走上军事法庭，他的飞行事业、他的空军生涯即将结束。

　　校长冷眼盯着卡顿，时间仿佛停止了。过了许久，他才开口说，卡顿的中队指挥官是他的老战友，在第二次世界大战中曾经救过他的命。"我不想让老朋友难堪。"他说。他不准备提请成立军事法庭——现在还不是时候。他要卡顿交出红色科尔维特的钥匙。卡顿照办了。

"中尉，从现在起，你到哪里都只能步行，"校长说，"在你结束培训之前——那可能为时不长——禁止你开车、搭乘别人的车，旱冰鞋都别想穿。除了F-100，你必须远离所有带轮子的东西。再把事情搞砸，中尉，只要一次，那么……"他敲了敲桌上的文件。

魂不附体的年轻人离开了校长办公室。

他走到外面，抬起头，看着一碧如洗的内华达晴空。他弄不明白，自己的职业生涯怎么顷刻间变得这么岌岌可危。

天黑之前，学校里人人都知道了他的不幸遭遇，都在嘲笑他在警察局呕吐的事。他的心理受到极大创伤，而心理受伤的人在战斗机武器学校是没有机会的，竞争太残酷了。他知道以后会发生什么：学员和教官都把他视作贱民。同学不会帮他，教官则会特意想看他出丑。他没有机会戴上布章，更不要说黑金色相间的方格围巾了。他能做什么？谁能帮助他？只有一个人。卡顿蹒跚地走在街上，诅咒炎热的太阳，诅咒昨天晚上喝下的每一口啤酒。过了好长时间，他走进学术部大楼，敲响了博伊德的门。

"进来。"

卡顿走进来，敬礼："长官，罗纳德·卡顿中尉请求与上尉讲话。"

博伊德点头。

"长官，我有个麻烦。"卡顿说。

"我听说了。"

卡顿向博伊德讲述了他的梦想，请教他怎样才能挽救这梦想。

博伊德沉默了很长一阵子。他在椅子上转过去，举起手里的铅笔，凝视着笔尖，似乎那是瞄准具的中心光点。然后，他转回身来，看着卡顿："来过这个学校的人，没有一个拿过全优学业成绩。不知道你能不能拿到它，卡顿。如果能，你就会赢得他们的重视，如果不能，那就忘掉你的梦想吧。"他停顿了一下，又说了一遍："从来没有一个人带着全优成绩单离开学校。"

卡顿竭力抑制住自己的情绪，还从来没有人纵身一跳，飞越大峡谷呢。博伊德要他做的，比这个容易不到哪里去。战斗机武器学校在美国空军以学业要求最严格而闻名，极高的淘汰率就是其中一个明证。飞行员个个精明强干，只有如此才能掌握驾驶"匈人"涉及的多个科目，而那些从战斗机武器学校毕了业的飞行员，大多会将之归功于侥幸而非实力。这个学校能让几十名本科学历的学员都变得谦虚起来，而卡顿获得军衔时还是个飞行学员，他只在大学待过两年。

博伊德挥动手指："他们会一直观察你的。"

卡顿离开了，心里想着怎么才能完成博伊德给他确立的任务。他不考虑怎么完成全部课程；他不考虑怎么完成空对地、炸弹与引信、射击瞄准具、计算课程，或者火箭弹和导弹课程。他不考虑这些课程中的任何一个，特别是最后一门恐怖的核武器课程。他现在只考虑一门课程，那就是当前的空战机动课。这门课由博伊德讲授，为的是淘汰那些当不成"老虎"的人，因而是最难的课程之一，要求极其严格。在博伊德的课堂上的每一个小时，学员都需要花至少两个小时来准备和复习。卡顿埋头攻读。他忘掉了中队老友，忘掉了雄鹿酒吧。他每天早上 2:30 起床，学到早餐时刻。吃完早餐，上课之前，他也在学习。下午时间是飞行课，他早早吃完晚餐，然后开始学习，直到深夜。早上2:30，他又起床了。就这样日复一日，他成了个痴迷魔怔的人。

当卡顿与博伊德一起飞行时，他惊异于博伊德对"匈人"驾驭得如此出神入化，特别是在低速、高攻角状态下——F-100飞行难度最大的部分。不过卡顿学会了。他学得很不错。

博伊德是对的，有人确实在密切地注视中尉。卡顿每天从人们的神色中就知道同学和教官都视他为刺儿头。的确，他是个好飞行员，但在内利斯，好飞行员一抓一大把。每次卡顿升空，都必须飞出自己的最高水准。只要有一次判断失误，他就得滚蛋。他已经表明，自己的判断力不是最好的。但是，要成为一名教官，教会别人如何投掷核武器的人，他必须成为良好判断力的代言人。卡顿知道，教官们不相信他有戴上布章的品质。他们在等待，留心他的每一点疏失。这是罗纳德·卡顿中尉格外落寞的一段时间。

卡顿的空战机动课考试开始了。博伊德微笑着递给他考试结果。卡顿得了满分——全班只有他一个。

到目前为止，形势不错。现在卡顿在别人眼里看到的是不情愿的异样目光："那个坏小子卡顿在博伊德的课上拿了100分。你能相信吗？"

他的空对地课程考完了。又一个100分。机场工作区的教官们稍微松了一口气。但卡顿还是个刺头儿——只不过是一个机灵的刺头儿而已。

到他考炸弹与引信这门课时，学校里谣言四起，这个在科尔维特里醉驾、在警察局呕吐、随时可能上军事法庭的家伙考了两个

100分。他在考场上埋头做题，而这时纽曼上校给卡顿的教官打电话，问："卡顿做得怎么样？"

过了一会儿，教官回电话了："先生，卡顿得了100分。"

卡顿与博伊德经常在大厅里相遇，每次博伊德都微笑着点头。两个人分享着一个秘密。在内利斯，只有他们两人知道卡顿想干什么。卡顿并不了解的是，博伊德私下里在别的教官面前为他作了很多辩护。"卡顿还是不赖的，"他不止一次说，"你们想错了，等着瞧吧。"

终究，博伊德对弱者抱有极大的恻隐之情，因为他在一生的奋斗中经常处于劣势。见到学校的教官和学员结伙欺负卡顿，他不能袖手旁观。在卡顿身上，他看到了希望，正如弗兰克·佩蒂纳托曾在他身上看到希望一样，博伊德欣赏这样的说法，即人必须向不可能作抗争。此外他还有一种传统信念，那是阿特·魏贝尔和弗兰克·佩蒂纳托灌输给他的，即人只要努力拼搏，就能打败一切困难。

卡顿在计算提前角瞄准具课程上得了100分，接下来的火箭弹与导弹课程又拿了100分。全校人现在都知道了，卡顿打算取得所有课程的100分。教官和学员们不再排斥卡顿，相反，他们开始为他加油鼓气。从未有人从落后中奋起直追，取得如此大幅度的进步。从未有人在战斗机武器学校同时拿到这么多满分。卡顿现在有机会把不可能变为现实。

但是，他还要拿下最后一门课，向来会拉低平均成绩的难度最大的那门课。在可怕的核武器课上，学员必须不仅要学会投掷战术核武器，而且要学会打开和解除武器保险开关。课程内容涵盖物理学、电子学和核武器工作原理。当飞行员完成核武器课程的时候，他实际上都快能造出一枚原子弹了。

卡顿学得更努力了，他不是在课堂学习或者飞行，就是在埋头攻读物理学、电子学或爆炸理论。考试开始了。学员们考完了，等待着，而教官马克·库克上尉（Captain Mark Cook）开始评阅试卷。得知成绩不理想，好几个学员的脸扭曲了起来。学员们收到分数后，站在教室后面、在大厅里，观看卡顿答题。教官们探头进来，皱起眉头打听情况。"他还没做完。"这是他们得到的回话。

校长打来 3 次电话，询问卡顿的表现。他知道，承受着像卡顿那种压力的学员，大都早就屈服了。他们会因成绩不合格而被淘汰出校，职业生涯也就此结束。但是他也知道，只有少数学员，那些真正优秀者，才能在烈火般的考验中获得新的力量，不断成长，走向成熟。他们象征着战斗机武器学校极力追求向学员灌输的优秀品质。他们不仅够条件佩戴布章，而且为布章增光添彩。

卡顿写完了，他把试卷交给库克上尉。学员们涌上前去，教官们也挤进教室。上尉一个接一个地在正确答案后打上对勾。学员们用胳膊肘捅了捅彼此，脸上露出微笑，教官们交换眼色，惊奇不已。

大厅另一头，博伊德端坐在自己办公室里，整理书籍文件，倾听着外面的人声。他在等待。

库克上尉改到了最后一题，检查答案，停了下来。答案错了。

教室里寂静无声。

库克要求卡顿解释最后一题的答案。卡顿以 F-100F 为载机，计算核武器的投掷曲线参数，但 F-100F 是双座机，而库克上尉要求以单座的 F-100D 设为载机，这样载机重心不同，曲线参数就不一样了。但是题目没明确载机具体型号，只说用 F-100。

库克点点头，重新通读自己给出的题目，又检查了卡顿的答案。如果以 F-100F 为载机，答案是正确的。

库克自顾自地讲述着方才发生的曲折原委，好像其他人不存在一样。没有人讲话，没有人走动。所有人在等待着。库克判定，是他自己搞错了。他在试卷上写下分数，把它递给卡顿："我给 100 分。"

学员们欢呼起来，围住了卡顿，向他道贺，拍他的肩膀。教官们赞许地笑着点头。他们刚才目睹了奇迹。卡顿挤出人群，跑过大厅，来到博伊德办公室门前。他敲了门。

"进来。"

两人彼此凝视着。

"我听到了，"博伊德微笑着说，"你把它们一扫而光。"

卡顿咬住嘴唇，点点头。他说不出话来。

"干得好，老虎。"

卡顿转身离开。战斗机飞行员不能哭，尤其是当他刚成为战斗机武器学校历史上首位全部课程都获得满分的学员的时候。

卡顿毕业了，并由于成绩优异而获得了奖励，他被授予了布章。然后，他开着红色雪佛兰科尔维特，穿过沙漠，回到新墨西哥州克洛维斯的坎农空军基地。

几个月后，他接到了电话。

1960 年初，博伊德结束了口述写作。斯普拉德林仔细校对了文稿。但是，博伊德并不满意，他又花了几星期时间，做进一步修改、订正和编辑，句子必须准确无误，飞行动作必须衔接有序。他苦心孤诣，斟酌每个用词，不停地改写。斯普拉德林把稿子送交打印了，博伊德还在修改，十几份单页的修改意见被送到打印处。当他终于不情愿地停手的时候，就有了以单行间距排版、篇幅达150页的一本手册，名为《空中攻击研究》，作者是"约翰·博伊德上尉"。

"你确定书名这样写吗？"斯普拉德林问道，"你不准备写上《美国空军空中攻击研究》吗？"

"去他的，"博伊德回答，"他们连时间都不肯给我，让我晚上写，一个人干。"

尽管十分气愤，博伊德还是像他书中所写的那样，"如同骄傲的父亲一般，"把手册交到纽曼手上。上校点了点头，把手册扔到一边，说："我们不打算在学校里使用这手册。"

"为什么？"博伊德问。

上校拿出一本薄得多的文件——博伊德估计有10页到15页，也有人认为内容可能长得多——并解释说，这是学校的训练研究与发展部（TR&D）已经完成了的，学校计划在战术教学中用这本手册。

写作手册，是训练研究与发展部的任务，与博伊德无关。连续4个月的废寝忘食和高度紧张的工作，现在成了毫无意义的白费劲。更糟的是，他的手册被划为"机密"文件，推广和应用受到了严格限制。博伊德为定密级一事作了抗争，但是因为手册包含美国空军的战术想定，并描述了躲避导弹的具体做法，手册的密级未得到改动。

博伊德此时采取了一个可能断送自己职业生涯的举动。他越过上校，把训练研究与发展部和他的两本手册送给在战术空军司令部任职的朋友，后者能否决纽曼在教学材料上的决定。朋友更欣赏博伊德的手册，但表示为了避免嫌疑，必须把两本手册送交一个独立委员会审查。

战术空军司令部的通知到了，要求每本手册呈送5本样书——对纽曼来说，这是一次彻底的大暴露。愤怒的上校当面质问博伊德，为什么当他已明确表态支持训练研究与发展部手册，还要越过他去找上级。最终，战术空军司令部通知下来，选用博伊德的手册为战斗机武器学校的官方训练手册。

在口述历史采访中，博伊德回忆道，他告诉纽曼："您应该高兴。您因此得到的是更出色的教材，它更说明您作为校长的水平。为什么要保护一群连本职工作都做不好的失败者？你很清楚，他们的手册比不上我的手册。他们是失败者。"

"出去。"上校命令道。

可是第二天，上校打电话找来博伊德。"我向你道歉，"博伊德在回忆中这样引用校长的话，"我昨晚才读了你的手册。它确实更出色。"然后，博伊德说校长打电话给训练研究与发展部，为他们搞出如此蹩脚的东西而"臭骂了他们一通"。

几周后，罗纳德·卡顿路过航行调度中心，看到博伊德和联队长约翰·尤班克将军（General John Ewbank），他们正靠着墙边说话。只见博伊德抽着雪茄，挥舞着手臂，亮着大嗓门，对联队长怒气冲冲地说着什么。卡顿不记得所说的内容，只记得自己十分吃惊地看到，一个上尉在高声地当众训斥一位准将。这时，博伊德开始用手指点尤班克的胸口，他手里拿着雪茄，烟灰不断地散落到将军的飞行服胸前。

"尤班克将军对博伊德相当宽容大度，"卡顿说，"如果我是个准将，而他那样当众对我，我会送他上军事法庭。"

1960 年，《空中攻击研究》正式成为战斗机部队的战术手册，战斗飞行不再以飞行员口耳相传的各色招术为指导了。空战这个高风险科目第一次转化为文字、图形和数据表。别的飞行员用手来说明战术，博伊德用的是数学工具。

博伊德的诋毁者可能会用《空中攻击研究》证明他是个单向思维的人，只关注空对空作战，而战斗飞行在当代的主要任务是作"小型战略空军"。他们说，博伊德置空对地、核武器投掷、高空截击、推进新式导弹等任务于不顾，只关心空对空作战。几十年后，美国空军的资深将军们还会把博伊德丑化为根本不懂得空军已经超越空对空任务阶段这一事实的人。

可是他们自身的封闭心态使其对博伊德的惊人成就视而不见。在博伊德发表手册前，战斗机飞行员普遍认为空对空作战是一种极为复杂的、不可能彻底说清楚的科目，相信这种危机四伏的死亡舞蹈由于变化万端，是无法真正被掌控的。《空中攻击研究》证明，这种认识是错误的。当飞行员进入空战，他头脑中必须有一幅关于战斗的三维画面，必须有"态势感知"，也就是说，他必须不仅知道自己及中队伙伴的所处方位，而且必须知道敌机的所处方位。喷气式空中混战，战场可能从 4 万英尺直至地面，再从地面回到 4 万英尺高空，态势感知接近不可能。但态势感知可以简化为两件事：第一，飞行员必须了解敌机方位；第二，他必须知道敌机的速率（博伊德后来把"速率"改为"能量状态"）。敌机的速度、速率或能量，决定着他能做什么，能实施什么机动。博伊德是第一个发现空战的认知特质的人。据此，对飞行员可能实施的每一个机动形式进行抽象与分析成为了可能，而且设计相应的反制动作，乃至进一步的反制动作，都将成为可能。这意味着，当一名战斗机飞行员进攻敌机的时候，他根据攻击的高度、速度和方位，能知道敌机可能采用的所有机动，而且知道如何应对敌机的机动。如果敌机进攻他，不管是从高位、低位还是迎头进攻，他都知道自己能做哪些机动，也知道敌人会如何反制自己的机动。

战斗机飞行员需要知道的每件事《空中攻击研究》手册都有涉及。最有先见之明的部分是《AIM-9 导弹攻击机动目标的基本局限》（Basic Limitation of AIM-9 Against Maneuvering Targets）。尽管美国空军对万能的导弹有着不可动摇的信心，博伊德却证明——而且是第一个这样证明——机动目标（即战斗机）可以用机动躲开导弹。他对此中缘故的解释正是《空中攻击研究》被列为机密的原因。导弹并非不可战胜，它意味着空战格斗没有消亡，而这正是战略空军将军们的执念。

当飞行员们读到手册，他们会马上意识到，这正是他们一直渴望的。首次印刷的 600 本几乎立刻被抢空了。尽管标着"机密"，飞行员们还是把它带回家珍藏起来，反复研读，为一旦战争来临，他们不得不参加空中格斗的那一天作准备。

由于写作《空中攻击研究》，博伊德被授予军功章，这是通常颁给资深军官的一种荣誉。嘉奖状写道，《空中攻击研究》是"战斗飞行历史上，对战术进行抽象化和客观化研究的首次尝试"。嘉奖状进一步表示，博伊德对机动形式的分析，证明他是"空中作战领域当之无愧的专家"。嘉奖状最后指出，博伊德是在"出色地"完成正常职责的同时，"以罕见的热情"编写出手册的。

对于手册的需求十分旺盛，美国空军几年后不得不修改了部分章节，删除了导弹相关内容，然后印刷出版了非保密版本。来内利斯轮训的中队离开时，都会带着手册回到自己的基地，手册一再被复印、传看，直到变得破旧、烂掉。

美国海军陆战队的哈尔·文森特曾与博伊德在模拟空战中打成平手，他用这本手册训练海军和海军陆战队飞行员。根据《防御互助协议》，在内利斯参训的外军飞行员会把手册带回国内，把它当作《圣经》一样研读，认为美国空军确实神奇，一个小小的上尉就写出了这么优秀的文章。不到10年，《空中攻击研究》就成为世界各国空军的战术手册，改变了他们飞行与作战的方式。手册问世40年后，即使其间发生了越南战争和海湾战争，其实质内容也依然适用。

而它的作者，那位时年33岁的上尉，却并不满意。

博伊德认为，《空中攻击研究》本可以写成另一副样子，内容本可以作更好的构思，可能不仅限于机动-反制机动策略，或者数学方程，而是直指核心，即战斗飞行的本质。

"总有一天，我会来一个突破。"他告诉斯普拉德林。

人们大都认为，博伊德是一位伟大的飞行员，但也有人——包括一位考察过他的飞行技能的飞行员——认为他落手过重，会危及自己和他人。

哈罗德·伯克（Harold Burke）在 1960 年是一名空军准尉，负责战斗机武器学校的飞机维修保养工作。他曾坐在"匈人"的后座，为来访内利斯的重要人物作火力演示飞行。当时，博伊德驾驶另一架 F-100，飞在编队右翼。两架飞机都满载炸弹和火箭弹。

到达轰炸靶场上空的时候，长机决定，让博伊德变换到左侧。正常操作是松开油门，向后退出，然后进入另一侧位置，但是博伊德来了一个横滚，直接从 F-100 长机头上翻了过去，稳稳地落到左侧。伯克抬起头，透过座舱盖，看着距离只有约 20 英尺的博伊德的头。两架高速飞机相距如此之近，令长机勃然大怒，满载的炸弹和火箭弹足够在内华达南部炸出一个巨大的坑。

"该死的，博伊德。不要胡闹。"他在无线电里生气地说。

"一个 G 就是一个 G，"博伊德说，"我在哪个位置都一样。"

问题是，他驾"匈人"飞横滚时跟平飞时一样稳稳当当。这是不经意之间流露的非凡飞行本领——只有极其自信的飞行高手才敢于实施横滚动作。另有一些人认为，这是他们听说过的战斗机飞行员干出的最愚蠢的事之一。

1960 年 6 月 1 日，博伊德正驾驶一架机号 56-2931A 的 F-100D 型飞机，以 2.5 万英尺高度，在内利斯靶场的偏僻地带上空飞行。飞机连续进入异常姿态，博伊德向后猛拉操纵杆，做了一个称为"扫座舱"的动作。他向右前方推杆到底，向左前方推杆到底，又向左后方拉杆到底，接着向右后方拉杆到底。"匈人"失去空速，在空中不断翻滚、倾斜。博伊德只好接通加力，"匈人"在压气机接连失速的猛烈打击下，颤抖着昂起机头，尾喷口向下喷出火舌。

仪表显示空速为0，但飞机仍然在空中飘荡。这时，博伊德猛地向前推杆，企图压下机头。超过极限的机动，使飞机操纵主系统和备份系统的压力密封件先后被冲开。"匈人"不再是一个升力体，而是一个14吨金属和电子设备组成的大块头，它急速向沙漠坠落下去，博伊德别无选择，他弹射出了座舱。

在事故报告中，他一开头就表示发现了F-100的一处设计缺陷，它造成了这次坠机事故。尤班克将军气得几乎晕过去。他准备走上军事法庭，指控博伊德犯下严重过失，实施违规且危险的动作，导致损失一架飞机。

博伊德说，他可以复现这个液压失效场景，证明存在设计缺陷，这会使F-100更安全。博伊德觉得，他应该得到一枚奖章，而不是军事法庭的控诉。

斯普拉德林却听到了不为博伊德所知的传言，长刀已经举起来了。

"斯普拉德，别担心，"博伊德说，"他们动不了我。我心里有数。"

调查委员会成立了。如果委员会认定博伊德要对损失飞机负责，他的职业生涯就结束了。

将军下令做一次静载试验，重现博伊德经历的状况。他前往机场维护工作区，亲自挑选了用于试验的F-100D飞机。将军认为，如果让博伊德来选择，他会挑一架密封件较薄弱的飞机。

哈罗德·伯克主持试验。F-100用千斤顶支起来，接上液压管线。"飞机是静态的，但液压系统处于工作状态。"他说。博伊德爬进座舱。在机场工作区围观试验的，有不少学校教官和学员。这是

"40秒博伊德"与美国空军的对决，而人们一般预料，后者将稳操胜券。伯克宣布，F-100液压系统已经启动。博伊德开始做"扫荡座舱"动作了，他将操纵杆拉到底，再向前猛推，液压油从F-100机腹喷涌而出，流淌在地面，形成了一滩油汪。

博伊德赢了第一局，但是将军又说，导致液压失效的飞行动作是鲁莽和粗心的。

博伊德拿出北美公司工程师编写的飞机使用手册，证明手册没有禁止他所做的那些动作。他又拿出F-100的空军飞机技术规范（T/O），美国空军每种飞机都有技术规范，飞行员根据它了解飞机的性能。技术规范也没禁止博伊德所做的动作。中队和联队同样没有这方面的禁令。博伊德终于赢了。美国空军最后认定，他发现了F-100的设计问题。

博伊德在内利斯的最后一份《军官考绩报告》，签发日期为1960年7月22日，是这样开头的："博伊德上尉在担任美国空军战斗机武器学校学术主任期间，杰出地履行了职责……"关于《空中攻击研究》，评价者写道："这是一份具有首创意义的手册。战术空军司令部完全认可手册的内容，并将其作为官方条令，印发所有F-100部队。"评价者最后写道："我建议提前授予他少校临时军衔。"

令人吃惊的是，最后一份《军官考绩报告》得到了尤班克将军的支持。将军表示，博伊德"以其专业在战术航空界享有卓著的声誉。我认为，博伊德上尉在美国空军有着超常的发展潜力，职业前景不可限量。他完全有资格晋升军衔，建议积极考虑尽早将其调整到更高一个衔级"。

这评价是异乎寻常的,尤其是被评价对象博伊德众所周知地急躁冲动和直言不讳。

现在他开始了职业生涯新阶段,他即将从一名斗士成长为一名斗士兼工程师。4月上旬,他打起行装,收拾好旅行车,与玛丽及4个孩子准备踏上前往亚特兰大佐治亚理工学院的长途旅程。玛丽又怀孕了,明年初她将生下第五个孩子。旅行车顶绑着临时必需的个人衣物,家里其他物资将在晚一些时候被送到亚特兰大。那天,天气炎热,沙漠里刮着强风。斯普拉德林帮着他把行李搬上车顶,捆扎牢固。

"斯普拉德,我有了那个突破的话,会给你打电话的。"博伊德说。

"随时都可以,约翰。"

一队"匈人"起飞了,博伊德注视着它们挣脱地球的桎梏,收紧编队,爬升3万英尺,进入诗人所说的"狂喜的、炽烈的蓝色长天",去绿点上空进行模拟战斗。他们运用的机动是博伊德教给他们的,他们读过博伊德的手册。战斗机武器学校训练的学员人数不多,但是如果战争来临,他们将全力以赴。

博伊德与斯普拉德林握了手,转过身望着简朴军营外面无垠的苍茫世界,摇了摇头:"再也不会有这么美好的光景了。"

As stated earlier, this is an especially good maneuver by which to slide into an opponent's GAR-8 angular velocity cone, since it provides the attacker a better opportunity to launch GAR-8 against a maneuvering target.

Procedures for the Barrel-Roll Attack

1. Stalk your target and attempt to reduce angle-off as much as possible. If this is impossible, employ the procedures outlined below.

2. Dive below and inside your opponent's turn radius, maintaining nose-tail separation throughout the maneuvers. The dive below should be initiated far enough out so the forthcoming zoom may be played inside or outside the defender's turn.

3. Pull up and zoom inside your opponent's turn radius if you feel he is not strongly oriented toward the scissor maneuver (sometimes this is difficult to determine).

4. Barrel-roll, nose-high, in a direction away from your opponent's turn. If he turns right, barrel-roll left, and vice versa. The roll will reduce vector velocity and the height of the yo-yo apex, yet maintain a higher aircraft velocity.

5. Continue the roll and employ bottom rudder as the aircraft comes through the nose-high inverted position. This will provide a 270° change of direction and place you with longitudinal separation, at a reduced angle off above your opponent, diving toward a six-o'clock-low position. The longitudinal separation will be less than that acquired from an ordinary yo-yo.

6. Do not employ bottom rudder if your opponent rolls away from the turn and pulls up into the attack. Instead, employ top rudder and continue the roll from the inverted position. This will place you in a nose-high attitude at six-o'clock-low - a perfect set-up for a GAR-8 launch.

7. Pull up and zoom to the outside of your opponent's turn radius if you feel you can sucker him into a turn-reversal. If he reverses, continue with the following procedures.

8. Roll in a direction opposite your opponent's turn-reversal. This will reduce your vector velocity and help maintain longitudinal separation.

9. Play top or bottom rudder, according to whether your opponent pulls up or dives away after the reversal. If he pulls up, employ top rudder. This will allow you to roll nose-high toward a six-o'clock-low position. If he dives away, employ bottom rudder. This will allow you to roll nose-low and prevent your opponent from obtaining extreme longitudinal separation.

▼

《空中攻击研究》中的一页，
顶端和底端的深色部分遮住了过去的"机密"标记。

第二部分

工程师

第九章　热、熵和突破

1960 年 9 月 14 日，博伊德开始在佐治亚理工学院学习。此刻，他已年近 34 岁，有 4 个孩子和一个怀孕的妻子，参加过两场战争，过去 5 年间一直在从事教别人空中格斗的事业。从各方面来说，这都不是一个正常大学生的经历。

但出人意料的是，博伊德与佐治亚理工学院的大学生有许多惊人的共同点。要知道这是怎么回事，必须首先认识 1960 年的美国大学校园。那个时候，佐治亚理工学院在读学生大约 6488 名。它是人们心目中的全男生学校，即男生们平日里埋头读书，周末聚饮狂欢的所在。学生们一般穿 T 恤短裤，趿拉着平底人字拖鞋去教室上课，而某些大学生社团成员，尤其是 SAE、ATO、PSK 诸兄弟会的成员，则根据自己认为的常青藤院校样式打扮自己：平时是便士乐福鞋、甘特衬衫，星期六前往鲍比·杜德球场观看美式足球比赛时，则穿 3 粒扣西服套装。

佐治亚理工学院约一半的学生是本州人，另一半则来自世界各地（截至"猪湾事件"发生为止，外国学生大多来自古巴）。第一批女生——两个人——于 1952 年被理工学院录取，1953 年又有两名女生被录取。到 1960 年，学院已经有了 20 名女生。男生可能在佐治亚理工学院上完 4 年大学，却从未在教室里碰见过一个女生。佐治亚理工学院的学生和校友们称呼女生为"共存概率"或"助理技术员"。

佐治亚理工学院是美国第一流州立工科院校，据说录取比例为1:8。学院的课程是喷气式飞机高级训练在教育界的翻版，淘汰率可能还更高。在新生欢迎会上，新生们被要求与身边的同学握手、说"再见"，因为他们中一半人将在第一年因考试不及格而退学。"你太笨，不准从佐治亚理工学院毕业"是教授们的口头禅。学生们熬过 4 年后，说的不是"毕业"，而是"逃离"。

20 世纪 60 年代，美国大学校园里盛行抗议和示威，唯独佐治亚理工学院是个例外。1961 年，学院院长召集学生代表开会，宣布已经录取第一名黑人学生，所有学生必须注意行为举止，友善对待黑人学生，否则将被开除并且不接受申诉。佐治亚理工学院因此成为美国南部无须法院下令，以和平方式取消种族隔离制度的第一所主要州立大学。学院及其学生向来以学术为本，不至于为这种议题分心。20 世纪 60 年代，佐治亚理工学院最具先锋派意义的事件，是一位英语教授竟然会带学生到斯普林大街的哈利牛排馆里上课。这位教授的"自由主义"行为成为校园里一时的谈资。

总体说来，佐治亚理工学院是一所高水平大学，是为勤奋刻苦的优秀学生提供第一流工科教育的地方，是 20 世纪 60 年代的社会流行思潮直至大约 1975 年都未能侵及的地方。这里学术竞争激烈，只有专心向学的人才能生存。与博伊德一样，学院不容忍懒散作风和平庸水准。

博伊德穿便服上课，没人知道他是空军军官，他只是一个老家伙，班上又一个竞争对手。博伊德与其他同学最大的不同是他的心态。理工学院很多学生相当庆幸自己能来到这里。学院对学习成绩的严格要求和开除不良学生的果决态度，使他们更视校园为神圣不可亵渎之地。博伊德却不这样，他看起来像校园之王。大嗓门一个街区以外都听得见，言辞之尖刻能刮掉旧教学楼的外墙涂料。一个曾与博伊德一起上热力学课的人说："我很乐意把他引见给我的父兄，但决不能让他见我的母亲。他是我见过的最喜欢骂人的家伙。"

新的一年到了，随之而来的是将对博伊德的职业生涯和个人生活产生深远影响的一系列事件。

约翰·F. 肯尼迪总统 1961 年 1 月 20 日宣誓就职。他的国防部长罗伯特·麦克纳马拉（Robert McNamara）一上任就给海军和空军下令，要求它们共同制订新型战术飞机研制计划。柯蒂斯·李梅于 1961 年就任空军参谋长，因此战略空军司令部事实上接管了美国空军，这对战术空军司令部来说是更沉重的一击。然而，历史在这里发生了意想不到的奇妙转折，这也奠定了博伊德最了不起成就之一的基础。

在个人生活方面，博伊德一家迎来了又一个女婴，她叫玛丽·艾伦（Mary Ellen），于 1961 年 2 月 12 日降生于桃树街上的皮埃蒙特医院。她是博伊德第五个，也是最小的一个孩子。在博伊德中年和晚年与他十分亲近的人们只看到事实中的巧合，即博伊德也来自有 5 个子女的家庭——3 个男孩和 2 个女孩，且玛丽也是兄弟姐妹 5 个——3 个男孩，2 个女孩。他们说博伊德从未提起这事，他太勤奋、事业心太强、太缺乏家庭温情，从不为 5 个孩子操心。

在医生警告再要孩子可能危及生命后，博伊德还两次使玛丽怀了孕。玛丽·艾伦出生后，他做了两件事，表明他现在认为自己的家庭已至臻完美：第一，他做了输精管切除手术；第二，他准备买房子。

两个月后，即 1961 年 4 月，他在亚特兰大市东北郊的下层中产阶级聚居区多拉维尔（Doraville）买了一座房子，从那里开车半小时即可到达佐治亚理工学院。这座有 3 间卧室的平房住宅坐落在麦克拉夫街第 2860 号，全价 1.64 万美元，根据贷款安排，每月需还贷 105.67 美元。它比 35 年前他父亲在林肯大道的那所房产便宜100 美元。

玛丽喜欢拥有自己的房子，但她不能理解，为什么博伊德明知道一年多后即将赴新的岗位，现在却要买房子？博伊德回答说，买房子是很好的投资。

在麦克拉夫街的家跟博伊德小时候的那个家十分相似。这座平房住宅所在的街区安静整洁，浓荫匝地，但是房间却非常小，孩子又那么多，似乎总是很拥挤。3 间卧室，玛丽和博伊德一间，两个女孩一间，3 个男孩共用最后一间。餐桌还用作斯蒂芬的训练台。

那一年，斯蒂芬上了一年级。脊柱弯曲的疼痛使他不能长时间直坐，所以学校为他提供了一个躺椅。他在课堂上非常吃力，似乎有学习障碍。后来老师才发现，斯蒂芬看不清她在黑板上写的字，他除了患有脊髓灰质炎，视力几乎为零。戴上眼镜后，斯蒂芬的视力立刻有了改善，成绩却进步甚微。斯蒂芬第一年几乎没怎么上课，因为他在沃姆斯普林斯住院治疗。医生让斯蒂芬在温水中游泳，调整他的支架，牵引、拉伸他幼嫩的身体，为他做检查。但情况不见好转。玛丽一向对自己缺乏信心，现在她有点怀疑，是不是该换个地方治疗。

博伊德自打来到亚特兰大，把时间都花在学习上，玛丽操持着所有往返沃姆斯普林斯的事务。玛丽·艾伦出生时，博伊德虽然身在医院，却总是坐在大厅里埋头攻读。他不再游泳，也不再外出。博伊德在佐治亚理工学院的两年里，学院年刊上的班级照片里没有他的身影，毕业照上也没有他。《蓝图》（*Blueprint*）年刊仅登载过博伊德一次，当时他的名字以 5.5 点铅字字体出现在 1962 届毕业生名单里。

在学业以外，博伊德心中始终怀有进一步推进《空中攻击研究》的梦想。把 150 页的解说简化为纯粹的数学公式，他认为这一定是可行的。博伊德经常给斯普拉德林或卡顿打电话，讨论萦绕在他头脑中的想法，讨论他希望实现的突破，一说就是几个小时。似乎每次讨论后，博伊德就朝那个模糊而遥远的目标又接近了一步。斯普拉德林和卡顿为此感到十分自豪，尽管有时电话是午夜打来的。

斯普拉德林知道，博伊德正在"走钢丝"。他苦心孤诣推进《空中攻击研究》的发展，但保持学习成绩不下降才是他的首要任务。对花着纳税人的钱上大学却学无所成的军官，美国空军可没有什么好脸色。

斯普拉德林的担心没错。佐治亚理工学院的成绩报告单显示，博伊德的课业成绩非常怪异，从 A 到 D 都有，还有几门课程弃考。但在随后几个学期，他又加倍努力，提前一个学期拿到了学位。他的《空军训练报告》——等同于《军官考绩报告》——表明，他在学习上表现为"良好"，而且"他积极遵守空军技术学院的各项规定"。

成绩报告单没有显示的，是他在 1962 年冬季为航空事业所做的深刻而恒久的贡献。在某种意义上，博伊德至此为止的生命历程只是在做铺垫，真正的好戏正在开幕。他将试探着迈出第一步，准备开启永远改变航空事业面貌的进程。他于某个夜深时分在旧教学楼二层教室里所做的发现，对当今航空事业的意义之重大而深远，不亚于当年牛顿的发现之于物理学。

机械工程学的相关学科包括热力学，后者在佐治亚理工学院被称为热学。它自 1962 年直至现在都属于最艰深的大学课程。人们将热学定义为关于能量的物理学研究，它包含但不限于牛顿力学，主要研究进入物质的能量的量与该物质属性变化之间的数学关系。

热力学分析就像抽丝剥茧，每一步都会产生新的关系。热力学第一定律涉及能量守恒，那是物理学的通常研究对象。对初学者来说，支票本的比喻是最好的解释：金钱进入银行账户，流出银行账户，但必须保持平衡。能量和金钱一样不会消失，它必然有个去处。

第二定律是热力学独有的定律，规定了能量守恒的物理极限，被称为"熵定律"。它可应用于任意系统，而最为通俗易懂的应用是在封闭系统——不受外力影响的系统。第二定律规定，能量的支出并不像银行账户那样有涨有落，在封闭系统里，热的传递是单向的，从高温向低温。比如一个冰块和少量水，两者放进密闭空间。

随着热从周围的水传递过来，冰融化了，最后这个空间里的水达到同一温度。能量传递结束。这个系统是封闭、稳定、同质和均匀的。但人们认为，它现在的混沌状态比冰融化之前更高。

第一定律看上去简单、明显，但事实上极其复杂，是热动力学最难理解的部分之一。第二定律是物理学上第一条不可逆定律——它的意义甚至超越了科学领域。它表明宇宙从有序向无序发展。独立的冷或热的物体代表更高的有序状态。当热物体使冷物体温度升高，达到温度平衡，无序增加了——这是很多人难以理解的概念。

第二定律是物理学的一头怪兽。学术界不断尝试解说和定义第二定律，利用其内涵，却始终没有找到答案。例如，如果将第二定律这个单向系统和有序走向无序的过程，应用于我们认为真实的时间，将会怎么样？那意味着，我们认为真实的世界，实际上是一种反常状态。

有人甚至引用第二定律试图证明上帝的存在。他们说上帝创造了秩序（低熵），宇宙由此开始发展，进化到无序（高熵）。因为这演化过程是单向的，所以必然存在一个首先创立秩序的上帝，否则走向无序的衰落过程就没有起点了。

1962年冬季，博伊德与热力学进行了艰苦卓绝的斗争。

查尔斯·E.库珀（Charles E. Cooper）时年19岁，是航空工程学专业二年级学生。他爱好，或者说痴迷于一切与航空有关的事物。他来自亚特兰大西南部，对军队怀有南方人特有的那种崇敬。热力学对他来说简单又普通，航空工程课才真的有意思，因为他可以钻研升力与阻力系数、结构、推进和飞行控制系统，连续几个小时趴在绘图桌上设计军用飞机。有朝一日，他将进入国防工业部门，与飞行员们共事。美国人那时候都在议论"太空竞赛"，有人甚至提出要登陆月球。作为佐治亚理工学院航空工程专业的毕业生，无论美国未来向哪个方向发展，他都可能亲身参与其中。

在机械工程系教学楼二层教室里，坐在他身边的这个学生年纪比他大。此人走在校园里的那副神气好像这里是他的私人领地，说出的话好像是在新奥尔良某妓院里学的英语。这个老家伙自我介绍叫约翰·博伊德，说搞不懂热力学这玩意儿，尤其是第二定律——特别是迷一般的、让人头脑发懵的熵概念和无用能概念。能量他妈的怎么还是无用的呢？库珀与博伊德交谈起来，解释了第二定律的含义和作用。

两人一连几个星期在下课后讨论，库珀的讲解使博伊德跟上了课堂教学的进度。一天下午，两人穿过亨普希尔大街，走进黄蜂餐馆。餐馆名称取自理工学院的吉祥物，学院学生经常来这里买汉堡包和热狗。他们点了两杯苏打水，交谈起来。库珀终于忍不住提出那个乍一看见博伊德就萦绕在他心里的问题："你比大部分学生年龄都大。为什么到现在才上大学？"

博伊德说，他已经在艾奥瓦大学拿到了学位，现在是攻读工科学位的空军军官。

"你在空军做什么？"

博伊德脸上露出笑容，得意地说："我是个该死的战斗机飞行员。"

他说话的腔调表明，这是世界上最好的职业，是最值得追求的梦想。无独有偶，库珀对此深以为然。40年后，他仍然记得当时谈话的主要内容。

"你开什么飞机？"

"我飞各种飞机。过去几年飞 F-100。在朝鲜飞讨厌的 F-86。我去过那该死的"米格走廊"。我们一般直飞鸭绿江边，对手在 4.5 万到 5 万英尺的高空，我们上不去，但是当他们下来，我们会给他们一顿痛击。"

19 岁的大学生库珀与在"米格走廊"斩获过战绩的 34 岁空军飞行员倾心交谈。库珀没有想到在佐治亚理工学院会见到这样的人物。他目瞪口呆地放下水杯，世界上还有比设计空间飞行器更刺激的事情，他面前坐着一位战争英雄。

博伊德一定觉察到了库珀的敬畏，因为他突然间亮开嗓门，滔滔不绝地讲起来。他酷爱说话，现在有一个欣赏甚至崇拜他的听众。太好了，让餐馆里所有人都来听吧。

"我在朝鲜一个叫 K-13 的地方降落，跟一帮子尉官坐那讨厌的 C-54 去的，都是准备参战的 F-86 飞行员。刚一落地，就听到警报，看见空军宪兵跟着飞机急忙跑。大家正疑惑出了什么事。这时候，机舱门打开，一个上校站在停机坪上，周围都是空军宪兵（AP）。他们保护他并确保他登上那该死的飞机，是送他回国的。我们这才知道，他飞越鸭绿江，搅得半个中国东北人仰马翻。他告诉队员说，'关掉你们讨厌的电台'。然后，他们过了鸭绿江到处扫射。几天后，另一个上校又干了同样的事。然后，又一个上校这样做了。3 天里，我看到 3 个上校离开。他们都飞到鸭绿江对面干掉了很多敌机。"

库珀十分惊奇地摇着头，饭馆里其他学生则一边听着他们谈话，一边点着头。他们显然乐于了解朝鲜战事的真相，为美国青年在抗击威胁时做了正确的事而感到开心。

美军飞行员偶尔偷偷越过鸭绿江，向中国东北的机场开火扫射，这是事实。他们在事情败露后立即被调离，这也是事实。但上校不可能做这种事，更不会有3个上校在3天里从一个基地调离。这是战争故事，是博伊德与老百姓聊天时常常自我吹嘘的一个表现——然而这并不意味着他在扯谎。身为南方人的库珀对此心领神会。南方人和飞行员都知道，故事本身比事实更重要。如果故事不是事实，说着说着也就成了事实。所以即便库珀清楚博伊德是在讲故事，那也没关系。库珀后来到国防工业部门就职，博伊德成名后，他会几百次把3个上校的故事讲给别人听。

博伊德和库珀点了汉堡包。博伊德狼吞虎咽地几口吃完，其间他不停地讲话，讲他在内利斯的日子，得意而粗哑的大笑声回荡在餐馆。他告诉库珀自己从事的研究，在内利斯写《空中攻击研究》时心中的构想。这个构想涉及战斗机的性能，可以比喻为在高速道路行驶时，做是否超车的判断。司机都知道，车子在某些速度区间动力特别充沛，可以变换车道超越前车，而在另一些速度区间，要想超越前车是极端困难的。飞机如果有极高速度或强劲动力，就能钉在敌机6点钟位置，取得战斗胜利的优势条件，如果没有速度或动力，就只能避免与敌机展开机动对抗。

终于，回去用功的时间到了。两人重返约翰·赛勒·库恩（John Saylor Coon）楼，在二楼找了一间空教室，在一张横贯式长条课桌上，摊开琼斯和霍金斯的《工程热力学》（*Engineering Thermodynamics*）教材。这本教材内容相对较少，但其方程式足以难倒部分聪明伶俐的年轻人。库珀开始讲第二定律，他解释说，有用能之所以总是进入而不是离开一个系统，因为存在着称为"熵"的无用能。博伊德点点头，过了一会儿又站起来，开始踱步。库珀又接着讲了几个小时，可是博伊德的思想怎么也无法集中起来，有个东西一直在他头脑中盘旋，挣扎着要冲出来——但那是什么？博伊德不停地踱步，脸部扭曲，好像十分痛苦。

熵的全部意义，库珀说，是表明不存在100%有效的系统，如果那样，人们就能造出永动机了。而教授大量使用无用能、能量状态和系统等说法，把事情搞得过于复杂了。

已近深夜，博伊德气恼地摊开双手，说："该死的，我连飞机都能搞清楚，怎么就弄不懂这个。"

"那么用飞机作比喻来思考，"库珀说，"道理是一样的。熵是无用能。能量可以增加和减少。如果向一个系统输入10个单位的能量，只有8个单位是可以做功的有用能，结果是熵增加了。"

库珀接着讲解。他喜爱讨论热学的问题，但是博伊德并没有在倾听，他听到了别的声音。他后来在口述历史采访中说，突然之间，他发现了苦苦寻找很久的东西，顿时感觉头发倒竖，脸颊刺痛起来。多年以来与之竭尽全力地博斗的所有东西，现在都有了意义。那个思想的干净、简洁和优美压得他几乎喘不过气来。能量守恒与耗散的热力学定律与空对空作战的攻防战术，这两者是一样的。在空中格斗中，使飞行员以机动性取得对敌胜利的不是推力，也不是空速，而是能量。

能量！

如果以200节速度在3万英尺飞行，他只有少量动能，却拥有巨量势能。如果他发现一架敌战斗机正在 2 万英尺高度，俯冲而下去进攻，他的空速增加了，因为势能这时转换为动能。他不断提高飞行速度，就像理查德·邦在 P-38 上所做的那样，冲入敌机编队，在敌人搞清楚状况之前，就飞到机炮射程之外。然后，他可以利用俯冲产生的动能（或者速度）爬高，返回原来的高度。但是，随着一路爬升，他逐渐失去速度，动能转回为势能。重新获得速度的唯一办法是实施平直飞行等易受打击的机动，或者再次俯冲。

他有能量，但它可能暂时无用。

博伊德疯狂地在书本里搜寻，拿一本黄色信笺簿，潦草地写下笔记、想法、方程、理论与问题。如果他能够以能量为依据来研究空对空战斗，他就能够为飞机的性能设计出方程式。

考试被抛在脑后了。博伊德时而在写，时而嘟哝着，时而点头，时而陷入沉默。库珀好几次试图找博伊德聊天，但老家伙显然神游天外，库珀只好回了家。博伊德去了图书馆——那里开放到凌晨一点——继续琢磨方程式。他列出下一步要做的事、要构造和解决的方程、后续要考虑的理论解释等事项。黄色信笺簿的横格上，一行又一行写得满满当当。

图书馆闭门后，他开车驶上比福德公路，转入麦克拉夫街，进了家门，继续钻研。最后，他给斯普拉德林打电话，时间是亚特兰大时间大约凌晨 4 点，比拉斯维加斯时间早 3 小时。

"这是斯普拉德林家。"

"斯普拉德，我是约翰。"

"喂，约翰。现在几点了？"

"斯普拉德，我有突破了。"

"什么突破？"

"我到这里以后一直在搞的那个突破。就在今晚，斯普拉德。"

博伊德在电话里连续讲了一个多小时，之后他睡了几个小时觉，接着开车回理工学院，参加热力学课程考试（他肯定考得不赖，因为他这门课的得分是 B）。考试结束后，他匆匆赶回家里，拿出信笺簿："虽然我搞出的东西是垃圾，但还是有点意思。"

他搞出的东西仍然有点意思。

他补充了更多笔记、更多想法、更多方程式，然后，他把信笺簿放好，进入他所说的"放下阶段"，想着，"哦，天哪。有人已经做过这个了"。如果这个发现是别人已经有了的，他不希望浪费时间。他提出的思想如此简单、明显，有人肯定先提出过了。他轻描淡写地向库珀等理工学院师生说起关于能量的思想，想知道他们以前是不是听说过。博伊德的热力学教授不知道这个领域有过相似理论。他在图书馆里也没找到研究思路相似的东西。最后，事情弄清楚了：如果某人得出过同样的结论并已将其应用于战术，他在内利斯时就应该知道了。内利斯是战斗机战术的汇集之处。他是战斗机武器学校学术部的主任，应该看到过相关材料。但是他从未见过任何论文、研究或报告。

这是史无前例的研究。

他又一次激动万分。他正在揭示的这个了不起的东西，将永久改变飞行事业。这一点他很明白。

可是还得再过一个学期才能毕业，而且他必须取得优秀成绩。该关心自己的学业了，然而博伊德总是带着信笺簿，以便记下新想法。他已经接到新的任职命令，去佛罗里达半岛上的埃格林

（Eglin）空军基地。在那里他可以全力以赴地研究能量理论。但它如何应用这一理论呢？他能用它做什么？美国空军会感兴趣吗？

1962 年夏末，博伊德从佐治亚理工学院毕业，并随即晋升为少校。他每次晋升军衔都发生在完成正常任职期之际或之前，也就是说，他一直是按期或提前晋升。他走在了很多同龄军官的前面。

那是美国空军无比亢奋的时代。新总统宣布美国计划把人送上月球，让全体美国人心驰神往。太空竞赛日趋炽烈，美国空军准备让工程师大显身手。战术空军司令部来了新掌门，曾做过柯蒂斯·李梅的幕僚的沃尔特·坎贝尔·斯威尼上将（General Walter Campbell Sweeney）——一位真正的轰炸机将军，他可能撤掉战斗机武器学校。

博伊德把麦克拉夫街的房子挂牌出售，但是一直到 1963 年 2 月才有人前来问价。买家没有预付定金，而是直接做了抵押贷款。这意味着博伊德为房子支付了 22 个月的抵押贷款，最后脱手时没得到任何投资回报。

玛丽看着丈夫，这个同时拥有艾奥瓦大学经济学学位和佐治亚理工学院工业工程学学位的人，要求他对此做出解释。"你说过，房子会是很好的投资。"她责备道。

博伊德耸了耸肩，说："至少我们省下了房租钱。"

这是博伊德一生拥有过的唯一的房产。

第十章 $P_s = \left[\dfrac{T-D}{W} \right] V$

　　如果说，内利斯是美国境内最与世隔绝的空军基地，那么埃格林空军基地在这方面仅次于内利斯。不过埃格林基地附近没有欣欣向荣的拉斯维加斯，只有人称"瓦尔帕"的慵懒小村瓦尔帕莱索。附近还有沃尔顿滩堡、沙利马，对了，还有尼斯维尔。成群的白尾鹿在埃格林基地主路两旁出没，增添了此处的乡野气氛。美国南方航空公司的两架 DC-3 每天飞抵奥卡鲁沙县机场，是这里与外界沟通的主要渠道，机场跑道由民航和埃格林基地共用。

　　埃格林空军基地南临墨西哥湾，以北和以西是茂密松林下数十万英亩的沙地。位置上偏僻的特点使其成为绝佳的火炮、炸弹和火箭弹试验场。美国军方在埃格林基地和隐藏在松林中的附属设施里进行过很多绝密行动。第二次世界大战期间，吉米·杜立特（Jimmy Doolittle）在这里训练 B-25 飞行员准备轰炸东京，摧毁德国火箭设施的战术也在这里制订。几年以后，营救在越南的美军战俘的行动还将在这里进行预演。

　　埃格林成为弹药试验、战术研讨和绝密行动演练绝佳场地的位置优势，却让军人配偶和子女们望而生畏。最近的东边略大一点的城镇是塔拉西（Tallahassee），北边是亚拉巴马州蒙哥马利市，新奥尔良西距基地约 200 英里。总的说来，1962 年夏季，佛罗里达走廊西端是美国死气沉沉的落后地区。事实上，除了南部酷热的阳光，这里没受到外面世界的任何影响。

博伊德来到埃格林的时候，美国战术空军正面临困境。在李梅上将的扶持下，轰炸机将军们的权势如日中天，他们自夸拥有最大、飞得最快和最高的远程轰炸机，日益武断地看待战略问题：美国只有一个敌人，只需要一种飞机、一种武器。美国空军 1962 年的战略方针与 1947 年并无不同。成军仅 15 年，它就患上了老年僵化症。

但是，世界正在变化。约翰·F. 肯尼迪总统受马克斯威尔·泰勒（Maxwell Taylor）所著的《不定的号角》（*The Uncertain Trumpet*）观点的影响。泰勒在书中强调，艾森豪威尔主义奉行大规模报复战略，事实上增大了常规战争的可能性。他表示，由于美国缺乏实施常规战争的能力，在处理无关紧要的事件时只能动辄以核战争为威胁，姿态反而变得极度小心谨慎。这本书对肯尼迪的影响非常大，他决定美国应奉行一种比较平衡的战争策略。美国需要选择空间，常规战争应作为未来考虑的重要内容。从大规模报复战略向灵活反应战略的转变，使轰炸机将军们走上与肯尼迪政府相冲撞的道路。之前，国防部长麦克纳马拉及其"神童"们已经取消了 F-105 项目，不再批准制造低空高速核轰炸机。麦克纳马拉命令空军采购 F-4"鬼怪"式战斗机，但是"鬼怪"式战斗机最初为美国海军研制，设计目的是作为截击机从航空母舰上起飞，击落对舰队构成威胁的目标。美国空军人士讥讽它为"创可贴飞机"，指出其主翼的每一处弯折和尾翼的每一处偏角的背后都藏着一个设计缺陷（确实如此）。它有两台发动机，由两名飞行员驾驶——每一样东西都有冗余，而它的外形——机身肥硕而笨拙，机翼弯折，尾翼竟然有下反角！美国空军飞行员说，F-4证明，只要有充足动力，任何东西都能飞起来；即使横过来侧着身子飞行，F-4的阻力系数也不会有什么变化。

美国空军把被迫接收海军飞机，也就是"盐水飞机"，视为前所未有的奇耻大辱。因此，发展空军自己设计、契合空军使命的新战斗机的决策出笼了。将军们在密室里开始为新战斗机制订规划，称它为F-X。

美国空军面临危机，博伊德也遇到麻烦了。他在口述历史采访中回忆说，从佐治亚理工学院毕业后，他原本打算回内利斯，但发现自己与一位非要他去埃格林的将军陷入"臭鼬大战"。他说，将军给他打电话："马上停手，否则送你上军事法庭……不要再搞那些该死的把戏。"最后，将军听厌了博伊德的辩解，问他如果自己选择基地，"是不是就不再弄那堆垃圾了？"博伊德说，他只好选择了埃格林。

这个故事再一次反映了博伊德喜欢粉饰现实的性格特征。第一，博伊德知道，空军技术学院明确规定，学员毕业之后必须到空军系统司令部下属单位任职；第二，没有将军跟上尉商量任职命令这一回事；第三，玛丽说过，在博伊德从佐治亚理工学院毕业几个月前，已经跟她讨论过他的下一步任职并且首先选择了埃格林，原因简单而直接：从那里开车去沃姆斯普林斯只需6个小时。

来到埃格林，博伊德马不停蹄地变换了好几个工作，从标准化办公室，到训练处，再到计划处，再到负责向来访高官作情况介绍。有一段时间他是基地营房助理——掌管住房分配的军官。可是他最大的兴趣是进一步延伸在佐治亚理工学院开始的理论研究。每一个来申请住房的军官都听说过他的研究。博伊德向来访者作情况简报时，会口若悬河地讲起战斗飞行理论，情至激动处，他挥舞手臂，衬衣下摆都从裤子里掉出来。他不断变换岗位，这并不奇怪——每个上司都认为他讨人嫌，想把他撵到别处去。最后，他被分配到维修与保养部门。在飞行员们的印象中，这工作仅比扫地高级一点，因此他的反应是："去你的，我到这儿来，不是来干4年维保的。"他对主管上校说，无论是否指定，无论《军官考绩报告》如何，他必须把自己弄出维修与保养部门，并于6个月之内调到新岗位。

大约在这个时期，埃格林基地配备了第一台复印机。此前文秘人员在复制文件时，必须先在蜡纸上打字，再用油印机印出来。现在，文件放进新机器，点一下按键，无数复印件即制作完毕。博伊德看见新机器，眼都直了："这是什么机器？"人家告诉他，这叫复印机。他摇着头，说："不，这是反保密机。"博伊德立刻意识到，人们过去不愿费力去刻蜡纸，现在却可以轻松地复制大量文件，或者如博伊德所说的，大批"小兄弟姊妹们"。他是对的，复印机在迫使政府公开信息方面的作用超过了《信息自由法案》（Freedom of Information Act）。

不管在什么岗位上，他每天下班后回到家里，都会摊开黄色信笺簿，钻研到深夜，构造方程式，提出问题，细化他所说的"剩余功率"理论。他把午餐和周末时间都花在信笺簿上，尝试简化和提炼他的理论。他用掉了几十本信笺簿。在埃格林，周围的人开始称呼他"心不在焉的家伙"。

斯普拉德林和卡顿每周会有几次接到他关于研究进展的报告——电话总是在凌晨两三点钟打来。内利斯和战术空军其他单位的战斗机飞行员经常来埃格林基地进行武器试验。博伊德常常拉住他们，连续几个小时谈起飞机在对抗中应如何机动，谈起他如何试图量化飞机性能。谈话中间，他会忽然停下来，扯出一张纸条，匆匆写下一个方程或几句心得。他谈得越多，对自己的工作就认识得越清楚，每一句独白，都使他向心中的目标迈进一步。

博伊德正在完成从"40秒博伊德"向"疯子少校"的质变。他知道自己的研究还有很大漏洞，有他无法解决的明显不足。有时为验证一个方程花掉了好几个星期，最后却发现方程不对头。以这种速度，要使他的研究完善与成形可能需要多年时间。他看到了遥远的彼岸，但总是不能到达。他需要一台计算机处理数据，迅速验证某个理论。这样，如果这理论没有效果，他就能拿出新数据，再用计算机处理它们。但是，美国空军当时刚开始配备计算机，上机资格是有限的。博伊德去找管理计算机的文员，请求上机机会，他至少需要几百小时上机时间。这位级别相当于准将的文员怀疑地盯着博伊德："博伊德少校，你在埃格林的职务是什么？"

博伊德咧开大嘴，露出他那灿烂的笑容，挥舞着雪茄，说了大意如下的一席话："我么，我来了之后干了好几样工作，现在负责维修与保养部门，我还有一些别的职责，但那些都不是我想长期干下去的。一旦空军理解了我所做的东西，他们会让我全力以赴地做理论研究。我打算彻底改变人们对飞行的理解。"

这位文员把博伊德赶了出去。

精神压抑和工作卑微让博伊德感到十分屈辱。他有佐治亚理工学院的工程学学位，而美国空军为了投身太空竞赛，正对更多工程师求贤若渴，而他却被用来做那该死的维修和保养军官。面对信笺薄度过的无数个不眠之夜现在都成为徒劳，他的理论可能未及成形就不幸夭折。

终于，博伊德与"蒙混者"相遇了。

博伊德一生中曾经与 6 个人结下亲密友情。他们是博伊德的门徒，在各方面天差地别。他们都有极高智商，都抱有近乎救世主般的、要为身处其中的世界做点事的理想，都是品行端正、有君子之风的人，而且他们——尽管极有独立见解——都是博伊德的忠实追随者。因为与博伊德过从甚密，他们所作的研究与博伊德的经常难以分割，从这一点来说，他们是重要人物。博伊德的生平必然也是他们的生平。

在这些人中，最早的以及在某种意义上最重要的是托马斯·菲利普·克里斯蒂。克里斯蒂出生于 1935 年 5 月 28 日，是家里 5 个孩子中的老大。他成长于艰难时世，父亲好赌、酗酒，是个怙恶不悛的玩弄女性者，而且一旦喝醉了酒就狠揍自己的老婆。当克里斯蒂赶来保护母亲时，他也会挨揍。全家人处在尴尬的饥寒交迫状态，不得不通过养鸡来维持生活。一个人成长过程中的恋爱、聚会等事项，都与克里斯蒂无缘。因为暴虐的酒徒父亲，克里斯蒂很早就学会了生存技能，知道如何躲过可能伤害自己的人的目光。尽管童年格外悲惨，但他刻苦勤奋，不仅学习成绩优异，打得一手好棒球，而且最后逃离了彭萨科拉（Pensacola），因为斯普林希尔学院为他提供了奖学金——斯普林希尔学院是亚拉巴马州莫比尔市（Mobile）的一所小型耶稣会学院，克里斯蒂在那里学习数学专业。1955 年，克里斯蒂以优异成绩从学院毕业，随即申请埃格林空军基地的文职岗位并很快得到录用，他的级别是 GS-5，年薪 4000 美元。

没过多久，克里斯蒂开始自修数学和统计学的研究生课程。美国空军技术学院制度虽然鼓励军官攻读高等教育学位，但不适用于文职雇员。1961 年，克里斯蒂成为入选研究生教育项目的少数文职雇员之一。美国空军告诉他，可以选择任何院校，空军会替他出学费。克里斯蒂在纽约州立大学获得应用数学专业硕士学位。他于 1962 年回到埃格林，就职于空军军械研究中心弹道处。美国空军正与陆军作最后切割，他最开始的工作即与此有关。

此时，美国空军仍旧处于自我认识、自我实现的进程中。与美国陆军的联系一点一点地断开，但空军还使用陆军航空队时期的轰炸弹道表，那是把风、速度和气温等变量代入数学方程，计算得出的从不同高度投下的炸弹飞行曲线。复杂的数学方程被简化为供轰炸机投弹手使用的若干表格。克里斯蒂的任务是制订空军的轰炸弹道表，从而代替陆军的旧表。这样，美国空军终于可以消灭最令它感到尴尬的与陆军的联系了。

最初，克里斯蒂手下只有一名低级军官和一名文职雇员，但是随后以他为核心组建了一个新部门。最开始，青涩的克里斯蒂缺乏与官僚系统打交道的经验，后来终于征服了它。这几乎出自他的本能，少年时期从酒徒父亲那里得到的东西，让他知道如何躲过高官们的"雷达扫描"，保护自己的研究项目。年长和资深的空军军官常常由于挫败而大发雷霆，而他已经不动声色地实现了目标。克里斯蒂声音柔和，态度谦逊，谁都不会将他视为潜在敌人。他在官僚体制的泥沼里干得游刃有余，赢得了一个"蒙混者"的诨名。他能搞定任何事情，而且做得又轻松、不动声色，又不招人嫉恨。

克里斯蒂已经与一位信仰天主教的彭萨科拉姑娘订了婚，很快将举行婚礼。他一帆风顺，但是时常感到焦灼不安。他掌握向地面投掷炸弹所需的全部知识，轰炸弹道表也已经编制完毕，但那只是更新了陆军航空队早前使用的轰炸弹道表。他希望在无人探索过的领域展开研究，不只是纯粹做数学分析，而是开创某种新东西。他渴望一个可以尽情发挥能力的工作，一个能让他对科学、对空军、对国家做出贡献的工作。

机会来了，它像往常一样，以出乎克里斯蒂意料的来处和方式出现了。一个星期五晚上，克里斯蒂和部下正开心地在军官俱乐部举行每周一次的聚会，这时他的注意力被酒吧里的一群人吸引了。这群人虽然身着便服，但是明显是战斗机飞行员，他们的用手习惯与众不同。他们大大咧咧，吵吵嚷嚷，其中最引人注目的是一个年纪较长的家伙，又高又瘦，30多岁，挥舞着雪茄，无所顾忌地用整个酒吧都听得见的大嗓门高谈阔论。战斗机飞行员的特点是狂妄自大，但是周围青年飞行员们的脸上，都无可置疑地带着偶像崇拜者的表情。

克里斯蒂走到一位军官熟人面前，悄悄地问："酒吧里那个军官是谁？"

这个军官不用问也知道克里斯蒂指的是谁："约翰·博伊德。"他说话的语气好像这个名字本就应该人尽皆知。

克里斯蒂眉毛稍微向上挑了一下，这说明他相当激动："我听说过他。他在内利斯搞得相当不错。"

"该让他给你讲一讲，他现在做的是什么。"这位军官说，他答应把博伊德叫过来。

过了片刻，博伊德坐在克里斯蒂的桌旁，把身体凑近，开始对克里斯蒂用即使在机场作业区对面也听得见的大嗓门讲起话来。他挥舞着"荷兰大师"雪茄，告诉克里斯蒂他关于动能与势能此消彼长关系的看法，关于他如何认为从这个"剩余功率"理论，可以开发新的战术。

克里斯蒂点头表示赞同。"这是可行的。"他说。

博伊德谈起正在建立的方程式，它以量化形式表现了他的理论，定义了喷气式飞机在不同高度和过载下的性能，把性能包线全面简化为几张图表。

"我想你是对的。"克里斯蒂说。

博伊德说，每个人都告诉他这项研究没有创新，别人已经做过了，或者没有意义。但是，去他妈的，他知道这是独特和开创性的研究。"我无法让别人理解我的研究，"他说，"我走遍了这个基地，他们都认为我是疯子。"

克里斯蒂啜饮着啤酒，吃着零食。他轻声说："你所说的都是我闻所未闻的。"

博伊德相当错愕，他终于找到一个不仅理解他的构想，而且认同他关于其意义的看法的人。他向克里斯蒂凑得更近一些，问："你在埃格林到底是做什么的？"

克里斯蒂向博伊德解释，他根据战术飞机的性能数据制订轰炸弹道表，他开发的机动形式帮助飞行员投掷核弹，然后在被爆炸波及前逃逸脱离。他告诉博伊德，自己收集了飞机推力数据，攻角数据，关于油料、高度和空速的计算结果以及飞机性能的其他所有参数。他收集的海量数据在美国空军其他部门都是找不到的。

博伊德点点头。"下落的炸弹和出膛的炮弹。就弹道而言，它们跟飞机在空中没有多大区别，是不是？"

克里斯蒂说是。炸弹、炮弹和飞机都只有两种能量：动能，来自速度和运动的能量；势能，来自高度的能量。"它们在很大程度上是一样的。"克里斯蒂说。

博伊德瞪大了眼睛。"该死的。"他说。

然后，克里斯蒂告诉他，自己正用计算机研究更复杂的飞机性能数据。在他看来，飞机没什么秘密可言，计算机都能算出来。

"该死的。"博伊德又说。

博伊德后来回忆说："我把餐桌上的东西全部清理掉，随手写起来，就像电影里面发生的那样。我列出方程式并给出解释。"博伊德在印花餐巾纸上写下方程式、画曲线图和坐标图，递给克里斯蒂。他坚持要克里斯蒂拿着它。

克里斯蒂全神贯注地听着。他完全不懂空对空战术机动，这也许是他一直寻求的挑战。困难似乎是难以逾越的，但是这反而激起他的兴趣。这位约翰·博伊德少校或许参透了某些奥秘，看起来像个疯子。关于他的传言好像飞机前面的激波，它跑在他的前面，冲击着经过的每一个人，让他们在尾流里翻滚，惊慌失措，愤恨不已。博伊德的行事方式与克里斯蒂截然对立，然而……他身上有某些东西。博伊德是一个痴狂的人，他有一种高于本人的思想——一项事业。这正是克里斯蒂寻找的，一项事业。

"要不我星期一去你办公室，"博伊德说，"看一看，咱们能不能一起干点什么。"

"来吧。"

博伊德站起身，指着克里斯蒂。他点着头，脸上露出灿烂的笑容："老虎，我们要一起干他妈一件大事。"

在美国空军历史上，极少有两个人的偶遇像"疯子少校"遇到"蒙混者"这样，带来如此富有成效、持续不断和携手共进的创新思想大爆发。美国空军焕然一新了。维系两人的纽带不是干成一番大事业的野心与欲望。他们没聊起过个人或家庭，但必定都在一定程度上觉察到早年经历的相似之处：生活窘迫、家庭破碎、精明强干、不顾一切地想出人头地、干一场大事业。克里斯蒂比博伊德小8岁，却更像一个为人宽厚的兄长。

博伊德出身战斗机飞行员，行事带着战斗机飞行员的热情、进取心和斗志。他与人交往的主要方式是对抗。博伊德不懂得世故圆滑，也学不来官场伎俩，他需要一个监护人，这个监护人——用美国空军术语来说——负责空中掩护。克里斯蒂就是这样的人。这场发端于军官俱乐部的友谊会一直维持下去，直到博伊德离开人世。

要区分两个人在研究中各自所做的贡献是不可能的——这项研究最终将像博伊德预言的那样，改变了人们对飞行的基本认识。博伊德是思想的原创者，而克里斯蒂以高等数学背景、计算机技术、行政事务处理能力，促成了博伊德对飞行事业重大而持久的贡献。没有克里斯蒂，博伊德不可能成功——在那个地方，那个时间，根本不可能。

　　他们一开始讨论的是追击曲线问题。飞行员必须拉出几个 G 的过载才能转到正确角度，对敌机开火？这么大的过载会使飞机性能下降到什么程度？克里斯蒂倾听博伊德的讲述，提出疑问，然后开始构建新方程。博伊德的数学水平相当不错，但与克里斯蒂相比还是有差距，不过他坚持弄清每个方程的含义。"我搞不明白，"博伊德说，"再给我讲一遍，我脑子笨。"克里斯蒂耐心地从头开始，又讲了一遍。"再讲一遍。"博伊德说。克里斯蒂几乎要崩溃了，他认为更可取的方法，是将方程一次性输入自己办公室的小型王安牌计算机，看方程计算的结果，然后构造新的方程，使研究不断向前迈进。博伊德希望先落实数学分析，分解方程，摸清每个原理的全部意义。如果不能像克里斯蒂理解的那样清楚，他就不肯前进。克里斯蒂会一连几个小时站在黑板前，耐心地一步一步给博伊德讲解方程。

　　博伊德的想法每天都在变。"看看这个，"他会说，或者"试一试这样做行不行。"他总是不满足于现状。几个月过去，他们两个研究的东西甚至没有名字。终于有一天，博伊德走过来对克里斯蒂说："我打算叫它'能量-机动理论'。"

　　克里斯蒂点了点头。只要能推进研究，他才不管博伊德怎么称呼它。克里斯蒂想出个小册子、简介稿或一本书，作为可以拿在手里的文件，提交给美国空军。可是博伊德是极端的完美主义者，什么都不愿意写。如果写出来的东西总是 5 分钟后就要划掉，写它有什么用？

　　他们日以继夜地工作，包括周六和周日，把数据一遍又一遍地输入克里斯蒂的计算机，直到这台王安计算机由于数据量过大而死机，他们意识到需要更大型的计算机。如果这台王安计算机崩溃，那么克里斯蒂也快承受不住了。能量-机动理论研究不属于博伊德的本职工作，所有分析只能在晚上或周末进行。克里斯蒂住在 40 英里外的彭萨科拉，与别人拼车来上班。轮到他开车的时候，他必须先去彭萨科拉，然后回埃格林工作到深夜。有时候，当他在凌晨两点走进家门，家里的电话正响个不停。那总是博伊德打来的。

克里斯蒂事实上在做两项工作——自己的正常工作和为博伊德工作。周六和周日，他都与博伊德一起待在办公室，他的未婚妻对这种业余时间的加班相当不满。

基地最大的计算机是一台 IBM704。要想使用它，必须向计算机室提出申请。获得上机时间的正当途径，或者说美国空军的途径，或者说唯一的途径，首先是有一个完全符合计算机使用规定的研究课题。然后，课题负责人托人把数据送到计算机室，编写程序，把信息转入打孔卡片，把卡片填入计算机。之后，申请人才能得到打印输出结果。博伊德写了一封又一封申请书，请求测试他的能量-机动理论。管理计算机的文员拒绝了他的全部请求。博伊德又去找这个文员。"我做的这件事会给空军带来好处，"他说，"它会帮助战斗机飞行员开发新战术，使美国成为空中作战的霸主。"

文员提醒博伊德，他只是一个少校，变换过多次工作岗位，而那些岗位的职责都与计算机毫不相干。计算机上机时间格外宝贵，不能浪费在不负责任的想法上。此外，埃格林是武器试验基地，有关能量-机动的理论或者无论博伊德怎么称呼的那个思想，应该交由莱特-帕特森（WrighT-Patterson）空军基地来研究。

博伊德又一次陷入了困境。

"我有个主意，"克里斯蒂说，"让我来试试看。"

IBM704几乎一半的上机时间都归克里斯蒂支配。他去找上司，说自己有些想法，希望用基地的计算机验证一下。他的描述含糊其辞，而上司并不在意，克里斯蒂无论想要什么东西都没问题，他从事的工作十分重要，空军将领们都很关注。如果他想用计算机验证某些想法，那好吧。

克里斯蒂和博伊德整理出一个长长的方程清单，然后克里斯蒂拿着清单到了计算机室。"这是我需要输入的信息，"他说，"这是我希望的输出形式。"他被要求提供授权密码。他在办公室有十几个这种密码，都是为做课题准备的。他挑了一个密码，计算机技术员对照检查了一下。好的，密码正确。他把方程输入计算机。第二天，克里斯蒂拿到了一摞打印输出纸，足有一英尺高，每一页都是密密麻麻的数据（能量-机动图是个工况图，即飞机在某一时刻的工作状态）。

当博伊德看到它们，他的反应是好像拿到了摩西十诫。他坐下来，毕恭毕敬地翻阅着打印纸。克里斯蒂发现，博伊德有一边看数字，一边把它们形象化的能力。他能对着一般人认为高深晦涩的数学方程，看到飞机以及高度、空速、气温、坡度和载荷因数等变量。博伊德端坐在桌前，头部亦仰亦俯，肩膀摇晃，好像在拉杆一样握起拳头，口中念念有词，似乎在驾驶那些数字。他对克里斯蒂说："图表在对我唱歌，我在读它们时能听到音乐。"

博伊德重拾到体育馆健身的习惯，而且又开始啃手茧。克里斯蒂的同事认为博伊德简直令人毛骨悚然。他们研究各种尺寸的炸弹可能产生何种冲击波，炸弹破片可能对目标造成何种破坏，需要多少枚何种重量的炸弹才能摧毁桥梁等目标，而在办公室的角落里，博伊德少校从事着未经许可的、可能给大家带来麻烦的课题研究。他一边喃喃自语，一边啃着自己的手，把茧皮吐得到处都是。

博伊德审查了一页又一页的数据，什么都不放过。当一个计算机操作员敲错了键，打印输出文档出现错误的数字，博伊德就像火山一样爆发了。哪怕极微小的异常，也许500页里仅有的微乎其微的扰动，他都会立刻挑出来。"该死的，克里斯蒂，计算机室这帮人把事情弄砸了，"他吼道，"我得过去跟那个文员算账。"

"好了，约翰，"克里斯蒂用他那轻柔而安抚的声音说，"让我来处理。"克里斯蒂必须阻止博伊德接近计算机室。每次有新数据出现，就要结合原有数据，再次作迭代计算，然后送回计算机室。博伊德终于有进展了。

简而言之，现在博伊德研究的关键是推阻比。在给定高度、过载和速度的情况下，飞机的阻力是确定的。发动机在一定高度和温度条件下才能达到最大可能推力。如果发动机可提供足够对抗阻力的能量，飞机总能量不变——能量速率为零，那么此时一切平衡。但博伊德希望知道，当飞行员把发动机加到最大功率时，他获得能量的速度有多快。在给定高度、速度并拉出给定过载时，他的剩余能量有多少？他必须给出适用于每一架飞机的一般性答案，不管它重量怎样。正因为这一点，博伊德才一定要知道战斗机获得或者失去单位能量而不是总能量的速度。

当一架B-52和一架派珀"幼狐"飞机以相同速度和高度飞行，它们的单位能量相同——总能量除以重量。两架飞机分别获得或失去单位能量的速度，取决于发动机的有效推力（换算推力）与飞机阻力之间的差。例如，一架平飞的飞机正拉一个 G 的过载。假设飞机受到 2000 磅阻力。如果飞行员做大坡度转弯，并且向后猛地拉操纵杆。现在飞机产生 1.2 万磅的阻力。随着过载 G 值的增加，阻力变得非常大——远大于推力——空速会很快消失。从战术上讲，短时间内减速的能力与短时间内加速的能力同样重要。

简单来说，能量-机动理论是一种确定飞机单位能量速率的方法。这是每一个战斗机飞行员都想搞明白的。如果我在 3 万英尺高度以 450 节飞行，拉出 6 个 G 的过载，我获得或失去能量的速度是多少？我的敌人是否比我更快地获得或失去能量？在方程中，单位能量速率用 P_S 表示，任何飞机在任何飞行模式中的工况都可以用博伊德的简单方程表示：$Ps=\left[\frac{T-D}{W}\right]V$，或者推力减去阻力，再除以重量，再乘以速度。这是能量-机动理论的核心内容。

优美是方程最重要的一个特征。一个方程越短小，越简洁，就越优美。当然，$E=mc^2$ 是最极端的例子。博伊德的理论简单、优美而具有革命性。它是那么明显，当人们看到它，总会有两种反应：他们要么掌击自己的额头，说"我怎么没想到呢？"，要么说有人已经发现它了——这么简单的东西不可能一直未被发现。

现在，博伊德可以不只是想象和相信了，他可以直接看到自己研究的潜在影响。最初，他研究理论的动机是摸透美国飞机的性能包线，为空战开发新战术。后来他认识到，如果能量-机动理论能定量分析美国飞机的性能，它也能——开创性地——分析"威胁性飞机"的性能，比如苏联的米格或苏霍伊飞机。最后，如果能量-机动理论能定量分析飞机性能，为什么不设计一架飞机，来证明和运用他的理论呢？

初次听说博伊德关于能量-机动理论的早期研究，人们自然会问，他是不是有一个"目标 P_s"或"理想 P_s"。这种想法不仅错误，而且没有意义。战斗机功能越多越好，但"目标"或"理想"带有最优规划的含义，而博伊德格外蔑视最优规划思想。他希望借助能量-机动理论处理整个飞行包线内所有的可能性。然后他调整设计方案，少量地修改，看一看效果如何不同，用试错方法不断去劣存优，使方案不断完善。他一般事前并不清楚自己的探索目标，而是选择改进作为下一步调整和试验的基点——这是达尔文进化论的精髓，也使他走上前途未卜的研究路线。当调整不再带来进步，最终结果就形成了，它是带有艺术特质的平衡与妥协的产物，而不是最优规划的结果。

出人意料的是，博伊德的能量-机动理论也影响到他的个人形象。他不再是内利斯那个讲究整洁仪容的军官，笔挺的衬衫、裤子和帅气的外形不见了，这可能因为在佐治亚理工学院两年的便装生活，也可能因为他把全部精力都投入了研究。尽管蓬头垢面，不修边幅，但是博伊德仍然自认为像在内利斯那样。他和克里斯蒂走进一间又一间办公室，经常因为年轻人军容不整而对他们加以训斥。他站在那里，皮带上松垮地吊着衬衫下摆，裤子上布满皱褶，滔滔不绝地告诫年轻人应该尊重这身制服，保持美国空军的良好形象。克里斯蒂不禁摇头，博伊德太令人难以置信了。

博伊德在埃格林有个古怪的名声。除了能量-机动理论和邋遢外表，他把进餐习惯也带到了这里。有人打算替他申报吉尼斯世界纪录，因为根据掐表记录，博伊德在 22 秒钟内吃下了两个鸡蛋、一片火腿、两块吐司面包和一杯咖啡。说起来好像矛盾，这么一个落拓不羁的人有时竟然像清教徒一样。他曾经去过一个单身男性聚会，那些性挑逗语言、恶作剧礼物和裸体女人摇摆舞使他尴尬万分，他拔腿走开了。

博伊德专心治学，很少关注周围的世事。但是，看过电影《万世英雄》（*El Cid*）后，他一连几个星期跟别人聊起电影的最后几个场景。熙德（El Cid）身染重病，但是他必须领兵对阵摩尔军队以拯救西班牙。熙德当夜去世了。第二天早晨，他披挂盔甲的尸体被缚在战马上，走在队列最前面。摩尔人恐惧万分，立即撤退了。

引起博伊德内心共鸣的应该是这部电影的两个主题：熙德有坚定的原则性和爱国心，视职责重于个人或家庭。博伊德有同样的信念。但是，博伊德不知道，在他去世后，当朋友们回忆起他对这部电影的挚爱，会谈起他如何跟熙德一样，即使逝去，也使敌人惊慌失措，乱作一团。

博伊德的能量-机动理论研究仍旧未得到美国空军的许可。他决心让自己的研究得到承认。不过，他面临两大难题：第一，他必须得到每种战斗机的重量、推力、升力系数和 C_y-C_x 曲线，即工程师所说的"数据"；第二，他必须设法把一页又一页的复杂数学公式转换成有内容、有说服力和有意思的东西——用他的说法，是"连该死的将军都能看懂的东西"。

获得数据几乎不可能。飞机重量数据就是很好的例子，它看上去很简单，但是哪种重量？停机坪重量（飞机停放在停机坪时的重量）是最常用的量度之一，可是由于燃料、外部挂架或武器不同，这一数据可能有几万磅的误差。飞机如果与米格对抗，它的燃料状况如何？它携带什么导弹？数不清的变量都在影响飞机重量，制造商和美国空军提供的一直是简化后的误导性数据，因为飞机越轻，性能越好——他们想让性能看起来比实际更好。然而能量-机动理论必须以准确数据为依据，虚假数据会危及飞行员。博伊德必须得到准确数据，而这些数据都保存在驻俄亥俄州代顿市的莱特-帕特森空军基地飞行动力学实验室里。

当时的美国空军由 3 大部分构成：作战空军、供应空军和采办空军。莱特-帕特森基地是采办空军的核心，它实际分为两个基地——莱特空军基地和帕特森空军基地，但人们通常不加区分地将它们通称为莱特-帕特。在美国空军基地群中，该基地可说是"皇冠上的明珠"——空军人士称其为"万人迷基地"。它的名字来自莱特兄弟，是历史最悠久的美国空军基地之一。空军博物馆就设在莱特-帕特。该基地还被誉为空军理论中心，驻有进行飞机和发动机基础研究的推进实验室和飞行动力学实验室。莱特-帕特拥有美国空军所有基地中最高的高学历军官比例和军官-士兵比例。它与埃格林基地同属空军系统司令部（AFSC），但是两者之间差别之大，可用常青藤院校与中等职业学校之比来说明。在莱特-帕特的人看来，佛罗里达北部走廊的埃格林基地是飞行员玩飞机、扔炸弹和试验机炮的地方，相当于业余爱好者商店，而重体力活或曰重大任务则在莱特-帕特的保密禁区里进行。

尽管莱特-帕特人总是自视甚高，却从未获得广泛认同。有一个故事，讲的是一群前德国高级官员造访美国军事设施。他们被带到莱特-帕特参观实验室，与教授模样的军官作了交谈，体验了基地傲慢而迂腐的气氛。最后一名德国官员转过身，悄悄地对主人说："现在我知道了，为什么我们输掉了战争。"

他的莱特－帕特主人微笑着，期待着答案。

"因为我们有两个这样的基地。"

博伊德就是在这种气氛下来到莱特－帕特的。他乘飞机到达莱特－帕特，然后坐车到飞行动力学实验室，提出了需求内容。接待博伊德的军官当时肯定困惑不解，这个来自埃格林的神情恳切的少校居然认为自己正从事关于飞机性能的某种革命性研究。这就像一个一年级学生跑去找父亲，要求得到家里汽车的工程技术资料。但是，既然有向他提供数据的命令，而且给这个埃格林少校数据也无什么大碍，看一看他能不能理解这些数据，这倒是个乐子，这家伙终究是个开战斗机的。

然后，博伊德去了被称为外军技术部的外军情报部门，要求看苏联飞机的绝密性能数据——不是米格–15能飞多高，或者苏霍伊飞机能飞多快，而是他想要知道的关于美国飞机的资料：重量、推力、升力系数、阻力系数和 C_y-C_x 曲线。这部分数据格外敏感，博伊德不能带着它坐进 T–33 的后座，然后飞回埃格林，而是将由特别信使送过去。

第二天早上，博伊德兴高采烈地从代顿起飞了。他没有向南飞往佛罗里达，而是转向东北飞行约 350 英里——空中时间差不多一个小时——然后降落在伊利市。

跟母亲聊了一会儿天，博伊德打电话给姐姐玛丽昂，约她到父亲的墓地见面。当年他在伊利的时候，经常去探访韦斯特大街上的公墓。两人在墓地前默哀了一阵。玛丽昂不免好奇地想，为什么弟弟不向她问起父亲的往事。但是，玛丽昂面对他，说不出这样的话："约翰，你不想知道父亲的事吗？"所以他们聊了其他事情，主要是博伊德在埃格林的工作。

然后，博伊德拿起一件旧泳衣，开车去了半岛。他与弗兰克·佩蒂纳托在沙滩上散步，向佩蒂纳托谈起自己研究的能量-机动理论、他如何得不到空军重视、所有上级都试图阻止他的研究等话题。陪同父亲的小弗兰克·佩蒂纳托也在现场，他现在仍能忆起当时的情景。博伊德说完话，纵身跃入湖水之中，一口气游出几百码，然后转过来，轻松地沿湖岸畅游了几英里。他的颀长手臂入水很深，双腿打水毫不费力。博伊德时年已 30 出头——在小弗兰克·佩蒂纳托看来是个老家伙——可是他的速度始终丝毫未减。

博伊德与弗兰克·佩蒂纳托又聊了会儿别的话题，然后离开了。半小时后，一架银色小型喷气式飞机出现在湖湾上空，它带着震耳欲聋的咆哮声沿着湖岸低低地飞，掠过佩蒂纳托的救生塔，然后陡直向上，爬升入云，接着一个跃升转弯加半滚倒转，俯冲下来，这次高度更低，擦过伊利湖面。在场的人后来发誓说，这架喷气式飞机飞得可真低，喷出的尾流在水面掀起了巨浪。飞机再次爬升，向南方飞去。

机翼平直、质朴无华的 T–33 是一种推力较小的老式喷气式教练机，在美国空军装备数量很大，许多飞行员用它来保持飞行状态。可是对伊利人来说，那就是喷气式战斗机，而且是一个以前在半岛当救生员、在朝鲜飞战斗机的伊利人驾驶的。小弗兰克还记得，他的父亲激动万分，跑过去抓住儿子的胳膊，指着飞机说："看见那架战斗机了吗？那是约翰，是约翰·博伊德。"

飞过湖岸之后，博伊德上升高度，调整好油门和配平，开始飞向埃格林的航程。他此时应该非常兴奋，莱特-帕特的数据即将送到，弗兰克·佩蒂纳托以他为荣。他知道，伊利人都在传说他飞过半岛沙滩的事情，那个衣衫褴褛、没有父亲的男孩现在长大成人了，他远不止一个推销员了。

在埃格林基地本斯路11号街角陈设简陋的房子里，玛丽在等待博伊德。刚到埃格林的时候，他曾对她说："你该试着多与别人交流，不要像在内利斯那样。"她也曾保证过。"我会改变自己，"她说，"我要跟你一起参加俱乐部的聚会，见见你的朋友。"

她确实这样做了。她参加了几次俱乐部的聚会，博伊德在前面走，她躲在他后面，亦步亦趋。她格外害羞，基督教长老会思想使她很压抑。博伊德坚持把她介绍给别人："这是我妻子玛丽。我们是在艾奥瓦州的一块玉米地里认识的。"大家都笑了，只有玛丽没笑。有一次她转过身掉眼泪了。博伊德生气地说："玛丽，你不能总像个大孩子。你得坚强，面对现实。如果你不愿意，还不如待在家里，生你自己的闷气呢。"

玛丽常常用她奥姆塔瓦人的大眼睛凝望着博伊德，问起他的童年、他如何失去父亲以及他如何贫寒地过活。她提醒博伊德，自己学过心理学，知道怎么处理这些问题。

"你总是试图找出我的弱点。"他说。

"我不是找你的弱点。像你这样长大的孩子差不多都有心理创伤，而你没有。你让我觉得不真实。"

"玛丽，你是我的妻子，我希望你站在我这边，而不是反对我。"

但是，在埃格林的日子里，博伊德和玛丽的关系的确开始疏离了。工作对博伊德的重要性越来越胜过家庭生活。他似乎认为，有了5个孩子以后，自己的家庭责任就完成了。玛丽的任务是抚养孩子，而他要去从事毕生的事业。

　　现在，玛丽每星期会抽出两三天，去佛罗里达北部走廊有名的滑石砂海滩。斯蒂芬特别喜欢那里，他爬下小滑车，在徐缓的浪间嬉戏打滚，无拘无束。他经常晒得皮肤黝黑，可是看到他那么快乐，玛丽也就没怎么当回事。

第十一章　糖果仙子宣讲福音

　　1962 年底，哈里·希拉克（Harry Hillaker）担任通用动力公司 F-111 飞机的项目工程师，是当时美国国防工业界举足轻重的人物之一。F-111 是国防部长麦克纳马拉确定的海军、空军通用战斗机。这种多用途飞机体现着麦克纳马拉钟爱的成本-效益原则，宣称能实施近距空中支援、空对空作战、对地攻击和核打击任务。除了不会撒农药，它什么都会干。

　　作战飞机是设计方案、航空电子设备和动力装置的奇妙结合。谨慎的设计师在计划新型飞机时通常只在三者的其中一个方面尝试重大技术突破。但 F-111 是一个做了两项大胆创新的高技术奇迹，两者后来都惹出了大麻烦。F-111 是第一种应用带加力燃烧室的涡轮风扇发动机的飞机，此前作战飞机使用的是涡轮喷气发动机。两者的主要区别是，进入涡轮喷气发动机的空气全部流过发动机核心，而进入涡轮风扇发动机的空气只有一部分流过发动机核心，另一部分则流过绕开发动机的管道，直接进入加力燃烧室。气流分离意味着从后面加力燃烧室传来的压力会影响发动机前部的压缩机，因此涡轮风扇发动机对气流畸变十分敏感。

F-111 的另一个创新是机翼，它是第一种采用可变后掠机翼（通常称之为"swing wing"）的作战飞机。当起飞和着陆时，F-111 又小又窄的机翼会展开，高速飞行时再折回去。

F-111——哈里·希拉克的孩子——是美国空军的骄傲。参与项目的通用动力公司员工超过 5000 人，美国空军派出的监制代表超过 200 人。所以，如果说当希拉克某天晚上来到埃格林基地军官俱乐部，有些自信心膨胀的话，也是情有可原的。希拉克正与一名空军军官坐在桌旁安静地喝酒，聊着 F-111 的技术奇迹，聊着英国如何下了一大笔订单，海军将在航母上大批部署，F-111 将成为空军历史上最伟大的飞机、全世界羡慕的对象，等等，这时他发现自己时不时地被酒吧里的喧嚣打扰。一群年轻飞行员聚拢在一个年纪较大的家伙周围，而这家伙在众目睽睽之下，挥舞着雪茄，用响若洪钟的大嗓门描述战斗机的动作，飞行员们不时地爆发出哄堂大笑。

希拉克朝酒吧那边点了一下头，说："还有人把自己当成全世界最伟大的战斗机飞行员呢。"

那位军官朝吧台方向看了一眼，然后回过头来，笑道："他也许还确实是。那是约翰·博伊德。"

希拉克耸了耸肩："没听说过这人。"

"我给你引见一下。"

"不了，谢谢。我不喜欢饶舌的人。"

可是那个军官已经走过去跟博伊德交谈起来，介绍了贵客的情况，邀请他来见个面。两人向这边走来，希拉克深吸一口气，默祷着博伊德会很快打道回府。不等希拉克说话，博伊德就来了个正面进攻："我叫约翰·博伊德，战斗机飞行员。听说你在搞 F-111，我不明白，为什么你们要搞出一架重达 8.5 万磅的该死飞机，还要叫它战斗机。"

"它是战斗轰炸机。"希拉克说。不知为何，他吃了一惊。博伊德指着希拉克的胸口点了三四下，吸了一口烟，说："行了，我看过了，这种飞机前面带了个 F，意思是说它是一种战斗机。真是个垃圾。它用做战斗机太大，而那该死的小机翼，起飞返航竟然需要两种状态。我还要告诉你，飞行员看不见后面，看不到右舷窗外，只能依靠副驾驶员才能知道右边发生了什么。"

希拉克咬紧牙关，F-111 项目主任不必理会大嘴巴战斗机飞行员的饶舌。他还没回话，博伊德就再次进攻了。

"太他妈的庞大、太他妈的昂贵、太他妈的动力不足，它真是太他妈的不值了。"他向希拉克凑近一些，声音更加响亮："那个可变后掠翼给飞机增加了多少额外重量？ 20% 吗？"

博伊德不等回答，指着希拉克又说："机翼的重量全部落在枢轴销上，而你还把它藏进那个大翼套。不到 500 小时，你那东西就会发生疲劳和应力裂纹。不光枢轴销增加重量，降低性能，而且机翼也不能及时在战斗中收回。低速性能太差，高速性能更糟糕，这该死的东西没有一点机动性。"

希拉克死盯着博伊德。飞行员在批评某种战斗机时常常说得不太具体，他们会说这是个"猪"，或者这个需要 5 英里跑道才能起飞。他们的话里包含着与设计细节有关的东西，工程师则像往树上钉果冻一样尽力从他们的话里获取有用信息。所以，当这个大嘴巴飞行员就以上问题发出质问时，希拉克简直惊呆了，因为通用动力公司才开始在内部秘密讨论这些问题。

希拉克不知道，坐在他面前的是世界上唯一对 F-111 性能知晓得比他还多的人。博伊德已经对 F-111 做了初步能量-机动计算，对空军犯下的这个严重错误格外清楚。他知道，如果任其自然发展，那个官僚体系还会弄出类似 F-111 的飞机，空军只看重技术，看不到任务，如果说它看到了任务的话，也只是眼前阶段的任务。

希拉克拉出一张椅子："坐下，约翰。"

在希拉克管理下研制的这种飞机，以后将被证明是美国历史上丑闻最多的飞机之一。博伊德首次公开提出的质问几年后将成为人尽皆知的事实。美国空军沉湎于可变后掠翼技术不能自拔，而这一技术将毁掉以后两代飞机的研制〔动力不足的海军 F-14 "雄猫"是可变后掠翼飞机，其性能低下到飞行员叫它 "雄火鸡"；美国空军最麻烦不断的 B-1 轰炸机也是一种可变后掠翼飞机；美国版超音速运输机（SST）也将是一种可变后掠翼飞机，博伊德及其友人设法使当局取消了其计划〕。

几分钟的技术性讨论后，博伊德和希拉克已经清空了桌面，开始往印花餐巾纸上写字，然后递给对方。纸巾在交换之间不断添上技术数据、数学公式、C_y-C_x 曲线和升力系数。他们交换关于战斗机的观点、对最优秀战斗机的思考、闻所未闻的灵活的小型战斗机以及如果未受约束的话，他们会制造什么样的战斗机。

来自企业的希拉克以企业路线为行事标准，但是这并不意味着他没有自己的梦想。几年后，他和博伊德将有机会制造理想战斗机。他们将联手筹划反抗美国空军的最大胆的行动。

　　莱特-帕特的技术数据陆续送到埃格林，博伊德对数据不太有信心，但是至少他有了可以研究的东西。现在，他的能量-机动理论研究的第二个问题——如何把它提交美国空军高层——变得更突出了。

　　每天下午约4点半，他都会走进克里斯蒂的办公室，坐下来，仰靠在椅背上，用拇指和食指捏起一支铅笔，伸直手臂，凝视着橡皮头，似乎那是瞄准具中心光点。他在椅子里来回转动，好似在敌机后面腾转挪移，咬尾追击。终于有一天，他停止转动，把铅笔丢到桌上。他找到办法了，他知道怎么简化大量图表、公式和莱特-帕特的技术数据了，那就是用曲线图表示每一种美国战斗机的能量速率及其对手的能量速率之间的差。蓝色区域表示差值有利于美国一方，红色区域表示差值有利于苏联一方。

　　蓝色代表好人。

　　红色代表坏人。

　　即使该死的将军也能理解这一点。

　　博伊德在埃格林基地的众多职务包括图表室管理员一职，这真是绝妙的讽刺。该室为需要往幻灯片或漂亮图像上添加图表或文字的军官们提供服务，飞行员谁也不愿做管理图表室这使人难堪的卑微工作，但是博伊德做这个工作，现在可谓得其所矣。

　　博伊德指派两个部下专门制作能量-机动简报图表。要说他是个完美主义者，那是低估他了。他每天工作到深夜，专心地研究每一幅幻灯片的每一个细节。每一个字母都必须确保正确，每一幅性能图表的交叉排线都必须表现出准确的阴影，每一幅幻灯片都必须裁剪齐整。如果在凌晨1点或2点，他发现有一处小小的不完美，即使那地方别人不会发现，他也会把技术员叫来修正。不能等正常上班时间再改，现在就改。

有一次，他对通宵加班的女技术员说会给她额外补贴。可是基地主管财务的上校不仅否决了发放申请，而且当着同事的面训斥这位女士，说无论博伊德少校眼下在干什么都是未经许可的。美国空军不能发放未经许可项目的加班补贴。

年轻的女士把受辱之事向博伊德报告，后者马上来到基地指挥官办公室。基地指挥官是财务主管的直接领导，但是别人不知道的是，他还是博伊德在内利斯时期的战友。博伊德向他讲述了事情的原委，说："我希望你过问一下这件事。"

基地指挥官叫来财务主管："要是基地帐户里没有现金，你去设法解决。如果解决不了，你得自己掏钱付给她加班补贴。"他命令财务主管找来上次在场的同事，当着他们的面向女技术员道歉。

"我击落了那个狗东西。"他得意扬扬地告诉克里斯蒂。

但是，这个胜利代价不菲。博伊德不但与财务主管结了仇，而且与财务主管的朋友结了仇。总有一天，他们会跟他算账的。

如果说美国空军对某个军官发展潜力的信心大到足以批准他入学空军技术学院，那么可以说，空军不仅确认这个军官将在军中继续进步，而且确认这个军官有点与众不同。这一点应该反映在这个军官从空军技术学院毕业后的第一份《军官考绩报告》里。但是，博伊德在埃格林得到的第一份《军官考绩报告》属于中等水准，他岗位调动太频繁了。《军官考绩报告》语焉不详地提及博伊德的能量-机动研究，但是没直接点出那个名称。评价者说，博伊德"创立了一种能有效地将能量的作用贯彻于空战战术的定量-定性分析方法……"，这方法"……将第一次为制订针对敌人战斗机的战术提供坚实的基础"。

将军们一般不会过问少校们的《军官考绩报告》。但是，博伊德有幸得到了 A. T. 卡伯特森准将（Brigadier General A. T. Culbertson）的青睐。卡伯特森在批注《军官考绩报告》时补充了与评价者截然相反的评语，说博伊德"是系统司令部和美国空军最急需的那种勇于开拓、成就斐然的思想家的代表。我认为他是真正优秀和有资格尽快得到晋升的人"。在博伊德职业生涯中经常发生这种情况，顶头上司给他打出或糟糕或一般的评价，认为他应立即离开空军，而将军们一次又一次地挽救了他。

1963 年夏天，当博伊德拿到埃格林基地给他的第一份《军官考绩报告》的时候，能量-机动图表基本成形了。美国空军要求提交一份全面的工作报告而不只是简要介绍。克里斯蒂希望博伊德来写报告，可博伊德心里想的却是立刻开始作简报。

博伊德的简报图表是一件艺术品。它优美、整洁而简明，数据充实而不臃肿，表现形式有创新但又紧贴内容。图表日趋精炼和完善，但博伊德很快发现了问题，莱特-帕特提供的数据有错误。

他又去找在加班补贴事件中帮过他忙的将军，告诉他自己要去莱特-帕特，让他们澄清数据错误。"你可以给他们先打个电话。"博伊德说。

将军望着博伊德，摇了摇头："你要学会讲究一点策略，约翰。"

但是，博伊德不是讲究策略的人。抵达莱特-帕特后，他激动地打着手势，毫不留情地指责对方不称职。会议不欢而散，主持的上校怒气冲冲地走出会议室，给博伊德在埃格林的上级打了个电话。

上校碰了一个钉子。将军说博伊德必须得到准确数据，否则他——埃格林基地的将军——将致电主管飞行动力学实验室的将军，请他解释为什么不给予配合。毕竟这是空军内部的问题。

上校知道，不能让将军找到借口提出抗议。将军们的小圈子亲密而且封闭。一个想往上爬的上校如果惹恼了将军，是不会有好日子过的。

博伊德得到了数据，这一次的数据正确无误。他又在莱特-帕特给自己树立了一个敌人。

博伊德驾着 T-33 回到埃格林。即将着陆的时候，他听到一架 B-52 驾驶员在与塔台通话。战斗机飞行员把 B-52 轰炸机叫作"牛魔王"。博伊德知道"牛魔王"机组刚完成一次漫长乏味的航程，必然是身心俱疲。他决定让他们看一看什么是真正的空战。他拉开距离，轻推操纵杆，对准轰炸机的头部——它大得有如谷仓门板——然后加大油门。

B-52 驾驶员已经获得进场许可，他知道人们在几英里之外就看得见自己的飞机，他此刻大概在想着如何落地，如何熬过飞行后的讲评阶段，然后吃上一顿大餐，美美地睡上 10 个到 12 个小时。突然，机头舷窗被一架 T-33 的身影遮住了，无线电里传来凶狠的叫声："杀，杀，杀！"T-33 一闪而过，翻滚，倒转，从下方近距离穿过，近得可见机身的铆钉。这时，无线电里发出粗哑的笑声，然后一个得意扬扬的声音说："你们被击落了。"

B-52 携带的核炸弹足以一举毁灭几座大城市，驾驶它的人必须十分冷静，B-52驾驶员也十分清楚，迎头对冲是一种危险性极高的动作，不容许出一点儿差错。判断稍有失误就会发生相撞，飞机和飞行员四散解体，消失在广袤无际的田野间。"牛魔王"上的所有人大惊失色，驾驶员打开无线电向塔台发出抗议，然后对着博伊德咆哮，他将报告博伊德违反安全条例的行为。

博伊德绕了一圈，飞到B-52的10点钟方向半英里外的位置。B-52驾驶员还在气急败坏地吼叫、抗议和威胁，博伊德认为战略空军的这个家伙脑子不开窍，没意识到自己已经败给了美国空军最优秀的战斗机飞行员，而且败得毫无招架之力。博伊德蹬右舵，拉满杆，拉着T-33对准B-52做了一个大过载转弯。"杀，杀，杀！"他粗声大叫着，从B-52驾驶舱前飞驰而过。机组人员都下意识地低头猫腰，耳边传来刺耳的咯咯笑声。

B-52落地了。怒火中烧的驾驶员全然忘记了疲劳，他当即带领全体机组前往塔台，提出对T-33飞行员的抗议。塔台人员对这一幕空中表演不无欣赏，可是不得不报告他们目击的事件过程。

博伊德停飞了。

但是他知道，这个"牛魔王"驾驶员对战斗机可能造成的灾难、死亡和毁灭的理解将发生全面彻底的改变。就冲这一点，停飞也值了。

美军的简报是一种迟钝、落后、效率低得可怕的信息渠道。然而，它却是可以决定一名军官在职业生涯中是飞黄腾达还是黯然退职的一门艺术。不少人借助军中所谓"做得一手好简报"的本事提拔到高级军阶。出色的简报者一般有礼仪学校毕业生般的得体举止。他的汇报对象几乎总是官阶更高，但差距不能太大的人，例如上将一般只听取中将、少将甚至上校的简报。作简报有种种潜在规则。作简报者手中须持有指示棒，但不能用得太多。他须站在讲台上，但不能走来走去。他须有一张讲桌，但不能倚靠在上面。他须有幻灯片或图表，但不能照着它念。他须先告诉听者准备讲什么，接着开始讲，然后告诉听者他已经讲了什么。最后，如果尚未被不怀好意的问题吓倒，他必须结束简报。潜在规则中最不可通融的一条是，作简报者必须迅速而自信地应对所有问题。如果回答不了上级军官的提问，作简报者的脑海中会立刻闪现他的职业前途在熊熊烈火中向下坠落的景象。显然，人们通过阅读文献吸收信息的速度一般比通过观看这种秀场表演来得快。然而，美国军事文化是一种口传文化，以简报为基石。很多精明能干的军官主要通过听取简报获得他们所掌握的知识。不过，无论作简报采取什么形式，汇报者很少提供与听者信念或立场相左的信息。

利用从莱特-帕特得到的新资料和简练的统计图表，博伊德编辑了两份能量-机动理论简报稿——一份面向美国空军官员，另一份面向国防承包商。简报只能用令人眩目来形容。在战斗机武器学校的任教经历使博伊德在简报过程中有异乎寻常的信心。除了克里斯蒂，他比任何人都了解报告内容。他关于能量-机动的简报像是牧师的布道。最开始，他环视在座的听众，声音低沉而有所抑制。他有演员般的天赋，知道何时抓住听者的注意力。然后，他开始全面地发挥演讲天赋，声音从亲切柔和转向雄辩激昂。在阐述一个论点时，他会扬起下巴，停顿一下，凝视前方。他平日待人粗俗而鲁莽，可是此刻却像一个空军军官那样温文尔雅、彬彬有礼。他讲话充满力度和激情，有时甚至越过听众头顶讲话，但是他讲的课题崭新且有趣，对该知识的掌握非常深入，听众不会产生任何不愉快的想法。他认真地回答严肃的问题。在能量-机动问题上，没有人能与博伊德相提并论，但是总有些血气方刚的军人想试一试。博伊德喜欢咄咄逼人的问题，把提问者当作以往在绿点上空对他发起进攻的学员，他又一次变成了"40秒博伊德"，于是大开杀戒。然后他会偷偷踅到克里斯蒂面前，说："看到了吗，老虎？我好好教训了他一顿。"

克里斯蒂极其欣赏博伊德作简报的能力，唯有一样除外：博伊德在讲台上走来走去，时而踮起脚尖，时而挥舞手臂，力度之大，使克里斯蒂想起芭蕾舞演员。"站着别动，约翰。"他一次又一次地说，但博伊德做不到。克里斯蒂于是叫他"糖果仙子"，这个诨名很快简化为"糖果"，在埃格林的朋友们中间流传开了。

美国空军飞行员常常将埃格林基地当作任务期间的中转地点。博伊德找到他们，抓住一切机会为他们作简报。他去内利斯作简报。他甚至给查尔斯·耶格尔（Charles Yeager）作过简报。

简报的听众越来越多，人们开始意识到博伊德的能量-机动理论是思考飞行问题的新方法。飞行员以往考虑机动形式时都以空速为唯一视角。优秀飞行员本能地懂得能量，然而他们无法表达出来。例如第二次世界大战时期，飞行员知道绝不能与日本"零式"飞机进入盘旋空战；在朝鲜战争时期，飞行员知道绝不能与米格机进入水平缠斗。现在，有了能量-机动理论，飞行员可以通过一张图表掌握最适于他们战斗的高度。他们知道在某个高度，在保持能量剩余而不是空速的前提下，能拉出多大的过载。他们意识到，如果博伊德是正确的，那么他就开创了将改变飞行事业的新理论。

随着关于能量-机动的新理论的消息传开，希望听取简报的阶层也在扩大。现在，少校、中校和上校们也要求参加简报。当高级军官祝贺博伊德作了成功的简报时，他的回答都是一样的："长官，我只是做了该做的。"

博伊德恢复了飞行状态，经常驾驶 T-33 去内利斯。他过去的学员埃弗里特·拉斯贝里创造了一种可以在背对背的上升滚转剪刀式对抗中占上风的新机动形式。这种源自博伊德低速控制法的机动形式被称为"拉斯贝里横滚"。现在，拉斯贝里帮助博伊德试飞能量-机动曲线，以便验证能量-机动图关于各种飞机性能的表现力，还在博伊德作简报的时候担任助手，当"糖果"在讲台上漫步的时候，帮着操作投影仪或者更换图片。

博伊德和克里斯蒂开始到全国各地给国防承包商作简报。在此之前，战斗机设计一般采用要点设计法。也就是说，几个将军开个会，确定他们想要的飞机能干什么，比如在 3 万英尺高度，达到 400 节时速，作战半径 500 英里。能量-机动理论改变了这些。博伊德告诉承包商："很快将有一天，空军会找到你们，说在 2 万英尺高度拉 4 个 G 过载，他们需要这么大的剩余能量速率。或者空军会告诉你们，他们想要在 3.5 万英尺高度上持续 5 个 G 的能力，或者如果在 1 万英尺高度以 0.9 马赫速度飞行，他们想要足够剩余功率，能以每秒 500 英尺速度爬升。"

这是对以往飞机设计方法的革命而非改良。国防承包商们，特别是对美国空军计划研制的新战斗机 F-X 感兴趣的承包商们，看到简洁的能量-机动理论，就知道博伊德所说的是正确的。为了进一步推广理论，博伊德和克里斯蒂告诉国防承包商们，他们开发了一种把能量-机动理论融入设计进程的计算机程序，并承诺提供这种程序的复制软件。国防承包商也可以来埃格林基地使用计算机，以后程序有改进的话，也将提供给他们。国防承包商们欣然接受了能量-机动理论，他们络绎不绝地前往埃格林，受到博伊德和克里斯蒂的款待。

美国空军将领是高科技崇拜者。他们认为，飞行员在雷达上看到一个光点，按下电钮，发射导弹，最后光点噗的一下消失了！就是这么简单。按电钮的战争是未来的方向，杀伤概率（PK）接近 100%。博伊德和克里斯蒂利用能量-机动数据在计算机上做了模拟研究，发现事实完全不是这样，美国导弹的性能与它吹嘘的相差甚远。博伊德和克里斯蒂是国防工业界最早开始讨论导弹局限性的人。向战斗机飞行员作简报时，博伊德教他们如何战胜敌人的导弹和提高美国导弹的杀伤率，还有挫败地空导弹的最优方法。

博伊德接着对比分析了美国和苏联飞机的优劣。他把两边的图表套起来，发现了一个令人不安的趋势。蓝色是好的，红色是坏的，而很多图表相套的结果表明，红色区域完全占有优势。这就是说，苏联飞机在性能包线内的绝大部分区域优于美国飞机。这是不可能的，美国战斗机是世界上最好的。如果博伊德在简报中这么说——例如，如果他说 F-4 "鬼怪" 式战斗机重量太大，翼面积太小，在高空做水平机动时打不过米格-21——那么他就错了，这会宣告能量-机动理论的终结。如果他说，根据能量-机动图表的分析，低空、高速区域是 F-4 唯一能击败米格-21 的区域，他最好小心点。比较一下 F-111 的图表，更会引起每个看过它的美国将军的深刻忌恨——图上全部是红色：苏联飞机能在任何高度、任何空速、飞行包线内任何区域击败 F-111。

博伊德和克里斯蒂一而再、再而三地复核计算过程，结果依然如故。也许外军技术部提供了错误的数据，美国飞机不可能如此全面地劣于苏联飞机。博伊德再一次去莱特-帕特与情报专家核对数据。数据作了少量修正，然而苏联飞机还是占上风。

"如果我这样作简报，有人要你查实一下，你会坚持这些数据不做改变吗？"

"当然。"情报专家说。

博伊德和克里斯蒂在埃格林重新编写计算机程序，再次计算数据。苏联飞机仍旧占优势。他们找来局外人，一位与能量-机动研究无关的数学家，说："找一找我们哪里做错了。"数学家计算数据，核对一下，又计算了一遍，宣布他没发现错误。

能量-机动理论终于拥有了《圣经》般的威力。

博伊德现在专注于简报，无暇顾及空军想要的能量-机动正式版报告，所以主要由克里斯蒂负责撰写它。博伊德要求克里斯蒂必须在报告中提及对研究有所启发的 3 份参考文献，第一份是 E. S. 鲁托夫斯基（E. S. Rutowski）于 1954 年发表的《基于能量的飞机性能一般问题研究》（*Energy Approach to the General Aircraft Performance Problem*），它阐述了使飞机快速上升到预定高度的最优化理论，既未涉及飞机机动性、战斗飞行，也未提到飞机设计问题；第二份是 H. J. 凯利（H. J. Kelley）1960 年 10 月在《美国火箭学会期刊》（*Journal of American Rocket Society*）上发表的《最优飞行路线的梯度理论》（Gradient Theory of Optimal Flight Paths），它实质上是求出最有效飞行路线的数学方法；第三份是雷锡恩公司的 A. E. 布赖森（A. E. Bryson）和 W. F. 德纳姆（W. F. Denham）的题为《最陡上升方法》（*Steepest Ascent Method*）的研究报告，它阐释了优化飞机性能的方法。在 1964 年 5 月出版的能量–机动《秘密》报告中，以上三者都列入了参考文献。

博伊德 1964 年 9 月 7 日在埃格林基地获得第二份《军官考绩报告》，那是一分极尽赞赏的报告。在美国空军历史上，很少或者从未有军官创立革命性新理论后，却被告知他的任务将是继续研究那个理论。在"建议改进领域"一栏，评价者要求他"改进在人际关系方面的方式和方法。他经常公开藐视他认为在专业上弱于他的人"。但是，评价者最后对博伊德的看法是："他是我见到过的最有奉献精神的人。"

博伊德不再是个技术维护军官了。他实践了自己的诺言，摆脱了除研究能量–机动理论以外的所有职务。

1965 年初，当美国空军即将发起历史上持续时间最长的轰炸攻势之际，博伊德到越南为 F-105 飞行员作简报。他告诉他们，如果无法摆脱紧咬在后面的米格战斗机，他们应该立即做"立起鸟肚"机动以卸载能量。F-105 飞行员们满腹狐疑，面面相觑，"雷公"们——F-105 飞行员的绰号——可不怎么乐意接受这个机动。

回国途经欧洲时，博伊德为联队指挥官们作了简报。博伊德说，驻欧洲各联队出色的安全记录表明，它们训练态度不够认真，没有让飞行员们做好战斗准备。

但是安全当时是美国空军的头等大事，联队指挥官更关心保持良好的安全记录，而非提高飞行员的空战技术。没有哪个指挥官甘愿冒着断送职业前途的风险，组织一两场模拟训练。在美国空军，空战格斗正成为接近失传的神秘艺术。

　　组织效度试飞是博伊德在向空军最高领导作简报之前的最后一项工作。执行试飞的是一群青年飞行员，其中几个人后来都取得了过人成就。首席飞行员汤姆·麦金纳尼（Tom Mclnerney）以后当上了空军中将。道格拉斯·"皮特"·彼得森（Douglas "Pete" Peterson）也参加了试飞，他后来在越南空战中被击落，再后来返回越南当了美国大使。博比·坎（Bobby Kan）也许是这群人中经历最丰富的。他出生于韩国，给自己起名"WGOFP"——世界最强东方战斗机飞行员（World's Greatest Oriental Fighter Pilot）。他在越南被击落时，救援直升机赶来吊起他，可是当机组人员看到他的亚洲面孔，以为他是企图登机的敌人，于是直升机迅速离去。坎在无线电里连续嘶叫最恶毒的诅咒，直升机里的人才明白，下面是一个美国人，于是才飞回来把他带走。

　　麦金纳尼刚到埃格林就听很多人说起博伊德。博伊德带他到自己的办公室，让他看一堆又一堆印着计算结果的打印纸，戏言自己盗取了几百小时的上机时间用来绘制图表。然后，他向麦金纳尼详细介绍试飞程序。试飞的目标是证明博伊德的理论计算结果，看看飞机在空中的表现是否跟能量-机动图表一致。

　　每天早上6点，飞行员驾驶F-100、F-105或F-4从埃格林基地起飞，越过墨西哥湾，直抵"起动空域"。飞机后座上用螺栓固定着一台计算机。每次任务都要有精准的曲线。如果飞行员飞的是

F-4，他将爬升至大约 3 万英尺（确切高度依气温而定），接通加力，以一定角度向下俯冲，直到速度达到约 600 节，此刻高度通常是约 2.6 万英尺，接着以大约 15 度角抬起机头并保持不变，直到速度表显示马赫数 2。

博伊德把这种小角度俯冲再加爬升称为"虚晃一招"。它来自博伊德和克里斯蒂的计算机优化飞行路径，是 F-4 速度达到两马赫的最快方法。到达两马赫后，飞行员关掉加力，看一眼油量表，再做一次"虚晃一招"。另一项任务是验证维持 360 度转弯所需的最优空速和过载。每一次动作，每一点变化，都记载在精心规划的任务曲线上。博伊德为此倾注了好几年的心血，完全清楚每一个试飞步骤。

飞机着陆时，博伊德已经等候在跑道上，身旁是一辆用作机场作业区出租车的厢式汽车，汽车发动机在轰鸣着运转。博伊德从计算机里取出数据，跳上厢式车，急速穿过基地，前去比较分析数据与能量-机动图表。除了莱特-帕特提供的性能数据的不精确和飞机性能不同造成的误差，每一次试飞都几乎完全证明了能量-机动图表的预测。（很多年后，道格拉斯·彼得森在驻越南大使任上说过，为博伊德试飞能量-机动曲线的飞行员一开始就知道这不是一般的常规飞行，参与者都"觉察到这是突破性的工作，将最终影响飞机的设计，并且正如我们立即看到的，将影响空战的战术"。）

莱特-帕特飞行动力学实验室的人听说了博伊德的研究，开始不分昼夜地努力工作，想找出能量-机动理论的谬误。让埃格林的战斗机飞行员提出一种本来该是莱特-帕特这边提出的理论，这太令人尴尬了。埃格林基地的财务主管在暗中窥视，他知道博伊德迟

早会犯下即使将军也无法袒护的错误。但是，由于能量-机动报告
已经传扬开来，它的内容已经得到试飞结果的支持，现在无人能阻
挡博伊德。疯子少校已经做好了挑战美国空军的准备。

第十二章　扯掉机翼并涂成黄色

1964 年下半年至 1965 年上半年，是博伊德迈步走向辉煌的时期。

博伊德为战术空军司令部的飞行员作简报。因为同是战斗机飞行员，又都隶属于战术空军司令部，博伊德在简报中首次加入了证明苏联飞机占优势的数据。飞行员们被惊掉了下巴，他们禁不住质问博伊德是否对这个结果有把握。博伊德告诉他们，曾经联系外军技术部并反复确认数据，重新编写计算机程序，让局外人核实全部结果。"如果它是错的，我找不出出现问题的地方。"他说。

飞行员们沮丧地摇着头。"等一等，看斯威尼听到后会怎么说，"有人说，"他要是听到了，会直接崩溃的。"斯威尼是时任战术空军司令的小沃尔特·坎贝尔·斯威尼上将（General Walter Campbell Sweeney Jr.）。

1964 年秋天的一个星期四，博伊德接到斯威尼上将办公室的一位上校打来的电话。"上将听说了你的简报，"上校说，"我知道你叫它能量-机动。他希望下星期一早晨 8 点，你能到他在兰利（Langley）的办公室作一次简报。"

"遵命，长官。"博伊德说。

上校挂掉了电话，而博伊德还来不及把萦绕在心头的一大堆问题提出来，其中最重要的是："给我多长时间？"根据提问数量的不同，能量-机动理论简报可以持续3个或4个小时。斯威尼能抽出那么长时间吗？还有谁参加？斯威尼是仅听取汇报，还是准备做决策？

无论答案是什么，博伊德现在欣喜若狂。斯威尼"拥有"战术空军司令部的全部战斗机。如果博伊德能表明斯威尼的战斗机与苏联战斗机孰优孰劣，如果斯威尼接受简报的结论，能量-机动理论不仅将进入美国空军条令，美国空军还将有一个强有力的理由让国会为计划中的新战斗机拨款。

四星上将极少亲自聆听少校军官所作的简报，因为后者在食物链上的地位过于卑微。提出激进创新理论并引发轩然大波对一个少校来说已然是嚣张之至，可是现在他即将走进美国空军最有权势的将军之一的办公室。这将是博伊德一生中作的最重要的一次简报。斯威尼将带着他的随员——都是聪明绝顶的人，他们大都认为，证明这个能量-机动新理论不成立是他们应尽的义务。

博伊德还有一个令他坐卧不安的想法：他所在埃格林基地的最高领导是空军系统司令部司令伯纳德·施里弗上将（General Bernard Schriever），而施里弗上将还没听取过他的简报。不向本司令部的司令作简报，却向另一个司令部的司令作简报，这是严重违反军队礼仪的行为。这还不算，斯威尼可能打电话给施里弗，质问他到底为何向战术空军提供性能低劣的飞机。

不巧，施里弗现在在国外，但是在博伊德的请求下，施里弗的副手致电斯威尼推迟了简报时间。于是博伊德为施里弗的高级助手作了简报，他们都要求重新核对信息。博伊德讲述了繁复的审核过程，然而还是有个军官走出会场，打电话给外军技术部。他得到的回答是博伊德的数据准确无误。尖刻讽刺的气氛迅速笼罩了会场，博伊德成了众矢之的。

"你想说，我们不知道自己在干什么，"一个义愤填膺的上校说，"你说我们买了不该买的飞机，而从事这方面工作的是我们空军中最优秀的人才。"在房间另一头，一个将军正翻阅埃格林基地的研究课题清单。"我可能漏掉了什么东西，"将军说，"这该死的能量-机动课题在哪里？你是不是用化名做了课题？"

"它不在清单里面。"博伊德说。

"我刚才听你讲到，进行研究需要很多资料。你没有课题，就不可能从计算机里得到这些资料。"

"我能在你不知情的情况下在司令部内部偷用任何一台计算机的上机时间。"博伊德说。

"你是说，你盗窃了上机时间？"

"我说的都是实话。"

将军死盯着博伊德，咆哮道："除了博伊德，所有人都出去。"

"如果你错了，"将军告诉博伊德，"你要准备上军事法庭。"最后，谁也不能找出博伊德简报的错误，于是他得到准许，可以为斯威尼上将作简报。

现在，战术空军司令部的资源可以任他尽情使用。他飞到内利斯收集更多资料，增补简报幻灯的内容。为斯威尼上将作简报，就要用最好的东西。

"你跟我一起去，"他告诉拉斯贝里，"你来打开图表和控制幻灯放映，我来作简报。"两人一起动手，把拉斯贝里看来足有一英尺高的幻灯片做了归类、挑选和整理。博伊德为每次选择殚精竭虑，担心图像和表格是不是能达到品质要求。最后，他们收拾起简报所需的设备，爬上一架 F-100F，跨越千山万水，飞往弗吉尼亚州兰利空军基地。当他们抵达那里，时间已经是傍晚。

在机场迎候他们的是一位年轻少校，斯威尼上将的副官。"我希望你们做好了准备，为斯威尼上将及其参谋人员作一场完整的简报。"助理说。

从理论上讲，简报就是简报。一场简报和一场完整的简报之间不存在区别。然而，"完整的简报"这个说法让人不由得三思，它是说要有更认真的态度，更正规的形式，契合指挥官个人品味的简报潜规则，以及——最重要的——要接受任意提问的猛烈攻击。完整的简报可能是一场血雨腥风，搞砸了，就会毁掉一个人的职业生涯。

"给我们多长时间？"博伊德问。

"20 分钟。"

博伊德的脸扭曲了起来："20 分钟？这点时间不够……"

"20 分钟。"副官递给博伊德一把汽车钥匙，指着落日余晖下闪闪发亮的一辆蓝色凯迪拉克双门四座轿跑车："那是我的车。今晚你们就用它。去好好吃一顿。明早 8 点见。"

在博伊德和拉斯贝里看来，"好好吃一顿"听起来太像"吃最后一顿"。他们在军官招待所办理入住手续，吃了点东西，然后回来练习简报，直到深夜。拉斯连环炮似的向博伊德提问，都是斯威尼的助手们很可能提的问题。

如果不得不把简报时长从 4 小时改到 20 分钟，一般人会直接压缩简报内容。博伊德不愿这样，他将从头开始讲，根本无视时长的变化。第二天早上 7 点刚过，博伊德和拉斯就来到位于战术空军司令作为"巢穴"的大办公室所在门厅正对面的简报室。博伊德试了一下投影仪，调整了幕布位置，啃着自己的手，检查幻灯片和图表的顺序无误，把讲桌往一旁挪了 1/4 英寸，指示棒沿托架移动了半英寸，又啃了自己的手。他来回地走，在脑子里复述着简报内容。

7：45，斯威尼上将的参谋人员大部分入座了。一个上校注意到，博伊德没有戴上放在讲桌上的佩带式话筒。

"少校，那话筒是给你用的。"他说。

"我不需要话筒。"博伊德说。

"这是规定，简报人必须佩戴话筒。"

"遵命，长官。"博伊德夹上话筒。

8：00，上将带着副官入场了。

于是，博伊德开口讲起来——流畅、轻松而自信，充满专业精神。他好几次不得不调低话筒的音量。斯威尼听得十分专注，但是简报让他显然十分难受。他焦灼烦燥，在椅子上坐立不安，露出痛苦的表情。

8：20，拉斯给博伊德发了一个信号。博伊德停下来，说："谢谢您，将军。您要是没有问题，我就讲到这里。"

"你想要干什么？"斯威尼问。

"先生，您的副官说只有 20 分钟。时间到了。"

"继续讲。"

"遵命，长官。"

斯威尼转身对副官说："取消今天的其他安排。"他怒视着博伊德："你刚才说的不对。"

"我相信那是对的，长官。"

"你还在哪里作过这个简报？他们都怎么说？"

博伊德告诉斯威尼他的听众都有谁，然后告诉他，他们的反应"与您一样，将军"。

斯威尼转过脸，对他的一名参谋人员说："去让情报部的人确认一下，给外军技术部打电话，查实一下这些数据。"

几分钟后，斯威尼的情报专家回来了，说："情报部有博伊德少校简报稿的副本，长官。他们说，他的数据是准确的。"

"你的试验用了几种飞机？"斯威尼问。

"所有型号，长官。我方才介绍的只是几个有意思的型号，但是我也会很高兴地向您作全面汇报。"

"继续。"

于是博伊德继续讲。他为斯威尼作的简报持续了一整天，他时而低声私语，时而循循善诱，时而直言不讳。因为面前坐着四星上将，他没有抽烟，但是他在讲台上奔走，挥舞手臂，大声疾呼。天色近晚，他变得意气风发。这是一场即将改变美国空军的简报。当博伊德挥洒自如的时候——那天，他达到了人生的最佳境界——他是美国空军最优秀的简报者之一。糖果仙子进入仙宫了。

中场休息时，助理们匆忙地进出，上将下达着命令。简报继续进行。问题现在更多、更尖锐了，但博伊德回答了所有问题，彬彬有礼，干净利落，胸有成竹。斯威尼上将仔细倾听着双方的交锋，间或点头赞同。

四星上将的办公室不亚于奥斯曼帝国帕夏的宫廷，充斥着高层内部的钩心斗角、阴谋诡计和谄媚逢迎。上将掌控手下参谋人员的职业前途和个人生活。一个局外人如果占有上将一天时间并连续控制了他的注意力，某些参谋人员会将其视为一种威胁。斯威尼参谋班子里的部分人此刻提出的问题明显地意在置博伊德于尴尬境地，打乱他的时间进度，并且证明这个新理论多么浅薄。

这正好对博伊德的胃口。在他看来，这些问题就是空战中敌机射过来的炮弹。提问的人话还没说完，博伊德就知道他想问什么，知道怎么回应他。像战斗机飞行员那样，博伊德毫不犹豫地投入了战斗，直面每一个问题。因为他对自己理论的了解胜过在场的所有人，所以谁都伤不了他。

斯威尼不动声色地端坐着。在这种场合，上将会把手下人看作竞技场上的角斗士。角斗士得到激励去拼死战斗。最后一个不被击倒、爬到场边、取得胜利的人会是上将的宠臣。斯威尼一定指望某个参谋能昂然步出竞技场，留下博伊德躺在地上。他不想知道他的战机劣于苏联战机。针对博伊德的敌对情绪于当天下午达到高潮，最咄咄逼人的提问者，一位左胸袋上没有银翼标志的、极度渴望把肩上的鹰标换为星徽的上校，突然打断博伊德的讲话，他说："所有这些研究，这个你所谓的理论，都有人做过了。"他停顿了一下。在场的所有人都转过来看着他。"而且它已经被证明是一个谬误。"

斯威尼点了点头，他最优秀的角斗士现在登场了。

在博伊德眼里，这个上校不是一名角斗士，而是一头公牛。他请这个上校披露一下资料的来源，这是他所说的抖动"斗篷"，招呼上校带着他的证据，直接冲过来。这种指责博伊德几个月前已经研究过了，他知道上校提到的只可能是那个名字。

"爱德华兹基地已经做过了研究，并证明它是错误的。"上校满怀自信地说。

博伊德再一次抖动斗篷："上校，您有资料来源文件吗？"

房间里一下子寂静无声。斯威尼看了一眼坐在近旁的一个少将，他在爱德华兹基地工作了很长时间，最近才从那里调入上将的参谋班子。少将捋了捋裤子上的褶痕，说："长官，如果有人在爱德华兹做过研究，我早就知道了。"他面向着斯威尼："我没听说过。"

上校内心受到创伤，周围的人都感觉到了。有一个人显然是想伸出援手："你知道是谁在爱德华兹做了那项研究吗？"

博伊德抖了一下斗篷。"可能确实有个人，长官。如果您能提供他的名字，证明他做过这项工作，我将立即停止这个课题。"

"鲁托夫斯基。"上校说。

"嗯，"博伊德低下头，仿佛陷入了沉思，"在我简报的参考文献部分，我列出了 E.S.鲁托夫斯基于 1954 年发表的一篇题为《基于能量的飞机性能一般问题研究》的论文。是这个鲁托夫斯基吗？"

上校冲过来了："正是。"

"他提出了众所周知的'鲁托夫斯基曲线'，如果我理解正确的话，它是飞机快速到达预定高度的一种最优化理论，对航空公司很有帮助，但我认为，它与战斗机没有任何关系，因为战斗机要飞过载，要做针对敌机的机动动作，"博伊德停了一下，"如果我说的不够全面，上校，我请您赐教。"

上校已经冲过了悬崖，现在像自由落体一样坠落。今后还将有更多高级军官体验同样的经历。

在此以后，问题不那么咄咄逼人了。博伊德证明他不会因高官的压力而屈服，是个有内心坚守的人。再没有人愿意落得上校那样的下场。提问的风向转变了，要么是请他解释，要么是请他澄清。傍晚时分，斯威尼站起身，示意简报该结束了。他看着博伊德："少校，我想要你明天8点钟再来这里。"

"遵命，长官。"

第二天早上，简报室里少了那个指控博伊德重复别人研究的上校，军官们都对他热情而友好。博伊德从上将脸上的表情能看出，他赢了。他打败了美国战术空军司令部。

简报接近尾声，不过斯威尼还有一个问题："少校，昨天你说过，在所有美国飞机上都验证了数据，可是你没提过F-111。你在这种飞机上做过研究吗？如果做过了，结果是什么？"

博伊德按了一下幻灯投影仪上的电钮，给出最后一张幻灯片，那是F-111的能量-机动图。博伊德没有说话。过去两天里，上将和他的参谋们已经看了大量的能量-机动图，现在马上懂得了F-111这张图的含义。然而，他们还是仔细端详这张深红色的幻灯片，又把怀疑的目光投向博伊德。

博伊德向他们展示了数据，表明在任何高度、空速、过载以及飞行性能包线内任何区域，F-111都劣于对手。如果F-111遇到米格战斗机，它将被击落，句号，剧终。用战斗机飞行员的行话来说，F-111 是个"蹩脚狗"。

上将思考了一会儿。也许图表不能表现全部事实，有些事情还可以挽救。"少校，根据你的深入研究，你对这种飞机有没有什么改进建议？"

博伊德不会错失这个机会："将军，我会扯掉那该死东西的机翼，在炸弹舱里装上椅子，把它涂成黄色，变成高速预约出租车。"

斯威尼听取博伊德简报的举动，意味着能量-机动理论得到了美国空军最高层的认可。以后几个月里，博伊德连续为若干位四星上将、空军科学顾问委员会和空军部长作了简报。他在空军科学与工程研讨会上作了简报，这次学术会议持续了近一周，参加者包括几十位空军最优秀的简报作者，他在会上被授予最佳表现奖。博伊德甚至给总统科学顾问委员会作了简报，这是美国最受尊敬和最有影响力的一个科学团体。对任何人来说，这都是一系列不同寻常的高层次简报，对一个少校来说，更是闻所未闻的。

博伊德在汇报过程中是举止端庄有礼的典范。空军参谋长命令他不得在任何简报会上放映 F-111 的幻灯片，更不得提及把它改为预约出租车的评语。博伊德照办了，在克里斯蒂镇定自若的影响下，他的简报稍微有点规范得体的意思了。

值得一提的是向总统科学顾问委员会的简报。这里有几个原因。首先，这是技术性简报所能针对的最高级的团体。然而，博伊德的简报略有夸大，这也许体现了他内心深处的不安感，他想让人们认为，他击败了一位美国卓越的科学家。

事情的起因是这样的。有一位科学家仔细看了能量-机动理论基本曲线图，发现一处不规范的地方。标准天候下，海平面空气温度是华氏 59 度，声速是每秒 1117 英尺。高度每上升 1000 英尺，温度下降 3.5 度，声速下降每秒 4 英尺，直到 3.6 万英尺的对流层顶部。在 3.6 万英尺，温度是零下 68 华氏度，声速是每秒 971 英尺。自对流层以上直至 12.3 万英尺，这些指标不再变化。在指标开始保持常数的高度，在能量-机动曲线图上有个隆起，科学家们都知道这一处隆起，称之为"对流层断层"。

但是，在博伊德讲解曲线图的时候，其中一个委员会成员带着"可算抓住把柄了"的神气，向博伊德提出隆起的问题。科学家们的优越感是显而易见的，他们想让听众觉得，如果这个自命不凡的开飞机的家伙一开始就犯了这么个基本错误，怎么能让人相信他以后的话呢？

克里斯蒂也在现场。他后来回忆说，博伊德当时很吃惊，美国最顶尖的科学家对大气物理学这么无知，居然提出这种问题。然而，他保持恭敬而谦逊，知道这是推进能量-机动事业的绝好机会。但是，博伊德后来回忆这件事的时候，说自己的回答是："先生，根据常识，这里是对流层，所以会有断层。"他说，走出简报会场的时候，他转头对克里斯蒂说："我觉得我干掉了那个狗东西。"

1965 年 4 月 4 日，48 架 F-105 攻击了敌方清化大桥（Thanh Hoa Bridge）。它们编成若干 4 机小队，其中一个小队在大桥以南 10 英里的出发点上空盘旋时，遭到 4 架米格战斗机的袭击。F-105 慌忙四散逃离。有一名飞行员怎么也无法摆脱在后面追逐的米格机，情急之下，他使出了"立起鸟肚"的一招，使米格机顷刻之间冲到了前面。飞行员后来告诉上司，他之前从未做过这个动作。

另有两架 F-105 被机炮击落。

4 架米格机进攻 4 架 F-105，结果是米格机以 2:0 获胜。美国国防部高层想知道，到底哪里出问题了？美国空军为什么在与米格战斗机的交战中遭遇如此惨重失败？出问题的是飞行员，是飞机，还是战术？

几个月以后，仅在针对越南防空导弹阵地（SAM）的一次攻击过程中就有 4 架 F-105 被击落。

博伊德和克里斯蒂奉命前往国防部。

在一个星期六的早晨，他们穿过五角大楼长长的廊道，走进国防部负责研究、技术以及新武器开发与测试的第三号人物约翰·福斯特博士（Dr. John Foster）位于最外围 E 环的办公室。

博伊德向福斯特解释说，美国空军在越南使用的主要机型——F-105 和 F-4"鬼怪"——都不适用于当前任务。F-105 是对地攻击机，F-4C 是双发重型战斗机，尾部的烟迹几英里外就看得见。它没有机炮，却被用来打空战，导弹在大坡度盘旋对抗中实际上毫无用处。F-4C 根本无法与米格机相抗衡。F-105 在大部分高度和空速上也不是米格飞机的对手。

博伊德和克里斯蒂根据能量-机动简报，分析了美国空对空导弹"麻雀"和"响尾蛇"是如何令人悲伤和不足胜任。"响尾蛇"导弹经常丢失目标，一头扎向地面，飞行员给它起名叫"地尾蛇"。只要用最简单的规避动作，就可以躲开"麻雀"导弹。

福斯特深感震惊。显然，美国需要新的战斗机。

这些日子里，博伊德陶醉了。他的大名传遍空军，他不只是战斗机飞行员，而且是思想家、理论家和创新理论提出者。美国海军也应用他的能量-机动理论，他们删去博伊德的名字，改掉能量-机动的说法，但那还是博伊德的内容。

鉴于能量-机动理论的成就，博伊德被邀请参与美国空军新型战斗机的设计工作。不过，主持设计工作的人来自莱特-帕特基地，他们忌恨博伊德能量-机动研究给他们带来的羞辱，尽力排除博伊德的影响。博伊德一点儿也不在乎。只要空军在研制新型战机问题上较了真，他知道会发生什么。他在耐心等待。

除了这些被承认的成就，博伊德也因不好相处在空军里出了名。他有时看起来故意不服从管束。他这个人就是不肯屈服，即使在人们大都不在意的事情上也是如此。比如，美国空军曾经发起一场零差错运动，埃格林基地指挥官要求每个人签字画押，承诺下一年不会犯下差错。基地各单位早就挂出本部门"全力以赴，打造无差错单位"的旗帜，可是博伊德知道，正如几乎所有写下承诺的人也都知道的，所有人都可能犯错误。博伊德认为零差错是一个无比愚蠢的说法，他拒绝签名。克里斯蒂手下的尉官们不仅追随博伊德的做法，而且大胆地宣布，他们全力以赴反对零差错。上级机关传出流言，有人将被开除并带上军事法庭。于是博伊德放出话去，如若遇到任何报复行为，用他自己的话说，他将"闹个天翻地覆"。基地指挥官最后认为，留下几个楞头青人物，对埃格林基地也许不是坏事。

有一天，博伊德和克里斯蒂正在埃格林基地的餐厅里有说有笑，志得意满。这时候，管理计算机室的文员走进来。博伊德的笑声戛然而止，他脸色铁青，怒睁双眼，把雪茄塞进嘴里，站起身，大步朝那个文员走去。克里斯蒂察觉情况不妙，但要阻止博伊德已经来不及了。

博伊德从嘴里抽出雪茄，说："我想你听说了，我给斯威尼作简报的事。"

"是的，听说了。"文员说。

"还有施里弗、空军部长，还有总统科学顾问委员会，还有约翰·福斯特博士。你都听说了？"博伊德越说声音越大。文员点着头。餐厅里的人都扬起脸，关注地听着。

博伊德敲击那个文员的胸口，用力地敲击。"以前，你认为我的研究配不上你那该死的计算机，可是现在上将们找我去给他们作简报。"咚。咚，咚，"你——"咚，"知道——"咚，"个——"咚，"屁！"咚。

文员勉强地笑着，试图从博伊德身边绕过去。

博伊德用力把雪茄戳到文员的领带上，上面立刻出现了一个圆洞，青烟缭绕。餐厅里鸦雀无声，所有人目瞪口呆。那个文员拍打着冒烟的领带，用恶毒的目光瞪了博伊德一眼，猛地转身冲出餐厅。博伊德紧随在他身后，像机炮开火一样咆哮："你是个蹩脚货，该死的失败者。去吧，滚出这里。快跑。"他粗哑的笑声追逐着那个人。当文员跑到门口的时候，博伊德停下脚步，用响彻整幢大楼的声音喊道："该死的失败者！"

博伊德望着那个文员走过停车场，那人一再扭头回望，仿佛担心博伊德会追过来。博伊德微笑着，猛抽了几口雪茄。

他又干掉了一个敌人。

博伊德意识不到故意挑衅必然会带来的危险。在他看来，那个文员伤害过他。他为美国空军领导人和政府官员作简报这个事实证明他是对的，那个文员是错的。但是对是不够的，他还要为所受的委屈寻求补偿，要当众羞辱那个错待过他的人。他一定要做那个站到最后的人。"我们小的时候，有人冲我们干了些事，"他曾经对玛丽说，"他们之所以那么干是因为我们穷。但是，现在我绝不能让他们再那么干。"

然而，博伊德在痛击那个文员的同时，又为自己树立了一个敌人，一个强大的敌人。算总账的时刻很快逼近。美国空军是个拉帮结派的地方，到1965年末，在埃格林、莱特-帕特和空军部分单位，反对博伊德的大小联盟已经形成了。

有一天，有消息说空军系统司令部总监察长（IG）即将来埃格林基地调查博伊德非法使用计算机的问题。没有人知道此次调查的起因，举报者或者是财务主管，或者是计算机室那个文员，或者是莱特-帕特的什么人。他们都发现，博伊德不经过无数小时的上机计算不可能提出能量-机动理论。此外，博伊德曾挤眉弄眼地，或者在用胳膊肘捅别人的同时，向几十个同事透露过偷用计算机上机时间的事情。无论出于什么原因，总监察长有备而来，表示有人指控博伊德非法窃取政府计算机使用权，涉及金额达100万美元。总监察长的调查不针对克里斯蒂，因为克里斯蒂是其他人事系统管理的文职雇员。博伊德是唯一的调查对象。

如果这次调查发现博伊德用政府计算机从事未经许可和授权的课题研究，博伊德将面临相当于民间重罪的军事指控并上军事法庭。如果定罪，博伊德可能被判决入狱、赔偿100万美元损失、从空军除名并且失去所有津贴和年金。

博伊德一点儿也不着急。"我做了该做的。"他对问起这件事的同事说。接受调查小组讯问后，他与克里斯蒂离开埃格林，前往西海岸给那里的国防承包商作能量-机动简报。博伊德回来的时候，调查已经结束，调查小组希望临别前再见他一面。鉴于这次调查背后力量的级别和权势，这种结局近乎虎头蛇尾。主持调查的上校在博伊德身边坐下，说："少校，我们知道你的能量-机动理论使用了成千上万小时的计算机时间，但是没发现滥用计算机的任何证据。所有活动都有合法依据。"

博伊德脸上浮现出微笑。

"我的报告将建议不提出指控。"

博伊德点了点头。看起来，这个上校就像一个天资不高的孩子，费了很大气力才慢慢地找到那个唯一可能的结论。

"但是，少校，我们想知道你是怎么做到的。"

"你不会提出指控了？"

"不会。"

"好吧，但是，首先我要让您看个东西。"博伊德从桌子里抽出几十封信，不只有写给计算机室主管文员的，还有写给莱特-帕特的人的。他在这些信中，表明了该理论将给美国空军带来的好处，请求得到计算机上机时间，他又拿出拒绝他使用计算机的回信，叙述了那个文员两次把他赶出办公室的过程。

"上校，我不是为了个人。我是为国家利益而研究。我尝试过走正常程序，但是处处受人刁难。"

上校点了点头。

"于是我走了自己的路。"

博伊德告诉上校，他用了特殊手段才获得使用计算机的机会。然后，他向上校介绍了接受能量-机动简报的人以及美国空军因此获得的新面貌。博伊德说完了，上校沉默许久，他又看了一眼桌上堆积的博伊德写过的那些信："谢谢你，少校。"

若干星期后，总监察长办公室发布报告并抄送埃格林基地，宣布博伊德无罪，表示他的创新研究对国家安全有着极大意义，能量-机动理论已经在美国空军发挥良好作用，并对未来产生重大影响。然而，总监察长办公室出具的报告中必须有一个反面人物，尽管不一定要指控他。报告严厉斥责了拒绝博伊德使用计算机的那个文职雇员。

博伊德心满意足。他不知道，清算的日子几个月后就要到来。这一次，他将无法逃脱。

至 1965 年，博伊德已经在美国空军服役 14 年，尚未得到晋升中校的推荐。美国空军每年在各衔级上挑选少量有前途的军官，"不按指标"地提拔他们——就是说，提前晋升他们的军衔。这是美国空军认可才华横溢的青年军官，表示他们有远大前途的最佳办法。博伊德回顾自己在内利斯的成就、研究和撰写《空中攻击研究》、取得工程学学位、能量-机动理论在空军的影响，他知道，如果要说谁有资格提前晋升，那就是他。美国空军欠他一个认可，而要认可一个军官，最好的办法是提拔他。他自信会很快戴上中校的银色橡叶军衔。可是，博伊德的名字并未出现在提前晋升名单上。这足以令博伊德格外失望和愤怒。他不相信地读了一遍名单，得到提拔的多是"牵马人"，即将军的助理，其他人则是些在博伊德看来没有什么贡献的无名之辈。名单上没有一个人像他那样，对空军、对国家安全做出过重大的贡献。

博伊德内心受到相当大的震动。这是他职业生涯中的转折性事件，也是获得人生顿悟的时刻。年轻人朝气蓬勃，满怀理想，相信努力奋斗，正直为人，自然会取得成功。这也是博伊德的母亲和青少年时代的导师给他的教诲。可是，成功与奋斗在军中并不总是有必然联系，军人是否成功，要看他的官阶。要晋升官阶，就必须服从军队的价值观体系。一个人若是拒不服从，他到头来会意识到，正直做人之路已经偏离了成功之路。这时，他必须下定决心，下一步人生之路该怎么走。我们几乎可以肯定，博伊德已经意识到，做了这么多工作，还不能尽快提拔为中校，他已不可能进入高级军官行列了。考虑到以后他对年轻人所讲的话，那有名的"做官还是做事"（To Be or to Do）的讲话，博伊德很可能已经认识到，他可以干大事，但在等级森严的美国空军里，他绝不可能有出头之日。

博伊德的友人心中非常清楚，博伊德蔑视和贬低的那些人已经放出话，在美国空军各派人马中间传得沸沸扬扬，而且已经传到晋升选拔委员那里：不错，博伊德是为美国空军做了些出色的工作，但是他没有专业精神，缺乏基本的军人素质，不适宜过早提拔。这些人在战斗中败在博伊德手下，但是他们在战争中获得了最终胜利。他们以最狠毒的方式，影响了博伊德的职业生涯和个人生活。

在公共场合，博伊德对这个在他看来是对自己的个人伤害与侮慢的反应完全不符合他的性格。他去了军官俱乐部，吵闹着大喝了一顿，醉得趴在地上，呕吐不止。他独自坐在酒吧里，不再有众星捧月，不再聊战斗机战术，或者能量-机动理论，只是面对墙壁发愣，抽着雪茄喝酒，一杯，又一杯。这是人们所知道的，他一生中仅有的醉酒的时刻。

几个月后，博伊德被授予美国空军系统司令部的科学成就奖，这是该司令部所能给予的最高荣誉。接着，他获得美国空军在科研方面对军官的最高奖项——空军航空科技进步奖。博伊德的新一份《军官考绩报告》——签发时间为 1965 年 9 月 7 日——回顾了他上一年的工作成绩，在各方面都给了他最高级赞誉。"这位杰出的青年军官是有独到见解的思想家，"报告称，"他的成就来自 10% 的灵感和 90% 不屈不挠的努力，其勤奋程度足以使同侪也难以望其项背，如果可能的话。他极不能容忍效率低下和妨碍他研究工作的人。"报告最后说："应尽一切可能，提前授予博伊德少校以中校军衔。"

1966 年春天，博伊德获得了他心仪已久的奖赏：赴泰国驾驶 F-4 战斗机的命令。他终于参战了，这一次他将在战斗最激烈的时候参战。这与时间有关，他错过了第二次世界大战，未及时赶上朝鲜战争，而现在，上帝保佑，他将在越南驾驶"鬼怪"战斗机。越南的空中战争正处于白热化阶段，大批 F-105 北上轰炸河内周边地区——被称为"6 号空域"——并且损失惨重。上一年，美国在越南损失了 171 架飞机，今年，这个数字将上升为 318 架。

美国空军过去认为 F-105 有足够的速度和杀伤力单独执行轰炸任务，不需要战斗机支援。但是现在策略变了，为防止米格战斗机袭扰，F-4C"鬼怪"为 F-105"雷公"提供掩护。F-4C 又大又重，在水平机动中无法对抗小巧灵活的米格战斗机，所以"鬼怪"飞行员必须把战斗引向低空，保持较高空速，才可能击败米格战斗机。"鬼怪"飞机还没有机炮，导弹在很多情况下派不上用场，因为它攻击区域非常有限，只有技术特别好的飞行员才能击落敌机。博伊德一点也不着急，他逢人便讲，进入他的视野的前 5 架敌机将载入史册，"40 秒博伊德"将痛击敌人。

博伊德打点行装，拍照留影，安排玛丽和孩子们去艾奥瓦州，处理参战前的大小事务。可是这时候他接到通知，赴泰国的命令已经取消。

新型 F-X 战斗机遇到麻烦了。

早年间困扰美国空军的"更大-更高-更快-更远综合征"现在严重影响了 F-X 的设计，它看起来越来越像 F-111。拟议中的新型 F-X 战斗机是一头重达约 7 万磅的可变后掠翼巨兽。虽然美国空军在公开场合赞扬 F-111，但是事实却越来越难于掩盖：F-111正像博伊德所说的那样糟糕，也许比他说的更加糟糕。美国空军冷静地考虑了 F-X 的设计问题，意识到如果再这样继续下去，情况只会更加尴尬，甚至可能丢掉这个战斗机项目，被迫再次接受"盐水飞机"。

博伊德奉命前往五角大楼。

1966 年夏天，在调往华盛顿之前，博伊德利用积存的假期去了一趟伊利。每年夏天的伊利之行以后将成为他余生中的常态，但是他这是第一次带玛丽和 5 个孩子回家。自然地，他希望全家住在林肯大道的房子里。可是当他开车来到母亲家门前，孩子们跳下车，跑进院落的时候，威严可怕的埃尔茜·博伊德告诉儿子，他们不能住在这里。我不想要 5 个碍手碍脚的小孩，她说。他们太吵，我受不了孩子吵闹。

博伊德少见地哑口无言了。他目不转睛地看着自己的母亲，这里是他的家，他被赶出来了。

"你可以每天带孩子来看看，但是我希望你们不会停留太长时间。"母亲说。

"妈妈，你让我们到哪里去？"博伊德近乎哀求道。

"汽车旅馆。"

博伊德崩溃了。在伊利期间，他几乎每天都向玛丽倾诉自己的难以置信。他亲爱的母亲，他往常认为的生命中最重要的人，竟然将他拒之门外。

这件事又一次说明，博伊德的母亲何等强硬，何等顽固。这个教训博伊德深刻地铭记在内心，而在以后几年里，这教训将再次令他记忆犹新。

博伊德在埃格林的最后一份《军官考绩报告》签发于 1966 年 9 月 7 日。《报告》对博伊德的评价是好坏参半。它再次表明，尽管他成就非凡，却不擅长与人相处。《报告》盛赞博伊德在能量-机动理论上的创见，但是又说："他为人热情，缺乏耐心，不能很好地接受上级意见……他过于紧张焦虑……"

更糟糕的是，批注报告的上校将"晋升可能"降低了一档，说明他不同意评价者的意见。这是不同寻常的。更加不寻常的是，又有一个上校在报告上批注，表示他赞成降档的做法。

博伊德现在已经陷入一个固定模式：无论他对美国空军或者对

国防事业做了什么贡献——贡献还不止于目前这些——直言不讳的性格、对上司毫不留情的批评以及对喜好制造人际冲突，都将成为他职业道路上个人进步的障碍。

离开埃格林之后不久，博伊德与克里斯蒂开始执行在华盛顿的临时任务。他们接连与国防承包商会面讨论能量-机动理论。克里斯蒂还向博伊德介绍五角大楼的情况，提醒他注意事项。莱特-帕特基地的人仍然对他余怒未息，想尽一切办法给他使绊子。埃格林基地的小帮派也对他怀恨在心，因为他在计算机使用权问题上用诈，然后羞辱了主管文员。倾向于可变后掠翼方案的国防承包商将施加难以想象的压力。尽管尚未公开摊牌，海军高官——在官场斗争和公共关系上比他们老练得多的人——会迫使他接受一场比当年在绿点上空的更你死我活的战斗。F-X合同一旦发包，几亿美元资金和上千人的职业前途将岌岌可危。

克里斯蒂是官场运作高手，他在埃格林佑护了博伊德。但是现在，博伊德将独自出战，克里斯蒂不知道他能否坚持下来。

一天晚上，博伊德、克里斯蒂和一个国防承包商外出共进晚餐，然后去看电影。博伊德爱好空战和动作电影，选择了最新上映的《碧血蓝勋》(*Blue Max*)。这部电影讲述"一战"时期德国飞行员的故事，有大量的空战场景。看到一半，博伊德就开始低声咕哝："射它，射它。"

克里斯蒂和承包商笑了，博伊德到底是博伊德。可是博伊德声音越来越大："射它！"坐在周围的人都转过来看他们。克里斯蒂用胳膊肘捅一捅博伊德。"约翰，"他责备地说，"这不过是电影。"

博伊德安静了几分钟。但是，下一轮空战场景来了，德国和英国的战斗机打起了捉迷藏式的殊死战斗，博伊德对他们的战术很不满意。

"向左脱离！向左脱离！"他叫起来。

现在好几排以外的人都转过头来看他们。"约翰。"克里斯蒂说，他非常尴尬，甚至打算换座位了。

博伊德现在完全沉浸在对空战的评价中，忘记了自己身在电影院里。最后，他再也忍受不了，站直身，挥起双臂，然后指着银幕，用尽全力地喊："你他妈的射偏了！射他，你个笨蛋！"

克里斯蒂无可奈何地摇着头，不是为博伊德，而是为五角大楼的那些人。他们是政客，而博伊德是斗士。

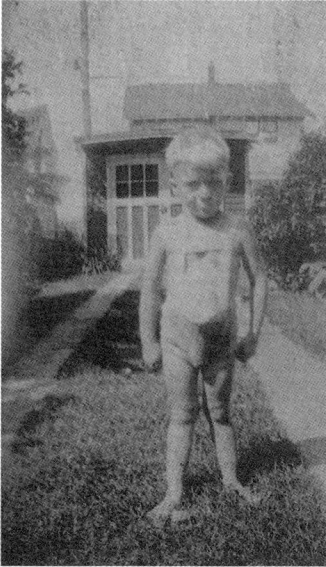

▶ 3 岁的约翰·博伊德站在伊利自家的车道上。

照片由玛丽昂·博伊德提供。

1932 年夏天,博伊德和妹妹安 ◀
坐在自家轿车的脚踏板上。

照片由玛丽昂·博伊德提供。

▼
救生员博伊德与弗兰克·佩蒂纳托在伊利湖的沙滩上。

照片由玛丽昂·博伊德提供。

▼
高中时期的博伊德。

照片由博伊德家人提供。

▼
第二次世界大战后新兵博伊德
在日本。据博伊德说，拍摄这
张照片的时候，他刚烧掉两座
日本飞机棚。

照片由玛丽昂·博伊德提供。

▼ 在艾奥瓦州立大学上学期间的玛丽·布鲁斯。

照片由博伊德家人提供。

▼ 刚于 1952 年获得飞行翼章不久的博伊德少尉。

照片由玛丽昂·博伊德提供。

▼ 1958 年，斯蒂芬、名叫"老虎"的狗和凯茜在内利斯空军基地。斯蒂芬由于患脊髓灰质炎必须在颈间佩带钢制项圈。

照片由博伊德家人提供。

约 1958 年，一架从内利斯空军基地起飞的"匈人"战斗机。注意机头和机尾的方格图案。

照片由美国空军提供。

1959 年战斗机航空事业的"大祭司"们：设在内利斯的美国空军战斗机武器学校的教职员工。右起第四个蹲在地上的是博伊德。

照片由美国空军提供。

▶ 博伊德在佐治亚州多拉维尔的麦克拉夫街的房子。这是他拥有过的唯一房产。

照片由切斯特 W. 理查兹提供。

博伊德少校和汤姆·克里斯蒂获得 1964 年美国空军科学成就奖。◀

照片由美国空军提供。

▶ 1965 年，埃格林空军基地的武装部队日。汤姆·麦金纳尼上尉与博伊德站在一起。自左至右：斯蒂芬，12 岁；杰夫，6 岁；玛丽-艾伦，4 岁；约翰·斯科特，7 岁；凯瑟琳，10 岁。

照片由博伊德家人提供。

博伊德和富兰克林·"查克"·斯平尼。◀

照片由博伊德家人提供。

► 从空军退役后的博伊德。

照片由玛丽昂·博伊德提供。

▼

这三张博伊德的照片拍摄于 1995 年，地点是国会议员助理温斯洛·惠勒在西弗吉尼亚的小屋。博伊德每年夏天从佛罗里达州北上回到伊利的时候，他经常在这里停留几个星期与朋友们聚会。惠勒仍然两年一度举办博伊德最亲密友人的聚会。

照片由詹姆斯·P. 史蒂文森提供。

1999 年 9 月 17 日，玛丽·博 ◀
伊德在内利斯空军基地举行的
博伊德会堂落成仪式上。

照片由美国空军提供。

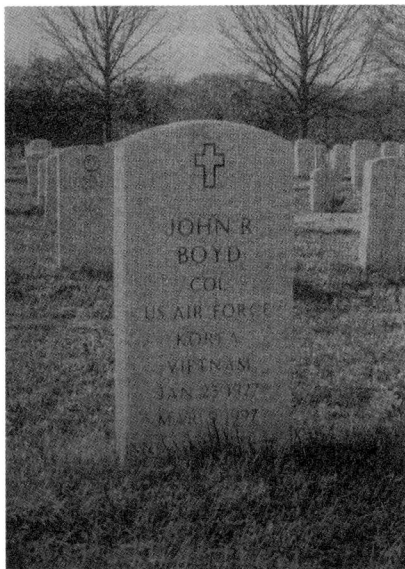

▶ 博伊德在阿灵顿国家公墓第 60
区第 3660 号的墓址。

照片由切斯特·W. 理查兹提供。

▼

托马斯·P.克里斯蒂

照片由美国国防部提供。

▼

皮埃尔·M.斯普雷

照片出自《乔治王子杂志》,由凯瑟琳·弗里提供。

▼

雷蒙德·J.利奥波德博士

▼

富兰克林·"查克"·斯平尼

照片由艾利森·斯平尼提供。

▼

詹姆斯·伯顿

照片由霍华德·艾伦提供。

▼

迈克尔·怀利中校

照片由美国海军陆战队提供。

第十三章 "我从未设计过战斗机"

在五角大楼，流传着一个一名上校在四星上将办公室外间等候接见的故事。上校的脸庞由于痛苦而扭曲着，他看了看手表，又看了看走廊尽头，又回过头来看了看上将办公室的门。所有迹象表明，上校内心正经历着强烈的情感波动。

片刻之前，一个下属冲进来告诉上校，他的妻子打电话来说家里起火了，但是她还没说完话，通话就中断了，也许情况不妙。上校不知道妻子和孩子们是否安然无恙，房子是不是倒塌了。身为丈夫和父亲，他的心里有无数个声音在催促着，放下手头的工作，赶快跑去现场。然而他没有，跟四星上将单独交谈的机会，职业生涯中的进步机会，比那些来得更重要。

这是五角大楼里司空见惯的事情。

埃格林基地和五角大楼相隔千山万水，这与其是说空间距离，不如是说在风格、节奏和氛围上的距离。对博伊德来说，这段距离尤其遥远。在埃格林的时候，这个 39 岁的少校已经表明他丝毫不在乎军队里的钩心斗角、人的本性和社会潜规则。他参加过两场战争，胸前挂着与年轻少校身份不相称的嘉奖勋表，还被誉为美国空军仅有的飞行员兼思想家。他现在正处于年富力强的阶段。长期不懈的体育锻炼赋予了他健美的体格。他说起话来常常不假思索，没有任何选择就脱口而出。他丝毫不畏惧五角大楼，仍为没有被派往越南而心怀不满。很快，他的不满就将被击落将军们之后的喜悦所取代。

五角大楼是一个充斥阴谋诡计的地方，也是一个报偿无比丰厚的地方。军中没有比这里更诱人，更令人憎恶，对军官的个人前途更至关重要的职位了。据说一心钻营的空军军官——"穿蓝衣服的人"——会不择手段，动用一切关系，来争取到这里任职的机会。如果一名军官想要快速上位，必须有一个保护人、监护人或者拉比——美国海军把这样的人称为"海上老爹"——为他保驾护航。在这方面谁也比不过肩扛着星徽的将军。如果看上了某一个青年军官，将军会保证让他获得晋升为高级军官所必需的种种任职经历。将军的支持会使这个军官毫不费力地进入提拔的快车道。对渴望见到将军的空军军官来说，五角大楼里有最好的任职岗位。

五角大楼里所有让钻营者们趋之若鹜的，都是令斗士们嗤之以鼻的。斗士们对自抬身价、阿谀奉承、背后下毒手等手段深恶痛绝，他们期盼的是国家做好准备，不惜一切代价，战胜一切敌人。对斗士们来说，责任、爱国精神和荣誉不是空洞的辞令，而是他们心中的信念。斗士们在将军和国会议员面前直言不讳，不以军衔级别提升为毕生唯一追求，因此斗士们在五角大楼里常常处境艰难。

不过那个时期，美国空军里甚少有真正的斗士。

然而，在五角大楼里的见闻让不少抱有高度爱国热情的军官备感震惊。他们对自己说："现在我暂且随波逐流，但是等我当了上校，我将推动变革。"他们不知道的是，他们之所以被提拔为上校，恰是因为上司认为他们不会推动变革。很多研究表明，军官所处的地位越高，就越不可能致力于改革。爱国理想毁灭于五角大楼确实让人痛心疾首，但是更让人痛心疾首的，是人们任由钻营者靠出卖灵魂大行其道却袖手旁观。

在五角大楼工作的人称其为"大楼"——建筑面积 650 万平方英尺[①]，占地 29 英亩，工作人员两万多名。以这里为行政神经中枢，指挥着美国在全世界的以操作可怕杀人武器为业的空军、陆军、海军和海军陆战队部队。在五角大楼里有服装店、书店、面包店和购物中心，甚至有叫作"白色货车"的电动救护车。鉴于"大楼"深受军种斗争之苦，救护车出现在这里并不令人意外。军种斗争之水深火热，平民实在难以把握。一个未曾在五角大楼服役的空军军官会错愕地发现，他的主要任务是确保空军得到多于其他军种的资金。他会发现，针对美国的真正威胁不是外国的专制政权，也不是恐怖组织的恶棍，而是美国海军、陆军或海军陆战队的人与国会达成交易，为所在军种捞到了更多资金。

这座建筑里的军官形形色色，以中校或以上军官居多。如果把"大楼"比作一块海绵，那么只要一挤它，将军们就会立刻从大小孔洞里流出来。这里到处能见到将军，上校像跑腿的伙计或者咖啡馆招待。高级将领出行要乘坐直升机或者装修考究的喷气机，他们像国王一样到各军事基地视察，"牵马的"随从们事先打点各处，保证一路畅通无阻，处处鲜花相迎。将军是霸王，只要用不满的目

---

① 1 平方英尺 ≈0.09 平方米。——编者注

光看谁一眼，就能让他立马滚蛋，并且毁掉他的职业前途。将军们在运用权力的时候从不踌躇再三。无论钻营者还是斗士都会发现，"大楼"比未经清除的地雷阵还危险万分。极小的疏忽就可能摧毁个人的职业生涯。

博伊德踏进"大楼"时，差不多处于那里食物链条的最底部。然而，他将向世人表明，如何才能掌控"大楼"等级森严的官僚体制，并留下深刻的——与其年龄和军衔极不相称的——至今仍能为人们感受到的影响。

博伊德还将表明，他从未遇到不敢与之起冲突的将军。

博伊德来到"大楼"时，正值美国空军进入最关键的历史时期。参加过"二战"的传奇空军将领纷纷退出现役，出身于空军军官学校的新一代军官正取而代之，他们与研发人员合作时能坚守原则，与国防承包商打交道时更老练成熟，但是与前辈一样，他们迫切希望美国空军尽可能拿到更多资金。一个看似矛盾却不可否认的事实是，空军领导层虽然转型了，可是对更大-更高-更快-更远的追求依然根深蒂固，深陷困境的 F-X 项目就是最好的例证。

美国空军的麻烦在很大程度上来自美国海军。海军上将们给国防部长麦克纳马拉下了个套，说他们愿意接受空军 F-111 的海军改型，前提条件是允许海军继续研制他们更中意的 TF30 喷气发动机和对付轰炸机的"不死鸟"远程导弹，麦克纳马拉同意了。这个海军计划是官场权谋的一件杰作，意在利用考察 F-111 是否适合上航母的时间，再拖上一年半载，然后断然拒绝 F-111，对国会说："我们有一种好发动机，又有一种好导弹。只要用原来用于采购 F-111 的经费，就能制造出真正优秀的海军飞机。"他们指的是 F-14

战斗机。现在真正的危险出现了，美国海军准备把 F-14，或者 F-14 的改进型，强加给空军。

美国空军知道，国会再也不会给类似 F-111 的新型飞机拨款，可 F-X 实际上是复刻版 F-111。除了 F-X 显见的设计问题和与海军的潜在争端，在越南的空中战争正日趋白热化。空军领导人震惊地发现，体型庞大、价格昂贵又技术复杂的 F-4、F-105 并不适用于那里的战争。博伊德提交过一份未得到美国空军技术专家重视的发展趋势报告。他说，导弹被吹嘘为空中炮战的终结者，现实已经证明，它极其不可靠。每发射 10 枚导弹，有一枚命中就算幸运了。很久以来，美国空军一直致力于提高导弹而不是飞机的机动性，现在它自食其果了。如果敌机在其 6 点钟方向开炮追逐，飞行员可以甩掉敌机，拉开间距。他可以俯冲增速，甩开敌机。然而现在，飞机终究跑不过导弹。越南战争证明，飞机只有加力转弯，才可以规避飞过来的导弹。事实上，导弹的问世，意味着战斗机必须有比以往更强的机动能力。

美国空军面临的种种困境，使博伊德有机会接掌 F-X 项目。他的接掌是事实意义上的而不是法律意义上的，因为他的军阶远不能与拥有设计和采购决策权、在 F-X 项目组织结构图上位于领导位置的那些人相比。后来，有高级军官质疑过博伊德在研制 F-X 中的作用。他们说"他只是个少校"，并以此作为质疑的佐证。然而，判断博伊德的贡献，取决于站在什么样的视角。站在五角大楼的视角，决策者是战术空军司令部和系统司令部的四星上将们。F-X 项目由一名少将担任主管，其手下有一名准将和无数名上校，再往下才是处于底层某处的博伊德。这些军官以不同的立场讨论 F-X

项目。但是，如果用大倍数显微镜深入地观察，如果明白哪个决策对 F-X 最重要，以及谁做了那个决策，人们会发现，博伊德才是 F-X 项目的驾驭者。博伊德是美国空军内部最了解空战战术和优秀战斗机设计要求的人。政府、企业和学术界正在探索能量-机动理论在飞机机动形式优化和战斗机设计上的应用前景。莱特-帕特基地飞行动力学实验室和空军学院轮流主办了一系列研讨会，讨论变分法、最优控制理论、动态规划、微分博弈理论和最速下降法等主题。博伊德出席了大部分研讨会，尽管在莱特-帕特基地对他持敌意的人很多，能量-机动理论还是使他成为参会者关注的焦点人物。

博伊德还得到了空军高层的力挺，这在等级森严的体制环境里是极其难能可贵的。"大楼"里的人都不知道，空军参谋长约翰·麦康奈尔上将（General John McConnell）是博伊德的粉丝，正是他撤消了博伊德赴越南的任务，命令博伊德来五角大楼上班。上将知道博伊德及其传奇故事：战斗机飞行员和能量-机动理论创立者。他需要博伊德这个持不同意见者：这个不服约束、特立独行、专心研究、无暇顾及职业前途的军官。只有这个人才能挽救 F-X 项目于消亡，防止美国空军落入海军的圈套，只有这个人才能将美国空军从自取灭亡的境地中拯救出来。

博伊德刚一踏入五角大楼，就被卷入了一场冲突。

根据美国空军历史办公室出版的专著记载，博伊德的上司递给他 F-X 的设计稿，让他作出评价。据记载，他"断然拒绝了它"。

事件的真实过程其实生动得多。博伊德的上司即将担负导致美国空军被迫接受又一种"盐水飞机"的罪名。这位心神不宁的上校狐疑地打量这个被召来拯救 F-X 项目的大名鼎鼎的年轻少校，然后指向堆积成小山一样的设计文件。

"你的第一个任务是审查 F-X 的需求与设计文件包，"上校说，"我们在提请国会批准时遇到了麻烦。给你两个星期时间，然后向我报告你的建议。"

上校估计，博伊德会像五角大楼里其他接到大任务的低级军官一样：汇编一份冗长的报告，表明他们多么机灵和勤奋，或者拿过去的报告稍加修饰，当作新的交上去。

博伊德说："遵命，长官。"他拿起文件，回到办公室。随着连续几个昼夜的潜心钻研，他越来越对美国空军科研部门的迂腐、狭隘和顽固感到气愤难平。F-X 飞机虽然减重到约 6.25 万磅，但是仍然超重，翼载过高，过分复杂且价格过高。因为 F-X 是多用途飞机，博伊德心中清楚，这意味着它哪一样都干不好。战斗机、低空核轰炸机和全天候截击-轰炸机有各自不同的设计思路，把不同需求放进一架飞机机体，得到的只能是麻烦。想象一下，如何设计一台具有越野能力、能载着全家长途旅行的高性能跑车，你就明白问题所在了。

博伊德的首要目标是减轻 F-X 的重量，这不仅能降低成本，还能提高机动性。"采购飞机就像买土豆，"他说，"重量越大，价格越高。"随着研究的深入，他意识到必须把空军的前期工作全部推倒重来。莱特-帕特基地的将军和官员们的所有建议、战术空军和系统司令部的将军及其参谋们的意见，全都推翻。美国空军的指导思想是错误的。博伊德后来解释："必须大胆挑战所有假设，如若不然，今天的理论就会成为永久的教条。"

博伊德的理想是一种体形小得多的飞机，也许只需要一台发动机。这将是类似大马力改装车的高性能飞机，它将有极高推重比，能比现有飞机更快地卸载和重获能量，因而是前所未有的纯空战机器。它的机动性将非常之高，用博伊德不那么优雅但格外形象的话来说，它可以"屁股朝天飞起来"。更大-更高-更快-更远的问题不在博伊德的考虑范围内，他唯一的目标是：一种将主宰天空几十年的战斗机。

他精神抖擞地再次走进上校的办公室，把设计文件整齐地放在桌上。他没有新文件，没有展示活动挂图的画架，没有幻灯片，没有投影仪，没有成捆文档。他只把拿走的文件交了回来，还说奉命前来汇报。

"你的报告在哪里？"上校问。

博伊德微笑着，用细长的食指点了点自己的太阳穴。

上校蹙起眉头，美国空军最关键的采购项目危在旦夕，他希望看到某个能拯救 F-X 的惊人的新建议，而这个埃格林基地来的巫师般的年轻人却站在这里，笑着敲自己的太阳穴。

"你没有写简报？"

"长官，你要我审查设计文件包，再向你汇报。我现在准备好了。"

"如果没有简报文件或报告，你就是没有准备。"

"不是那样的，长官。我有报告——构思好了的报告。"

上校严厉地盯着博伊德，过了好长一会儿，他才向后仰靠在椅子背上，说："开始吧，少校。"

博伊德脚跟一碰，直盯盯地逼视着上校的眼睛，尽力诚挚和坚定地说："长官，我从未设计过战斗机。"然后，他朝桌上的设计文件点了一下头："但是我可以丢掉那堆垃圾，做得比它更好。"

像博伊德这样直言不讳和态度强硬的军官，在"大楼"是待不下去的。博伊德后来最喜爱的一则故事——其真实性未确定——讲述了他刚来到五角大楼就被革职的过程。军队中所谓的革职，可能不过是转换工作岗位，但那也意味着，某人的职业生涯结束了。

这个博伊德终其一生不断讲述的故事是这样的，上校不仅革了他的职，而且当着几个人的面要求他离职，这让他感到格外耻辱。博伊德被赶到另一个办公室，干起了默默无闻的业务。就在他在放逐状态中逐渐意志消沉的时候，F-X 和空军正被海军搞得狼狈不堪。终于，空军参谋长听说了革职的事情，他说博伊德是 F-X 项目不可替代的人物，下令上校让博伊德回到原岗位。博伊德后来说，上校要他做原来的工作，但是他拒绝了，除非上校在原来那几个人面前公开请他回去。讲完这个故事，博伊德总是哈哈大笑，说："我是割肉还债，不合情但合理。"

给博伊德的《军官考绩报告》中没有反映他调换工作岗位的事情。克里斯蒂也不记得这个据说开除博伊德的上校叫什么名字。由于博伊德是上司眼中的红人，是派来五角大楼拯救 F-X 项目的，他似乎不可能被革职，尤其不可能被那个上校革职，因为上校自己的工作成绩在一定程度上也决定于博伊德的表现。

这都不重要，因为这个故事与在日本拆掉飞机棚的故事一样，是一种观念的展示而不是事实的披露。

在"大楼"工作几个月后，博伊德受命去压制一个名叫皮埃尔·斯普雷的白发"神童"的言论，此人是美国空军的眼中钉、肉中刺。这个才华横溢的年轻文职人员在直属于国防部长办公厅（OSD）的系统分析办公室工作，他在过去一年里，研拟了一份报告提交给国防部长和总统，对美国空军为应对欧洲可能发生的战争，在部队建设和资金保障上的准备工作进行了评估。当时，美国空军的力量是基于第二次世界大战式的原则构造起来的——现在称为"遮断轰炸"——轰炸桥梁、铁路、公路、工厂和基础设施，阻止苏联军队侵占欧洲。这个文职人员的报告有些离经叛道，认为遮断轰炸任务有问题，即使美国空军拥有 3 倍于现在的飞机数量，也无法阻止苏军像洪水一样涌入欧洲。报告认为，驻欧洲美国战术空军应肩负两项使命：支援地面部队——近距空中支援（也称为"CAS"）——以及为保证近距空中支援飞机完成任务夺取空中优势。遮断轰炸即使必要，也应是次要任务。

所谓"神童"，指的是随麦克纳马拉进入五角大楼的一批年轻人，他们有极高的学历和智商，奉麦克纳马拉的命令，致力于在军队事务和军事预算领域推行理性思维。即使在这样一群"神童"当中，皮埃尔·斯普雷也是十分抢眼的一个。有的神童喜欢四处兜售其名声，而斯普雷却不这么做。他 15 岁考入耶鲁大学，4 年之后毕业时，拿到的是颇为奇妙的双学位组合：法国文学和机械工程。然后，他去往康奈尔大学，学习数理统计和运筹分析。22 岁时，他在格鲁曼飞机公司的统计咨询室担任主任。尽管期待从事飞机设计，但是他心知肚明，格鲁曼公司好多年以后才会给他机会，所以他选择了"神童"群体的领袖和代表阿兰·恩托文（Alain Enthoven），决定跟着他干。

斯普雷貌不惊人，身高 5 英尺 8 英寸，身形瘦削，白色头发夸张地梳向脑后，露出饱满的额头。说话时，他慢条斯理，字斟句酌，能流利地用法语和德语交谈。女人们认为他大胆而放浪，男人们则觉得他是个威胁。他有着极地冰雪般清晰而冷静的思维。朋友们评价他时，常先说起他的绝顶聪明。人们说一个人非常聪明，会说他有计算机一样的头脑。斯普雷则像原子钟一样无情和可靠，对待课题或人物直刺核心，将其毫不留情地曝露在光天化日之下。他是一个完美主义者，思想锋利而学识渊博，阅读资料时有过目不忘的本领。他的战斗飞行和战争历史知识超过 99% 的空军军人。不止一个浮夸而傲慢的将军与斯普雷初次交锋就败下阵来。他是一个少见的人物，一个能在美国空军的领地内对它发出挑战并取胜的文员。与很多在五角大楼内工作的文员不同，斯普雷从不为官阶所威吓，事实上他认为，肩头将星的数量与智商是呈反比关系的。

斯普雷带着冷酷无情的大脑和刚直不屈的性格进入"大楼"时，正是麦克纳马拉时代的全盛期。他过着夜猫子式的生活，提出的所有问题军方都必须认真对待，因为与系统分析办公室发出的其他问题一样，它们会被列入总统备忘录草案，经麦克纳马拉阅览后，呈交林登·约翰逊（Lyndon Johnson）总统。美军各大军种对系统分析办公室又怕又恨，特别是害怕皮埃尔·斯普雷，他是"大楼"里最令人望而生畏的人物之一。

看了斯普雷的报告，美国空军将领们气得几乎晕过去。遮断轰炸在当时是神圣不可亵渎的原则。1947 年，空军正是以此为全部理由斩断了自己与陆军的联系。自那时起，空军一直极反感近距空中支援，因为它总是提醒空军，自己曾经以协助地面部队为主要使命。辽阔苍穹里，没有近距空中支援的位置，它既不浪漫，又不光荣。

斯普雷的报告危及美国空军 2/3 的预算经费，包括划拨给 F-X 项目的 80 亿美元。于是，报告不只破坏了神圣的原则，更糟糕的是，它还对美国空军预算和头号战斗机项目构成了威胁。批驳这份报告成为美国空军领导层心目中的优先任务。

但是，必须首先解决两大难题。第一，斯普雷使用了参谋长联席会议（Joint Chiefs of Staff）提供的目标资料。攻击报告的目标部分等于攻击参联会，那可不行。第二，关于摧毁特定桥梁所需弹药数量的数据，来自埃格林基地的汤姆·克里斯蒂所编制的联合弹药效能手册（JMEMs）。克里斯蒂——由于参与能量-机动理论研究——是美国空军冉冉上升的文职雇员明星，他为此做了大量严谨细致的工作，使所有四大军种领导都默认将这本手册下发部队使用。

尽管有这两大障碍，上级机关仍然向一位上校下达命令，向报告及其文职作者宣战。要全力以赴，我们不想知道你怎么干，就要你想尽一切办法，完成任务，一定要压制那个不穿军装的狗东西。

这位上校找到斯普雷，说了大意如下的一番话："这份报告很不好。但是它涉及许多很乏味的手工计算。我们不如构建一个计算机模型，让计算机验证一下你的结果。"

可是，斯普雷十分清楚"大楼"里的套路。他知道，上校手下有一大群助手，能让计算机产生他想要的任何结果。"不行，除非我能自己得出同样的计算结果。"他说。事实证明，这是很明智的做法。不断有深感内疚的上尉和少校在夜半时分来到斯普雷办公室，坦言自己奉命用编制的计算机程序制造出虚假的结果，就是为了诋毁他的报告。斯普雷要求与上校会见，他引用具体细节，指出上校伪造数据。他抑制不住内心的厌恶。"你的数字都是扯淡。"他在坐满与会者的会议室里这样对上校说。

受到无足轻重又妄自尊大的家伙的羞辱还不够，这个家伙竟然还是个文职分析员。上校简直怒不可遏，他以标准的军人方式作出了回应：发动进攻。他沿指挥链逐级向上反映，直至部长麦克纳马拉，说斯普雷侮辱了他的尊严，要求斯普雷向他道歉。上级传下话来，让上校和文职人员协商解决问题。斯普雷不仅拒绝道歉，而且发出了更强烈的抨击，说上校是个"满嘴谎话"的"谄媚之徒"。

斯普雷属于军队中不列入等级之人，即他不是飞行员，他也从未当过军人。气急败坏的上校因此认为，斯普雷对空中战术和空军理论完全外行，于是改变进攻方向。他这时想到，新来"大楼"的家伙，那个博伊德少校，是空军培养的空中战术专家，所以他认为，博伊德出色地兼具实践经验和理论成就，肯定能消灭那个讨厌的文职人员。

上校亲自安排了博伊德与斯普雷的会面，就像把两个重量级拳击手关在一间屋子里，然后他退到室外，倾听他们打斗的声音。他一定希望自己变成一个飞虫，趴在墙壁上，感受战斗的紧张，倾听雨点般的拳击声开始响起，看到流淌在地板上的鲜血。

果真如此的话，他大概会非常失望了。他对斯普雷和博伊德的了解都是肤浅的。博伊德不受他人观点的影响。只因为某个人对美国空军预算构成威胁，就让他去攻击这个人的知识素养，这种想法简直荒唐可笑。博伊德不怀有任何敌意。

在上校的刻板印象中，斯普雷是一条无法控制的攻击犬，但是上校不知道，斯普雷还有两个更深层次的性格特征。第一，斯普雷对他心目中为人正直的军官怀有极高的尊敬；第二，斯普雷好奇心很强，他对博伊德的名声亦有所耳闻，想知道他是真的了解空战的内在规律，还是只会人云亦云地复述美国空军的教条。

这场会面足以令上校彻底失望了。

在研究遮断轰炸问题时，斯普雷大量阅读了第二次世界大战和朝鲜战争的战史著作，能就空对地和空对空作战连续谈几个小时。斯普雷谈起空战王牌们的战绩，博伊德眼睛一亮，身体不由得前倾，斯普雷对他所珍视的这个领域的兴趣和理解令他十分惊奇。斯普雷提到理查德·邦，认为他是第二次世界大战时期美国最优秀的王牌飞行员，博伊德赞同地点了点头，接着摇起手指告诫斯普雷，理查德·邦是个"一招鲜、吃遍天"的家伙。斯普雷说起美国空军需要空中优势战斗机，保护近距空中支援飞机，博伊德相当赞同，不过他补充了一句："我们不能墨守成规地飞那些空中优势任务，不能像出租车那样定时来往，而要让敌人无法预料。"

两人的交谈持续了几个小时。斯普雷抛出某个观点，博伊德从其他角度作补充，然后抛回去。博伊德向斯普雷介绍了 F-X 的问题和他的改进建议。思想观点在两人之间来回交换，新的想法不断触发出来，直到最后，两人微笑着仰靠在椅背上，目光里满是对彼此的敬重。博伊德被斯普雷渊博的数学和统计学知识迷住了，斯普雷可以帮他完善能量-机动理论，使之成为设计前所未有的最优秀战斗机的利器。斯普雷激动于博伊德对战斗机空战的深刻认识、他的非凡头脑和正直品性。他终于遇到了心中怀着火一样信念的空军军官。斯普雷不是轻易被别人折服的人，但是博伊德令他折服了。

博伊德遇到了他的第二个门徒。

很多人自认为理解博伊德的能量-机动理论，但是只有极少人真正掌握这个简洁理论的精髓。斯普雷将与博伊德、克里斯蒂一样，不仅理解能量-机动理论，而且知道如何运用它。

在某种程度上，博伊德与斯普雷在五角大楼的会面，跟博伊德与克里斯蒂在埃格林基地的会面有相似之处。但是，克里斯蒂像个宽容的兄长，而斯普雷则像博伊德的小弟。

克里斯蒂和斯普雷在博伊德身上发现了一种无邪和纯净的气质，他们不但相信博伊德会做出巨大贡献，而且认为他是一个需要加以保护的人。部分美国空军将领也持相同看法。但是，博伊德日常几乎全部依靠斯普雷和克里斯蒂，而将领们经常在危难时刻才出手相助。

派博伊德出战的上校问他，与斯普雷的会面进行得怎么样。博伊德微笑着给了他一个含糊其辞的回答，说他准备再跟这个文职人员见一次面，最终搞定他。上校满意地走了。

F-X项目现在不仅进入了博伊德的个人生活，也进入了斯普雷的人生。大部分人下班离开"大楼"了，博伊德和斯普雷还在桌前奋战。大约晚上七八点，博伊德跛着步子，走进斯普雷的办公室。最开始，两人差不多每星期见一次面，然后是两次，再往后增加到3次、4次。他们专心地研究能量-机动图表在F-X项目中的应用、新设计思想和各种晦涩的工程数据，直到深夜。

然后，博伊德让斯普雷看他的简报，请他提出意见。斯普雷经常把简报批得体无完肤，而他冷静而不容置疑的态度、逐层的推理、环环相扣的逻辑，让人无法反驳。博伊德称斯普雷的批评为"皮埃尔·斯普雷式电锯"，但是他深知，斯普雷使他的作品更有力、目标更明确，并且使之几乎无懈可击。"我们得干活了，老虎，"博伊德经常对斯普雷说，"只要出一个错误，他们就会闹得沸反盈天的。"

博伊德接纳斯普雷的标志，是他开始在凌晨4点给斯普雷打电话，提出能量-机动的新想法和飞机设计应用的新思路。跟之前的克里斯蒂一样，斯普雷意识到，做博伊德的友伴，意味着把自己的人生贡献给博伊德的事业。博伊德只邀请很少几个人与他协力完成事业，他们也都没有拒绝，因为他们本能地认识到，他是拥有罕见天赋的人。他们为与博伊德的友情付出了极高的代价，但他们丝毫不后悔。

再过7年，才会有其他门徒与博伊德相遇。他们每个人都将体会斯普雷即将经历的磨难。斯普雷因遮断轰炸研究所受的诽谤，相比结交博伊德而经受的磨难，是难以相提并论的。美国空军那些投机钻营的小人现在将博伊德和斯普雷的关系视作地狱里恶魔结成的联盟，他们将为了打击这两个人而祭出"大楼"似乎战无不胜的行政权力。很多人的职业生涯将为之改变，五角大楼也将为之改变。

以博伊德和斯普雷为核心，将结成今后若干年里在"大楼"里最著名、最为人所嫉恨、最不情愿去尊重的特别研究小组，这就是历史上有名的"战斗机黑手党"（Fighter Mafia）。

第十四章　更大-更高-更快-更远

博伊德现在处于人们所说的那种进退维谷的境地。

一方面，是博伊德对能量-机动理论将引出迄今为止最出色战斗机的信心；另一方面，是更大-更高-更快-更远帮派的执念，它使 F-X 日益臃肿、沉重、昂贵，因为 F-X 上堆积了他们所能想到的各种高科技玩意儿。

博伊德疯狂地工作。他不顾一切地全速向前，推开阻挡在前面的人、思想和传统观念。他的言论和行动大胆而激进，很多人以为他的神经不太正常。他仍然因为没有提前晋升中校而耿耿于怀。"我只是一个小小的少校。"他一遍又一遍地说。就他而言，F-X 是一个绝佳机会，他不仅可以用它向美国空军表明能量-机动理论的实用价值，而且可以用它作为正常晋升中校军衔的进身之阶。

为实现这个目标，博伊德必须克服若干体制性障碍。第一，他必须战胜莱特-帕特基地的无能。那里的工程师们已经证明，他们无力提出简化 F-X 的设计方案。与此同时，他也不能无视莱特-帕特基地，因为那里是美国空军唯一指定的飞机基础技术数据的储存机构。他认为大部分数据不正确，却还是不得不依靠它们。第二，

235

他必须让人们明白，能量-机动不仅是最好的，而且是仅有的飞机空战性能判断方法。美国空军和工业界相当欣赏能量-机动理念，但并非所有人完全认识到它的作用。它太创新，太与众不同了，而这样的东西是体制官僚们最恐惧的。第三，博伊德必须进一步优化能量-机动理论，使之不仅适用于空战战术，而且能进入飞机设计领域并且产生持久的影响。

　　能量-机动理念的推介是一个坚持不懈、与时俱进的进程。新的发现、新的数据迭代结果和新的理论结构随着博伊德日益深入前所未有的领域而层出不穷。这一切都离不开克里斯蒂从埃格林基地提供的协助。克里斯蒂安排手下一个空军尉官专门从事能量-机动的计算机辅助工作。博伊德每天从五角大楼打三四个电话给尉官，通知他对理论的修正、图表和计算机程序的更新需求。有一天夜里，电话铃响了，克里斯蒂知道是博伊德。他看了一眼手表，时间已经相当晚了。以博伊德热切求真的一贯风格，克里斯蒂心里清楚，只要他拿起话筒，接下来几个小时就无法脱身了，所以他决定不接这个电话。他与妻子凯茜坐在电话旁，一边聊天和阅读，一边惊讶不已地摇着头。电话铃响了32分钟，那头的博伊德才挂断。

　　出于工作需要，克里斯蒂基本上每星期去一次五角大楼，公文包里总是装满能量-机动计算新资料。某个星期一，博伊德跟斯普雷聊起有关"野猪"（这是克里斯蒂由于食量极大而得到的绰号）的事情，于是斯普雷提议一起去希尔灵顿街的"堂吉诃德"餐馆吃饭，那里每星期一供应菲力牛排自助餐。那天晚上，风度优雅的斯普雷只吃了两小块牛排，而博伊德好胜心爆棚，他和克里斯蒂比着吃，拿了一份又一份，最后两人各吃了5份牛排。克里斯蒂最后叹了口气，向后靠在椅背上。博伊德则咧开大嘴，抚摸着肚子，得意地微笑着，他吃下的牛排和"野猪"一样多，这是他的胜利。然而，克里斯蒂只是稍事休息，在胃里腾出空间后，又吃下更多食物，只见他随即又把一大块牛排塞进嘴里。让博伊德大为惊讶的是，克里斯蒂竟然又吃了4份牛排。出门的时候，博伊德反常地一言不发。克里斯蒂深知，他会一晚上咽不下这口气。这不过是一顿晚餐而已，可博伊德——像看待其他很多事情一样——却将其视为一场竞赛。3个人站在停车场门口寻找汽车的时候，克里斯蒂笑着转过身来，对博伊德说："去吃点比萨，然后再去工作，如何？"

克里斯蒂办公室不断编辑新的能量-机动图表，每张图表都带来新发现、新路径和信息呈现的新方法。博伊德研究得越是深入，就越需要验证或摸索飞机性能的新领域，比如敏捷性或续航能力。也许令人难以置信的是，美国空军在F-X之前装备的所有战斗机，无一在设计之初规定了机动性能，关于能量-机动性的规定更是无从谈起。也就是说，F-X是美国空军第一种以格斗为设计目标的战斗机。（航空爱好者们经常提到第二次世界大战的P-51和朝鲜战争的F-86，实际上P-51的设计重点是航程和速度，而非机动性。P-51之所以成为"二战"名机，是因为英国人——不顾莱特-帕特基地的强烈反对——在P-51上改用了尺寸较大的罗尔斯-罗伊斯发动机。F-86以高空截击作为设计目标，采用较大机翼方便高空飞行，而正因为这种机翼，它巧合地拥有了极强机动性。）

博伊德的指导原则特别简单：要让飞行员拥有一种机动性能优于所有敌机的战斗机。他没有执着于技术或"要点"的量化规格。

比如，他不要求 F-X 有某种最大速度，或者某种转弯能力，因为他知道，如果有瞬间加速能力，推重比必须很高。而且他知道，必须有足够翼面积，才能迅速机动到开火边界；必须有足够能量做摆脱动作，拉开间隔，再飞回来寻机对抗敌机；必须有足够燃料，能深入敌纵深地带持续地进行空战。但是，所有这些规格都含糊其辞。博伊德提出的最接近技术性能的要求是，飞机必须能在 3 万英尺的高度拉出足以"把你狗东西的袜子甩飞"的过载。

博伊德每前进一步都遇到反对者。他不断减少飞机配载以降低全机重量。虽然没有具体数字，但他希望把 F-X 的重量维持在大约 3.5 万磅，或者更少。然而尽管博伊德日以继夜拼命给 F-X 减重，美国空军内部所有人——火控专业的、导弹专业的、电子战专业的——似乎都想往上面再加装东西。甚至有的机务维护人员坚持要求 F-X 携带内置维护梯，他们说，飞机可能驻扎在前线机场，那里没有维护用的梯子。

"该死的！让他们找几个水果箱，爬上去干活。"博伊德怒吼道。他徒劳地向他们解释增长系数的概念，20 磅的维护梯增加的重量不止 20 磅——只要飞机保持性能不变，就绝不止 20 磅。不知不觉之间，梯子将又会带来几十种新增设备，最后增加的总重量不是 20 磅，而可能是 200 磅。

博伊德想为 F-X 安装小型雷达，但电子专业人员要求雷达能在 40 海里[①]距离外捕获和跟踪米格战斗机，这意味着必须使用巨型天线，F-X 的机身乃至全机的尺寸也就更大了。莱特-帕特基地

---

① 1 海里 =1.852 千米。——编者注

的结构专业工程师要求加强 F-X 的机翼，这也意味着更大的重量。战术空军司令部则要求 F-X 携带更多燃料，最大速度达 3 马赫。美国空军使用的来自海军的 F-4 有一个尾钩，所以有人不顾 F-X 飞机短距着陆性能将极其出色的现实，一定要为它装上尾钩。博伊德坚持认为，F-X 必须有内置机炮，而莱特-帕特基地的导弹权威们只想让它携带导弹。博伊德的初步设计工作表明，尽管可变后掠翼有某些空气动力优势，但是那种构型的额外重量和阻力给飞机性能带来的损失远大于收益。然而，美国空军坚持要求 F-X 必须采用可变后掠翼方案。

博伊德感觉有上千只鸭子在往死里啄他。他每天喝掉约 10 杯黑咖啡——他称之为"健脑果汁"，抽掉十几根"荷兰大师"，然后大步流星地走到楼下大厅里买上几十根巧克力棒。他每天上午十一二点来上班，常常不修边幅，懒散得不像一个军人。上司好几次提醒他："约翰，该去理个发了，不然别来上班了。"有时还添上一句："别忘了把鞋刷干净，熨一下军装。"上司考虑过要求博伊德按正常时间上下班，但是也知道博伊德常常在桌前工作到凌晨三四点。上司之所以知道，是因为博伊德每个星期里会好几次在夜深人静时打来电话，兴高采烈地告诉他，刚刚想出了新方程或者解决了某个设计问题。

博伊德当时的一个同事说，他像一台被锁定频率的收音机，无法接收而只能发射信号。"博伊德今天只发射信号"，人们经常这样提醒来访者。

多年以来，美国军工企业一直在从事新型飞机的初步设计。现在，随着研制进程的加快，美国空军意识到是做投资决策的时候了。若干家美国最大军工企业的代表开始造访博伊德的办公室。

博伊德在埃格林基地偶遇的F-111项目主任哈里·希拉克是首批来访的客人之一。希拉克与博伊德一直保持着联系，他们在战斗机方面有很多相同看法，两人都渴望与对方合作。希拉克还有另一个动机：通用动力公司由于F-111项目而饱受新闻媒体抨击，正努力挽救自己的名誉，但是，该公司反应迟钝，行动慢吞吞，设计力量投入不足，很早就被逐出竞争圈子。现在，他们将有这么一个最后机会。

国防承包商与五角大楼的关系相当融洽，他们与国会议员、内阁成员、政府高官和高级将领有深厚友情。但是，军队的情形有所不同，如果要办成什么事，必须通过以中校或上校为主的年轻项目主管。承包商与他们套近乎的常用伎俩是邀请他们到华盛顿市区的高级餐馆，点上龙虾、牛排和红酒，并且在餐后主动支付账单。国防承包商都很有权势，他们觉得这个叫约翰·博伊德的年轻少校，可以任由他们轻松摆布。

承包商们走进博伊德的简报室的时候，后者已经喝过"健脑果汁"，正在抽"荷兰大师"雪茄。他起身站上小讲台，俯视满屋子承包商，开始宣讲能量-机动的福音。当承包商听懂他的宣讲，脑海中出现理想境界的时候，博伊德爽朗的笑声在外面走廊里都听得见。可是如果他们不能理解，甚或是竟然无视他的预言，无耻地向他介绍战斗机的理想状态——通常是自家战斗机的变形——他会攥起拳头，重重地砸下，摇着头轻蔑地说："意淫，你不过是在意淫。"

当承包商表示博伊德的某些技术指标无法实现，或者战斗机不应是他希望的样子，博伊德会啃着掌心注意倾听，目不转睛地凝望着这个人。然后，他再也听不下去了，停止啃手，吐掉手皮，戳着承包商的前胸，愤然道："你是世上最蠢的狗东西"，或者"你他妈根本不知道自己在讲什么"，或者"你个笨蛋，那是行不通的"。

国防承包商们不习惯这样的待遇，他们往往坐在那里面面相觑。博伊德向前凑近一些，用更大声音叫道："你听得懂我的话吗？"或者，"你听到我刚才说的了吗？"

几乎每次不等国防承包商走出门，博伊德就转过身，对在场的其他人说："你能指望从承包商那里得到的全部，就是一堆大便。"如果他疑心承包商企图行骗，就会寻找证据。他时刻准备着进行针锋相对的斗争。如果发现证据，他不像别人那样说自己找到了"那只冒着烟的手枪"（即确凿的证据），而是走进办公室，伸开双臂，大声宣布："我找到了那个还在往下滴水的公鸡。"

博伊德的话常常让秘书们哭得稀里哗啦，有几个甚至扬言辞职。有的将军也抱怨博伊德说话粗俗，而他说自己不是故意要显得无礼。"我只是个笨蛋战斗机飞行员，我不知道怎么说才好。我在中学做过智商测试，他们我给打了90分。"博伊德曾接连几个月被禁止在将军和国会议员面前作简报，但是美国空军必须得到F-X，没有人能比博伊德更令人信服地宣讲空军的理念。很快，他就回到为大人物作简报的岗位上，但是他的语言风格依旧如故。

博伊德不愿再等下去了，他希望冻结设计方案，让F-X尽快进入制造阶段和上天试飞。在他看来，当前所有不必要的需求和无意义的问题，都与莱特-帕特基地企图搞砸他的飞机的阴谋有关。他之所以不能提前晋升为中校，也应归咎于同一个阴谋。

莱特-帕特基地是博伊德眼中挥之不去的障碍。极曲线图的问题是F-X设计过程中很早出现并始终存在的一个路障。极曲线——或者通常所说的C_y-C_x曲线——表现了作为飞机迎角（也就是说，机头相对气流的角度有多高）的函数的总阻力。准确的极曲线是设计过程中极为重要的部分，对能量-机动计算也非常关键。在设计飞机时的常见现象是，飞机没有承包商所吹嘘的推力，却有比承包商所预言的大得多的阻力。莱特-帕特基地给博伊德发来的有关新方案的极曲线好得不太现实。他打电话给莱特-帕特基地的工程师们，询问估算过程。每打一次电话，工程师们居高临下的气势就加强一分。多年以来，他们为各种飞机估算极曲线，从未有人胆敢提出不同意见。在他们眼里，博伊德是五角大楼里的普通员工，根本不懂极曲线是怎么回事。

最后，博伊德要求召开一次会议，然后找了一架T-33，飞往代顿。当他走进飞行动力学实验室的会场时，会议桌旁坐满了中校、上校和若干高级文职雇员。博伊德直奔主题，指出给他的数据有错误，现在他需要正确的数据。他一一列举具体细节，从公文包里取出莱特-帕特基地估算的极曲线图。根据这些曲线，机翼越是短小，升力就越大。这是荒谬的，博伊德说，飞行动力学实验室的人最好用心做事。

为首的上校冷眼盯着博伊德，然后说，飞行动力学实验室的数据是美国空军的绝对真理，如果少校理解不了，那么责任不在实验室。事态进入白热化阶段。中校们介入了争吵，然后文职雇员们也上阵了。

终于，怒不可遏的博伊德从裤兜里掏出皮夹子，扔在会议桌的中间。皮夹子滑到上校面前，停下了。全场一片寂静，所有人的眼睛都盯着博伊德。他环视四周，愤怒地逼视每一个人，然后指着皮夹子说："那里所有东西都在说，你们这些浑球在扯淡。"

博伊德回到五角大楼，一个上校正等着他。上校斥责了博伊德侮辱高级军官的行为，说空军主管研究和发展部门的将军格外生气，准备将他调去阿拉斯加州。两人穿过走廊，来到将军办公室，博伊德还带着去莱特–帕特基地开会时的公文包。

"博伊德少校，我只问你一个问题，"将军说，"你是不是对莱特–帕特的上校说过，他是个扯淡的浑球？"

"遵命，长官，我说过。"

"你不要在这里干了，准备调动吧。"将军的训斥开始了，尊重上级军官，服从命令，这次只调动他的岗位，算他走运，等等。等他一停下，博伊德就问："长官，您想不想知道，我为什么那样说？"

"不想。"

"我认为您想知道，给我一分钟。"他打开了公文包。

将军极不情愿地看着极曲线图。"您能读这些图吗，将军？"

"能。"

将军的手指划过极曲线图："这里是说……"

"遵命，长官，这里的意思是说，机翼越小，升力越大。"

"这说明……"

"遵命，长官，这说明，在飞机没有机翼时，升力达到最大值。"

将军拿起电话，接通莱特–帕特基地。博伊德后来发誓说，他听到将军在拿起电话时，低声咕哝："扯淡的浑球。"

博伊德又一次被仁慈的将军保护下来，而与他为敌者的名单又一次加长了。

斯普雷也提醒过博伊德，他或许有一点咄咄逼人。"老虎，我必须得到准确信息，"博伊德回答，"在信息方面无论多么较真也不为过。我需要准确信息才能去粗取精、去伪存真。除此之外，什么都没有意义。"

权衡利弊是飞机设计的核心。如果要更大的航程，那么飞机的加速性能就会打折扣，如果要更高的速度，机翼必须更短小，而这将降低飞机的转弯性能。如果飞机要小，则发动机、机翼或者航程必须相应地变小。所有东西都包裹在机体的蒙皮之内。设计原则是解决问题的关键，工程师必须牢记战斗机的使命是什么。

利用能量-机动理论和更先进的计算机，博伊德现在可以分析实际中无限数量的变量，其中的权衡与取舍在复杂程度上比以往任何设计都大几个数量级。他仔细审查千百种设计方案。性能指标在某一个方面极微小的变化，都会引发波及整个方案的影响。

博伊德运用能量-机动理论和计算机所作的权衡与取舍，是飞机设计史和航空史上的转折点。他对设计中的战斗机的整个机动性能包线进行的研究，是之前没有人做过的。斯普雷参与了每一步分析，不久后，他将有机会把从博伊德那里学到的经验付诸实践。

博伊德在五角大楼收到的第一份《军官考绩报告》涵盖自1966 年 9 月 8 日至 1967 年 6 月 9 日这一时期。评估者与批注者的意见分歧之深，在历史上从未出现过。撰写报告的上校在封面的 4

个栏目里，给出了低于最优的评分。上校详述了博伊德在科研上对F-X 项目的贡献，表示："如果仅从科研能力来评价博伊德少校，他可得到完全优秀的评价。"这话听着似乎是赞扬。但是，针对一个拟晋衔的少校，《军官考绩报告》不应只谈他的科研能力，而应讨论他的领导能力、激励下属全力以赴的能力、有担任更高职务和负起更大责任的潜在能力。讨论一个少校的科研能力，是在暗示晋升选拔委员会这个军官不适宜提拔使用。负责批注的上校在最后部分写道："博伊德少校特别固执己见，时而好与人争辩。"这是一份致人于死地、断送职业前途的《军官考绩报告》。

但是，上级又一次挽救了博伊德。批注《军官考绩报告》的另一位军官写道，博伊德并非固执己见或好与人争辩，而是为新型先进战斗机大声疾呼，在形形色色的方案和系统中，博伊德的判断常常是正确的。"他经过努力已成为这个方面的权威，在这一领域他比所有评价他的官员更渊博和明智。"一位少将稍后补充了第三条批注意见，表示博伊德是"有发展前途的军官，有很高的工作积极性，全力以赴地投身所有任务"。他写道，博伊德"……应立即提升为中校"。

没有提前晋升中校一事仍然沉甸甸地压在博伊德心头。与人交流时，他偶尔会出人意料地提起这件事。1967 年夏天，他前往欧洲和太平洋地区，向高级军官作 F-X 项目情况简报。在欧洲，听取简报的一位上将估计新飞机可能需要飞行员进行大量训练，接着上将开始夸耀所在司令部的飞行安全成就，说他们好几年里都没发生过训练事故。

"将军，没有训练事故，那就说明你们的训练计划有问题。"博伊德说。他向上将介绍了内利斯的情况，内利斯的训练如何接近实战——以及那如何换来了美军在朝鲜空战中 10:1 的交换比。

"将军，必须有更多事故，"他说，"你必须干掉一部分飞行员。"

上将瞪着博伊德说不出话来，训练事故可能对职业生涯的影响令他惊惧不已。上将向博伊德表示，他不仅涉嫌违抗军队条令，而且涉嫌鼓吹危险和不负责任的观念。上将暗示将对博伊德采取纪律措施。

"我不知道您能做什么，将军，"博伊德说，"我只针对您所说的。"

"我可以影响晋升选拔委员会。"上将说。

"我已经出局了。"博伊德说。

但是不久，博伊德被提升为中校。

要说在某一个历史转折时刻，共产党国家有能力制造比所有美国飞机更优秀的战斗机，那么这个时刻就是越南战争进入白热化的 1967 年，即使美国空军将领中的极端大国沙文主义者也不得不承认。美国空军在这一年迎来最艰苦的阶段。所有人都终于沉痛地认识到，正如博伊德多年来一直警告的，美国空军没有真正用于空战的战斗机。有人说，战斗是对战斗机最后和最无情的裁判，这话在越南显然是真理。美国空军过去以朝鲜上空 10:1 的交换比自吹自擂，现在交换比变成了 1:1，一度甚至更低。越南战争结束的时候，美国空军只产生了 1 名王牌飞行员，对手却产生了 16 名王牌飞行员。

尽管 1967 年是美国空军光景无比惨淡的一年，然而正是在这一年，博伊德内利斯时期的两个学员证明，美国或许没有优秀的飞机，但有着优秀的飞行员。

老飞行员聚在一块聊起往日辉煌的时候，有时会忘记是谁报告机械故障而中止任务，是谁领导了某次重大任务。他们有时会误以为自己当时是长机，实际上他们是僚机。但是，在战争中常常出现人们众口相赞的某些人物，他们的事迹确实超乎常人所为，以至不能以人类视之。与他们一起飞行，足以使很多飞行员倍感荣耀。每一个动作，任务的每一点细节，在飞行员们中间不断转述，流传给年轻一代，被奉为战斗机飞行员成就的顶峰。

博伊德教过的两名学员，埃弗里特·"拉斯"·拉斯贝里和罗纳德·卡顿，把自己的名字醒目地刻入了1967年的空战历史。尽管原因不同，他们都已成为战斗机飞行员群体中的传奇人物。只要老飞行员们聚在一块，再聊起跨进喷气式飞机升空作战的日子，就会聊到拉斯和卡顿的事迹。

拉斯和卡顿恪守传统，很少谈起自己在1967年的经历。如果要谈，也总提及博伊德对战争的影响。首先是拉斯，他追忆了美国空军在越南战争时期最辉煌的一天：1967年1月2日，"砍刀行动"之日。

当时，美军F-105机群在敌人空军的打击下四散奔逃、溃不成军，无数F-105坠毁在河内附近绵延起伏的山脉里，那里后来被起名为"雷公岭"。敌人知道F-105机群的空中加油区方位、电子信号特征、无线电频率和飞行员通话习惯。他们更清楚，在抵达目标之前，满载油弹的F-105是活靶子。一批又一批F-105挂着炸弹，慢吞吞地一路北上，每一次都撞上严阵以待的米格战斗机。

F-105 的惨重损失使指挥"狼群"——驻泰国乌汶（Ubon）的第 8 战术战斗机联队——的传奇式人物罗宾·奥兹（Robin Olds）十分不满，于是拟制了"砍刀行动"计划。与大部分出色的作战计划一样，"砍刀行动"计划简洁到了极致：用 F-4 假扮 F-105。行动目标（沿途经过声名狼藉的 6 号空域核心区，那里有世界上最密集的防空火炮、导弹和战斗机）是越南北部的福安（Phuc Yen）空军基地。他们将沿 F-105 的加油航线飞行，使用同样的无线电频率、呼号甚至"雷公"驾驶员们的行话。F-4 携带电子对抗吊舱，发出跟 F-105 同样的电子信号特征。如果战争之神垂青的话，米格战斗机将在那里等着他们，不过它们等到的不是四散奔逃的 F-105，而是渴望复仇的 F-4 "鬼怪"。

这是一个大胆的，也是风险极高的计划。除了突然性，优势似乎都在米格战斗机这一边。米格战斗机小巧灵活，在盘旋空战中打F-4 有如砍瓜切菜。米格飞行员常年在本土作战，经验丰富，而美军飞行员完成 100 次任务后就返回国内。还有，美军飞行员主要接受战略空军式训练，即拦截轰炸机和投掷核炸弹，缠斗水准相当低劣。更不利的是，被派往越南的有运输机和战略空军飞行员，因为必须完成规定任务量——飞 100 次任务并以老兵身份回国，他们飞战斗机的时间常常少之甚少。

拉斯服役于第 555 战斗机中队，即"三镍币"中队。由于来自战斗机武器学校，他在联队负责对同僚进行战术教学和组织战斗训练。F-4C 没有机炮，导弹几乎不起作用。实际上，空对空导弹在美国在越南使用的所有战术武器中，位列令人失望的武器之首。尤其低劣的是"麻雀"导弹，它基本上等于配重物。不止一个飞行员一离开基地，就马上将其抛掉。"响尾蛇"导弹的发射包线格外狭窄——仅两个 G 正过载或一个 G 负过载——在盘旋空战中毫无用处。

拉斯推掉了训练任务。"砍刀行动"的成败在很大程度上取决于他。他想起博伊德在学校里教授的那个机动动作，那个优美、简洁得令他惊愕的动作：向外侧横滚以获得战术优势。那是一个与飞行员所知的所有空战原则相矛盾的机动动作，却能让飞行员紧咬住敌机 6 点钟位置，构成千载难逢的导弹发射条件。拉斯给联队 60 多名飞行员作了简报。每次完成北上任务，他都让飞行员们在返回乌汶的路上练习这个动作。他们练了一遍又一遍。

终于，1 月 2 日来了。

拉斯担任 F 小队长机，但是副联队长查皮·詹姆斯（Chappie James）头一天晚上找到他，说："拉斯，我有一个好消息，也有一个坏消息。坏消息是，我将担任 F 小队长机，好消息是，你将做我的僚机。"

"去你的。"拉斯在心里说。

拉斯多次去过越南北部，可是查皮·詹姆斯不同。似乎每次带队前往 6 号空域，这位副联队长都遇到机械故障，不得不返回基地。

拉斯起飞了，他检查了挂载的 8 枚导弹，7 枚出了问题，只有 1 枚正常。他把它设定为优先选择。F 小队在 1.7 万英尺高度进入 6 号空域，这是 F-105 的正常飞行高度，巧合的是，F-4 在这个高度也有充足剩余能量。小队越过沱江（Black River），长机在无线电中宣布：用"绿灯"这个口令通知飞行员，即打开武器开关，准备投掷炸弹。

敌军雷达操纵员监视着空中形势，也听到了口令。接近福安时，米格战斗机被引导到美军小队的6点钟位置。查皮·詹姆斯是1号机，拉斯是2号机，3号机和4号机落在后面右侧几英里的地方。拉斯和詹姆斯孤立无援。正在这时，拉斯看见1架米格战机左转右拐，试图向詹姆斯发起攻击。

"1号机，向右脱离。"拉斯在无线电里喊道。

查皮·詹姆斯依然自顾自地向前飞。

米格机快要进入攻击位置了。

查皮·詹姆斯也许忘了自己的无线电呼号。

"查皮，向右脱离！"

查皮·詹姆斯还是自顾自地、四平八稳地向前飞。

拉斯这时做了一个僚机应该做的事：保护长机。他插入詹姆斯和米格机中间，接着拉起一个90度的坡度转弯，准备脱离后再与敌机交手，米格机做同样的动作。拉斯和米格机现在机背对着机背，以高过载盘旋而下，然后再次转弯上升，腾转挪移，试图咬住对方6点钟位置。米格机飞行员很出色，但是与他对抗的"拉斯贝里横滚"创造者没有给他任何可乘之机。拉斯渐获优势，米格飞行员作大角度转弯，试图脱离，拉斯横滚到外侧，再翻下去，咬住米格机的尾巴，米格机再反向转弯。这是一个致命的错误，拉斯跟着转弯，耳边蜂鸣声响起，扣动扳机。导弹离开发射架时，米格机的座舱盖玻璃在阳光下映出耀眼的眩光，导弹直奔那眩光而去，在米格机座舱上方爆炸了。拉斯获得第一个击落米格机记录。

"狼群"飞行员那天一共击落7架米格战斗机，还有两架可能被击落了（导弹追着米格战斗机进入云层）。1967 年 1 月 2 日是美国空军在越南取得最大战果的一天，"砍刀行动"载入了史册。但是拉斯深知，那天击落的 7 架飞机中，6 架是运用了约翰·博伊德的"向外侧横滚"战术击落的。拉斯说，博伊德是行动的灵魂，是大捷的缔造者。

五角大楼里，博伊德等人密切关注着越南的空战形势。此刻，"大楼"上下到处欢声笑语，飞行员们很快听说了空战的细节，"向外侧横滚"机动让他们惊诧不已。博伊德在走廊里奔走，告诉每一个人："拉斯很了不起，我在战斗机武器学校最优秀的学员之一。我们经常一起作能量-机动简报。"

几个月后，拉斯在"雷公岭"上空紧咬一架米格战斗机，展开了风驰电掣的低空追逐。米格战斗机的高度在 300 英尺，拉斯从下方发射一枚 AIM-7，导弹直接钻入敌机尾喷管。拉斯的胜利刷新了纪录：在越南北部持久的空中战争期间，美国空军飞行员从未在这么低的高度使用导弹击落敌机。

或许因为已经放弃成为王牌飞行员的梦想，博伊德转而从学生的战果中获得了激励。"嘿，拉斯当时就在中国边境附近，"他告诉办公室同事，"我敢打赌，咱们的人会偷偷飞越边境，就像我们在朝鲜时候那样。"博伊德骄傲得满面红光，"那米格机只有 300 英尺，拉斯发射的时候，肯定压低到草丛里了"。他停顿一下说："该死的 F-4 是海军的飞机，不是战斗机。他们给了我们垃圾飞机，我们还是打了胜仗。"

几个星期之后，罗纳德·卡顿来到乌汶，在第 433 战术战斗机中队担任小队长，该中队外号"撒旦使者"。卡顿很快完成了在6号空域的55次飞行，任务量完成之迅速，令任何一个批次到越南轮战的美国空军飞行员望尘莫及。90次任务后，飞行员通常会在相对安全的越南南部执行剩下的10次任务。但是，卡顿是为飞行和战斗而来越南的。

有一次，卡顿带领4架F-4在老挝上空进行例行轰炸。空中前进控制员在无线电里报告发现目标，判断为大型训练营地。卡顿奉命改变航向，对训练营地实施攻击。他们刚到达目标区，57毫米高炮弹就在空中密集地爆炸开来。这一场面在老挝相当罕见，说明空中前进控制员作出了正确的判断。

美国空军关于严密防守地区有明文规定。飞行员应以不低于7500英尺的高度进入轰炸航线，然后立即脱离。在空军的术语里，就是"投完即走"，飞行员称为"一次性通过，拍屁股走人"。卡顿改变策略，下令小队采用低空多轮轰炸，F-4无一例外地被直接击中，或者挨了弹片，真是传说的"捅马蜂窝"了。卡顿命令小队摆成空中车轮阵形，不顾与6号空域一样炽密的防空火力，依次进入轰炸航线，其中一架F-4一马当先，左冲右突，连续投下两枚750磅炸弹。他们离开时，目标上空已是浓烟滚滚。

第二天，特种部队进入现场评估攻击效果。据估计，敌军900多人被消灭。那个几年前曾经因为在拉斯维加斯市北部警察局的地板上酗酒呕吐而差一点被开除的飞行员，现在再次证明了他的实力。罗纳德·卡顿少校被授予银星奖章。

卡顿当属美国空军的骄子之一。在战斗机武器学校的优异成绩，在"雷鸟"飞行表演队的出色服役经历，加上现在的赫赫战功，卡顿正在成为将军的道路上高歌猛进。轮战接近尾声，他因为在6号空域执行任务的创纪录次数而再次获得银星奖章提名。再有6次任务，卡顿就将重返战斗机武器学校，把宝贵的战斗经验传授下去。终于，第94次任务来了，他将在6号空域指挥一个F-4战斗机群，任务是为F-105"雷公"护航。米格战斗机从不同机场起飞，从多个方面威胁攻击机群。但是，卡顿识破了敌人的佯攻计策，找到了敌机的主攻方向，指挥F-4紧紧护卫着"雷公"，他指挥若定，表现了一名优秀战地指挥官应有的素质，使所有F-105顺利地把炸弹投向目标并且安全返航。卡顿及其手下大获全胜！回到基地时，卡顿决定用"编队凯旋式横滚"庆祝胜利。然而，两架F-4相撞了，飞行员跳伞逃生。

以如此方式损失两架飞机，战地指挥官通常会面临军事法庭的审判。在这次任务之前，上级曾经下发新的作战规定，禁止实施编队凯旋式横滚，但是卡顿当时恰巧外出，中队军士长没有通知卡顿所在的中队，所以对卡顿的军事审判不成立了。但是，美国空军取消了准备授予的第二枚银星奖章，卡顿珍视的内利斯任职也被撤销了，损失两架F-4的人不是一个好榜样。卡顿奉命前往五角大楼任职，负责的上级军官会在那里对他严加看管。

1967年12月，卡顿来五角大楼报到了。当他走进人事办公室，一个有几十年工龄的上年纪的女文职雇员微笑着对他说："你是罗纳德·卡顿少校？早就盼着你来了。"卡顿一头雾水地望着她。

"我在这里很多年，头一次遇到你这样的人来报到，你在控制人员花名册上。"

编制"控制人员花名册"是军方记录问题人员的一种方法，这意味着，卡顿下一年将不能晋升军衔，他的《军官考绩报告》也会增加频次，他会始终处于监控之下。卡顿打电话给博伊德，两人在餐厅见面了。博伊德特别春风得意，因为几周前，他刚提升为中校。橡叶标志在他的领口闪着银光。

卡顿祝贺博伊德晋升军衔，说："长官，我出问题了。"

博伊德拍了拍卡顿的肩膀，微笑着："我听说了。不要着急，老虎。以前不也出过这样的问题么？你会重新爬起来的。"

与以前一样，博伊德对卡顿的判断是正确的。

1967 年夏，苏联开始装备两种新型战斗机：可变后掠翼的米格-23 和米格-25。美军飞行员嘲笑米格-23，说 F-111 唯一的成就就是让苏联人抄袭成功，用拙劣的技术断送了其至少一代飞机。但是，美国空军将米格-25 吹捧为严重威胁。有传言说这种飞机能达到 2.8 马赫，飞行高度远超 F-X。美国空军没有披露的是，如果米格-25 飞到 2.8 马赫，它必须马上着陆，因为这时燃料已经耗尽，发动机也得更换。不过，米格-25 的"威胁"意味着 F-X 有了更紧迫的优先性。

可是，关于 F-X 项目的一个基本决策还没确定下来。博伊德坚持认为，飞机应配备机炮和导弹，但是空军表示现在是导弹时代，机炮是过时的东西，F-X 应只配备导弹。

要机炮，还是要导弹，这是美国空军内部最诉诸感情的争论之一。不是飞行员的人对此完全不能理解，他们也许大都认为导弹是战斗机最好的武器。然而，美军在越南的交战规则，加上导弹的糟糕表现，已经表明战斗机如果没有机炮会有什么下场。根据交战规则，美军飞行员发射导弹之前，必须目视确认敌机。可是导弹的最小发射距离远远超过飞机能够被辨别为敌机还是友机的距离。这就是说，飞行员只能不断接近，确认敌机，然后退回远处，再发射导弹。导弹可以用最简单的反制措施加以规避，而机炮是无法反制的。有人在五角大楼的内墙上写下这样的标语："要击落米格-21，必须给战斗机装机炮。"

然而，尽管违反所有正常逻辑，美国空军高级将领仍然无视历史的教训。第二次世界大战后，美国空军表示，空战格斗已经过时。20 世纪 50 年代，空军将领说，朝鲜空战是安装机炮的战斗机最后的辉煌。然后越南战争发生了，它被设定为取代近距格斗的按电钮战争。但是，越南战争证明，博伊德关于新型导弹不能胜任的判断是正确的，美国需要一种配备机炮的战斗机。

1967 年秋，"大楼"里来了一个名叫莫迪凯·霍德（Mordecai Hod）的客人，他是以色列空军（IAF）司令，前来采购 F-4 "鬼怪"战斗机。霍德带有战斗机飞行员公认的偶像光环，以色列空军在他指挥下，取得了令美国空军为之侧目的三大成就。第一，在当年 6 月的"六日战争"中，以色列空军击落 60 架阿拉伯喷气式飞机，自己只损失 10 架战斗机，交换比为 6:1。第二，以色列取得的每一个击落战果都是用机炮完成的。第三，以色列人——正如这场战争的名称所暗示的——行动迅猛、果断、干净利索，而美国人在越南的战争已经打了好几年，战事不断升级，至今仍看不到结局。

这里有一个未加以明说的、一个以两个假设为前提的重要问题：第一，阿拉伯飞行员和越南飞行员技术水准基本相当。第二，美国飞行员和以色列飞行员技术水准基本相当。所以，为什么以色列空军取得了对阿拉伯人 6:1 的击落比率，而美国空军与对手打得不分上下呢？

这种逻辑推理从最开始就有问题，多年的战斗经验使对手飞行技术远胜阿拉伯人。然而，要么美国空军不如它自认的那样优秀，要么以色列人比美国空军认为的更优秀。美国空军高级将领被召集起来，听取霍德对"六日战争"所作的一次秘密简报。霍德讲完后，一个战斗机飞行员站起来，问以色列空军何以 60 次用机炮取得了战绩。

霍德停顿了一下，耸一耸肩膀，说："为什么要在阿拉伯人身上浪费导弹呢？"

霍德用幽默感和外交语言，回避了以色列飞行员使用机炮是因为导弹不顶用的真相。他依赖美国提供战斗机，知道美国空军着迷于导弹。诙谐的说法引起了人们的大笑，但是在笑声背后却是难以回避的现实：配备机炮的战斗机并未过时。

第十五章　拯救 F-15

　　玛丽表示，丈夫去五角大楼任职以后变化很大，性格更急躁，更少与人来往，戒备心强。博伊德目睹身边的投机钻营和贪污腐化现象，愤恨不已，往往回到家里仍余怒未消。

　　搬到华盛顿后，博伊德为投入 F-X 之战而奔忙，根本无暇为家人寻找住处。玛丽因为要照顾 5 个子女，也没有时间出去找房子。最初的一个多月，全家人挤住在弗吉尼亚州费尔法克斯市（Fairfax）"微风"汽车旅馆的一个房间里。终于有一天，博伊德对玛丽说："我给咱们找了一个住处，在南边的亚历山德里亚市（Alexandria）。"

　　"哦。"玛丽说。她对于华盛顿的一切实在提不起热情。她不情愿把家搬离埃格林，那里海滩开阔空旷，几乎没有人迹，斯蒂芬能在海浪间玩耍，享受他为数不多的人生乐趣。出发的时候，博伊德开着雪佛兰科维尔特车走在前面，玛丽和 5 个孩子开着旅行车，慢吞吞地跟在后面。玛丽真心不愿意住进公寓楼。

　　博伊德把她和孩子们送到博勒加德街 4930 号，这是一个新建的公寓小区，时称布莱顿广场，距离五角大楼只有 5 分钟车程。他指着一间门牌号为 T-3 的底层公寓的房门说："我想你会喜欢这里。"这个小区的住户都是带着孩子的年轻夫妇，周围有树林和空地，大人可以带孩子去那里玩耍。他们的公寓有 3 间卧室：一间给博伊德夫妇，一间给凯茜和玛丽·艾伦，一间给斯科特和杰夫。储藏室改成斯蒂芬的卧室，他现在 12 岁了。与墙面同宽的玻璃推拉门安在外侧，这样斯蒂芬可以从自己的房间直接进出家门。对一个再也离不开轮椅却想要独立空间的男孩来说，这一点自由度是必要的。

公寓小区没有人行道。夏天，斯蒂芬不得不摇着轮椅穿越丛生的野草，冬天则有时必须在积雪中费力地推开一条路。"为什么爸爸不给咱们找个好一点的房子？"他好几次问妈妈。

玛丽俯下身，微笑着对儿子说："我会跟爸爸说一说。"

博伊德却不容别人与他争辩。"买了房子，如果脱不了手怎么办？"他说，"如果离开这里，房子卖不掉怎么办？在亚特兰大时就是这样。房子总归是累赘，租房子就省事很多。咱们在这儿住不了几年。"玛丽以后每次问起买房子的事，博伊德的回复总是一成不变：先点一点头，然后说："行，就这么办。"然后，就把话题扯到别的事情上去。

博勒加德街的公寓是一个象征物，它代表了博伊德家人为他的事业所做的奉献。搬家之后的几年里，博伊德的家庭生活一片狼藉，再也没有恢复正常。斯蒂芬修起了电视机、录音机和各种电器。身体残疾带来的忧伤，使他内向而极度自立。凯茜安静温柔的性格逐渐转变为医生所说的抑郁症。害羞而温和的杰夫在与父亲的争论中自信心大受打击，转而以喂养蜘蛛和毒蛇寻求安慰。约翰·斯科特经常与博伊德激烈争吵，接着互相推搡，有几次两人甚至大打出手。玛丽·艾伦在兄弟姐妹中与父亲最相像，是他的"小宝贝"，但是后来却沾上了毒品，使做父亲的伤心欲绝，他们多年里互不开口说话。现在，子女们回忆过往时，都说他们之所以对父亲满腔怒火，与他坚持要住在那个逼仄的公寓里有关。

玛丽第一次见到斯普雷，是在某一天晚上的 10:30，当时他和博伊德从五角大楼提前下了班。博伊德从桌旁站起，去打个电话，斯普雷和玛丽继续进餐。玛丽向斯普雷透露，有人问过她是否考虑找个工作，以改善家里的经济状况。"他们说，如果我有个工作，就能补贴一下家用。"她说完，耸了耸肩膀。玛丽知道，那是不可能的。"我做不到一边照顾 5 个孩子，一边工作。我没那么大能力。"她说，好几个五角大楼的同事问过博伊德为什么住在公寓里。毕竟，20 世纪 60 年代中期的华盛顿是房地产投资的大好市场，一个中校买得起一套房子，它的价格只会一路看涨。博伊德对这种问题不屑一顾，说："我不喜欢费那个劲。"

身边发生的一切似乎使玛丽困惑难解。她告诉克里斯蒂和斯普雷，与博伊德在艾奥瓦州立大学相遇的时候，她觉得自己嫁给了一个运动员，他会找个当教练的工作，他们会住在艾奥瓦小镇上，参加乡间俱乐部，买一所小房子，过上安静平和的生活。现在的情况似乎是，她以为自己骑上了平稳的旋转木马，却发现那是个旋风般的过山车。

她朝丈夫那边点了一下头，悲哀地笑了起来："你看现在我得到了什么。"

博伊德与家人将在博勒加德街的公寓里度过他余下的 22 年。

战斗机飞行员一般当年龄太大不能通过体检，或者提升到其他岗位的时候，才会停止飞行。有的飞行员甚至不想离开飞机，拒绝提升机会。没有了飞行资格，飞行员就此回归平淡生活，他们往往居住在机场附近，时时抬起头，怅然凝望每一架掠过的喷气式飞机。

博伊德不这样。像他这样全面而扎实地从事战斗飞行事业的飞行员并不多见，可是，他在1968年失去了对飞行的全部兴趣。作为五角大楼的参谋军官，他不能驾驶战斗机，只能飞战斗机飞行员相当看不上的老式T-33。他的飞行小时数并不总能达到资格要求，于是上司为了帮助他，两次带他飞T-33。但是他的资格证最后过期了，再也没尝试过重获资格。了解他的同事大惑不解："为什么？"他耸一耸肩膀，说："我飞够了。"

他似乎意识到，自己不仅已经超越了战斗机飞行员的身份，而且即将向更深远的前方行进，进入更复杂、更重要的人生领域。他必须把头脑中不必要的东西清理出去。

现在，他几乎每天带着新的能量-机动曲线图、幻灯片或者提纲去见斯普雷："嗨，老虎，这是我刚搞出来的。你看看怎么样？"

斯普雷接过曲线图、幻灯片或提纲，认真看起来。过一会儿，他会用温和而坚定的口吻说："约翰，这张幻灯片不行。没有更好的表现方法吗？"

然后，激烈的辩论开始了。斯普雷会解释，为什么幻灯片不行，博伊德则会大喊它没有问题。

斯普雷会用不容置辩因而令人恼怒的方式回应博伊德。博伊德终于不能再忍受了，他垂头丧气地走回办公室。大约下午4点，斯普雷的电话响起来，他拿起听筒，还没来得及说"你好"，博伊德就在那头吼道："你说那张幻灯片不行是什么意思？"

镇定自若的斯普雷一一列举理由，博伊德反驳、叫喊，最后会用咕哝一声结束讨论，挂上电话。他从不对斯普雷说"你是对的"，但是会对幻灯片作相应修改，然后又在斯普雷面前吹嘘自己的简报如何出色。

每次开完简报会，他总是得意扬扬。有一次，他闯进斯普雷的办公室，绘声绘色地讲述自己如何施展"斗篷技巧"。"该死的，老虎，你要是在现场就好了。我击落了那些狗东西。我把该死的将军们像柴火一样架了起来。"

斯普雷被逗乐了："我想你喜欢干敌尸清点的活儿。"

博伊德盯着斯普雷，想了一下，开心的笑容浮现在脸上。

博伊德不但在简报会这种不限范围、有时甚至对外界开放的竞技场上无往不胜，而且在充斥着错综复杂而冷酷无情的政治斗争的五角大楼走廊和办公室里也无往不胜。他在此间最强大的武器之一是能与美国空军参谋长进行秘密联络。时任空军参谋长奉行富兰克林·罗斯福的管理理论，常常绕开巧言谄媚的将军们，在相对资浅的军官中寻找能够说真话的人。参谋长对"大楼"文化了如指掌，知道自己在某种程度上是对空军真实情况了解最少的人。那几十位高级军官在跟他说话之前，一般先察言观色，然后再讲他最喜欢的话，只有博伊德以及为数不多的其他人，才会汇报他需要知道的情况。隔三差五地，空军参谋长办公室的一个中校会来到博伊德办公室，说："一起去喝杯咖啡，好吗？"然后，两人坐在餐厅角落，中校说："参谋长想知道……"因为博伊德总是直言不讳，空军参谋长一而再、再而三地找他。

利用秘密联络的机会，博伊德提出关于 F-X 项目的想法。空军参谋长对正直的博伊德十分信赖，赞同他削减飞机重量的建议，应博伊德的请求下达命令：F-X 最大重量不得超过 4 万磅。

F-X 的重量已经猛增到 6.25 万磅，很多将军认为大就是好，所以他们现在视 F-X 为轻型战斗机，简直是个玩具。然而，博伊德仍旧不满意，他希望把重量控制在 3.5 万磅以下。

斯普雷始终无法理解真正的战斗机飞行员对小飞机的喜爱，但是有一天他和博伊德来到郊外，在杜勒斯机场飞一种绕标竞速飞机的时候，想法有了变化。绕标竞速飞机短小精悍、快如闪电，飞行员大都有职业赛马骑手那样瘦削的身形，博伊德用了好几分钟才把自己塞进座舱，然后蜷着身子，膝盖贴着脖子，低下头关闭座舱盖。斯普雷想他此时肯定非常不舒服，但是当博伊德抬起头，脸上的表情完全是欣喜若狂。"真棒！真棒！"他在座舱盖里喊道。斯普雷顿时明白了，对货真价实的战斗机飞行员来说，战斗机再小也不为过。

1968 年，五角大楼里的人不知道博伊德究竟是天才，还是疯子。就他的大部分行为举止而言，一种尽可能正面的评价是，那并非一个追求高官厚禄的中校的典型做法。博伊德的个人风格不仅限于粗俗的用辞、唾沫横飞的贴身谈话、飞扬的手臂、宏亮的大嗓门、乱蓬蓬的头发、不修边幅的外表和晨昏颠倒的工作习惯。如果上级给博伊德下达命令，而他认为那对 F-X 有危害，会微笑着说："长官，我很愿意执行您的命令。不过请您下一道书面命令。"将军们喜欢口头命令，因为一旦结果不如人意，他可以否认下过那道命令。博伊德要求书面命令的做法合乎条令，却会使将军大发雷霆，博伊德显然在说，他认为将军错了。

有一次，博伊德在走廊里截住一个将军，恳切地谈起 F-X 减重的措施。他手里拿着雪茄，挥舞手臂，点点戳戳。将军越来越不耐烦，转过头，试图侧着身子离开，碰巧博伊德正伸手做强调动作，雪茄灰落在将军的领带上，烧出了一个窟窿。一时间，路过这里的人都停下脚步，关注着这一副场面：一位将军大惊失色地低头看着自己领带上的洞。烧蚀的洞口不断扩大，冒出缕缕青烟，将军拍熄领带上的余火，急忙转身走开了。博伊德正在疑惑，将军为什么突然走了，有人在旁边说："狗东西，约翰，你刚才把将军的领带点着了。"

博伊德沿着走廊，向将军离去的方向看了一眼。"是吗？"他呵呵地笑起来："我敢打赌，这是他的第一次。"

还有他的神思恍惚问题。在与别人热烈讨论的过程中，博伊德会忽而目光呆滞，停止说话，无神地望着天花板、墙壁或窗外。他似乎头上挨了猝不及防的一击，别人问他话，他也不回答。两三分钟之后，他会回过神来，继续谈话。

"刚才发生了什么？"有人偶尔会问，"你怎么了？"

他说："我想起一个新的能量-机动迭代方法"，或者"我突然想起一件事"，或者"一个考虑了几个星期的问题，我刚才想到答案了"。

最后还有关于那个瞄准具的事情。有相当一段时间，谁也不知道他在搞什么名堂。终于，一个秘书受不了这个悬念了，问："中校，您没事吧？"

博伊德祥和地朝她微笑了一下，说："我把那个狗东西套在我的瞄准具里了。"

又过了一两天，经过又一轮火热的简报拼盘和抖动斗篷的欲擒故纵，博伊德拿下了又一场战斗，得意扬扬的笑声又一次回荡在走廊。

以后，每当博伊德把脚翘到办公桌上，举着铅笔，转动身体，紧盯着橡皮头，就有人说："上帝，他又把谁套在瞄准具里了。"他们知道，又有人要倒霉了。

美国战术空军总是视速度为空战的关键因素，要求 F-X 达到 3 马赫最大速度。事实上，空战总是在低于声速的巡航速度上开始，而且几乎从未上过超声速，可是他们不在乎。飞机为达到那个速度而必须作出的权衡与取舍会严重降低近距格斗能力，他们也不在乎。至于航程，过大的航程指标最容易损害飞机性能。

美国空军关于飞机重量的立场，在战术空军司令部主管战斗机需求的那个中校在某次会议上的讲话中得到淋漓尽致的体现。他说："我一点儿也不在乎飞机有多重。给你们的指标是战术空军确认的有效需求，是我们坚持得到的东西。重量不是我考虑的事情。此外，大家都知道，好的大飞机胜过好的小飞机。"

这恰恰与博伊德根据能量-机动理论得出的结论相反。

1968 年春末，美国空军依然受 F-111 的影响，沉迷于重量大、价格昂贵的可变后掠机翼而不能自拔，迟迟不就一个基本问题作出决策，即 F-X 到底应该采用可变后掠机翼，还是固定机翼。

至此，博伊德在设计方案的几个主要问题上节节败退。美国空军坚持要求飞机最大速度必须在两马赫以上，坚持要求雷达天线直径必须为 36 英寸——这必然使机体比博伊德设想的更大。尽管空军参谋长下了命令，但是 F-X 目前的预估重量已经高达 4.25 万磅（实际上，还不止这个数字），而飞机的性能尽管比上一代飞机有所突破，但仍比之前下降许多。

斯普雷把增加沉重而昂贵设备的做法称作"镀金"。他对某些人相当没有耐心，他们老想着增加很多与击落敌机无关的份量很重的东西——前轮转向系统、登机梯、尾钩等。"如果取消所有这些无杀伤力的垃圾——与击落敌机没有必要关系的所有东西——飞机性能会有出人意料的提高。"

博伊德和斯普雷绝望了，他们决定孤注一掷，做最后一次拯救 F-X 的努力。他们要重新设计理想飞机。他们没日没夜地在五角大楼忙碌，构思他们所称的"红鸟"，即 F-X 的 3.3 万磅轻量化版本。博伊德向五角大楼里的空军参谋部作了汇报。1968 年 7 月 18 日，斯普雷致信空军系统司令部的詹姆斯·弗格森上将（General James Ferguson）。这件事后来广为人知，其内容在五角大楼流传。部分青年军官认为，它精辟地分析了美国空军为什么沦落到如今的境地，他们在敬佩作者的才华之时，也曾扪心自问，自己是否有这样的勇气。也有部分人将信件视为臭名昭著的博伊德和斯普雷匪帮的恶毒大爆发。这封被列为"机密"的信表示，美国空军在 F-X 项目上没有执行设计纪律，不愿放弃与击落米格战斗机无关的设备，而只是一味增加重量。斯普雷在信中详细列举了尾钩、前轮转向系统和维护工作梯等设备，指出美国空军急于往 F-X 上镀金，忽视了飞机不断提高的成本。信件后面附上了长达 23 页的为 F-X 减重的技术建议清单。

然后，博伊德和斯普雷向弗格森上将作了汇报。上将是 F-X 项目负总责的决策者，他赞同博伊德和斯普雷的所有观点，非常看好他们的"红鸟"方案，认为比 F-X 更优秀。

但是，上将的话锋在这里开始转折了，他说手下的中将们都看上了更大、更重的 F-X 方案，他不能反对这些人的意见。上将试图宽慰博伊德和斯普雷，说 F-X 将是历史上机动性最好的战斗机，为什么一定要使它成为完美的飞机呢？

这一次，更大-更高-更快-更远帮派又胜利了。

美国空军忙着跟博伊德展开内斗，忽略了与美国海军的竞争。博伊德与弗格森见面几周后，海军宣布 F-111 海军型——即 F-111B——不适合登上航空母舰，因此拒绝接收，并通知通用动力公司取消它的 F-111 项目。接着英国取消了这种飞机的订单，这意味着现在只剩下美国空军为 F-111 项目兜底了（美国空军喜欢这种飞机，直到 20 世纪 70 年代中期仍在采购）。但是事情远没有结束，海军上将们在国会做证，海军不能因为无法接收 F-111B，就停止承担其保家卫国的重要责任。他们宣称，事实上，海军一直在秘密地设计名为 F-14 "雄猫" 的飞机，如果国会同意把原来给 F-111B 的拨款转交给海军，海军将继续推进 F-14 的研制。

美国海军关于军种政治的指导思想是，敌人一旦倒下，就要割断其喉咙，焚毁其尸体，埋葬其骨灰，撒盐于地面，使敌人永世不得翻身。因此不出人们意料，美国海军告诉国会，F-X 存在严重的基本缺陷，不应继续研制：F-X 不能达到米格-25 的速度或高度，无法击落对美国构成最大威胁的苏联飞机。但是，美国人民不必担心，如果空军无力设计能对付苏联威胁的飞机，海军会非常乐于伸出援手。我们正研制的这种叫 F-14 战斗机的奇幻飞机，不仅将完成 F-X 的预定任务，而且能做得更多。我们将乐于向空军出售 F-14。

美国空军反驳了海军的第一个指责，表示 F-X 有 2.5 马赫的"冲刺速度"，还增配了"麻雀"导弹，使之有能力对付米格-25。但是，美国海军与国会里的许多大人物有交情，他们对 F-X 提出严重质疑，关于海军向空军出售 F-14 的说法迅速得到很多议员的支持。

国会在众议院武装力量委员会之下临时成立了战术航空小组委员会，要求一名空军将领前去提供证词，同行的还有作为 F-X 专家的博伊德。武装力量委员会主席和战术航空小组委员会里的核心人物，是来自南卡罗莱纳州的众议员门德尔·里弗斯（Mendel Rivers），该州的大西洋沿岸地区遍布对当地经济有着举足轻重影响的海军基地。博伊德和将军即将面对的这些人公开支持 F-14 优于 F-X 的立场，而里弗斯总是乐意充当海军的代言人。

在将军一个接一个地回答问题的同时，博伊德逐渐摸清了质询的路数。F-X 项目的生存取决于一个问题：它是不是采用可变后掠翼。小组委员会、委员会和里弗斯众议员不准备批准 F-X 的可变后掠翼方案，因为海军止在搞一种可变后掠翼飞机，而且研制进程已经相当深入了。

一个小组委员会成员搔着头皮，用含混不清的口气，似乎是不经意地问将军，美国空军是不是对机翼方案有了定论。

将军沉吟着。博伊德知道，美国空军非核力量的前途危在旦夕，过去所有在 F-X 项目上的投入都取决于这千钧一发的时刻。于是他挺身而上，堵住缺口："是的，先生，我们已决定了。空军认为可变几何形状机翼不是好办法。事实上，我们认为固定翼方案更优越。F-X 将是一种固定翼飞机。"

很难说谁更震惊，是将军，还是小组委员会成员。将军用难以置信的目光盯着博伊德。机翼设计方案还没定下来呢，而一个中校居然自作主张做了决定，那可是四星上将的权力。

"将军，是这样吗？"一个小组委员会成员问。

博伊德低声向将军耳语，解释了现场的形势。将军想了一下，望着议员们，咬了咬牙，说："是这样的。空军已经决定，飞机将采用固定翼方案。"

回到五角大楼，博伊德立刻给空军参谋长的中校助理打电话，汇报做这个决定的原因。"我没有最后的数字，"他说，"莱特-帕特基地拖延着不给我数据。但是我认为，可变几何形状机翼的重量代价远远超过它的空气动力性能收益。我相信固定翼更好。如果我们当时不这么说，那个委员会将强迫我们接受 F-14。"参谋长同意他的意见。

就这样，F-X 选择了固定翼方案。

就这样，博伊德把美国空军从又一次被迫接受"盐水飞机"的危局中解救出来。

参议院和众议院的武装力量委员会都没有关于 F-X 如何成为固定翼飞机的文字记录。两个委员会的记录都表明，美国空军直至1968 年底，还希望 F-X 采用可变几何形状机翼（临时性小组委员会没有留下任何文字记录）。汤姆·克里斯蒂和皮埃尔·斯普雷在听证会后立即与博伊德进行了讨论，相信事情发生的经过应该如博伊德所述。此外，从听证会之日起，美国空军再没有提及 F-X 采用可变后掠翼一事。

历史已经证明，博伊德正确地选择了固定翼设计方案。可变后掠翼是 20 世纪航空工程领域的重大失误之一。尽管好莱坞和电影《壮志凌云》对它极尽涂脂抹粉之能事，F-14"雄猫"仍然是一种笨重而性能低劣的"空中卡车"，它重约 5.4 万磅，如果加上外挂油箱和导弹，全重约 7 万磅。它是战斗机飞行员所说的那种"葡萄"：做一两次急转弯，即轻易泄掉所有能量，而能量只能缓慢恢复，这时它就成了极好的靶子。

海军将领强烈反对 F-14 与空军最新战斗机进行模拟战斗，但它们偶尔交战过。在飞行员技术水平相同的情况下，F-14 始终是败者。

美国空军 F-X 固定翼方案冻结之后，它名称中的"X"被替换为数字。因为海军有了 F-14，F-X 就成为 F-15。

博伊德悲愤异常，理想中的纯战斗机已化为泡影。不错，他是削减了部分重量，不错，他是扼杀了可变后掠翼设计方案，但是为了更多、更被公认的目标，他付出了几乎全部心血和精力，不停地战斗、战斗。他深知执迷不悟的美国空军会给 F-15 镀上更多金粉和增加更多任务，直到它变得面目全非。1968 年 10 月 24 日，博伊德递交报告，申请于次年退役。

第十六章　飞翔的女武神

对于美国人来说，1969 年是一个奇妙而令人困惑的年份。在这一年，尼尔·阿姆斯特朗（Neil Armstrong）登上了月球，伍德斯托克音乐节开始举办，《芝麻街》电视节目开始在公共频道播出；在这一年，反战示威风起云涌，美莱村（My Lai）惨案被公开曝光；也是在这一年，林登·约翰逊黯然离开华盛顿，志得意满的理查德·尼克松取而代之，宣布开始从越南撤出美军部队。

1969 年也是皮埃尔·斯普雷表现出一名真正的博伊德门徒品质的一年。门徒们团结在博伊德的周围，把自己的生命贡献给了他的目标和理想。围绕 F-15 所发生的一切，给斯普雷带来的刺激更大于博伊德。他离开军工企业来到五角大楼，希望对不断膨胀的国防预算有所影响，在采购更出色装备的进程中尽一份力量。他在理想和抱负的感召之下初次努力的成果，已经被"穿蓝衣服的人"镀上金粉，变成低劣的蹩脚货。F-15 对他来说是一个教训，使他为更艰巨的任务作好了准备。他要施展出众才华，重新设计一种飞机，一种美国空军不想要的飞机。

要彻底理解斯普雷的行为，我们必须知道，近距空中支援——

支援地面部队的轰炸行动——从来不是美国空军的优先使命。然而，美国空军在理论上已经被赋予近距空中支援的使命，而各大军种都不希望减少其使命任务，因为这意味着失去拨款。美国空军只在口头上承认近距空中支援使命，对其的投入仅止于只要不被陆军抢走即可。美国空军关于这个任务的真实想法最突出地体现在它从未——包括第二次世界大战、朝鲜战争和 1969 年在内——装备过专用于近距空中支援的飞机，它的做法是挑选手头性能最差的飞机，然后指定其用于近距空中支援，朝鲜战争中的 F-84 就是一个例子。在越南战争中，美国空军使用被海军淘汰的 A-1 螺旋桨飞机，那是国防部长麦克纳马拉强迫空军接受的飞机。A-1 令美国空军异常尴尬，因为最后它被证明是到那时为止空军最好的近距空中支援飞机之一。但是，空军在 1969 年获悉，陆军计划研制新型"夏延人"直升机。"夏延人"直升机最令人吃惊的地方，是它在技术上相当之复杂，成本比 F-4 还高。这件事令美国空军十分恐惧，它表明陆军正努力接管近距空中支援使命，还有相应的拨款。

为了推卸放弃近距空中支援使命可能带来的责任，美国空军参谋长不得不推动研制一种近距空中支援飞机，而且价格要低于"夏延人"直升机。就参谋长以下的空军高级将领而言，研制专门用于近距空中支援的飞机的想法极其可恶。空军官僚们会竭尽全力与参谋长抗争，但是他们的抗争不会在光天化日之下进行。参谋长知道，属下们会信誓旦旦地保证支持他，可是在充斥着钻营分子的官僚圈里，他们会发动一场以抵制这个项目为目标的秘密战争。

所以，无论谁主持这个研制项目，他都必须足够强硬，扛得住将军们的攻击。他必须精明能干，专心致志，有海盗一般的自信、恐龙那样的厚甲。参谋长心中已然有了一个人选。他遣人找到皮埃尔·斯普雷，问他："你在战场遮断任务研究报告中，提到空军需要近距空中支援，你当真这么认为吗？"

这个问题刺痛了斯普雷。他不会用一年时间，没日没夜地写作，只是研究某个视作儿戏的东西："当然。"

"那么你有事干了，如果你愿意的话。"

问题是斯普雷不便公开参与这个项目，他仍然是美国空军的头号公敌，但凡对仕途进步有点想法的人都不敢公然踏进他的办公室。在五角大楼的大厅里，几乎没人跟他说话。如果他在近距空中支援飞机研制项目里的作用公之于众，某些人的长刀就会立刻出鞘。不，皮埃尔·斯普雷必须始终待在幕后。

因此，斯普雷的新工作需要上夜班。他白天在系统分析办公室上班，然后在大约下午5点，开始为空军这种现已命名为A-X的飞机做非正式研究。他是技术设计小组的组长，受空军英雄、在第二次世界大战中空袭施韦因富特（Schweinfurt）时担任轰炸机主投弹手的埃弗里·凯上校（Colonel Avery Kay）的领导。斯普雷起草A-X技术指标，这是他的职责，这是他的飞机。

A-X是美国空军历史上最怪异的采办项目之一，因为它的提出仅仅是基于官僚斗争的需要。美国空军通常把自己当作新型飞机的财产所有者，吹嘘它们的非凡性能，夸耀它们又一次证明美国空军是世界上最好的空军。但是，A-X是美国空军研制的最不喜欢的飞机。正因为它不受欢迎，所以战术空军司令部、莱特-帕特基地、系统司令部以及所有为F-15镀过金的人都不愿与它有任何瓜葛。A-X成了一个由"贱民"主持的人人避之唯恐不及的项目。

美国空军的飞机设计项目通常没有成本约束，而且出于政治斗争需要，成本常常被做得尽可能地大。在美国空军历史中，A-X是唯一的例外，它必须便宜，必须比"夏延人"便宜。

没有人比斯普雷做事更有条不紊。首先，他计划摸清近距空中支援飞机需要哪些能力。为此，他找到在越南战争中驾驶过A-1的飞行员。由于有机会把新鲜的作战经验引入设计方案，发展空军第一种专用近距空中支援飞机，这些年轻人干劲十足。对于他们来说，根本不存在所谓"一次性通过，拍屁股走人"的说法，为了保护地面部队，他们必须在目标上空长时间盘旋。他们表示，需要一种"腿长"的飞机。战场上大部分时间里烟雾弥漫，难以发现目标，飞机必须在低空贴近地面以较低速度飞行，所以他们希望飞机有较好的低速机动性能。如果友军处于危险境地，飞机必须能给敌人造成灾难、死亡和毁灭，使敌人望风披靡，溃不成军，所以他们希望飞机有杀伤力强大的武器，最好是机炮。由于近距空中支援飞机贴近地面低空飞行，敌人会尽己所能向它射击，如步枪、高炮和防空导弹等，所以他们希望飞机中弹以后仍能安全返回。他们希望飞机有极强的生存能力。

生存能力问题尤其引起了斯普雷的共鸣。在从事战场遮断任务研究的过程中，他发现第二次世界大战和朝鲜战争中损失的飞机85%以上可归因于起火或操纵失灵。只要个别地方中几弹，飞机的关键系统即起火或破损。一旦受损或起火，飞行员几乎无法逃离飞机。成千上万的年轻人因为糟糕的设计而送了命，斯普雷下定决心，绝不让这种事发生在A-X上。

汉斯·鲁德尔（Hans Rudel）的故事深刻地触动了斯普雷。鲁德尔是第二次世界大战中的德国飞行员兼打坦克高手，至今仍被认为是历史上最优秀的近距空中支援飞行员。斯普雷坚持要求每一个参与 A-X 项目的人都去读鲁德尔的战场回忆录《斯图卡飞行员》（*Stuka Pilot*），它讲述了鲁德尔执行 2530 次任务，摧毁 511 辆坦克的经历。

因为机动性对近距空中支援任务非常重要，斯普雷利用了博伊德的能量-机动理论以及权衡与取舍的思想。现在，轮到斯普雷每天带着表格和曲线图找博伊德，说："约翰，来看看我做的东西。"博伊德充分理解近距空中支援的重要性，尽管像大部分战斗机飞行员那样，他对这种任务事实上不感兴趣。他常常看着这些文件，拍打斯普雷的后背，说："干得不错，老虎，加油。"

博伊德的上校上司对 A-X 深恶痛绝，认为它一无是处，在公开场合对它大放厥词。身为战斗机需求主管，他的话是相当有份量的。于是，空军参谋长手下的一个上校偶然来到博伊德的办公室，请他一起去喝杯咖啡。两人坐在餐厅角落里，上校对他说了大意如下的一番话："你的老板关于 A-X 的评价和他抵制那个项目的事情已经传到参谋长那里了。告诉他，他的批评到此为止。A-X 项目事关挽救空军的使命。"

博伊德来到上司那里，关上门，说："'大楼'里有些上级官员希望你放过 A-X，高层在力推这个项目。"他特别强调了"上级官员"和"高层"，但上校根本无视这个信号，继续尖刻地诅咒这种飞机。几个星期之后，他被直接解职，并限他 24 小时内清空办公桌。

斯普雷对 A-X 项目施行了有史以来最为严格的设计纪律。项目进程中，各种偶然相互影响，带来了意想不到的奇异后果。他对如何打造优秀的近距空中支援飞机有着钢铁般的意志和热忱的信念，而所有本来会为其镀金的空军决策者现在唯恐避之不及，战术空军司令部和莱特-帕特基地甚至拒绝参加 A-X 相关会议。斯普雷成功地完成了朴实无华的设计方案，他基本上得到了想要的一切。

他在两场重要战斗中败下阵来。他希望 A-X 是单发飞机，而美国空军坚持要双台发动机。他希望它是机动性强的小型飞机，而空军想要更大的飞机。最后，飞机过大，而且机动性能由于空军坚持让它携带太多弹药而严重降档了。

A-X 的初步方案一完成，空军部长和国防部长即批准了设计方案。国会如数拨付了研制启动经费，需求方案说明书（RFP）也发出了。在需求方案说明书中，斯普雷告诉承包商，他不接受往常那种两英尺厚的投标文件，投标文件不得超过 30 页，内容仅限于设计方案——不得使用欺骗性的掩饰语言。更闻所未闻的是，他将选出两家承包商，在空军监督下，对它们各自提供的原型样机进行近似实战条件下的对比飞行。设计方案要求飞机油箱和发动机必须隔离设置，而且油箱必须有防爆性能。为确保实现以上指标，他将使用苏联武器对机翼和机身分段进行抗打击试验。是的，还必须在模拟空中环境中，在气流吹过样机的情况下做抗打击试验。莱特-帕特基地表示没有做这种试验的设施，而且试验产生的爆炸冲击太危险。斯普雷让他们找一架第二次世界大战时期的 B-50 轰炸机，拆下一台发动机和螺旋桨，固定在一个结实的架子上，然后启动发动机，让它产生的气流吹过原型样机的机身和机翼。莱特-帕特基地照做了，他们几年后将得意地宣称成功研制出所谓世界上第一个弹道风洞。

A-X放弃了容易着火和脆弱的液压控制系统，采用操纵钢索和顶杆——两套互为冗余的系统——来控制操纵面。斯普雷坚持，A-X必须能在一半操纵面被打掉的情况下，仍然保持飞行状态。至于武器，A-X的结构核心将是一门能发射香蕉大小的贫铀炮弹的新型火炮。为了保护飞行员，座舱外面包裹着澡盆形钛金属结构。

美国空军反感A-X，认为它一无是处，然而它不久就获得了A-10的编号。关于A-10出现了很多笑话，有人说它飞得如此之慢，以致遭到鸟类的撞击——从后面，有人说它不需要带航空时钟，因为座舱里放个日历就够用了。丑陋的A-10飞机的绰号是"疣猪"。空军内部人士大都认为，在为它设想的作战环境中，没有飞机能完成任务或生存下来。将近20年以后，A-10才得到机会证明当年的贬低者们错得多么离谱。

1969年，博伊德为在反抗官僚体系的斗争中取得的最重大胜利奠定了基础。

这场胜利中的两个关键人物，国防部长梅尔文·莱尔德（Melvin Laird）和副部长戴维·帕卡德（David Packard），在这一年的年初登上舞台，但是大戏仍未开演，因为还有一个角色未上场。

他是一个老资格上校，一个喜怒无常、动作张扬的试飞员兼战斗机飞行员，名叫埃弗里斯特·里乔尼（Everest Riccioni）。里乔尼刚刚接掌五角大楼里的研发规划办公室，它与博伊德1969年初所在的单位同属一个部门。博伊德和斯普雷向里乔尼介绍了关于的F-X初步研究，发现彼此意见相当契合。里乔尼早就十分欣赏轻型、高推重比战斗机，博伊德、斯普雷与他的想法在相当程度上不谋而合。

　　里乔尼好奇心强，有典型的意大利人喜怒易形于色的个性。他特别敏感，受不了哪怕一个严厉眼神的打击，而且需要别人无休止的奉承。里乔尼在第二次世界大战中飞过 P-38 和 P-51，拥有航空工程专业本科学位、应用数学专业硕士学位，在麻省理工学院宇航工程专业博士肄业（他学完了全部课程，但没写毕业论文）。他曾在美国空军军官学校担任教官，主讲宇航工程 551 课程——涉及空间运动的数学物理分析，也许是空军军官学校层次最高的课程。里乔尼在空军军官学校任教时，写过一本关于空战的书《飞虎》（*Tigers Airborne*），既表现了他的天才，也说明了他的幼稚。他在书中表示，美国空军的战术不仅愚蠢，而且会在战斗中断送飞行员的性命。他的批评格外激烈和不同寻常，美国空军只好出面回应：禁止里乔尼出版这本书，而且未经他同意，由他的上级把手稿交给博伊德作评估。博伊德当时还在埃格林基地工作，不知道里乔尼其人，但是他觉察到，空军正想找茬终结此人的职业生涯。他知道，如果他——作为《空中攻击研究》作者和空军认可的空战最高权威——驳斥这份手稿，里乔尼的远大前程将就此划上句号。他读了手稿，表示虽然不同意里乔尼的结论，但是认为，只有广泛接触不同空中战术思想，美国空军飞行员才能保持世界最优秀的地位。他拒绝严厉批评这份手稿的态度和不开除作者的强烈建议挽救了里乔尼的职业命运。

　　由于命运的奇妙安排，里乔尼现在成为协助博伊德重新点燃本该属于 F-15 的辉煌之火的火花塞。他在五角大楼研究与发展部门的职务，使他有资格申报理论研究课题。博伊德和斯普雷告诉里乔尼，他们的理想轻型战斗机已经被人镀了金，其重量一天比一天重。博伊德说，他相信 F-15 不会拥有人们预期的性能，很多机载高科技新玩意不会像广告里说得那样好。到那个时候，美国空军将无法为其持续增长的成本自圆其说，项目将再次陷入困境。海军可能再次找到国会，试图阻挠 F-15 项目，并强迫空军接受 F-14。

博伊德说，空军必须做两手准备，万一 F-15 项目失败，有一个替代机型顶上去。里乔尼提议设计一种体形较小的、采用 F-15 发动机的战斗机，认为它应该有很不错的性能。斯普雷对利用 F-15 发动机的可行性比较悲观，认为它达不到要求。博伊德则不那么悲观，而是觉得里乔尼的想法倒也没有什么坏处。

新的轻型战斗机将着眼于未来战争，机体轻盈，机动性强，像胡蜂那样凶悍。由于美国空军并不知道它需要为 F-15 准备替代机型，所以博伊德等人必须对计划守口如瓶，因为任何替代机型在空军眼中都是对 F-15 的威胁，而且国会不为再给任何战斗机拨款，尤其是在 F-15 已经投入批量生产的情况下。

这时候，博伊德对未来形势的超人预见和博弈计算使他产生了一个新的想法。如果 F-15 的高科技设备不起作用，达不到性能指标要求，那么海军 F-14 不也有同样问题么？果真如此的话，海军是不是也在考虑 F-14 的替代机型？

里乔尼拟了一份呈送给空军研究与发展部门主管的备忘录，别有用心地暗示，海军可能在研制一种机动性能很强的小型战斗机。告诉一个空军将领，海军正咬住他的尾巴，没有什么比这个更能刺激他了。主管指示里乔尼，排除困难，全力推进新机研究。

博伊德笑道："我们才不管苏联人在做什么呢，我们只关心海军在做什么。"

博伊德已经估计到将军们会作何反应。里乔尼准备提交一份课题研究计划，宣称打算研究能量-机动数据和权衡取舍分析是否可以用于先进战斗机设计。计划表面上看只是个一般课题，事实上，它的真正目标是设计一种超级劲爆、超级轻小的战斗机。博伊德向里乔尼介绍过如何运用能量-机动和权衡取舍原则来实现这个目标。他与里乔尼、斯普雷3人共同制订了这个研究计划，它有一个冗长而枯燥的名字："先进能量-机动理论与权衡取舍分析的综合验证研究"。这种晦涩艰深的纯学术性研究显然人畜无害，美国空军给了里乔尼14.9万美元研究经费。

当博伊德和斯普雷感谢里乔尼帮助他们重启了轻型战斗机项目的时候，里乔尼提议他们3个人结为团体。"我们应该叫'战斗机黑手党'。"他说。因为这是他的主意，而且因为他的意大利血统，所以他将担任"教父"一职。博伊德对此并不介意，他关心的是这14.9万美元意味着他们可以重启轻型战斗机的研究。尽管里乔尼是上校军衔，并且自称"教父"，但其实博伊德才是主导这个团体的人。里乔尼喜欢吹嘘他在"战斗机黑手党"中的地位，而博伊德出于在"大楼"工作的丰富经验，深知他们的团体只能采取地下游击队的活动方式。美国空军一旦发现"战斗机黑手党"的真实目的，会视他们为F-15的劲敌，也就是美国的敌人。

大约正在此时，在斯普雷的大力举荐下，国防部长办公厅终于发现汤姆·克里斯蒂是个不可多得的宝贵人才，不能继续让他隐居在埃格林的松树林里。克里斯蒂的炸弹效应研究在各大军种得到广泛应用，他还有管理人事的神奇本领：每一次空军把问题人员派到克里斯蒂那里，克里斯蒂都能把他改造为有创见、有干劲的员工。1969年，克里斯蒂得到一个新任命，领导国防部长直接领导下的原"神童"部门——战术航空分析组。个性谨慎的克里斯蒂对调往华盛顿工作犹豫再三。做为折中方法，他每年有4个月到战术航空分析组工作，每月工作3周。随着克里斯蒂的前任后来去职，他也返回了埃格林基地。迟至4年以后，他才重返五角大楼，正式执掌战术航空分析组。

克里斯蒂回到埃格林基地不久，出差路过那里的博伊德来家里探访。克里斯蒂正与妻子凯茜忙着挂窗帘。博伊德满脑子都想着新型战斗机，他兴奋极了，喋喋不休地说个不停。克里斯蒂知道博伊德喜欢瓦格纳，所以为他播放了《飞翔的女武神》。博伊德眼睛睁大了，他立刻停止讲话，仿佛进入了另一个世界，像乐团指挥一样挥起手臂，在房间里轻快地跳起舞来。之后几个小时里，博伊德一直独自待在房间里，一遍又一遍倾听这段音乐。从此，只要博伊德来访，克里斯蒂都会准备一张瓦格纳的音乐唱片。

里乔尼一度与博伊德十分亲近，但是最终没成为博伊德的门徒，而且两人的关系很快变得特别紧张。有时候，里乔尼坐在桌旁，博伊德会用大手拍着他的肩膀，亮着嗓门说："老虎，咱们去扫荡大厅吧。"两人去大厅里的小店，买上几袋巧克力棒，然后回到办公室，把它们一一分发给秘书们，她们把巧克力收在办公桌里。到了晚上，秘书们下班以后，博伊德挨个到每张桌子里翻找，把巧克力拿回去。

有一天，博伊德在回廊里走来走去，念叨着如何从莱特-帕特基地再搞到极线图。正好从近旁经过的里乔尼跟博伊德打了个招呼，准备走过去。然而，博伊德的体内雷达突然间捕获目标，他迅速转过身，拉住里乔尼的臂肘不放，恳切地谈起极线图，然后指着他的胸脯，高声抱怨着自己如何需要极线图，而莱特－帕特基地那些狗东西却如何总是阻挠他。"约翰，我得去一下卫生间，"里乔尼说，"过一会儿再聊，好吧？"博伊德仍然喋喋不休，跟着里乔尼进了卫生间。里乔尼来到便池前，博伊德与他并肩站立，絮叨着极线图和莱特－帕特基地那些狗东西。里乔尼转身进了隔间，但还没来得及关上门，博伊德就挤了进来，继续跟他絮叨。"该死的，约翰，我想一个人待着。"里乔尼说着，把博伊德推出隔间，砰地一下关上门。这时他瞄了一眼博伊德，后者一脸懵懂不解的表情。博伊德心里所想的，只有莱特－帕特基地、极线图、那些数据和图表。

又过了几天，两人乘车前往华盛顿郊外的安德鲁斯（Andrews）空军基地，博伊德在路上又一次进入了神游状态。他一言不发，凝望着窗外。过了几分钟，他恢复了清醒，转头对里乔尼说："老虎，我刚才搭建了几个能量－机动数据，我想知道怎么求导——"

"搭建能量－机动数据？"里乔尼打断他的话，"光用脑子？"

在麻省理工学院攻读数学博士学位期间，里乔尼接触了博伊德闻所未闻的学科、学派和理论，但里乔尼无法在脑海中搭建能量－机动数据，他看不见那些图表，听不到它们的美妙歌声。

里乔尼告诉了博伊德相应的求导思路，博伊德又回到刚才的失神状态。由于"战斗机黑手党"的秘密项目，他又将获得设计前所未有的、最纯粹的喷气式战斗机的机会。

时不我待，只争朝夕。

第十七章 "战斗机黑手党"从事"上帝的工作"

博伊德退役的时间日渐临近。然而 1969 年 5 月，他接到一份不同寻常的《军官考绩报告》。上司罗伯特·泰特斯上校（Colonel Robert Titus）在封面为评估结果作了防火墙处理。在第二页，他认为博伊德的能量-机动研究"是促成 F-15 先进战术战斗机采办的最重要因素"。他提到了博伊德"极高的工作热情"，说博伊德是"无与伦比的战术和技术创新者"，并表示博伊德"积极求索的心灵似乎永不停止地探求着广阔无垠的未知世界"。在最后，他写道，博伊德是一个"才华横溢、足智多谋和精明干练"的军官，应该提前晋升为上校。

《军官考绩报告》的批注者写道，博伊德"为美国空军 F-15 项目作出了不可估量的贡献"。另一位批注《军官考绩报告》的少将也表示，博伊德"被军方和工业界公认为本领域内的杰出权威"，最近刚由于对空战战术的开拓性研究获得荣誉奖章。少将最后敦促提前晋刊博伊德为上校，并表示他是"……我所知道的最有资格晋升的两个中校之一"。

博伊德的退役时间从 10 月推迟到 12 月。接着，博伊德在 7 月再次申请推迟退役，这一次是 1970 年 2 月 1 日。当军官提出退役申请时，通常会希望尽快离开军队，然而博伊德不是这样。他一年前提出退役申请，然后又要求推迟，这里必然有其原因。嘲讽的人有理由认为，博伊德可能利用退役作为威胁手段，逼迫上级提拔他为上校。但是，博伊德的门徒们极力否定这一说法，他们说，博伊德根本不在乎军衔高低。不过他们的见解只是事后观察的结果，也来自博伊德后来关于军衔问题的自我表白。他提出退役申请又要求延长服役时间这件事，当时没有人知道。

8 月，博伊德从五角大楼调到驻安德鲁斯空军基地的空军系统司令部办公室，成为负责监督莱特-帕特基地的 F-15 项目主管。这份工作使他倍感耻辱。他在五角大楼能与空军参谋长秘密联络，经常与国会议员打交道，而在安德鲁斯基地，他做起了一份闲职。美国空军现在完全改变了 F-15 的性质。博伊德视 F-15——尽管第一架飞机尚未下线——为过渡性的、笨拙的技术失误的产物。与此同时，他正在秘密设计的轻型战斗机则像一把轻剑，体现着他不断推进能量-机动研究的全部成果。它简单而轻巧，比 F-15 阻力更低，重量更轻，更不易被发现，性能更强大。它甚至没有雷达，没有炸弹挂架，是一种纯粹的昼间战斗机。它仅有两万磅重，是 F-15 的一半。事实上，它是理想版的 F-15。博伊德拟定了设计需求书，表明他在承包商动笔设计之前，就知道他们心里在想什么。他知道飞机的转弯能力，不同高度上的能量速率、爬升率和航程。最令人满意的是，这种飞机极便宜，空军可以制造成千上万架，足以席卷未来战场。这就是他所说的"大战略"。简而言之，大战略就是接受美国空军的挑战，秘密设计新的轻型战斗机，制造原型机，然后迫使空军接受它。

这是有史以来针对一个大军种的最大胆的阴谋之一，而且是在某些人眼皮底下策划的，空军如果得到一点风声，不仅会立刻跳出来横加阻拦，而且会放出命令，把博伊德贬到地球的另一边去。博伊德深知这一点，他告诉斯普雷和里乔尼，绝不能提到正在设计的飞机，在电话里不能，甚至私下谈话里也不能。与轻型战斗机有关的所有东西都要称为"上帝的工作"。

设计新型战斗机是一项长期而艰苦的事业。F-15项目启动6年以后，才发出第一份设备订购合同。现在回想起来，3个人秘密设计新的轻型战斗机的想法足以令人捧腹大笑，想一想都觉着他们够疯狂，竟然能置美国空军的意志于不顾，将项目推进到制造阶段。这种阴谋在历史上从未有过成功机会，但博伊德准备证明，命运之神总是垂青那些胆大包天的人。

里乔尼争取来的14.9万美元研究经费分别支付给了诺斯罗普公司和通用动力公司。这个做法也许不符合规定，因为别的承包商没有机会参与其中，而且诺斯罗普和通用动力不久就自筹经费参加了未来合同的竞争。两家承包商知道，如果美国空军发现研究合同的真相，肯定会将其扼杀，所以他们保持了缄默。与此同时，两家公司心中也很清楚，他们中的一家将获得价值几百万美元的制造合同。

诺斯罗普公司表示，设计YF-17新型战斗机需要10万美元，通用动力公司则得到4.9万美元用来设计YF-16。通用动力公司对于被选中参与研制可以说是大喜过望——这是在F-111项目失误、无缘参与F-15项目之后，它摆脱自身困境的天赐良机。希拉克与博伊德 1962 年在埃格林基地结下的友情，现在开始结出果实了。

编号所加的前缀"Y"是蒙蔽美国空军的又一个策略，如此一来它就不知道研究课题的真实情况。一旦飞机进入大规模制造阶段，编号里将只有"F"。"Y"的意思是说，飞机只造一架——原型机。

博伊德经常给通用动力的希拉克和诺斯罗普的几个工程师打电话，让他们来华盛顿。这种电话至少每周几次，有时更多。如果是打给希拉克，他会接着打电话给斯普雷和里乔尼："西部的朋友要来了，今晚，我们将从事'上帝的工作'。"博伊德在电话里庄严宣布"上帝的工作"的模样，让不止一个秘书一头雾水。

接到电话后，希拉克会先在沃思堡的通用动力公司一直工作到当天傍晚，赶乘前往华盛顿的班机，然后在旅馆房间里与博伊德、斯普雷和里乔尼碰头。他们彻夜工作，讨论 YF-16 的研究计划、能量-机动图表和初步设计方案。斯普雷希望把进气道放在机头下，而且要尽量向后放。单座喷气式飞机的进气道一般位于机头前端，或者机头两侧，斯普雷的大胆创新减轻了飞机重量，优化了机动状态下的发动机气流。它还给了飞机像猛禽一样虎视眈眈的外形。

然后，希拉克前往华盛顿国家机场，赶乘飞回达拉斯的早班飞机。加利福尼亚州诺斯罗普公司的工程师们也在做着同样的事。因为两家公司是竞争对手，所以他们对自己的研制工作都严加保密。

同事们都不清楚博伊德是怎么了。几个月里，每周都有几天，他直到中午才哈欠连天地来上班，来了就大口喝"健脑果汁"提神。上司问他为什么迟到，博伊德说："昨天晚上，我一直在从事'上帝的工作'。"然后，他喝上一大口咖啡，点燃一支"荷兰大师"，环顾四周，说："干得真他妈漂亮。"

1970 年 2 月，一个名叫罗伯特·德拉班特（Robert Drabant）的年轻中尉满怀自信地来汤姆·克里斯蒂在埃格林基地的办公室报到。"我的任务是什么？"他问。

克里斯蒂微笑着："你是'能量-机动先生'，专门负责接听约翰·博伊德从五角大楼打来的电话，记下他说的话，办理他对计算机的需求事宜。"几分钟后，德拉班特接到博伊德的电话："老虎，我们要好好干一场了。"以后两年里，博伊德每天打来电话，一般长达两三个小时。德拉班特为"战斗机黑手党"制作了 1500 多张能量-机动图表。博伊德从不满足，想把所有新数据尽可能加入迭代过程。他已经从最初的基本能量-机动图表，推进到所谓的"能量-机动理论拓展版"。

1970 年 1 月 6 日，博伊德再次申请推迟退役时间，这一次延迟到 7 月 1 日。他给出了"为进一步构建拓展版能量-机动理论及编撰相关材料"的理由，并认为这"对空战新战术的制订和新型战斗机的研制有着深远的影响……"

他确实在不断深化能量-机动理论，但是更主要的是以此为名义，继续轻型战斗机的研制。他将监督 F-15 的工作视为可有可无的闲职。他提出推迟退役时间，是像门徒们所说的那样，出于研制轻型战斗机带来的激奋之情，还是想以此要胁上级提拔他为上校？如果是后者，他的讹诈似乎不会奏效，美国空军会在他提出申请之前，就勒令他退役。但是，从后来事态的发展来看，他的要胁也许达到了目的。

在美国空军军官队伍中，中校与上校的差别也许是最大的，在相当程度上，可以说比上校与准将之间的差别更大。以中校军衔退出现役的人被同事视为等闲之辈，上校才是领导干部，属于领导级层——他不再是"无足轻重的中校"，而是"老资格上校"，距离将军只有一步之遥。

根据美国空军法规，军官在任职岗位变动之后，必须在新岗位继续服役若干时间，才能退出现役。法规的意图是补偿政府为调动这个军官所付出的成本。博伊德从五角大楼调到安德鲁斯空军基地，这次调动只是在华盛顿市区不同单位之间，博伊德的家庭住址还在原地，而且他每周还会返回五角大楼工作几天，但规定就是规定，博伊德在安德鲁斯的服役时间未达到标准。5月上旬，有通知下来，博伊德的退役申请被拒绝了。他应该早就知道这个结果，因为他几天前曾提交过一份补充申请，请求撤回退役申请。"由于空军目前缺少有全面分析能力的研发军官，我期望保持现役身份。"他写道，"此外，我认为相比在私营企业，在当前岗位上更能为空军和国家做出更大的贡献。"

博伊德或许已经知晓，晋升选拔委员会已经开会，决定提升他为上校。这只是猜测，因为委员会的内部运行是保密的，但是当一个有争议的晋升对象被提名给委员会时——博伊德的大名肯定引起了很多争议——委员会成员往往会给多位将领打电话，征求他们关于这个军官的意见。晋升对象的名字经常因此泄露出来。

军官提拔的顺序是根据晋升日期来安排的，也就是说，任职时间长的中校比任职时间短的排名更靠前，破格晋升的排在最后，因为他们资历最浅。所以，破格晋升的中校一般提前12个到15个月就能知道他们即将升职。

博伊德的退役申请被打回来之后没过几天，他收到一份为其晋升打下了基础的不同寻常的《军官考绩报告》。从其内容来看，评价者显然认为，博伊德及其巨大影响在美国空军历史上是罕见的。他几年前荣获的若干奖项已经为美国空军增光添彩，"在相同级别和经历的军官群体中无人能与之相比"。他在全国范围内的候选对象中脱颖而出，以"对航空航天技术的杰出贡献"，获得 1970 年度霍伊特·S. 范登堡奖。《军官考绩报告》表示，博伊德是"空军最优秀的思想家之一"。他能量-机动理论曾荣获橡叶功勋章，很先进，被评价为"迄今为止最强大的战斗机评估手段，并为工业部门提供了航空航天史上最有效的工具之一"。评价报告最后表示："确定破格晋升为上校——现在。"

启动博伊德的晋升进程的是汤姆·克里斯蒂，他与一个空军上校合写了一份呈送詹姆斯·弗格森上将的长达 8 页的备忘录。弗格森还是中将的时候，曾担任负责研究与发展部门的空军副参谋长，了解博伊德所作的贡献。当他提升为上将，执掌空军系统司令部之后，亲自安排博伊德从五角大楼调到安德鲁斯，去监督 F-15 的研制进程。

克里斯蒂的备忘录说，博伊德即将退役，失去这样一位贡献巨大而且将有更多贡献的军官，是美国空军不能承受的损失。弗格森完全同意，他要求克里斯蒂撰写建议提拔博伊德为上校的推荐信，他签字并提交晋升委员会。克里斯蒂照做了。

博伊德的晋升问题此刻变得更加扑朔迷离。第一，晋升选拔委员会理论上不受行政长官的影响。事实上，有人说过，只要发现任何行政长官干预的迹象，就足以终结一个军官的晋升程序。第二，上将极少向晋升选拔委员会提交推荐信。如果有，委员会将把它奉若神明。

现在看来，"蒙混者"打了一个漂亮仗，他还在保护博伊德，仍然在混战者们看不见的地方活动。他相信，博伊德从不知道他在当中所起的作用。

再过一年，博伊德才能把上校的银质鹰标缀在肩上。但是现在，他知道自己已经进入晋升名单。具有讽刺意味的是，空军系统司令部提拔博伊德的举动，反而可能给了博伊德毁掉它最为珍爱的战斗机项目的机会。

1970 年 12 月间，自封的"战斗机黑手党教父"里乔尼相当炙手可热。在五角大楼里，有的上校喜欢挂一支轻便手杖，里乔尼则在腋下夹着一支狩猎箭在大厅里走来走去。开会的时候，他把它当作指示杆，挥个不停。

"里乔尼上校为什么带着支箭到处走？"有人问博伊德。

"见鬼，我不知道，问他去。"

"因为我是一个斗士，"里乔尼说，"它始终提醒我，我是一个真正的斗士。"

里乔尼喜欢人们注视的目光。他常常用第三人称指代自己，比如"里乔尼昨天告诉几位将军，他们应该认真对待'战斗机黑手党'"。可是，里乔尼并不清楚，"战斗机黑手党"这个名字本身就足以激怒空军内部的官僚政客们，他们将"战斗机黑手党"视为一伙造反者、阴谋家和精英主义分子。里乔尼对名气的渴望和幼稚的性格开始越来越危险，他开始向上级提交煽动性的备忘录，为"战斗机黑手党"引来了太多注意。他在一封信中抨击 F-14 是极其糟糕的飞机，表示海军应该考虑采购轻型战斗机，然后还把这封信抄送了海军上将办公室。在无休止的抨击和谩骂中，里乔尼将自己树立为"战斗机黑手党"的创立者，甚至向别人暗示那项资助课题的真实目的。他隐约其辞地提及一种飞机，它有一天将击败 F-15，从而让美国空军彻底丢脸。

博伊德和斯普雷大惑不解。一方面，里乔尼似乎是个沽名钓誉的人，另一方面，他如此天真、真实和可爱，让人生不起他的气。有一天，博伊德找到里乔尼，说："如果你只想着做点事就博得别人的好评，那么人生不会有大的出息。不要让自己陷进对名利的追求。"

里乔尼同意了。但是，他继续撰写煽动性的备忘录。

博伊德怒冲冲地走进里乔尼的办公室，说："我有一个特殊的课题，需要你所有的铅笔。"

里乔尼把桌上的铅笔都交给博伊德："还要吗？"

"我都要。"里乔尼又从办公桌抽屉里找出几支铅笔。

"你口袋里还有两支。把它们给我。"

博伊德拿起铅笔，一下子把它们撅断，扔进废纸篓。里乔尼吃惊地抬头看着他。

"里奇，你欠我的情。我不止一次救过你。现在是你还债的时候了。"

里乔尼已经知道博伊德挽救过他的职业生涯。他承认欠博伊德的人情，说："你想要什么？"

"不要再写该死的备忘录了。我不希望你再给任何人写任何东西。"

里乔尼本性难移，不愿在幕后做无名英雄。他越来越直言不讳地说起轻型战斗机的优势，批评 F-15 不必要的复杂和极高的成本。在一次圣诞节聚会上，时任参联会副主席约翰·迈尔上将（General John Myer）向里乔尼提出了问题。"教父"列举了 F-15 的每一处毛病，说美国需要一种替代机型，一种轻小、便宜的高性能飞机。

"你是在告诉我，我们不该拥有现在的飞机吗？"上将问。

五角大楼里几乎每个上校都明白，一个上校不应该对参联会副主席说，美国空军最负盛名的采办项目是一个错误。里乔尼说："我能用 1/3 的价格造出更好的飞机。"上将转身走开了。

几天后，"教父"接到通知，他被调往韩国。

斯普雷也要离开了。他对国防部、对更大-更高-更快-更远帮派似乎总是占上风深感失望，决定加入一家从事空气和水质量分析的初创公司，进行环境发展趋势研究。但他仍然为 A-10 项目做顾问工作，与博伊德密切合作，在旅馆房间里与承包商们彻夜研究，从事着"上帝的工作"。在五角大楼里，现在只能看到博伊德的身影，他也只是这里的访客。

在承包商们勾结而封闭的世界里，没有不透风的墙。研究合同现在不再是秘密了，其他相关方也要求加入。洛克希德、LTV、波音等公司开始重视诺斯罗普和通用动力公司拿到的那两个研究合同了，轻型战斗机可能带来价值几亿美元的制造合同。

1971 年 5 月，国会就 F-14 和 F-15 发布了一份措辞严厉的报告，建议拨款 5000 万美元研制取而代之的轻型战斗机。五角大楼的将军们气得快冒烟了，报告内容部分来自空军和海军的内部文件，肯定是五角大楼里的人捅出去的。

关于轻型战斗机的讨论给五角大楼带来的恐惧之强烈，即使突然飞临上空的敌国轰炸机也远不能与之相比。它是官僚政客们最怕的东西，是变革的信号，它违背了美国空军奉若神明的一切。在他们看来，F-15 刻意求新、价值高昂、金光闪闪，是战机中的精英、全世界的偶像，而现在，"战斗机黑手党"却说他们有一种更加优秀而且更加便宜的飞机。这太可怕了。

承包商们把国会对 F-15 和 F-14 的批评视作进一步的信号：轻型战斗机值得研制。博伊德提醒同事，承包商总想请他们外出吃饭，轻而易举贿赂不加防备的人。有一家承包商打算在轻型战斗机项目中分得一杯羹，宣布将派高级团队来会见博伊德。在此之前，它先给博伊德发了一大推数据供他参考。这些数据对飞机性能所下的结论如此之乐观，博伊德一看就知道是假的。终于，公司副总裁和高级工程师们前呼后拥，造访了博伊德的办公室。油头粉面、衣履光鲜的经理们竭力抑制自己的派头，因为面前这个不修边幅、皮鞋脏兮兮的上校恰巧是战斗机项目的关键人物。博伊德从他们的计划书中挑出一节，他知道，其中关于机翼的设计会引起巨大的翼梢涡，而计划书根本没提及这一点。

博伊德用镇定、温和而好奇的语调，问道："你们怎么得到的这些机翼数据？"

副总裁拍马冲过悬崖。"风洞试验。"他说。

"去你的风洞试验。"博伊德咆哮道。他指着天上："世界上最大的风洞在上面，它叫作现实，你的设计不契合现实。"

博伊德停顿了一下。副总裁和工程师们面面相觑，一个年资较深的人刚想开口，博伊德又说："我已经让国家航空航天局核实了你们的数据，他们不能复现你们声称的性能指标。"

这等于说他们关于性能的承诺是捏造的。那个资深的人鼓起勇气说："上校，我们几十个工程师为此做了几个月的实验。"他敲着桌说："数据是正确的。你得回到国家航空航天局，再——"

博伊德一下子站起来，指着门口："你们这是扯淡。从我的办公室滚出去。"

"上校——"

"滚出去！"

办公室里的军官和秘书们个个惊恐万状，没有人这样对国防承包商讲过话。博伊德站在门前，怒目圆睁，逼视着这些人。他们收起皮制文件包和数据文件，昂然穿过走廊。博伊德举起攥紧的拳头，上下挥动："意淫，你们这些家伙是在意淫，搞好数据以后再来吧。"

博伊德的老板是"山姆大叔"，他在为国家做事，没有时间跟方案不成熟就贸然来投标的承包商纠缠。几十亿美元的纳税人资金前途未卜，他肩负着委托责任，有义务保证这些资金花到恰当的地方。

几个星期后，副总裁给另一个军官打电话，表示博伊德是对的，工程师们在机翼设计方案上犯了一个错误。副总裁说那个错误是无心的，只是失误，因为不知博伊德会怎么说，所以不敢给他打电话。他请求那个军官传话给博伊德，错误已经改正过来了。

另一家承包商派出顶级工程师带队参加新型战斗机投标。这位世界著名设计师为美国政府设计过一系列性能出色的飞机。他只介绍了一套概念化方案，却没有提供支撑数据，对空气动力性能的估计空泛而含糊，升阻曲线极其乐观。博伊德意识到，这个设计方案不是新的，只是对已有飞机的改进。设计师只估计了空军的需要，但那不是博伊德需要的。承包商显然认为博伊德会对著名设计师的头衔望而生畏。

博伊德后来特别喜欢讲述接下来发生的故事。他看着升阻力曲线，夸张地做着敬畏的表情。"这太令人惊喜了，"他说，"我简直不能相信。"

设计师微笑了，随行的工程师们也微笑着。有名的约翰·博伊德，尽管有传说中的能量-机动理论，终究还是个开战斗机的飞行员。只要离开座舱，他是很好糊弄的。

博伊德俯身察看升阻曲线图，他把手指移向左侧，一直到图框之外，然后抬起头，吃惊地说："从这曲线回推，让我们看看机翼升力为零的地方，哇，这飞机太优秀了，不只升力可以为零，而且此时阻力是负值。"

著名设计师的微笑消失了，也许他低估了这个博伊德上校，也许他应该在设计方案上多花些时间。而博伊德此时还只是刚热了身而已。"如果这东西有负阻力，那么它不启动发动机，就能获得推力，"他停顿了一下，好像陷入深思，"这就是说，如果放在停机坪上，关闭发动机，它也拥有推力，你必须把那狗东西拴起来，不然它自己就飞走了。"

设计师怒视着博伊德。谁会想到，他竟然会根据曲线回推到零，用承包商自己的数据，证明发动机还没点火，就产生了推力？

博伊德把图纸推到一边。"这破飞机是用谎话制造的。"据他后来叙述,设计师第二天给他打电话,邀他到外面共进午餐,请求博伊德不要向上司告发他虚构设计方案。"我必须告诉他们。"博伊德说。然后,设计师提出了一个建议,这个建议如果去掉其中拐弯抹角的遁词和装腔作势的说法,就等于想用钱堵住博伊德的嘴。"不可能。"博伊德回答。终于,设计师发出了公开的威胁,说将运用公司的影响,让军方开除博伊德。"尽管来吧,你个狗东西。"博伊德说。

几周后,这位著名设计师及其所在公司退出了对比试飞。

军官一旦提拔为上校,会自动进入下一届晋升选拔委员会的将军候选名单,时间大约在晋升上校几个月以后,也可能在一年以后。如果第一次被排除在外,那么不必担心,但是如果第二次又被忽略,就得有所怀疑了。如果第三次仍未得到任何消息,那么这个军官就没机会了。所以,晋升为上校之后的第一份《军官考绩报告》至关重要。从这里面,上校们能发现最初的蛛丝马迹:将军们是不是准备接纳他进入这个圈子。

1971年10月13日,博伊德收到了成为上校之后的第一份《军官考绩报告》,它的结论是毁灭性的。他在封面部分得到的打分都在第三个等次,相应的说明运用了典型的报告语言,即在外行人看来好得不能再好:"博伊德上校继续为空军的飞机性能设计优化分析方法做出卓越、重要的贡献。"博伊德获得正面评价的都是以前的工作,而"卓越、重要的贡献"比起之前评语中对于其创新性、突破性的强调,或者对于博伊德领导作用的强调,程度就差了许多。评价者建议博伊德回到院校攻读博士学位，然后去空军军官学校任教。这看起来像是十分肯定他的潜在能力，但对于一个有 20 年军龄的上校，这是有损人格的侮辱。博伊德只有本科学位，三四年后才可能获得博士学位。让一个上校连续 4 年离开工作岗位，等于结束他的职业生涯。更糟糕的是，空军军官学校的教官不可能是将军，只有院长才是将军。最后，如果上级认为一个上校可能成为将军，《军官考绩报告》会讨论他的领导能力，间接提及他的政治素质和政务才能，推荐他担任一个与将军相配的职务。博伊德的《军官考绩报告》对这些却只字未提，他的命运被一个少将的批注意见彻底锁定了："我赞同审签、评价军官所作的评价和建议。"

约翰·博伊德所做的贡献，无论对空战战术、航空空间工程，还是对科学、对美国空军以及他的国家，都能与美国空军史上任何一个人相媲美。在美国空军的原创型思想家中，博伊德应该算第一个，而这种人本就凤毛麟角。但是，他的敌人占了上风。他得罪了太多将军，所以无法成为一名将军。博伊德此刻想必已经失去希望，他如往常一样，到工作中寻求安慰。恰在此时，他又有了一次顿悟，一个美妙而影响深远的顿悟。

在轻型战斗机的概念设计过程中，他翻阅了自己从前的所有的，包括朝鲜战争时期的笔记。他追忆早期对能量-机动的研究，那时为 F-86 编制能量-机动图表是多么困难，他忆起 F-86 与米格战斗机的无数次交战，他忆起米格战斗机的性能，它在纸面上多么全方位地优于美国飞机，但是 F-86 却以 10:1 的交换比大胜米格战斗机，为什么？

博伊德苦苦思索，一遍又一遍查阅笔记。是不是有别的什么，别的也许能量-机动理论也没考虑到的因素能够解释其中的缘故？博伊德分别列出米格战斗机和 F-86 的性能，一连几天，出神地探索问题的破解途径。终于，他得出 F-86 较之米格战斗机的两个重要优势。第一，F-86 有气泡形状的座舱，飞行员有 360 度全向视野，而米格飞行员没有向后视界。所以 F-86 飞行员能轻松地观察敌机，这是米格飞行员不能的。第二，F-86 是全液压助力操纵系统，而米格机没有。这就是说，F-86 飞行员可以用一只手指操纵飞机，而米格战斗机的操纵系统相当沉重，飞行员在恢复期间必须经常练习举重以保证臂力充足。沉重的操纵系统使米格战斗机飞行员更易疲劳，而且更重要的是，F-86 飞行员能从一种机动更快地转换到另一种机动。从实践意义上看，这意味着飞行员可以更迅猛地完成一系列进攻或者防御机动，他每次都领先对手半秒到一秒完成机动，直到最后能够轻易甩掉敌机，或者占位攻击。米格战斗机单纯的加速能力和转弯能力都更强大，但是 F-86 战斗机改变机动方式的速度更快，而在战斗中，后者更重要。

这些优势——更优的视界和更高的敏捷性——将使轻型战斗机成为更不同寻常的飞机。敏捷性这个概念是一个征兆，它预示着博伊德传奇中最著名的那个部分即将在若干年后诞生。

第十八章　一只短腿鸟

美国的最新型战斗机不断遭到猛烈抨击。

新闻媒体连续报道 F-15 惊人的高成本和 F-14 糟糕至极的性能。国会参议员、"军队克星"威廉·普罗克斯迈尔（William Proxmire）发布批评这两种飞机的报告，再次建议拨款研制轻型战斗机。由于他的报告引用了 F-15 和 F-14 的绝密数据，五角大楼开始怀疑"战斗机黑手党"向普罗克斯迈尔提供了帮助，尽管这一怀疑无法坐实，但关于轻型战斗机的那些胡言乱语只可能来自他们。针对这两种战斗机的批评达到了前所未有的激烈程度，因此尼克松政府命令国防部长莱尔德对国防采办系统来一次清理整肃。莱尔德把任务交给了副手大卫·帕卡德（David Packard）。

接受任务以后，帕卡德心头最惦念的应该是菲茨休（Fitzhugh）委员会的调查结果。该委员会于 1969 年走马上任，其使命是认真调查美国国防部的行政管理和采办程序。委员会提交的报告建议国防部在研制新武器装备时，首先应制造和测试原型样机，然后再进行大规模生产。之所以这样，是因为国防承包商以往几乎总是低估成本和高估性能（低估成本的做法非常普遍，以至有了"借用后期预算"的专称）。原型机制度将全面曝光新武器装备的缺陷、性能不足和真实成本。

这种理念并非首次出现。第二次世界大战前，美国的战斗机大都以原型机的形式问世。合乎道理的做法，是对设计方案做验证，发现它的优势或不足并修正方案之后，再投入大规模生产。但是，随着喷气式发动机、后掠翼技术和更多稀奇古怪的航空电子设备的出现，美国空军规模逐渐扩张，军工企业日益官僚化。研制一种飞机的相关人员从最初的大概上百人，发展到现在的上千人甚至更多。承包商遂提出鉴于复杂性和高成本应停止制造原型机的意见。空军官僚们对此意见特别认可，他们也不想要原型机阶段，因为那样可能导致项目被取消。麦克纳马拉相信全部分析和量化研究都可在纸面上完成，在国防部力推所谓"一揽子采办理念"，这正中这帮官僚的下怀，设计团队因而扩张到 2000 人，后来更扩张为 3000 人，而新型战斗机的研制成本飙升到 10 亿美元左右。

1971 年夏，帕卡德宣布将安排两亿美元经费供各大军种进行原型机研究。美国空军马上抽调人手，挑选可做原型机研究的项目，力争从这两亿美元中抢得尽可能大的份额。国防部长办公厅的莱尔·卡梅伦上校（Colonel Lyle Cameron）负责此项工作，他是为麦克纳马拉的"神童"们敬重的为数不多的职业军官之一，也是皮埃尔·斯普雷最亲密的好友之一。卡梅伦梳理了空军各家研究与发展实验室的工作，筛选出 2000 多个候选项目。空军此时命令卡梅伦加快速度。卡梅伦于当年 8 月推荐了短距直降运输机项目（STOL）和轻型战斗机项目，因为它们的设计进程已经相当深入，可以立刻签订研制合同。帕卡德批准了这两个项目。当年 12 月，美国空军轻型战斗机原型机研制项目正式启动。

将军们爆笑不已，说如果不出意外的话，轻型战斗机的续航能力将只够在航展上做 5 分钟的表演飞行。让他们搞原型机去吧，他们干不长的，那个小玩具战斗机绝不可能进入生产阶段。"战斗机黑手党"甚至可以驾着原型机飞几次，这一阵热乎劲过去之后，将军们会把它安放到空军博物馆里，继续他们的伟大事业。

手头有正在进行的大项目的国防承包商对恢复原型机制度满腹牢骚，但是没有大项目的承包商却欢欣鼓舞。博伊德和斯普雷相信，他们正迈进航空工业 20 年来最令人振奋的时期，现在是"战斗机黑手党"除旧布新、扫清官场陋习的时候了。博伊德把斯普雷在 A-10 项目上的许多创新思路借用过来，例如招标文件只有 50 页，而不是以往的 300 多页，企业的投标书被限制在 50 页之内。博伊德不仅打算研制优于 F-15 的战斗机，而且准备向五角大楼展示如同轻型战斗机那般至精至简的研制过程，并在空军历史上首次做到新机研制成本低于上一代。

斯普雷在 A-X 项目上首创了原型机对比试飞的方法，因此博伊德委托他拟制严格逼真的试飞计划，包括模拟空中格斗。每一种原型机都将在内利斯附近的秘密基地与米格战斗机做对抗测试，还将与 F-4 进行模拟空战。斯普雷不准备让爱德华兹基地的飞行员执行对比试飞，而是希望起用现役战斗机飞行员。他们做转弯和拉起时，心里不会挂念着膝盖上的记事板。他们把飞机直立起来，让它在天空中舞蹈的时候，不会担心有没有记下数据。他们不让某个怪人工程师在地面用无线电指挥他们如何转弯或加速。飞行员飞完 YF-16 后，将接着飞 YF-17。让同一人飞两种飞机将消除飞行员个体差异带来的偏差。

爱德华兹基地的飞行员们悲愤异常，首先因为不能参加空战试飞，其次因为飞行员同时飞两种飞机的想法。这太危险了，他们说——飞行员不能刚爬下一种新型飞机，就进入另一种飞机起飞。博伊德哈哈大笑。也许你们爱德华兹的伙计们不能，他说，但是战斗机飞行员能。

对比试飞结束时，两种新型战斗机中的优胜者将赢得全部合同，而最美妙的是，海军也可能采纳获胜者的设计方案。美国海军即将被迫接受空军的飞机。

博伊德认为，这才应该是事情本来的样子。

设计分析表明轻型战斗机将在性能上优于 F-15，不过对此必须严格保密，美国空军不会允许某种原型机的性能超过 F-15。但是，设计方案最大的秘密、最有创新意义和最令人惊喜的地方，是轻型战斗机将在续航能力上优于 F-15。博伊德和斯普雷为此奋斗了几个月。斯普雷是挑剔的完美主义者，想把燃料减到最少。较少的燃料意味着较小的重量，意味着较好的性能。博伊德则像过去一样，周密地考虑未来的博弈游戏。他找到了让轻型战斗机携带充足燃料，在航程上打败 F-15 的办法。这办法给了他一个有力武器，而在官场斗争中，有武器就要用起来。博伊德决定引而不发，他知道关键时刻会来的，也许一年，也许甚至两年，到那时候，他会拿出这张底牌，那样效果更好。

燃料系数是燃料重量与飞机战斗全重之比。理解它的关键在于，影响飞机航程的是相对燃料量，而不是绝对燃料量。也就是说，燃料在飞机重量中所占的比例，比燃料的绝对加仑①数更加重要。博伊德坚决要求，轻型战斗机的燃料系数不能低于30%。这是一个神圣而不可侵犯的数字，它无疑来自F-15的25%的燃料系数，也来自博伊德的轻型战斗机必须压过它一头的决心。新型战斗机将携带约6500磅燃料，燃料系数为31.5%。

令人费解的是，美国空军重视燃料总量，却从未考虑燃料系数。"更大-更高-更快-更远"帮派的习惯思维太根深蒂固了：大飞机肯定在飞行航程上超过小飞机。米格-21是臭名昭著的短腿小飞机，另一种小型战斗机F-5也是这样。如果空军官僚们类比一下鸟类，可能会发现更典型的例子：蜂鸟能横越墨西哥湾，而体积比它大几倍的鸟只能飞出几英里。蜂鸟的燃料系数很高。

博伊德对斯普雷说："老虎，他们自以为这飞机航程不够，打算利用这一点致它于死地。让他们来吧。让他们全力进攻。在适当时候，我们再提出反驳事实，他们将无言以对。我们将击落他们。"

博伊德说得对。美国空军将领、国会里持批评意见者及倾向于空军的新闻记者们一看到轻型战斗机携带的燃料量，就将它形容为"小短腿"，即航程非常有限，只能保卫自家机场的飞机，"以机场为家"。不出所料，对轻型战斗机的批评火力集中它有限的航程。有一次博伊德作完相关汇报时，一个将军环顾四周，微笑着说："这是一个短腿小笨蛋，不是吗，上校？"

"先生，看上去是这样。"博伊德说，不理会人们脸上揶揄的笑容。

---

① 1加仑（美制）≈3.79升。——编者注

美国海军跟空军一样仇视斯普雷，就如何与斯普雷斗争为参议院武装力量委员会成员提供了指导意见，因此斯普雷在委员会面前做证时受到了猛烈的攻击。斯普雷说，军方以相当于民航飞机价格10倍的部件给F-15和F-14镀了金，并且表示空军在进行原型机试飞的轻型战斗机才是正确的方向。一个海军官员说，斯普雷的研究充满"不正确的假设、半真半假的陈述、对事实的歪曲和代入错误的数据"。美国海军对轻型战斗机承诺的性能提出疑问，说推重比如果像斯普雷所描述的那样，飞机的重量至少也得有5万磅。斯普雷所说的新型战斗机的性能指标，没有一种玩具战斗机能做到。

美国空军几年以后才会发现，轻型战斗机的航程不但大于F-15，而且大于其编制内所有的战斗机。几十个空军将领将为此差点气炸了肺。对轻型战斗机航程性能秘而不宣，是博伊德的诱敌深入之计运用得最成功的例子之一。

战斗机的设计过程经受如此高度严密的监视，在美国空军历史上是前所未有的。承包商对设计方案的每一个修改建议，都意味着对于博伊德的要求的一次偏离。克里斯蒂说，每一个建议都使博伊德"精神崩溃"。博伊德输掉了一场重要的设计之战，他希望参加竞争的全部是单发飞机，但莱特-帕特基地的一个中将认为，只用一台发动机的战斗机是不可想象的。因此，通用动力公司绘图板上的YF-16可以仍采用单发方案，但是诺斯罗普公司的YF-17必须是双发飞机。

博伊德决意保持轻型战斗机血统纯正的做法带来了一个不同寻常的意外后果。主持编制计算机评估程序的上校显然十分青睐诺斯罗普方案，他设计了一个明显倾向于YF-17的模型，试图把它塞进供方选择程序，这是非常不适当的。一天，斯普雷正在这个上校的办公室里，电话铃响了。斯普雷意识到，电话那头的人，无论他是谁，肯定在通知上校那个模型已经从选择程序中排除。上校对着电话开始争辩，情绪越来越激动，接着语无伦次，口吐白沫，面色苍白，竟然瘫倒在椅子下。斯普雷急忙绕到办公桌后面，把他搀扶起来。片刻之后，上校清醒过来，示意斯普雷离开。几分钟后，斯普雷恰巧遇到博伊德，他对博伊德说："刚才出了件奇事。我跟……在一起，他接了个电话，然后突然口吐白沫，从椅子上倒了下去。我以为他快死了。"

博伊德看了斯普雷一眼："刚才是我给他打电话，我还奇怪呢，怎么突然掉线了。"

这件事后来被人们称为"空对地毯机动"。博伊德的门徒们摇头称奇，他仅用电话就能让一个空军官僚从椅子上摔下来。在以后聚会的时候，他们特别喜欢讲起"空对地毯机动"的故事，尤其是后来，当那个上校成为四星上将，继而担任空军参谋长之后。

博伊德错过了第二次世界大战，没及时参加朝鲜空战，也没抓住越南战争的机会。但是1971年底，博伊德接到前往泰国的命令，他将进入美军在东南亚地区的一个极其隐蔽的基地执行绝密任务。关于任务内容，他只与少数必要和有资格知晓"绝密"信息的人谈起过。

即将参战的人都想重返故乡看一眼，所以1972年2月，博伊德回到家乡伊利。那里正是冬雾弥漫，冰天雪地。博伊德探望了母亲，自从上一次埃尔茜不让博伊德、玛丽和孩子们住进家里，他们只得住在汽车旅馆以后，母子之间的关系相当紧张，可以说是冷若冰霜。

与过去一样，博伊德看望了弗兰克·佩蒂纳托，找到两三个过去的好朋友。跟他们聊起F-15、轻型战斗机、与将军们的博斗以及为研制世界上最优秀战斗机艰苦卓绝的斗争，但是他顶住了压力，没有败退下来，并且在奋力把事业向前推进。佩蒂纳托微笑着，欣慰地点着头。他听不太懂那些东西，但是博伊德就像他的儿子，说什么他都相信。朋友们则不然。"对，对"，他们说着，但毫不掩饰心中的怀疑，一个伊利人怎么能做出这等事业。"讲得好，约翰。"但是他们互相看了一眼，咧着嘴笑了，他们的表情说，完全是扯淡。"哦，对了约翰，现在的飞行员都开喷气式飞机打仗，那么你这次开什么飞机？""是这样的，我不是去执行飞行任务，"他说，"我要搞一个行动。""什么行动？""保密。"他们又一次大笑起来。"那太重要了，"他们说，"要是那样的话，搞行动的应该是将军才行，然而你，你又不是将军。"博伊德沉默了一会儿，然后改换了另一个话题。他与朋友们谈起过去的时光、在伊利的成长、青少年时代的打闹，谈起在斯廷森小店买奶昔喝的往事。

返回华盛顿时，博伊德只剩下几个星期时间了，他必须接受一次体检，完成千头万绪的准备工作。此时，他收到安德鲁斯空军基地的最后一份《军官考绩报告》。作为评价者的少将在封面给博伊德打了3项较低评分，但是批注《军官考绩报告》的一个中将驳斥了评价者，在封面部分的4项里把评分又提了上去。一个将军用这种方式羞辱另一个将军，这种情况极为罕见，但是不管怎么说，上司又一次挽救了博伊德的考绩报告。

那个时候，学术期刊和科技会议早已开始关注博伊德的能量-机动理论。在 1970 年 1 月至 2 月出版的《飞机杂志》（*Journal of Aircraft*）上，刊登了题为《能量爬升、能量转弯与渐近展开》（Energy Climbs, Energy Turns, and Asymptotic Expansions）的文章，文中提及博伊德。1972 年相继发表的以"差速转弯""超声速飞机能量转弯"和"飞机机动降阶近似"为主题的论文，均引用了博伊德的研究。尽管博伊德远在泰国，但在多场学术研讨会上，人们热烈讨论着以"可达集技术在空中分析中的应用""特定界限条件下的最速远程能态机动"和"转弯飞行的能量管理原则"等为主题的论文，它们都以博伊德的理论为主要基础。

能量-机动的作用远不止于理论范围。即使没有约翰·博伊德其人，F-15 同样会研制成功，但是那将是一种完全不同的东西——也许是一种像 F-111 那样丑陋的飞机，很可能在研制时就夭折，迫使空军装备海军飞机。博伊德的能量-机动理论对 F-15 有强烈的影响，很多人称他"F-15 之父"。轻型战斗机一事现在终于尘埃落定了。1972 年 4 月 13 日，也就是博伊德动身前往泰国的时候，国防部长莱尔德签署命令，批准空军制造轻型战斗机项目的原型机。这是自第二次世界大战以来，美国空军首次同时研制 3 种战术飞机——F-15、轻型战斗机和 A-10。3 种飞机都来自空军的主动提议，而不是海军强加给空军的。其中的两种都由博伊德担负主要责任，斯普雷主要负责另外一种。

博伊德这次启程去泰国，是奔赴他的职业生涯中第一次，也是仅有的一次指挥岗位。这是他最后一次实战经历，所以必须全力以赴，用出色的表现尽到自己的职责——他不能再有批评性《军官考绩报告》了。博伊德不在美国期间，轻型战斗机的原型机开始制造了。大概在他返回的时候，对比试飞就将拉开大幕。博伊德期待着，在选择两种飞机中哪一种进入采购的问题上，他能对空军的决策有所影响。

但是，那将是一年以后的事情了。1972 年 4 月，玛丽和孩子们驱车送博伊德来到杜勒斯国际机场，在他登上军事空运司令部的运输机之前就跟他道别并离去了。依照战斗机飞行员的家族传统，玛丽和孩子们与往常一样，没有目送他起飞。

博伊德先飞到加利福尼亚州特拉维斯空军基地，与在那里候机的军人会合，经由阿拉斯加州的安克雷奇，飞抵太平洋另一边的日本。然后，运输机继续飞往菲律宾克拉克空军基地。博伊德在克拉克基地的单身军官宿舍住了一晚，于第二天上午乘机前往泰国曼谷。在曼谷机场，他拎着行李搭乘一架在泰国各基地间往返的 C-130 飞机，终于到达泰国皇家空军的那空帕侬基地。

第十九章　间谍基地

在战争期间，总是出现一些执行不为人所知的秘密活动的军事基地，那里氛围神秘，机关重重，诡秘人物出没其间，常常引起外界的纷纷猜测。越南战争期间，泰国皇家空军那空帕侬基地就是这种基地。它简称"NKP"，有些无礼的家伙戏称为"裸体范妮"。美军在 NKP 基地的行动属于核心机密，在战争的头三四年里官方甚至不承认它的存在。但是，当博伊德于 1972 年 4 月抵达 NKP 基地的时候，公众已经知道了：它是一个间谍基地。

NKP 基地位于泰国东北部湄公河东岸高地，距那空帕侬集古镇仅几英里。它临近泰老边界，向北约 200 英里有查尔平原（Plain of Jars），是不计其数、各式各样的军事行动的大本营。NKP 基地的美军单位互不隶属，彼此相当疏远。名字听起来奇怪的"研究与观察组"（SOG）从此处守卫森严的美国陆军大院出发，进行过几次非常大胆的、至今仍然秘而不宣的行动；空军在此处有 6 个特种作战中队，他们的各型旧式螺旋桨飞机让人看得眼花缭乱，因此飞行员称这里为"飞行马戏场"。特种部队的直升机没日没夜轰鸣着来来往往，小巧的双发 OV-10 是空中前进控制员（FAC）的座驾。

"二战"时期的单发 A-1"桑迪"飞机——高大坚固、火力凶猛——从事搜索救援和近距空中支援任务，特别受特种部队的欢迎（皮埃尔·斯普雷的 A-10 在一定程度上复刻了 A-1）。"二战"时期的 A-26 轻型轰炸机也经常来此处执行任务。夜以继日地从这里起飞的，还有笨拙的 AC-119 运输机，它一侧安装了大口径加特林炮，承担着凶残无比的炮艇机角色，常常打得目标熊熊燃烧，像灿烂的圣诞树。这里还有大量球状机鼻、布满天线的侦察机，都是美国空军其他基地闻所未闻的。

NKP 基地没有常驻的 F-4 或"雷公"战斗机，但是它们经常飞过来落地加油。一个好斗的敌军飞行员曾击落了一架从这里出发的直升机，所以一架全副武装的 F-4 会不定期停在跑道端担任警戒，准备迎战可能靠近的米格战斗机。NKP 是东南亚最忙碌的基地之一，在夜间保障的飞机数量也许比白天还多。

基地范围内散布着若干高墙深院，闲人未经许可不得进入，但是这里总的来说相对开放，有泰国人的裁缝店、洗衣店、酒吧等店铺。泛滥成灾的野狗是这里的一大奇景，野狗们得到的待遇是宽宏大度的——嘿，我们是在泰国，在战区么，多数人这么想着。毕竟，野狗掠食成性，尤其擅长捕捉初级军官棚屋里的大老鼠。

基地里占地面积最大的是巨型建筑群，它的四周堆着沙袋工事，外围有两道装铁丝网的安全围栏。空军宪兵在岗楼站哨，或者沿围栏巡逻，不准外来者随意进出。它的主楼于 1968 年竣工，是当时整个东南亚地区最大的单体建筑，然而它的主要部分位于地下，那里有厚实的混凝土墙的保护，内部空气保持正压，以防灰尘进入，损坏众多的计算机。在 NKP 基地，人们用"工程"称呼这个建筑群，而它的官方名字是阿尔法特遣队。此外，它还有"白色冰屋""荷兰磨坊"和"打手沙洲"等很多其他代号。

阿尔法特遣队的核心部分是"渗透侦察中心"，它监控着在胡志明小道周围设下的尿液嗅探器、声音传感器、地震传感器等各种传感器，以侦知敌方动态。成排的计算机整理并分析来自无数传感器的数据，提供敌人活动的全方位图象。现在小道上行进的是一队卡车，还是几百人的部队？他们可能在哪里停留、过夜？那里有没有物资补给仓库？计算机输出信息后，目标专家接着决定使用哪种飞机、炸弹或导弹进行攻击。

胡志明小道是无数小径和土路构成的道路网，是活跃在越南南部的敌方部队利用载重自行车和小型卡车进行物资补给的主要通道。沿胡志明小道布设传感器的点子来自美国国防部长麦克纳马拉的研发技术官僚们，因此这个工程被称为"麦克纳马拉防线"。这项总价值25亿美元的工程让IBM公司意外地发了一笔横财。技术官僚们成功地说服了麦克纳马拉，如果给小道连上传感器——用阿尔法特遣队队员的说法，像个"弹球机"——美国将切断敌人的补给线并打赢战争。这是美军建立的第一个电子战场，是越南战争时期最机密的作战行动之一。

约翰·博伊德担任驻NKP基地的阿尔法特遣队副指挥官。

博伊德来到NKP基地的时候，这场战争的荒谬性质已经渗入这里的日常生活。毒品到处泛滥。博伊德走进食堂，发现除刀、叉，勺子其他都是塑料制品：所有金属勺子都被人顺走了，因为可以用作加热毒品的小容器。一个士兵负责监听越南人的日常无线电通信，他在机密地下室里工作时，总是光着身子穿着件雨衣，说要是穿衣服，就破解不出敌人的密码。

博伊德满怀信心地开始了在指挥岗位上的首次任职历程。测定敌人炮兵阵地位置是阿尔法特遣队的一项任务。声学传感器无法快速精确定位炮兵阵地，所以攻击机飞临现场时，敌人火炮要么已停止射击，要么已撤出阵地。博伊德设计了一种网格化传感器布设方案，第一轮炮弹出膛之后不到 5 分钟，空中前进控制员就能发射标记目标位置的火箭弹，喷气式机群立刻进入航线，开始轰炸敌人炮兵阵地。

博伊德干劲十足，开始作为后座乘员参加夜间行动。他搭乘的大概是 OV-10，即空中前进控制员使用的时速 175 英里的小型螺旋桨式飞机。但是，博伊德身份太重要，不能在敌区上空飞行，所以上司很快有令，要他待在地面。

除阿尔法特遣队，博伊德还担任基地监察主任和机会均等训练军官（EOT）——鉴于越南战争后期美军内部种族关系的紧张程度，这个工作风险相当高。但是，他仍然抽出时间，用能量-机动理论对 F-4 与战区内的敌机性能进行比较分析，为泰国和越南各美空军基地作简报。他还奉命率调查小组对一起 F-111 坠机事件进行调查。在博伊德看来，这个任务是对他多年来坚持不懈地批评 F-111 的惩罚。

按照 NKP 基地人员的惯例，博伊德也到泰国人的裁缝店里订做了"宴会服"。别人的宴会服都是蓝色，而阿尔法特遣队队员的宴会服为黑色，采用飞行服款式，有前襟拉链和众多口袋，用于军官俱乐部的告别聚会或作战基地举办的节日宴会等场合。关于宴会服的饰物、奖章或布章，军方没有专门规定，所以它成了军人们穿过的最花哨的制服。博伊德的宴会服胸口缀着战斗机武器学校的大布章，两个肩头则是单位章，其中一个上面写着："东南亚兵棋参与者"。宴会服背部的主图是一盘明黄色水管，下面同样用明黄色写着："射手"。

在 NKP 基地，军官们并不总是参加宴会。1972 年夏初，基地内部的种族关系开始向危险方向发展。基地里笃信宗教、思想特别传统的资深指挥官在战争的作用下，现在开始放松对自己的约束，在美国烈酒和泰国女人中寻求安慰。他越是感到内疚，就越是迁怒于部属。有一次，黑人与白人士兵发生斗殴，这个指挥官下令把黑人士兵赶上直升机，武装押送至美国在曼谷郊区的陆军监狱。这种未经审判的监禁在美军格外罕见，而因为涉事的白人士兵没作同等处理，种族仇恨在基地内部开始暗潮涌动。黑人士兵的不满日益高昂，白人飞行员甚至不敢靠近黑人警卫宿舍，种族冲突不断发生。

那个指挥官对身边发生的事件毫不在意，仍然在烈酒和女人那里寻求安慰。博伊德这时出手干预了。作为机会均等训练军官，他认真地履行了自己的职责。尽管与那个指挥官之间还差着几个级别，博伊德申请了一架直升机，派基地资深律师飞往曼谷，审问黑人囚犯。"调查事情的经过，"他的大意是说，"如果那些家伙与事情无关，或者没有寻衅挑事，那就释放他们。如果是他们挑起事端，就让他们在那里待下去。"

博伊德派往曼谷的律师是来自军法署长办公室的阿诺德·珀斯基少校（Major Arnold Persky）。讯问囚犯之后，珀斯基找到了肇事者，下令将他继续关押并准备接受审判。其他人不仅被当场释放，而且与珀斯基同乘直升机返回 NKP 基地。然后，博伊德召集基地全体黑人官兵，表示过去的事情不再提起，现在他是机会均等训练军官，必须使情况得到全面改观。种族紧张的局面逐渐平息。"形势顷刻间就不同了，"珀斯基说，"博伊德上校是那个扭转乾坤的人。"

因为这是博伊德的首次作战指挥岗位任职，上司两个月后就提出了对他的评价。评价信表示，博伊德"似乎有应对紧张态势的无限能力与毅力"。他"运用正确的判断力"，在种族关系复杂的形势下"阻止了可能发生的严重事件"。然而最重要的是，评价信认为："他完全胜任指挥岗位。"在东南亚的美国空军将领对此应该意见一致，因为引起事件的那个指挥官后来被解除职务并送回国内，而此时博伊德已经调离阿尔法特遣队，担任第56作战支援大队指挥官，其职责包括兼任NKP基地指挥官。

8月10日，博伊德写信给玛丽，告诉她自己在锻炼身体和节制饮食，努力把体重减到170磅。他写道，经过长期思考，他觉得自己"正处于思维过程及其教育方法的妙不可言的突破点"。他表示，他"扩展和提炼"了在五角大楼时就开始考虑的观点。"不要把此事告诉别人，因为他们会像以前那样，认为那是疯狂的想法。"

博伊德痴迷不已的——这个用辞并不过分——是试图理解创新活动的本质。事实上，他几年前就开始疑惑，为什么提出能量-机动理论的是自己？这个理论在本质上如此简单，为什么别人没有想到？他在思维上有什么特点，才引领他成为理论的首创人？他把目光投向深邃的远方，在冥思苦读中上下求索。在基地图书馆，他借阅了哲学、物理、数学、经济学、科学、道教书籍以及几十本其他学科的书籍。他久久地研究地图，探寻着什么，可是又不知道在找什么。在 9 月 28 日所写的一封信中，他暗示了自己正研究的内容，再一次告诉玛丽他正处于思想进程中"妙不可言的突破点"以及它对人生的意义。

10 月 15 日，他写道："我详尽地研究了思维过程，坦率地说，连我自己也震惊于研究的角度。"他表示，如果结论是切合实际的，"也许我在探索一种相当新颖而且——就目前来说——比当前方法或理论更强有力的认知理论"。他表示，不知道他的思路将向何处发展，但是在进一步推进前，他必须跟皮埃尔·斯普雷作一次深入探讨。博伊德认为，他为"人生找到了新的方向"，如果他的理论是正确的，"我相信这将使我们团结得更加紧密，使我们曾为之感到迷茫的人生更加富有意义"。

博伊德从阿尔法特遣队调任第 56 作战支援大队指挥官之际，接到了在东南亚期间的第一份《军官考绩报告》。第一页各栏的得分没有问题，只有"人际关系技能"栏得分不高，这无疑表明，他的直言和坦率没有讨到上司的欢心。然而，第二页最重要的第一句话写道："博伊德上校是我与之共事过的最有献身精神的军官。"评价者表示，就他所知，博伊德对 F-4 和敌机的性能对比分析简报"不仅使我们的一架飞机免于被击落，而且帮助该机的飞行员取得了胜利"。博伊德的向外侧横滚机动又一次在实战中证明了它的效用。

无论博伊德关于 F-111 的意见怎么样，他对坠机事件的调查显然是功德无量的。评价者认为，博伊德的事件调查报告"全面"而且"反响强烈"。《军官考绩报告》详细回顾了博伊德平息种族事件的过程，表示"自那以后，该单位至今再未发生涉及种族关系的事件"。批注《军官考绩报告》的少将写道，博伊德的表现"完全优于其他同事"，而且"博伊德上校是一个具有高度智慧和献身精神的军官，能激发同事和下属的热情，并使他们充满自信"。

成为负全责的基地指挥官之后，博伊德快刀斩乱麻般地展示了善于解决问题的创新能力。基地所有基建项目、运输、警卫业务以及从管理食堂到宗教保障的其他所有业务，都在他的工作范围内。上一任指挥官忽略了 NKP 基地在后勤保障方面的很多问题。

博伊德面临着成堆的必须解决的问题。但是，美国空军第 7 航空队每天下达各种通知、文件，需要好几个小时处理和回复。博伊德认为，行政官僚们妨碍了他的本职工作。他及时向上级作了回复，但是故意添加了文件材料，使第 7 航空队在不知不觉间要付出比他更多的时间来处理文书。"痛苦必须是双向的。"博伊德说。几个星期以后，来自第 7 航空队的需要耗时费力处理的通知和文件数量几乎减少到零。

博伊德必须立即着手处理的一个紧迫问题是，基地里一部分野狗得了狂犬病。他的办法雷厉风行而简单有效：扑杀视线内的所有野狗——不得例外。他后来说，基地警卫在执行命令时，甚至射杀了某空军军官正用链子牵着散步的宠物狗。博伊德的理由是，有的狗虽然没有狂犬病的症状，但是如果被别的狗咬到并被传染，很快就会表现症状。空军作战基地没有那个闲工夫对所有的狗进行隔离处理、等待和观察它们是不是被传染。

在基地巡视时，博伊德发现前任指挥官的怠惰和管理不善造成了许多后遗症：士兵卫生间里涂满乱七八糟的图画和文字。他叫来各单位的高级士官，要求重新粉刷卫生间，以后不得有涂鸦现象。"粉刷一新的卫生间只会为士兵们提供更多乱涂乱画的空间。孩子终究是孩子。"士官们说。

博伊德板着脸，用食指点着士官们说："那么我要动手了。"他后来告诉别人，他当时是这么说的："首先，我要求重新粉刷卫生间。然后，我要在基地大门外挖一条大沟。以后，只要再发现卫生间墙上有乱涂乱画，我将封闭所有士兵卫生间。谁要想拉屎拉尿——不管白天还是黑天，不管雨天还是晴天——他就要去大沟那里、在路过的泰国人面前解决。"他停顿了一下，让他们体会自己的意思。他知道士官们心里在想什么。当地最繁华的大街直抵基地大门，因此大沟将暴露在众目睽睽之下。泰国人素以讲究个人卫生和隐私而闻名，任何被发现公然在大沟里方便的美国人都会被他们极度嫌恶。而且，当时正值雨季，东南亚最令人郁闷的季节。

士官们不发怵，他们有专用的卫生间。如果这个疯狂的上校想为士兵挖一条大沟，那对他们没什么影响。"你们士官也包括在内，"博伊德接着说，"你们的卫生间也将封闭。因此，你们最好确保所有部下都收到通知。现在，赶快行动，去粉刷卫生间。"

据说，自 1972 年 11 月至关闭，NKP 基地一直拥有美军驻东南亚各基地中最干净的士兵卫生间。

还有与泰国女人发生暧昧关系的低级军官的事情。发生这种事不足为奇。泰国女人特别漂亮，所以很多美国军官与她们生出了亲密关系。但是，这个已有家室的军官不久以后出于内疚，停止了与对方的来往。然而，她的父亲是当地村庄一位有势力的官员，由于女儿被抛弃而感到家族蒙受羞辱，他打算指控这个年轻军官犯下了强奸罪行。

博伊德后来说，他找来这个军官，宣讲了基地的任务在诸多方面必须依靠泰国官员友好支持的大道理，然后命令这个年轻人，不管他内疚与否，继续保持与女方的关系。"我现在直接命令你，必须每天晚上与她发生关系，直到你调离此地为止。"他告诉这个军官。

"先生，我认为这不是一个合法命令。"军官说。

"该死的，这是命令，你必须服从它。现在是战争期间，比你的犯罪感更重要的大事正处于成败关头。你的行为可能给自己带来问题，但不会给美国带来问题。照我说的办，不然我就让你过上地狱一般的日子，如果你还在美国空军服役的话。"

然后，博伊德打电话给村庄官员，告诉他那个年轻军官已认识到自己的错误，与他女儿的关系会保持不变。

狂犬病、卫生间涂鸦和失足军官，这些也许微不足道，但是它们不仅是美国空军基地的战时行动的一部分，而且切实反映了博伊德应对问题的创新风格。所有这些问题的卓有成效的解决，对扭转一个美国空军重要基地士气低沉的局面是必不可少的。

博伊德还认为，NKP 基地的军人服务社（B-X）是一种毫无必要的享乐。他说，作战基地里不应存在销售电吹风、电视机和立体声音响等商品的店家——这会把美国军人变成"软蛋"。据珀斯基回忆，有一次博伊德正与他聊天，他突然指着军人服务社说，那里的东西都应该搬上 C-130，然后空投到越南去："该让他们习惯过好日子，然后我们就直接开过去，取而代之。"

博伊德也处理重大问题。他指出"麦克纳马拉线"是一个代价高昂的失败之作，然后直接把它关闭了。据他回忆，有一个四星上将后来亲口对他讲，之所以把他派往那里，是因为五角大楼的将军们认为，他是美国空军中唯一有胆量关闭那个毫无意义的东西的人。

博伊德虽已是高级军官，却把住处安排在一辆拖车上。根据各方记录，他每天工作时间长达 18 个到 20 小时。他买了一台盘式磁带录放机，晚上处理案头工作的时候，拖车里常常响起阴森的《飞翔的女武神》和庄严的《众神进入瓦尔哈拉神殿》的旋律。博伊德一般在夜间往国内打电话，主要打给斯普雷或克里斯蒂，偶尔也打给玛丽。电话是通过业余无线电网（MARS）转接的，说完一句话后必须接着说一句"完毕"，然后是冗长的等待。玛丽觉得它可怕而令人费解。只有到夜晚，博伊德才有时间从容地思考他的"认知理论"。将近 5 年以后，这些思考将最终演化为他为数不多的书面成果之一，即 11 页篇幅的论文《毁灭与创造》（*Destruction and Creation*）。论文虽没有公开出版，但有人认为那是他最重要的理论成就。

12 月，圣诞节轰炸攻势开始了，美国空军各基地进入高度戒备状态，博伊德接到哥哥格里的加急电报。他的小妹妹安罹患乳腺癌，正处于病危状态，可能不久于人世了。博伊德必须赶紧到位于纽约的医院里来。

这个消息使博伊德心情分外沉重。母亲正受失忆症的折磨，格里打算带她去佛罗里达州，现在又出了这种事。博伊德请了紧急事假，直奔美国国内。

安和玛丽昂一起住在纽约市。遵照母亲的告诫，安仍然闭口不谈自己的事情，不告诉家人她得了癌症。可是面对即将离世的妹妹，玛丽昂感到束手无策，她对安说："格里出差经过这里，想来见你。我要带他来医院看你一眼。"

"好吧。"安说。

玛丽昂又进了一步，说："还有约翰，他从泰国来纽约开一个重要会议。我不能把他挡在外面。"

"好吧。"

就这样，在世的兄弟姊妹 4 人，休伯特·博伊德与埃尔茜·博伊德仅存的儿子和女儿们，在哥伦比亚基督教长老会医院相聚了。几天后，安似乎有些好转。博伊德疲惫地爬上一架飞机，经过跨越 12 个时区的长程飞行，回到战区，回到偏远的泰国基地。可是安的好景不长。博伊德刚回到 NKP 基地大约一个星期，就接到又一封电报：安就要走了。

博伊德到达的时候，安已经服下大量药物，时而清醒，时而昏迷。格里和玛丽昂坐在床前。格里提出，他和约翰去外面买几个安最喜欢吃的冰淇淋。安正在沉睡，玛丽昂点头同意了。格里和博伊德拖着沉重的脚步，奔走在冬天的街头。近一个小时过去，玛丽昂注意到，安似乎不同寻常地沉静，她推一推安的肩膀，没有反应。

"安，睡着了吗？"玛丽昂说。没有反应。

玛丽昂惊慌了。她总听人说，听觉是濒死者最后失去的感觉。她俯下身，对安的耳朵叫喊。但是安没有反应。听到玛丽昂的叫声，护士们冲进病房。"我的妹妹不太好。她不回答我的问话。"玛丽昂告诉她们。

护士们只看了安一眼，立刻明白，安已经离世了。"我们来处理后事吧。"她们说着，请玛丽昂到病房外面去。

当博伊德和格里拿着冰淇淋回来时，一眼就看见站在大厅里的玛丽昂，正因没能与妹妹道别，沉浸在伤心和遗憾之中。

然后，格里和博伊德去了一趟伊利，告诉母亲小女儿因癌症去世的消息。埃尔茜一直不知道安已经生病，得知这个消息对她想必是一个相当沉重的打击。然而，她以往常的坚忍性格，还是挺过来了。

博伊德回到NKP基地。3个月后，他将返回美国，永不再回来。他在任职期间的优异表现反映在最后一份《军官考绩报告》中。封面各栏评分都很好，除了人际关系栏的评价是"良好"而不是"优秀"。评语写道，他的"正确而有效的管理行为"扭转了单位里不断恶化的种族关系，他在生活、工作和休闲条件方面的改善措施，提高了整个基地的士气。《军官考绩报告》还表示，博伊德与泰国官员的"亲密关系"推动了无数以美泰关系为支撑的工作项目的成功实施。评语还表示，博伊德忠于使命的意识"为本联队作战行动的成功做出了重大贡献"。批注意见表示，尽管博伊德来自研发部门，他作为指挥官的表现是"比其他人更胜一筹的"。

NKP基地是博伊德职业生涯的重要转折点。可以说，参加越南战争让他暂时抛开了五角大楼的钩心斗角，享受了一次有宜于身心健康的休养。在这一年里，他终于有机会甩掉一切羁绊，开始如饥似渴地阅读，着迷地思考创新的本质，这奠定了后来将成为他人生重要目标的那个研究课题的基础。

博伊德在东南亚获得的《军官考绩报告》对他做了近乎完美的评价。值得指出的是，在最能揭示人性本质的烈火战场的考验下，正如他的前任基地指挥官已经证明了的，有的人在压力面前崩溃，而博伊德则给出了无可挑剔的表现。

然而现在，他要回到五角大楼，回到错综复杂、尔虞我诈的官场去。

第二十章　看一看 B-1

　　博伊德从泰国起飞，开始了返回华盛顿的航程。此时，他一点儿也不知道，美国正处于何样的不利困境，五角大楼和美国空军正发生何等深刻的变革。理查德·尼克松总统遭到围攻，副总统即将被迫离开岗位，不信任与不确定的情绪在全美各地蔓延。五角大楼内的美军指挥机构正艰难地接受越南战争的痛苦教训。美国空军以核轰炸机将军为王的漫长时代终于结束。他们虽然仍大权在握，但已经开始成批退出历史舞台。战斗机将军开始登场了，他们带来的变革，即使不能在理念上改变美国空军，至少也为它的发展定下了新的方向。

　　博伊德在空军服役已经接近 23 年，深知自己当上将军的机会相当渺茫。五角大楼将是他退役之前的最后一站，是他在空军历史上刻下烙印的最后机会。他视轻型战斗机为自己给未来的遗产，把所有希望和梦想都寄托在这个项目上。

　　与此同时，博伊德广泛地阅读资料和苦思冥想，探寻"认知理论"的突破口。他所说的认知不是指学习，而是指创新的过程。博伊德那个时候并不知道，他的认知理论将带来一系列非凡的思想成果。他即将开始在精妙深奥的抽象思维领域，进行历时 10 年曲折动荡的旅程。他还即将跨上一个台阶，与另外 4 个门徒中的 3 个相继展开合作。这个台阶就是五角大楼，那个暗流涌动、变幻莫测的地方。

新任美国国防部长詹姆斯·施莱辛格（James Schiesinger）与大部分前任一样，打算留下一份自己的遗产。施莱辛格为此求教于一位他十分尊重的、特别了解军队的人，理查德·哈洛克（Richard Hallock）。哈洛克上校出身伞兵部队，是一个功勋卓著的战争英雄，也是令人生畏的皮埃尔·斯普雷的密友。事实上，斯普雷初次进入五角大楼的时候，哈洛克是他的导师。

哈洛克坐在施莱辛格面前，说了大意如此的一番话："要知道，想留下一笔遗产，最重要的是立刻决定准备留下什么样的遗产。不然的话，您将没有任何遗产可留。因为几个月以后，您将卷入五角大楼的大小事务，被将军们缠着脱不开身，或者被繁重的公职活动压垮，到那时候，一切都太晚了。应该挑几个项目，全力以赴地支持它们，引导和培养它们。要从最开始就意识到，它们将是你的遗产。要推着它们在官场上突出重围，杀出一条路来。"

施莱辛格十分赞同。但是，各大军种当前有几十个，也许几百个项目，光是理清它们都需要几个月时间。他应该挑选哪几个呢？

"我可以推荐几个项目，其中最重要的两个属于空军，可是空军自己却哪个也不想要。您得费点力气。"

"什么项目？"

"轻型战斗机和 A-10。"

看过哈洛克对两个项目的详细分析报告后，施莱辛格首肯了。

施莱辛格的决策是保持轻型战斗机项目的生命力的第三个偶然事件，项目再一次意外得救了。第一次是帕卡德下定决心实行原型机制度，没有那个决心，就没有轻型战斗机项目；第二次是当莱尔·卡梅伦上校，即美国空军原型机评选委员会主席兼皮埃尔·斯普雷的朋友，寻找适合确立为原型机研制项目的候选对象时，"战斗机黑手党"以里乔尼的课题为掩护已经蓄势待发，提交了轻型战斗机的详细设计性能指标。现在，哈洛克把轻型战斗机作为最优先项目，又一次推荐给了新任国防部长。

在五角大楼以外的人看来，轻型战斗机现在有大人物的力挺，将稳操胜券，直接进入全速生产阶段。但是事情远非如此。美国空军正在推进两个重要采办项目——F-15 和 B-1。轻型战斗机不仅会抢去以上两个项目的经费，而且将——作为替代型号——与 F-15 展开竞争。至于斯普雷的 A-10，它尚处于原型机阶段，可是美国空军已经打定主意要置 A-10 项目于死地。空军希望忘掉那种飞机，忘掉近距空中支援任务。

作为自己的遗产，施莱辛格部长选了两个争议最大的项目。

博伊德在五角大楼的新职务是发展规划办公室主任。这个办公室是为空军制订长期规划的若干机构之一，但是事实上它是一个垃圾场：因空军无心关注长期规划工作，所以该办公室甚至没有成形的工作机制。作为不想让他当上将军的又一个暗示，美国空军把博伊德安排到这么一个此路不通的地方。

但是，博伊德准备以这个职务为平台，撼动五角大楼深厚牢固的根基。

当然，办公室的人们对眼下的状况感到相当受用，所以当他们得知从 NKP 基地调来的新主任——一个空军超级明星、以创新能力和桀骜个性闻名的真正的公牛式人物、出手迅猛的狠角色——的时候，可以想象他们心中的恐惧有多么强烈。有人已经提出告诫了：注意军容风纪，小心举止，走路脚步放轻点。

博伊德没有让人失望。首先他的外貌就让人吃惊。由于严格节食和坚持锻炼，他体重只有 170 磅。虽然体格强健、二头肌发达，军装对他来说还是有些显肥大。深陷的脸颊使他的鹰钩鼻子更突出，炽热的激情使他的目光超乎寻常的明亮。他是一个像猛禽一样令人望而生畏的人物。

博伊德对办公室的工作一点都不满意。制订长期规划居然不考虑预算约束，所以考虑了也没有意义。他称这个办公室为"无规划办公室"，拒绝在呈递给他的文件上签字。几十份备忘录、规划、研究报告和通告送到他的桌上，被他扔到一边。文件越堆越高，先是在办公桌上，然后放在角落的一只柜子里。"要是有人问我，我会说，文件在这里，但是找不到了，"他说，"我不会签发无意义的规划文件。"他在办公室里大步走动，盯着手下工作人员，然后突然冲向他们，用枯瘦的手指点着他们的胸脯说："如果你的老板要求忠诚，你就要表现得正直，但是如果他要求你正直做人，你就要表现出忠诚。"

他们面面相觑，茫然不解，这个人在说什么？

来到办公室一星期左右，博伊德召集手下科长们开会。他点燃一支雪茄，喝了一大口"健脑果汁"，仰靠在椅背上。"你们所做的都毫无意义，"他说，"这个办公室生产的所有该死的产品没有一点儿用处。"部门领导们不安地在椅子里挪动着，等待着。"不过，这正是空军想要的，所以继续混日子吧，只是不要用垃圾来打扰我。"他挥手让所有人离开，只留下那个他认为干活特别不出力的军官。"如果我完全听不到你的动静，你将得到一份非常棒的《军官考绩报告》，"博伊德说，"只要你跟我说话，你的《军官考绩报告》就降低一档。事实上，你的《军官考绩报告》将与你的动静传到我耳朵里的次数成反比。"这个军官直盯着博伊德，不知道该说什么。博伊德探身过去，用手指着他说："我再明确一下我的意思。在这个办公室里，你想把事情搞砸的话，唯一的办法是让我听到你的动静。"然后他挥了挥手，让这个军官走开。

　　少量几份文件引起了博伊德的注意。一份关于新的 B-1 轰炸机的研究报告让他的天线开始扫描了。可能因为他开战斗机，只是不喜欢轰炸机；也可能因为 B-1 是一种可变后掠翼飞机，而他相当蔑视那种技术；也可能因为 B-1 是一种被镀金到了极致的飞机——它特别昂贵，F-15 和轻型战斗机的经费都被它抢过去了；也可能因为 B-1 极其复杂，在博伊德看来代表着无尽的麻烦；也可能因为博伊德觉察到这个项目从最开始就腐败丛生。他在办公室里四下打量，意识到这些官场混子们没有一个敢于抵抗美国空军如此珍爱的项目。现在只有他挺身而出了。

　　由于新职务，博伊德得以跻身于规划评审委员会。这个深孚众望的机构由上校和将军们组成，任务是从数以百计的创意中选择可纳入空军规划的项目，从而决定空军的发展方向。与之前一样，这个委员会的所有工作完全不考虑预算。博伊德觉得委员会的众多会议毫无益处，因此拒绝参加。有一个将军派人传话过来，要求博伊德本人或者他的代表来参加会议，博伊德环顾办公室，目光落在一个秘书身上。这个秘书装好纸，手指在打字机上跳动时，打字机发出好像加特林机关枪的声音。她的打字速度在五角大楼里是最快的之一，然而，她的归位键经常按不到位，因此当她从打字机上把打完的纸撕下来让人签字时，纸上都是莫名其妙的文字。博伊德派她去参加会议。

回到五角大楼不久，他就往全国各地打了无数个电话，打给内利斯的斯普拉德林和埃格林的克里斯蒂，还打给他最欣赏的两个学员埃弗里特·拉斯贝里和罗纳德·卡顿。拉斯贝里中校在埃格林基地的测试中队担任作战军官，卡顿已经成为上校联队长，准备进入战争学院深造。卡顿踏上了成为将军的快速通道，但是妻子却被确认得了癌症，他告诉博伊德，他准备提前退役照顾妻子。博伊德还打电话给他的老战友皮埃尔·斯普雷，让他为即将到来的战斗做好准备："轻型战斗机有麻烦了，老虎。我们得冲上火线了。"

博伊德无法安静地坐上哪怕一小会儿。每天上午，他总要好几次迈着大步穿过大厅，到餐厅或书店买几块巧克力棒或者一份《华盛顿星报》。离开这里已有一年的他，每天面对水门事件突然感到十分震撼。回办公室的路上，他常常拉住熟识的同事，张口就问："看到那个该死的尼克松的最新消息吗？"他得到的往往是惊骇之余的沉默。然后，他诡密地搂着同事的肩膀说："我告诉你吧，我们必须除掉那个狗东西。他是个骗子。"

美军现役军官极少公开指责武装部队总司令。博伊德可能是首个在五角大楼里公然对同事发出"清除"号召的上校军官。博伊德与之对话的那个军官通常会急忙转身，迅速离开。以后再在大厅相遇，他们经常会装着没看见博伊德。这个时候，博伊德会停下脚步，瓮声瓮气地说："这狗东西，看都不看我一眼！"

博伊德心里想的可不只是政治问题。YF-16 和 YF-17 的对比试飞即将开始，他也频繁地出入内利斯或莱特-帕特基地。他心中的梦想是轻型战斗机，知道空军官僚们正对这个项目虎视眈眈，但是在对比试飞结束之前，最好什么都不要做。他想分析一下 B-1，直觉告诉他，那个项目存在严重问题。如果他是正确的，这意味着美国空军将一败涂地。博伊德最喜欢把敌人打得一败涂地了，这使他浑身充满活力，始终胜券在握。如果不能彻底打败敌人，人生就太沉闷了。

有一天，博伊德穿过大厅，径直走到将军上司面前，向他抱怨手下的工作人员都是混差事的老油条。他想要个人，什么人都行，一个就行，只要他"真能做事"。将军与博伊德关系不太融洽，博伊德是个大嗓门，总爱敲打桌子，说话也粗俗，老让人觉得他在犯上作乱。也许为了避免与他进一步交流，将军告诉博伊德，他会得到一个新调入五角大楼的上尉。听说这个上尉是个电气工程博士时，博伊德表示不用面试了，他愿意要这个上尉。"有电气工程博士学位的人一定很聪明。"

博伊德没有告诉那位将军，他为上尉准备了一个特殊课题。他没有告诉将军，他真正需要的是一个没有被官场习气污染的人，一个仍然保持理想的人，一个能够在他的鼓励之下，英勇地与美国空军搏斗的人。

6 月，上尉来报到了。他向博伊德敬了个礼，说："先生，雷蒙德·利奥波德上尉向您报到。"

博伊德抽着雪茄，沉脸盯着这个瘦高个军官，大声喝道："我叫博伊德。在布鲁克林口音里，就是'鸟'。明白吗？"

这点知识难不倒一个博士："遵命，长官。"

博伊德把脚翘在办公桌上，打开上尉的档案，失望地摇了摇头。利奥波德是空军军官学校毕业生，即所谓"军校帅哥"。"你所受的教育是片面的。空军军官学校教出来的都是精英主义者，口气很大的人。"

"遵命，长官。"

走进博伊德的办公室时，利奥波德带着初生牛犊的冲劲、空军军官学校毕业生的自命不凡和27岁就拿下高深工科专业博士学位的人在学术上的自信。他是美国空军中最才华横溢、学历最高的群体的成员，他深知这一点。他是有着非凡的远大前程的军官，每个人都这么认为，除了博伊德以外的每个人。

利奥波德出生于1946年1月6日，称自己为"婴儿潮时代的长子"。自12岁起，他唯一的理想就是长大以后进入空军军官学校。参加大学入学考试（SAT）时，利奥波德数学成绩798分，在芝加哥南区力拔头筹。同学们一般填报三四所大学的志愿，而利奥波德只填报了空军军官学校一所。1967年，利奥波德从空军军官学校毕业，在524名学员中排名第165。这个排名有点不真实，因为尽管他政治科学、英语和历史成绩较差，但是利奥波德在电气工程课上几乎是个天才。他22岁就获得了硕士学位。在亚利桑那州威廉姆斯空军基地，他在全班第二个驾驶T-38实现单飞。庆祝宴会上，同学们试图把他扔进游泳池，利奥波德极力地挣扎，在嬉闹打斗的过程中，不慎腰椎间盘发生了突出。利奥波德的飞行事业终结了。之后约 3 年半时间里，在不影响履职尽责的情况下，他在夜校里刻苦自学，最后拿到了博士学位。

刚刚走出学校大门的 20 多岁的人有时像儿童一样幼稚，数学专业的人似乎尤其如此。出于只有心理医生才懂得的某些原因，很多智商和成就极高的年轻人还有强烈的不安全感。哪怕最不经意的提问，也会使利奥波德急于强调自己的地位或成就：婴儿潮第一代、大学入学考试数学成绩全班第一名、空军军官学校全班第二个放单飞。利奥波德是个优等生，特别当父亲在他进入五角大楼任职的前一年去世之后，他的表现更加优异。利奥波德心里只有自己的事业，希望样样事情都比别人做得更好。

可是在这个态度冷漠、说话生硬的上校面前，他意识到自己的所有成就都不值一提。他觉得自己在博伊德这里像一个实习生。回去的路上，他想着自己为什么被派到博伊德的办公室，是不是搞错了。

第二天早晨，利奥波德给博伊德看了他的新式惠普计算器。在 1973 年的夏天，这种电子产品还相当罕见。利奥波德拥有的是办公室里第一只计算器。

"老虎，拿上你的计算器，帮我做一下预算分析，"博伊德说，"我要你核算一下空军的全部预算。我不想影响你的分析过程，但是要特别注意有关 B-1 的内容，如果看到跟 B-1 有关的内容，挑出来交给我。"博伊德身体前俯，诡秘地低声说："我认为，他们的预算是胡编乱造的。"

接着，博伊德发表了以后广为人知的"做官还是做事"的演说。利奥波德是第一个聆听演说的人，这或许有因果关系吗，博伊德根据自己多年的经历，正在形成关于军队内部晋升选拔制度的某些观察结论。

"利奥波德，总有一天，你会来到人生的十字路口，"他说，"你得决定自己向哪个方向前进。"他举起手指："如果选了那条路，你可能出人头地。你将不得不委曲妥协，背弃自己的朋友。但是，你会成为某个群体的成员，被提拔，有好的职位。"然后，博伊德指着另一个方向："或者你可以走另一条路，做一些事——为你的国家、为你的空军、为你自己。因为你决定要做事，所以可能失去提拔机会，失去好职位，而且必然失去上司的欣赏。但是，你不必有所妥协，与朋友肝胆相照，做真实的自己。你所做的将是真正了不起的事业。"他停顿一下，目光直抵利奥波德内心深处："出人头地还是干一番事业。人生道路上经常会有像队列点名一样的时刻，这是你做决定的时候。做官还是做事？你选哪条路？"

利奥波德没有意识到，博伊德这是在订立基本原则，用它来摸他的底。利奥波德所期望的不过是尽职尽责，得到满意的《军官考绩报告》，沿着体制内阶梯向上爬。"遵命，长官。"

利奥波德前往五角大楼图书馆、国会图书馆，用前所未有的一丝不苟态度，仔细研读了国防预算的授权法案和拨款法案。他对美国空军年度预算、研究与开发预算、采办预算以及以往 11 年的预算进行了研究，根据收集的数据形成了初步分析报告。在研究与开发预算、采办预算中，有一个特别引人注目的项目：B-1 轰炸机，它吸走了与其本身不成比例的巨额预算资金。

利奥波德回来找博伊德，后者让他试着对 B-1 的预期成本作参数化分析，以下面 3 个数字作为基础：每台发动机 50 万美元，每磅航空电子设备 2000 美元，每磅机体 200 美元。这些数字是博伊德研究 F-15 和轻型战斗机时得出的。

利奥波德把数字代入成本方程，得出了无法改变且不可否认的结果。国会法案要求，B-1 每架不得超过 2500 万美元。但是成本方程表明，B-1 的成本是这个数字的两倍。B-1 不仅吸走了太多的空军预算资金，而且违反了国会立法。

博伊德激动得手舞足蹈："太棒了，老虎。干得很好。继续努力。"他让利奥波德做一个"元分析"，数学术语"元"表示从新的角度、更高层次的分析。

博伊德不想把分析结果交给美国空军，现在还没到时候。他命令利奥波德以"最理想状况"为条件，重新计算所有数据，就是说，暂且相信 B-1 鼓吹者们所说的每一句话都是真的。利奥波德为每个参数选择了最保守的估计，这样如果接受审查——美国空军必定把他的分析报告提交最严格的审查者——得出的数据只会变得更糟糕，即参数的调整只会使成本更高。

主持 B-1 项目调查期间，博伊德短暂地抽出时间，关注了 F-15 正在进行的试飞。尽管 F-15 给他留下了痛苦的回忆，但是当一个空军将军邀请他搭乘新型战斗机时，他欣然接受了。博伊德不喜欢 F-15 现在的样子，可将军的邀请燃起他身为此机之父的自豪，唤醒了他心中那个"40 秒博伊德"的内在人格。"当然好啦。"他说。将军表示，过一段时间会跟他联系。

在此期间，利奥波德与其他人一样，发现博伊德毫无时间观念。当他在深夜完成五角大楼的工作，走进位于华盛顿以南约 30 英里的戴尔市（Dale City）的家门时，电话铃已经在响了。博伊德以精确到分的准确性，算出了利奥波德到家的时间，因为他还有很多问题和关于 B-1 分析的很多指示。

8 月，利奥波德提交的秘密备忘录指出，如果美国空军按计划采购 240 架 B-1，成本将达每架 6800 万美元。如果把 B-1 数据叠加在其他飞机的成本曲线上，会明显出现巨大的凸部。B-1 轰炸机是美国空军最昂贵的项目。

利奥波德把备忘录交给博伊德，然后请了一周的假，回芝加哥探望母亲。她在门口迎接儿子，激动地告诉他，从五角大楼打来了无数电话，利奥波德必须立刻回电话给约翰·博伊德上校。博伊德告诉利奥波德，他的备忘录已使"大楼"里身居高位的中将和上将们大吃一惊。

大部分休假时间里，利奥波德都在与博伊德通电话，解析和扩展预算分析报告。当他回到五角大楼，空军参谋长手下的两个年轻上校找到他，提出尖锐的质问，想要推翻他备忘录的结论。利奥波德演示数据来源、方程推导过程后，他们立刻认识到，任何修改只会使 B-1 看起来更糟糕。他们向参谋长作了汇报，年轻的参谋军官利奥波德只是在履行本职，他提交的结论以最保守的方法为依据，并没有恶意。

利奥波德把备忘录内容以绝密简报的形式，向美国空军高级将领作了汇报。如果有机会向中将或上将作简报，大部分青年上尉会拣些将军们喜欢听的内容来说。利奥波德态度恭敬，但他没有在将军们的威逼下改变自己的结论。这给博伊德极其深刻的印象，由此，利奥波德的人生发生了改变。他的同事都是上校、中校和少校，但因为是博伊德的门生，他现在成了头号人物。

　　一天上午约 10 点，博伊德来到办公室，发现利奥波德趴在桌上睡着了。一般情况下，如果某上校发现一个上尉在上班时间睡觉，那么这个上尉可有的受了，痛遭训斥是跑不掉的，也许还会被调离。中校和少校们都在观望，想知道博伊德准备怎么办。

　　他蹑手蹑脚走进办公室，手指放在嘴唇边说："嘘，大家别出声。雷要休息。"然后，他想了一下，像是对他们说，又像是自言自语："好了，大家都到外面去。到大厅里去，读读杂志，喝点咖啡，散散步，怎么都行。让雷打个盹。"

　　为了让一个上尉睡个好觉而被轰出办公室，中校和少校们对此想必不太乐意。可是只有博伊德知道其中内情，利奥波德已经忙了几乎一个通宵。

　　B-1 引起的慌乱似乎在五角大楼深处逐渐平息了。利奥波德现在转向了另一个项目。每周两三次，约下午 1 点，博伊德都会找到利奥波德，说："雷，去散个步吧。"于是，上尉与上校走向大厅，买一大捧糖果，读一读报纸，然后开始散步。

　　根据规定，利奥波德在博伊德这里工作 6 个月后，将转到五角大楼另一个部门。利奥波德空军军官学校的同学对他说："没有人会因为你在博伊德手下干了 6 个月，就对你有所怨恨。但是，你必须离开那里。如果再待下去，你的前程将受到影响。"

　　利奥波德离开的时限快到了，博伊德问他想不想留下来。"如果离开，你的前程可能更好，但是你现在做着不寻常的工作，老虎，我希望你能留下来。"

　　"先生，我想先考虑一下。"

　　第二天早晨，利奥波德自调入博伊德的部门以来第一次发现，博伊德已经提前来到办公室了。

"先生，我无法想象在别处能做出比这里更多的贡献，"利奥波德说，"我愿意留下来。"

博伊德脸上露出喜色："雷，我不能保证你得到提前晋升或者特别照顾。我能做的，是保证你将从事意义重大的工作，而且它将格外有意思。"

博伊德已经成为利奥波德的父亲一样的角色。

而利奥波德成了他的又一个门徒。

第二十一章　"简报仅作参考资料"

　　1973 年，克里斯蒂在埃格林基地的研究部门已经拥有约 100 名工作人员。9 月，他离开埃格林前往五角大楼，接任国防部长办公厅战术航空分析组的主管。周围的人想必有诸多猜测，这个来自埃格林"爱好者商店"的理着平头的大个子是否能胜任五角大楼，特别是战术航空分析组的岗位。

　　战术航空分析组隶属于原先的系统分析办公室，后者是麦克纳马拉的"神童"的大本营。在麦克纳马拉的领导下，战术航空分析组曾经权势极大，因为它能与美国空军和海军当面对质，要求两大军种证明为什么需要某个项目，所以它在很大程度上影响了空军推荐的项目是否能列入预算。不出意料的是，军方极度仇恨系统分析办公室，以致把它的名字改成了项目分析与评估办公室（PA&E）。有人认为，经过名称变更，战术航空分析组应该失去作用了。然而，这个部门的权力尽管有所蛰伏，但是丝毫未减少。

　　这种权力取决于两个因素：第一，战术航空分析组的主管是否愿意与美国空军当面对质；第二，他是否得到国防部长的信任。克里斯蒂在就职前拜见了施莱辛格，后者告诉他，他的主要任务是让美国空军接受轻型战斗机。这就使克里斯蒂处于跟美国空军针锋相对的立场上，但是他有国防部长的支持。

与美国空军对决之前的准备工作持续了几个星期。在此期间，克里斯蒂为他特别挂念的一件事做了安排。他打电话给 27 岁的管理实习生切特·理查兹（Chet Richards），派他执行一个重要任务：寻找一个能让克里斯蒂仍然像在埃格林基地一样，在星期五晚上组织部门聚会的酒吧。理查兹是密西西比大学数学专业最年轻的博士毕业生，因此特别胜任这个任务。但是，理查兹搜寻了很多酒吧，都没有克里斯蒂心目中那种适合同事大家庭聚会的氛围。华盛顿的酒吧在星期五都拥挤而又嘈杂——那不是克里斯蒂想要的气氛。终于，理查兹在附近的迈尔堡"军官俱乐部"的地下室，找到了"老卫队之家"酒吧，并且挑选了星期三晚上而不是星期五晚上。星期三比较安静，宜于工作周中间的短休。所以，克里斯蒂和战术航空分析组的人，加上博伊德和他办公室的人，开始在迈尔堡巴顿楼的"老卫队之家"酒吧举行聚会了。克里斯蒂是主持者，而博伊德是众人关注的焦点。以后 10 多年里，这种惬意的聚会时光是博伊德人生中极其重要的部分。

克里斯蒂刚一就职，美国空军就向轻型战斗机项目发动了攻击，而且对准了它作为五角大楼项目的软肋：预算。1973 年末，美国空军开始编制 1975 年预算，轻型战斗机项目未能入列。空军打算在 1974 年试飞原型机，然后终止该项目。轻型战斗机被视作"技术展示"项目，不在空军的长期规划之内。

克里斯蒂在空中作战处主任查克·迈尔斯（Chuck Myers）的大力协助下，悄悄地在 1975 年预算中加入了 3000 万美元，用于轻型战斗机项目研究以及向全尺寸研制阶段推进的经费。空军发现之后，撤销了这 3000 万美元预算。克里斯蒂和迈尔斯又把它放回去了。

克里斯蒂的顶头上司有个人们熟知的习惯，是在诨名"雪片"的白色小纸条上写下措词严厉的备忘录。与空军的预算之战，使克里斯蒂遭到"雪片"的狂轰滥炸，其中一片上写道："空军在它想要的时候会决定装备轻型战斗机的。不要再跟空军纠缠不清了。"

无论是克里斯蒂的上司还是美国空军的将军们，都没想到一个来自埃格林基地的文职新人居然有机会接近施莱辛格。将军们不知道，通过理查德·哈洛克上校，斯普雷已经把博伊德引荐给施莱辛格，因此博伊德也在私下里与施莱辛格见面。将军们不知道，斯普雷是施莱辛格的特别顾问。将军们也不知道，施莱辛格已经下定决心，要让轻型战斗机成为自己遗产的一部分。

当施莱辛格表示预算里将保留那笔专项资金时，空军将领们恨得咬牙切齿。正当他们开始谋划越过施莱辛格，直接从国会里寻求同情者支持时，一个年轻的空军上尉调入博伊德的部门，他的名字叫富兰克林·斯平尼。

斯平尼是军二代，父亲官至空军上校。他出生于莱特-帕特基地，但是像大多数军队子弟那样，长大时居无定所。如果一定要找个家乡的话，他来自马里兰州锡弗纳帕克市（Severna Park），10 岁时全家搬到那里，一直住到 15 岁。斯平尼是个数学天才，在大学里数学成绩优异，但是英语却学得很糟糕。之后，他进入利哈伊大学，于 1967 年获得机械工程专业硕士学位。最后，他加入了美国空军，在父亲的帮助下当上了军官，被分配到莱特-帕特基地，在父亲于"二战"期间曾经工作的大楼里上班，任务是研究越南战争中被击落的 F-105 的受弹效应。

刚进入空军的斯平尼被视为莽撞冒失的年轻人。1968 年，还是24 岁的少尉的他在阿伯丁武器试验场（Aberdeen Proving Ground）遇到了克里斯蒂，当时两人都在争取一笔 50 万美元的资助，斯平尼智胜了"蒙混者"，这是极其罕见的。克里斯蒂认为斯平尼是个"自作聪明的少尉"，但还是向他提供了埃格林的工作岗位。

在他撰写的第一份政策研究报告中，斯平尼建议美国空军取消与某全国性公司的咨询合同。这家公司的首席执行官邀请斯平尼共进午餐，对他说："如果你试图终止我的合同，我将毁掉你的前程。"斯平尼看着衣领上的肩章，说："毁掉我的前程？我只是个少尉，我已经在底层了。"

有个陆军高级文员举荐某人担任一个重要工作委员会的领导，而斯平尼认为他能力低劣，于是冒失地当面对人家说："老天，干吗让那个蠢货当主席？他什么都不会。"

斯平尼的另外一次壮举体现了他对制度的不耐烦和主动承担受托责任的意识。他需要一个保存档案的地方，在莱特-帕特基地争取到了一座闲置楼房。因为这些档案大部分是秘密文件，所以还需要一个保密室。斯平尼没有找人订立合同，而是估算着如果让工作人员在营区搜罗材料，自己动手，就可以节省纳税人的钱。于是保密室没有申请、报批等手续，就建起来了，但是给保密室装门的时候，斯平尼因为不懂技术，不得不找承包商来做。基地设施主管闻讯前来视察，看到这一切惊奇万分，他眼前的这个保密室在官方文件中是不存在的。斯平尼确实省了几千美元，但是这不重要，重要的是他撇开了体制,这是不可接受的。更令这位上校主管不安的,是这个青年少尉居然给自己准备了一间会议室和后面插有一面大旗帜的办公桌。旗帜是将军的特权。最后,上级决定接受现状,但是斯平尼不得不放弃了他的旗帜。

根据美国空军的安排,斯平尼进入研究生院,取得了工商管理专业应用统计方向的硕士学位。然后,他来到五角大楼,从事上司认为与他所受教育相符的工作:分发邮件。斯平尼能经常遇到利奥波德,他们年纪相仿,军衔相同,是部门里仅有的两个小年轻,在很多方面特别相似,最大的不同在于利奥波德比较灵动,而斯平尼更加深沉。斯平尼听说了博伊德的研究工作,对利奥波德说:"我想跟你们一块干。"

博伊德找来斯平尼面谈。因为吃的糖和垃圾食物太多,他现在体重有所增加,正在饮用低热量减肥代食品——米崔凯。他们谈了半个小时,博伊德喝掉了两听代食品,他说:"一起去吃午饭吧。"

斯平尼扬起眉毛。上校一般不会主动邀请上尉吃午饭。在自助餐厅,斯平尼看到博伊德往盘子上堆了莴苣、西红柿、奶酪、甜椒、胡萝卜、蘑菇等,堆得像小山一样高,又在每一个角落里塞入油炸面包丁,连盘子边缘都放满了,让后面排队的人等了将近5分钟才完事。回餐桌的路上,他走得很慢,可面包丁和蔬菜还是洒掉了一路。博伊德坐下来,开始往嘴里塞东西。斯平尼盯着他看了几分钟,忍不住问道:"上校,我希望您不介意我的话。您不喜欢这些食物吗?"

博伊德停止大吃大嚼,困惑地凝望了斯平尼足有一分钟,然后,像是陈述一个再明显不过的道理:"这只是燃料。"然后,又开始大嚼了。

午饭之后，两人又谈了一会儿。终于，博伊德说："好吧，老虎，我们试一下吧。"

第四个门徒现在登场了。

后来，当其他人都转移阵地，他将在很长的一段时间内一直坚持战斗，并将成为他们中间最有名的那一个。

新的一年里，博伊德遇到了人生中的许多重大事件。关于轻型战斗机的斗争正在两个方向上火热地进行：克里斯蒂应对预算之战以及官场权斗的攻防，博伊德则为两型新战斗机和计划中的对比试飞进行能量-机动数据计算。

轻型战斗机项目面前的最大障碍，仍然是美国空军坚决拒绝批准飞机进行全尺寸研制。为了攻克这个障碍，博伊德准备作一系列简报，中心思想是轻型战斗机的意义和制造全尺寸机的必要性。他计划先在低级军官中广泛地宣传，之后逐步向上，直到空军巨头们，即肩负主要责任的那些中将们。1974年初，博伊德得知危机来临：中将们已进入伏击阵地，他将直接向他们作简报。给外界一个公开、公正地听取简报的印象后，他们将一次性地彻底消灭轻型战斗机项目。

克里斯蒂帮着制订了一个绕开中将们的计划。空军参谋长乔治·布朗上将（General George Brown）与国防部长一样，希望在五角大楼留下自己的遗产。空军最强烈的愿望是扩大编制——也就是说，增加空军联队数量。克里斯蒂说服施莱辛格，批准空军把22个联队扩充到26个联队，条件是空军参谋长必须支持轻型战斗机和 A-10 投入生产。施莱辛格反复告诫：轻型战斗机必须是用于空战的战斗机，不能拿来投掷核武器。

布朗欣然接受了计划，但是他还有个小问题。他手下的中将们会提出反对意见。被迫吞下轻型战斗机已经够糟糕了，现在还要接受丑陋而笨拙的 A-10，这一付苦药对空军官僚们来说，太难下咽了。他们可能掀起一次官场上的叛乱。如何以及何时向他们告知此事，是一个严肃的政治问题。

斯普雷和克里斯蒂向博伊德透露了国防部长和空军参谋长的交易，后者非常兴奋。向中将们作简报的时间正在迫近。"我能告诉他们吗？"斯普雷和克里斯蒂没觉得这有什么问题，部长并未要求他们对这件事保持缄默。

博伊德作简报的日子到了，他来到一个占地宽敞、装修豪华的简报室。当中将们鱼贯而入的时候，博伊德想必自己微笑了，这些是掌握空军实权的人物，他们想必也在微笑。

一个将军点了点头，说："上校，开始吧。"

博伊德拿起一个木质指示杆，大步走到讲台前，站在那里，鞋尖向下勾，在掌中叩击着指示杆。他向严肃持重的将军们点了点头，得意地停顿了片刻，说："先生们，我得到国防部长的授权，通知诸位，此次不是决策性简报，而是仅作参考资料。"

博伊德又停顿了片刻，让将军们充分理解他的话。他们彼此看了一下，又看着博伊德。他接着说："部长和参谋长已经决定，轻型战斗机将进入生产阶段。"

博伊德作简报的过程中，将军们始终呆坐着。没有人提问。博伊德作完简报，将军们起身，鱼贯而出。出门的时候，其中一人低声咕哝道："该死的博伊德。"

星期三的晚上，在"老卫队之家"酒吧，博伊德如何对一屋子中将施以诱敌深入之计的故事被讲了一遍又一遍。他挥起自己的手臂，好像拿着斗牛士的斗篷，一边抖着手一边说："他们直冲向悬崖，一跃而下。"两星期后，美国空军反击了。一个少将被召唤到国会委员会做证。空军抓住这一次绝佳机会，说服了一个同情军方的国会议员，准备让他质疑轻型战斗机其实毫无用处，然后提出推翻国防部长决策的动议。

少将回答着明显是事先沟通好的问题，告诉议员们轻型战斗机毫无必要，他不知道它能派什么用场，F-15 才是美国空军的理想。将军说，汤姆·克里斯蒂和战术航空分析组正强迫空军接受轻型战斗机。议员们点着头，向空军发出虚张声势的威胁。

克里斯蒂、斯普雷和利奥波德很快听说了听证会的事。利奥波德打电话给博伊德，报告事情的经过，然后沉默地倾听着博伊德滔滔不绝的论述。他睁大了眼睛，放下电话，他转身对斯普雷说："你肯定不会相信博伊德刚才说了什么。"

"他说什么？"

"他说第一次准备开除将军。"

两个年轻上尉盯着彼此。上校开除少将，这太不可能了。军队里面没有这种事。

果不其然，国防部长打电话给空军参谋长，问他到底是谁在指挥美国空军。几天之后，少将接到通知，在 24 小时内清空他的办公桌，然后走人。这一切都发生在五角大楼将军们的眼皮底下，"战斗机黑手党"发起反击，而将军们能看出此中深意。于是不再有人反对轻型战斗机。它现在一路绿灯，可以进入生产阶段。

那天晚上的聚会上，切特·理查兹等一班海军陆战队飞行员赶来与博伊德相会，克里斯蒂和斯普雷也来了。博伊德打量着友伴们，满意地点着头。"所有人都在想，我最多只能当个少校，"他说，"可是现在，我做到了上校。"他停顿了一下说："而且我能把将军赶出去。"

几天后，美国空军做了打败轻型战斗机的孤注一掷的努力。施莱辛格为推销轻型战斗机提出的主要卖点吸引国会议员们，那就是北约盟国会排着队来采购这种飞机。空军试图封杀外销，说轻型战斗机航程太短，除了保卫本场空域，别的什么也不能干。

终于，博伊德公布了轻型战斗机的燃料系数和续航能力。为了往美国空军的伤口上再撒点盐，他还拿轻型战斗机与F-15作了比较。轻型战斗机不仅航程大于F-15，而且大于空军所有现役战斗机。当然，外国采购官员们欣喜若狂，而美国空军将军们惊得目瞪口呆。

有个不知所措的将军打电话给博伊德，说："我本来以为那是一种短腿飞机，结果它比F-15飞得还远。"

"啊，先生，它确实腿短，只不过F-15的腿更短。"

现在，美国空军没有任何办法阻止轻型战斗机和A-10了。两种飞机都将进入全面生产。"战斗机黑手党"赢了。

暂且如此。

6月，詹姆斯·伯顿中校来向博伊德报到，担任他的副手。伯顿也是个天之骄子——美国空军军官学校优等生，第一个在美国空军 3 所军事职业教育院校受过训的空军军官学校毕业生：中队军官学校、空军指挥与参谋学院和武装部队工业学院。伯顿拥有商科硕士学位，已学完机械工程专业硕士全部课程，多次破格晋升，在级别上比同龄人超前 5 年。他是自信将获大任的人、终极军校帅哥、有优势成为将军和有可能当上空军参谋长的官僚楷模。

斯平尼格外失望。他认为伯顿过于高冷，过于严肃，官僚气质过重。虽然可能比博伊德小 10 岁，但是他看上去比博伊德还老成。斯平尼找到博伊德："上校，那个家伙是个大麻烦，别收留他。"

"不，他还可以，"博伊德说，"我考察过他了。"

博伊德看到了斯平尼和利奥波德都不曾看到的东西。

以后的岁月里，人们会说博伊德"改造"了斯平尼和利奥波德，使他们错过了本来大有希望的前程。但是，事实上他们没有被改造，而只是从未失去青涩军官素来就抱有的原则和理想。一旦他们举起手宣誓为国效力，就坚定不移地走下去。他们的同辈才是被改造的人，这些人认同官场钻营者的信仰和道德观念，在潜移默化之中受到"大楼"的腐蚀而变质了。伯顿与斯平尼和利奥波德都不同，他并非不谙世事的理想主义者，而是五角大楼军官群体中的优秀分子。博伊德觉察到了，伯顿有不屈服、不妥协的性格和精钢一样宁折不弯的脊梁。他在伯顿的眼睛里，看到了蛮牛一样坚忍不拔的精神素质。他知道，官场精英很少回心转意，如果推动伯顿在出人头地的道路上高歌猛进的优秀素质能够被转而用于做别的什么事，那么他将改变这个世界。

伯顿是博伊德门徒中最令人不可思议的人。

现在除了一个，他们全部到齐了："蒙混者"克里斯蒂、"智者"

斯普雷、"大师兄"利奥波德、"冒失鬼"斯平尼、"不屈者"伯顿。今后 10 年里，他们将团结在博伊德周围，充分发挥各自的才干，形成五角大楼里前所未有的最强有力的战斗群体。

伯顿的转变相当缓慢，但是一旦转变，他将不仅让门徒们吃惊，也让空军军官学校的同学们震惊。他将表明，一个人就可以改变世界。他将对五角大楼产生巨大的影响。

但是首先，他必须经受烈火般的考验。

伯顿年幼时父母离异，祖母抚养他长大成人。从未见过父亲的他，自从能记事的年纪就萌发了干大事的念头。他在伊利诺伊州诺默尔市（Normal）的高中年级班任班长，在国家高中荣誉生会当过 4 年会员。作为出色的运动员，他在橄榄球全美联赛和全美城市比赛上担任四分卫，在棒球和篮球比赛上获得校名首字母标志荣誉。他推掉了成为职业棒球选手的机会，作为伊利诺伊州一万名考生中的一员，参加了对美国空军军官学校第一班里 8 个名额的争夺。在空军军官学校，他是棒球队长，在全国院校击球锦标赛上取得第三名。伯顿毕业的时候，柯蒂斯·李梅正是空军参谋长，这位空军上将总是设法让空军军官学校第一班的学员在职业生涯的每个阶段都得到特殊关照。这些人是天之骄子。

如果说斯平尼和利奥波德对伯顿的态度是嫌恶，那么伯顿对博伊德及其上尉们的看法还要糟糕。"这个家伙是疯子。"伯顿心想。博伊德经常上班迟到，不修边幅，目无法纪，称将军们为"洒了香水的王爷"或"弱鸡"，说他们宁愿为国家捐躯，却不肯为国家放弃职务。博伊德曾经告诉备感难堪的伯顿，他在一次宴会上邀请一个将军来听他的简报，将军说："不了，谢谢，我不想像个傻子似的被人教训。"

伯顿更吃惊地听斯平尼说起，博伊德曾命令他半夜去五角大楼，纠正第二天简报要用的幻灯片上拼错的一个字母。五角大楼制图室技术员一看到博伊德登门就恨得要命，他要求他们马上放下手里的活，办理他的需求。如果技术员抱怨工作量太大，博伊德说："要有什么活更紧迫，我很乐于等一等，但是我的事是替施莱辛格干的。"令伯顿惊讶不已的是，博伊德居然跟施莱辛格有秘密交易，有好几次都是博伊德接到一个电话，就抓起书本、研究报告或者图板说："我得去见施莱辛格了。"

如果一个人谋求仕途进步，他会尽力改变自己以适应上司，于是伯顿决心进行自我调整。他将努力理解博伊德，首先得向利奥波德和斯平尼请教。他们现在经常听到的问题是："他说那话是什么意思？"或者伯顿会说："他为什么那样干？"

博伊德与两个青年上尉的关系不那么容易让人看清楚。他们根本不讲究军队的礼节，利奥波德和斯平尼取笑博伊德的大嗓门、不讲用餐礼仪和其他怪癖，但是他们显然对博伊德心怀敬畏，为获得他的关注和认可而竞相奋斗。

7月的一个清晨，伯顿来到办公室，见博伊德、利奥波德和斯平尼正结束通宵的工作：草拟一封写给某将军的信，篇幅为一页。将军希望博伊德拟制一份政策建议，以指导和鼓励空军内部的思想创新。博伊德要求更多时间考虑一下，但是将军说："我非要它不可。"命令博伊德第二天必须把稿子准备好。博伊德干到晚上10点，打电话给在家的利奥波德和斯平尼，要他们马上到办公室，说有一项大任务。利奥波德说着"遵命，长官"，然后跳上自己的汽车。可斯平尼提出抗议："为什么要我半夜到办公室去？没那回事。"博伊德回呛道："因为你是个该死的上尉，而我是个上校，我命令你马上到这里来。"利奥波德和斯平尼来了，博伊德说，开始起草信件前，他们需要放松一下。那时天气炎热，五角大楼的空调系统已关闭。博伊德打开窗户，3个人脱掉衬衣。博伊德开始讲故事，讲他在伊利的童年，讲他如何烧掉日本的飞机棚，讲如何成为"40秒博伊德"，讲佐治亚理工学院的经历，讲他在埃格林基地如何盗窃价值百万美元的计算机上机时间，然后逃脱了总监察长的调查。他讲述了在埃格林基地如何击败一个文职大鳄，并让一个上校一败涂地，因为他不肯向一个秘书支付加班津贴。他告诉他们自己在F-15项目上所做的工作以及在NKP基地的超现实经历。他的故事让他们笑得肚子疼。讲完几个小时的战争故事以后，博伊德决定，大家都必须休息。于是，他们在办公桌上睡了一觉，直到凌晨5点，博伊德叫醒了孩子们，3人写好了信。博伊德检查了一遍他们的工作成果，然后加上最后一句话："我们恭敬地建议上级考虑以上政策方针之后，对它加以否决。"

斯平尼错愕地瞪大了眼睛："我们花了整个晚上弄出来的东西，可你却说要否掉它。"

博伊德在信纸上签上自己的名字："他非要它不可，可得到的结果却是无用的。"

1974年7月27日，博伊德收到了他空军生涯中的最后一份《军官考绩报告》。他在封面部分得到的评价很好，评语的首句指出：

"博伊德上校是一位非常特别和杰出的军官。"《军官考绩报告》说，博伊德为 F-15 的研制"发挥了极大的作用"，其对能量-机动理论的研究是研制轻型战斗机的起点。它表示，博伊德"能够独到地对思想加以钻研、解剖、分析和整合，其产生的效用将一直持续到未来"。根据《军官考绩报告》的描述，博伊德正在编制将作为下一步发展飞机与技术的依据的研发规划。一个中将的批注意见支持了《军官考绩报告》，说博伊德用他的能量-机动理论对美国空军作出了"不可估量的贡献"。

8 月，博伊德完成了 6 页半的《研发规划报告》草稿。它的重要性体现在两个方面：第一，它出人意料地标志着，美国空军终于第一次有了兼顾规划需求与预算承受力的指南文件；第二，《研发规划报告》指出，就规划者而言，要达到作战任务的目的，必须有必要的硬件。博伊德解释道，在作战行动中，无论高级指挥官，还是基层士兵，个人首先会根据对环境的感知进行判断，然后才下定决心，最后才采取行动。这三个因素——判断、决策和行动——以后将再次出现在博伊德的作品中。

因为莱特-帕特基地的官僚作风，能量-机动理论的影响正遭到削弱，所以无论他是军人还是文职，博伊德都会抓住一切作简报的机会，让他们了解能量-机动理论的内容和应用前景。有一次，他为国防科学委员会作简报，这是由最负盛名的美国科学家组成的、为国防部长提供咨询意见的团体。委员会成员大都对博伊德的思想饶有兴趣并相当认可。但是，当博伊德讲到导弹在越南战争中表现糟糕，并且表示战斗机应该有更强机动性时，一位物理学教授感到相当不快了。

"上校，我听懂了你所作的简报，"教授说，"但是，提高机动性的应该是导弹而不是飞机。"

博伊德耐心地又一次解释了导弹在越南没发挥作用的过程。

"上校，提醒你一下，我说的是另一种导弹，那种导弹的性能非常之高，载机的性能再差也没关系。"

"哦，那是一种什么样的导弹呢？"

"我说的是透镜导弹。"

"先生，我们开战斗机的脑子不太好使，我打听一下，'透镜导弹'是什么？"

对这个头脑迟钝的飞行员，教授的嫌恶态度溢于言表："它就像个镜片，或者盘子。"

博伊德点点头，说："哦，我明白了。"他好像思考了一下，然后说："教授，你的观点不错。我能不能略作一点改进建议？"

"当然。"

"不要用盘子形状的，可以用回力镖形状的，这样的话，你可以把那东西打出去，如果打不中，它还能回来，再让你打一次。"

委员会成员们爆发出哄堂大笑，笑得不能自持，以至主席不得不宣布暂时休会。以后几个月，博伊德有了"回力镖博伊德"的诨名，以纪念他又一次的诱敌深入之计。此后再没有人提起透镜导弹，除了在星期三晚间的欢聚时分。

1974年10月，B-1再次出现了。有来自莱特-帕特基地的传言说，这种飞机的单价将达一亿美元，大大超出利奥波德当初单价6800万美元的估算。这在当时可是一笔巨资，要知道，F-15也不过每架1500万美元，轻型战斗机单价600万美元，而A-10——

它终于投产了——单价 300 万美元。美国空军领导知道他们遇到危机了。雷·利奥波德绘出了他称为"采办弓形波"的未来采购真实成本曲线，表明在美国空军致力完成的任务与国会拨款采购项目之间，存在着无法弥合的缺口。这就是说，越来越多欠付的账单将被推迟到下一年支付。连美国也买不起 200 架这种单价一亿美元的轰炸机。然而，空军就是想要 B-1，正如一个将军对利奥波德所说的："我们的任务，就是保证流向承包商的资金不断线。"

于是，美国空军采取了两个挽救 B-1 的措施。第一，有将军指示博伊德撰写吹捧这种轰炸机的文章。如果能量-机动理论的创始人兼 F-15 的负责人发文说 B-1 是了不起的飞机，这将给国会留下深刻印象。博伊德拒绝了。他是如何表达拒绝的，现在已经不得而知，但鉴于他直言不讳的本性和对故作姿态的厌恶，很可能他说得相当直白。将军干脆直接下命令让博伊德写那篇文章。

博伊德照办了。然后，他写了一份备忘录，详细解释了他不赞同自己文章观点的原因。而且，他告诉将军，这两份文件是打包在一起的，如果第一份发出了，他也将发出第二份。

将军最后没有发出第一篇文章。以后，人们经常听到他咕噜那句在其他将军口中也经常听到的话："该死的博伊德。"

第二，美国空军召开了高层科罗纳（Corona）会议，这是四星上将们罕见地为解决重大问题而召开的会议。一名中将——博伊德的上司——将为上将们作简报。博伊德在莱特-帕特基地出差，所以必须由伯顿、利奥波德和斯平尼来准备简报稿。利奥波德即将回家休假，于是就由斯平尼领衔这项工作。

斯平尼正忙于准备简报的时候，利奥波德接到电话通知，战术空军司令部首长点名派他担任一个新职务。一个上尉得到四星上将的"点名要求",这是再高不过的荣耀了。利奥波德需要这种来自上级的肯定,他此前已经失掉了破格晋升少校的机会。当时,博伊德对他说:"你的名字之所以从名单上撤掉,全是因为我。他们搞不定我,所以对你下手。不要难过,你干得很好。"

于是,利奥波德打电话给博伊德,而博伊德开始暗示,利奥波德已经走上与一两年前全然不同的道路,那种走捷径式的任命不一定是最好的。

利奥波德打断了他的话,说:"我不会接受那个工作的。如果他们不收回命令,我就申请退役。"

利奥波德几乎能看见博伊德脸上赞赏的微笑。一个敢于以官路仕途为代价去干事业的人在博伊德心中是特别了不起的。利奥波德在那一时刻意识到,他的人生已经彻底地改变了。几天后,在博伊德的运作下,利奥波德获得另一个上将的点名要求,前往美国空军军官学校担任教官。

根据安排,伯顿将向少将汇报简报准备情况,再由后者向中将上司汇报。少将显然将留住 B-1 视为天职,命令斯平尼改写关于国会拨款数量的估计,使它看起来更乐观些。伯顿惊骇不小。他在空军服役 14 年,这是第一次看到一个将军为了抢救一个空军采办项目下令篡改简报内容。这等于命令他撒谎。

斯平尼的办法是服从少将的命令,但同时列出另一个不太乐观的结论。汇报期间,中将看到图表,论述结构的不一致使他困惑不解,他说科罗纳会议需要简洁明了的建议,并转过来问斯平尼:"你推荐哪一套数据?"

斯平尼指向 B-1 真实成本数据。少将表示反对，说斯平尼的数字太保守，国会将为发展 B-1、轻型战斗机和 A-10 拨付足够资金。

中将发现他的副手在向斯平尼施加压力。他收起所有图表，说："我们就用上尉的数据。"

科罗纳会议的情况只有上将们知道。博伊德猜测，美国空军已经得出它必须放弃 B-1 的结论。可是空军不会在众目睽睽之下扼杀自己的"亲生子"，这事得由别人来干。空军的官方立场仍然不变，即 B-1 的单价是 2500 万美元。1977 年初，吉米·卡特（Jimmy Carter）就任总统，他上任后的首批举措就包括终止 B-1 项目。美国空军将领既没有辞职，也没有向国会提出抗议，也没有发动挽留这个项目的游击战。

斯平尼对于 B-1 事件最深刻的记忆，是在电话中告诉博伊德汇报会上发生的事。当博伊德听到中将宁可用斯平尼的数据，否决了少将的强烈反对时，他简直是笑逐颜开。

"我的上尉干掉了一个少将？"他大吼道。然后，他笑了，说："后面还有好戏呢，老虎。"

第二十二章 扣勾回切

1975年1月，美国空军宣布YF-16在轻型战斗机对比试飞中获胜。YF-16和YF-17的差距非常之大，以致对比试飞失去了意义。飞行员飞过两种飞机后，一致认为YF-16更优秀。

这个结果使博伊德困惑不已：能量-机动数据和计算机模拟都预测对比试飞的结果将是两者不分胜负。他与飞行员讨论问题的根本原因。他们用手比划战斗中的机动，用战斗机飞行员中流行的俚语，例如"呱呱叫"来形容YF-16。没用多久，原因就明了了。他们之所以更喜欢YF-16，是因为它能做出所谓"扣勾回切"，比他们飞过的任何飞机都能更加敏捷地变换不同的机动状态。它生来就是做转弯和冲刺的——世界上在压坡度转弯和拉起方面最灵活的小飞机。在模拟空战中，当飞行员遭到对手尾追时，它快如疾风一样的机动转换能力使对手转瞬之间就冲过了头。正如作家詹姆斯·法洛斯（James Fallows）后来描述的，它是战斗机中的匕首，用作近身格斗再合适不过了。

直至YF-16问世前，能量卸载——也就是说，拉操纵杆作小半径转弯，使飞机失掉速度和高度——是一种破釜沉舟的做法，是飞行员无法甩掉咬住自己尾巴的敌机的时候使出的最后一招。飞行员希望以卸载能量的方法，在敌人猛冲过头的同时，自己能得到反戈一击的机会。可是，轻型战斗机的推重比如此之高，恢复能量状态的能力如此之出色，以致能量卸载成了一种战术上的选择，而不再是垂死挣扎。飞行员能够卸载能量，接着反复推拉操纵杆，重新获得主动权——"卸载又加载"，人们这么说。

既然对比试飞结果已经确定，那么编号前面的"Y"字母可以去掉了，获胜飞机即是 F-16。后来，当航空杂志或飞行员列举史上 10 大名机的时候，F-16 始终排在最前面。但是，在那些初创岁月里，在飞机没有得到美国空军高度褒奖、很多人争相把它的问世归功于己的时候，博伊德为它得到的却都是责难而不是赞扬。美国空军将领对它的态度是毫不含糊的：这种廉价的小战斗机是博伊德的飞机，博伊德和该死的"战斗机黑手党"的飞机。空军内部很少有人曾扪心自问，如果博伊德的 F-15 方案乃至改进后的"红鸟"方案当初被他们接受，那么可能也不会再有轻型战斗机这回事了。

现在，博勒加德街公寓周边的树林和空地已经消失了，代之而起的是住着年轻人和穷人的廉价新公寓楼。有一天，博伊德来上班时对斯平尼说："我在报纸上总是看到在我住的小区发生入室盗窃和抢劫案件，但是我那座楼却安然无恙，然后我发现了，所有盗窃犯和抢劫犯都跟我住在同一座楼，我每天与这些人打照面，他们点头致意，跟我打招呼，对我非常客气。"

博伊德知道斯蒂芬对修理电子设备有着浓厚的兴趣，但是他并未完全意识到，为了提高技艺，斯蒂芬正免费替公寓楼里的住户们维修电视机、磁带录音机和唱机，其中很多机器带着主人们所称的"搬运时的损伤"。难怪博伊德和家人在周围的盗窃和抢劫的海洋之中，生活在安全的孤岛上。

博伊德现在称自己为"贫民窟上校"。他在纽约的妹妹玛丽昂可不喜欢这个称呼，他的哥哥格里也不喜欢。母亲的"失忆症"已急剧恶化为老年痴呆症，不得不离开格里的公寓住进养老院，所以她一点儿也不在乎儿子怎么称呼自己。

1974 年 8 月，国会下达指示，要求美国海军采用轻型战斗机对比试飞中的胜者，但是鉴于美国空军已经接受了 F-16，海军表示它将不会采购 F-16，而是捡起竞争中的败者 YF-17，改称为 F-18，并宣称，编号改变意味着它是海军需要的新飞机。美国海军在 F-18 上增加了额外的燃料、电子设备和承力点——携带导弹和炸弹的外挂接头——并重新设计机体，再一次把它变成了一种肥硕而粗壮的飞机。

博伊德不再关心这些了。他又一次投身于对"扣勾回切"的研究。有这样一种规律，当一个人在科学上有所贡献的时候，他的研究——至少对其本人来说——会变得神圣不容置疑，他会反驳那些企图纠正或修改它的人。博伊德不属于这类人，能量-机动理论不能解释"扣勾回切"及其对飞机性能的意义。他开始研究和撰写题为《空战新理念》的简报，核心内容是他所称的"非对称瞬变"（他给"扣勾回切"起的名字）。博伊德在研究 F-86 的时候，就已经考虑过这种新变量，即"快速性"或者"敏捷性"，但是现在，他以约翰·博伊德的方式思考它——就是说，痴迷地思考它。

但是不久后，他的关注点又被迫从"扣勾回切"之谜回到 F-16 身上。由于飞机即将进入工程研制阶段，美国空军着手对它进行"任务化"。这是空军故意使出的手段，因为如果 F-16 成为一种轰炸机，它就不能与 F-15 竞争。F-16 增加了约 3000 磅电子设备、大型地形跟踪雷达、机翼挂点和吊舱。各种外挂物横七竖八，使飞机变得很"脏"，而且每增加一点载荷，飞机性能就下降一分。于是，为了抵消外挂物带来的额外阻力，美国空军必须给飞机增加燃料，这样机体又不得不加长，为了容纳雷达，机头也必须加宽加大。所有这些措施都增加了飞机重量和机翼载荷，只能通过加大翼面积，才能保证当初设计中的机动性。

F-16 是与 YF-16 截然不同的东西，纯种赛马现在变成了载重挽马。

博伊德与每一次修改作抗争。他在电话里向克里斯蒂和斯普雷咆哮，控诉美国空军对他的飞机所做的一切。他对利奥波德、斯平尼和伯顿尖叫，说他的纯粹而又灵活的小飞机正在被镀上黄金变成又一种多用途飞机。

美国空军没有增加 F-16 的翼面积，博伊德决定放弃它。F-16 最初的翼面积是 280 平方英尺，博伊德估计，如果增加为 320 平方英尺，那么大部分性能可得以保持不变。但是空军决定，翼面积只能增加到 300 平方英尺。事实上，空军是故意不让它的性能超过 F-15。博伊德的一位年轻军官朋友在 F-16 项目办公室工作，他也许可以运用行政力量争取实现 320 平方英尺。博伊德一连几个星期每天与他在电话上商讨此事，然后有一次，博伊德打完电话，转身面向斯平尼，指着电话机说："这人不及格。"最后，那个年轻军官果然顺从上级意图，把翼面积定在 300 平方英尺。这个人显然决心走仕途道路，而不是干一番事业。多年以后，这个年轻军官受到上级奖赏，被擢升为将军，他曾打电话给博伊德。他喝了很多酒，对关于 F-16 所做的决定深感懊悔和歉疚。事实上，他请求重新回到博伊德和友伴们的群体中。

博伊德挂断了他的电话。

博伊德一直对美国空军在 F-16 上的所作所为耿耿于怀。他没能打赢空军生涯中最后一场大战。也许正是由于此次挫败带来的精神创伤，他才将关注对象从武器转向更理论问题的研究。

在他起名为《毁灭与创造》的未完成论文中，他提到了认知理论，但是由于办公室里发生的事情，他不得不中断写作进程。两位门徒准备离开了。斯平尼在个人生活和职业生涯上备感幻灭，他的婚姻面临破裂，与许多处于这种境地的人一样，感到必须在职业上重新选择。当那个少将命令他捏造 B-1 数据以挽救项目的时候，斯平尼自少年时代起即对美国空军抱有的那种理想就已经破灭了。不久，一个将军把斯平尼召到办公室，关上房门，对他说："我还是个上尉的时候，如果有你在 B-1 预算问题上那样的经历，我会辞职。"这正是斯平尼内心所想的。

此时，在美国空军军官学校从事教学的利奥波德邀请博伊德过去做客席讲座。博伊德开始了在空军军官学校持续多年的讲座课程，向学员讲授《毁灭与创造》初稿的内容。他倾听学员们的反应和利奥波德的评价，回到五角大楼，再请伯顿和斯平尼提出意见，然后对论文进行修改。最终的定稿始终无法确定下来。斯普拉德早前已经发现，博伊德几乎不可能完成《空中攻击研究》，而克里斯蒂在能量-机动理论上也有同样的发现。博伊德从不希望结束某次理论研究，他不断修改，又从中发现不足之处，或者要加以详述的地方，接着修改过程又开始了。尽管博伊德的友伴们备感折磨，可是这种过程的价值，不论对于《毁灭与创造》论文，还是对于更早的"发展规划研究"，都是毋庸置疑的。

博伊德在 1974 年大部分时间里，都在就"大楼"及其盘踞者的真面目对吉姆·伯顿开展教育。伯顿接受他的观点，但似乎没有改变自己的想法。斯平尼和利奥波德相信，伯顿始终是个谋求仕途进步的人，他现在只是应付着度过这段时间，为的是得到《考绩报告》的好评价，他将永远是一个只想出人头地而不是真心干事业的人。

有一天，伯顿带着疑问找到博伊德。他有个空军军官学校的同窗好友，也是一个有注定将当上将军的自信的中校。这个好友的职责是落实博伊德所提的关于空军规划方法的建议，他总是点头称赞伯顿的想法，表示要持续跟进，全力做好落实。但是，后来却是杳无音信。伯顿感到困惑不解，他终归是空军军官学校出来的精英呀。

博伊德难以置信地摇了摇头。他站起身，走到黑板前，概要地写下事情发展的理想进程以及现实的进度。他用简明曲线图的形式，无可辩驳地理清了事情的来龙去脉。伯顿后来写道，博伊德对他说："你的朋友对你不好，他利用了你。"伯顿知道，博伊德是对的。

黑板上的分析使伯顿明白了博伊德、斯平尼和利奥波德几个月以前就发现的事实。自那时起，伯顿有了新原则：看人要看他的行动而非说辞。吉姆·伯顿的转变开始了，不过他真正的改变是在另一件更加刺痛他的事件之后才实现的，而自那以后，他内心的钢铁将化为抵御外界的护身盔甲。他将震惊除了博伊德之外的斯平尼、利奥波德和克里斯蒂。这个空军官场精英将背弃之前的理想，证明他将用生命来推进事业的进步，而不是只为出人头地而奋斗。

1975 年 6 月 25 日，博伊德荣获美国空军的最高科技奖项——哈罗德·布朗（Harold Brown）奖。空军部长约翰·麦克卢卡斯（John Mclucas）主持了在五角大楼 4E-871 厅举行的颁奖仪式。博伊德接过奖状，上面记述了能量-机动理论应用于 F-15 和 F-16 设计的过程，表示能量-机动理论使美国空军有了"铸造一支可在未来几十年间保有优势的战斗机部队"的能力。

然后，博伊德回到自己家里。在玛丽面前，他难以置信地、几乎是羞愧难当地不停地摇着头。他之所以这样，与其说是由于美国空军给予他如此深孚众望的奖项，毋宁说是由于他觉得自己没有资格得到它，他的成就还没有与这般赞美相称的份量。他的反应，不是朋友之间的虚情假意，而是一个男人在家中面对妻子时发自内心深处的表白，是一个始终无法摆脱童年不安全感的小城男孩的心声。

对博伊德来说，那年夏天是一个波折动荡的季节。玛丽·艾伦毫不掩饰她强烈的烟瘾。博伊德看够了宝贝女儿嘴角总是叼着烟卷的样子，说："行了，做个交易吧，你戒掉香烟，我戒掉雪茄。我们再也不碰它们。现在开始，就这么定了？"玛丽·艾伦同意了，于是博伊德放弃了他标志性的雪茄。可是玛丽·艾伦很快重新吸上了香烟。博伊德在办公室总是啃手掌，他必须得在嘴里含点什么。他吃减肥食品，然后在餐厅吃一顿丰盛的午餐。晚餐时，他跟一个门徒在一起，吃得很多，也喝酒，可是他再也没抽过一支雪茄。

在此期间，斯平尼于6月从军中退职，离开五角大楼去一家国防承包企业当顾问。他晚上在乔治·华盛顿大学的夜校学习，攻读工商应用统计学博士学位。他基本上每天与博伊德保持联系。

博伊德也说要离开美国空军。他想把所有时间都用于撰写《毁灭与创造》。这篇论文是博伊德少有的书面作品之一，而且无疑是篇幅最长的。给他带来名气的能量-机动理论涉及的是技术问题，更像是一篇简报文稿。即便《空中攻击研究》也是由他口述，然后由打字员录制的，那不算他的写作。博伊德只写过少量发表在战斗机武器学校出版物上的文章。但是现在，他决定亲自把自己的思想付诸文字。

博伊德隐约提起的退役之事推迟了，他现在接到一项关于苏联"逆火式轰炸机"的绝密研究课题。美国中央情报局和国防情报局，尤其是海军和空军，为这种新型可变后掠翼轰炸机编造了惊人的性能。海军说，"逆火"式与B-1一样，是一种有精确纵深打击能力的战略轰炸机，它巨大的航程对美欧之间的海运航线构成了威胁。海军说，"逆火"式可以从摩尔曼斯克（Murmansk）附近起飞，穿过GIUK（冰岛、格陵兰和英国之间）缺口，对运输船队展开攻击。美国空军利用"逆火"式的威胁，要求增加装备侦察机和F-15以保卫西欧地区。

到底是谁授权进行这项绝密研究现在不得而知，但是对"逆火"式做独立评估无疑是必要的。博伊德为施莱辛格准备了一份简报稿。有传言说，国务卿亨利·基辛格想知道评估结果。

博伊德在简报中略去能量-机动比较分析和专业术语，指出"逆火"式的威胁被夸大其辞了，他说，它不是战略轰炸机而是中程轰炸机，并用一句话总结了它的性能："'逆火'式是个垃圾货色，是被吹上天的F-111。"

不久，博伊德走进人事部门办公室，说："我想退役。就是现在。"

1975年8月31日，在美国空军服役24年后，48岁的约翰·理查德·博伊德退役了。他告诉斯平尼、克里斯蒂和伯顿，空军部长恳请他不要退役。他说部长向他保证，如果答应留下来，将提拔他当将军。"我对他说不。我不想卷入那种狗咬狗的游戏。"

然而，这只是挽回脸面的话罢了，博伊德绝不可能当上将军。他如此频繁地吹嘘自己击落了将军，以致别人在聚会和生日宴会上送给他水管作为礼物。令斯平尼和利奥波德开怀大笑的是，博伊德甚至提议开办一所"礼仪学校"，对刚提拔为将军的上校们进行入行教育。即使博伊德真的晋升将军，他也将是——在最理想的情况下——一种另类将军，而且很可能是个低劣的将军。他没有妥协的能力，对持不同意见的人极不耐烦。他在NKP基地的确表现出色，但那是战争状态下的任职。他是个天生领袖，可是缺乏美国空军在提拔上校时看重的那种管理才能。

博伊德退役后首先要做的一件事，是开车回到家乡伊利。他独自一人回来，会见了很多儿时的友人。博伊德告诉他们，他已经离开军队，两种在他积极推动下研制的飞机——F-15和F-16——已投入生产，他现在正写作一篇新论文，名字是《毁灭与创造》。好几个人问他退役时官居何职，听到他说"上校"时都哄笑起来，打趣说为什么他没弄个将军干。既然负责研制两种飞机，怎么还没当上将军呢？人人都知道，在五角大楼里，重要的工作都是由将军来做的。

博伊德在半岛沙滩上漫步，此时秋天的气息已降临。他与弗兰克·佩蒂纳托一起待了好几个小时，佩蒂纳托现在还是救生员主管，他跟博伊德儿时伙伴们不同，相信博伊德所说的关于 F-15 和 F-16 的一切，相信《毁灭与创造》将是特别重要的成就。

对博伊德来说，退役后的返乡应该是一次伤感之旅。亲人在伊利已经无迹可寻，作为家庭维系象征的母亲染上日益严重的老年痴呆症，她自己那边的亲属似乎都没摆脱这种病的折磨。

在家乡，如果没有弗兰克·佩蒂纳托，博伊德就是形只影单，孤独寂寞的。

博伊德在伊利连续逗留了几个星期。他在沙滩上徘徊，思考着新课题、研究方向和写作方法。在他的脑海中升腾着无数想法，他细细地琢磨，反复地考虑，多方考察，去芜存精，然后从头再来。在最后几天，他终于恢复了青春活力，心中豁然开朗。半岛助了他一臂之力。关于如何翻阅大量文献，如何探索新的思路，他现在充满了自信。

于是，博伊德返回了华盛顿。尽管他无疑已经是美国空军史上最有影响的上校，他最伟大的贡献仍尚需等待。他将进入人生中最富有成效和最重要的阶段。

1975 年 11 月，杰拉尔德·福特总统解除了施莱辛格的国防部长职务。

没过几天，美国空军又一次开始了扼杀 A-10 的努力。空军参谋长还下令，F-16 应做好携带核武器的技术准备。

第三部分

学　者

第二十三章 《毁灭与创造》

20 世纪 70 年代，美国军队处于前所未有的消沉期。

美国军队在越南战争中蒙受了奇耻大辱，这个世界第一超级大国差不多用尽全部手段，从价值几百万美元的飞机、激光制导炸弹和电子传感器，到特种部队，最终还是被只有自行车和步枪的身穿黑色宽松裤的小个子打败了。

但是，美军高级将领没有进行触及灵魂的深思和反省，他们是管理者而不是军人。管理者的本性决定了其作为部队领导，常常倾向于嫁罪于人而不是承担责任。无论在空中还是在地面，指挥这场战争的美军高级将领和风向标式的野心家都不承认他们的失败，不承认他们的战争方针有错误。他们拒绝承认他们不会打游击战，反而到军队以外去找替罪羊：政客从后面捅刀子，或者新闻媒体故意让军队难堪。然后，他们给在越南战争中一败涂地的旧方针外面裹上一层新包装，又继续前进了。

20 世纪 70 年代，美军将领对企业理论的熟知胜过军事理论。他们阅读管理学著作，认真讨论哈佛商学院的教学内容，但有的人对孙子闻所未闻，不知道"冯·克劳塞维茨"怎么写，他们也许听过杜黑、约米尼、冯·施利芬、富勒、古德里安、劳伦斯或巴尔克这些名字，但不知道这些人所持的思想是怎样的。在 20 世纪 70 年代中期，一般美军高级军官对于军队战术的了解，甚至不及很多美国内战史业余爱好者。

不是所有军官都只想着荣华富贵。部分年轻人就相信有更好的出路。成百上千名尉级或校级军官蔑视高级领导及其陈旧的教条。他们与上司不同，对于越南战争做了大量深刻的自我反省。离开越南之后，他们承认："我们是惨败了。"目睹战友因为指挥官的愚蠢而丧生，他们认为自己对丧命的战友负有责任，必须坚持下去，为变革而战。他们看到有些高级将领寸功未立却飞黄腾达，看到这些高级将领把全部过错都推给政客和新闻媒体，他们深以为耻。

以陆军和海军陆战队军官为主体的年轻人们经常讨论战略问题，但这些讨论却往往是畅所欲言，随意性很大，没有明确的内容和形式。他们没有组织，也没有凝聚中心，只是散布在各处的若干小群体，人数不多，彼此也没有联系。

他们需要新的战争观念，一种能够捧在手上研读到深夜的东西，一种能够讨论和质疑的东西，一种能够以新鲜而有力的知识使他们和部队振奋起来的东西。一句话，他们需要一种能帮助他们打赢战争的军事理论。他们还需要一位能使他们聚集在他的大旗下的领袖，这个领袖不能沾染不光彩的历史，必须在性格上迥异于当前的军队领导，他必须没有被体制腐蚀，致力于清理军队门户，热爱国家胜过自己的职业生涯。只有这样的人，才是在战后充斥着钻营者的阴冷沼泽地里挣扎的年轻军官们所渴望的。

博伊德以上校军衔和 24 年军龄退出现役的时候，他有每月 1342.44 美元的退役金，外加每月生活津贴。即使在 1975 年，要养活妻子和 5 个孩子，这笔钱也是捉襟见肘。博伊德完全可以效仿很多高级军官，在国防承包商那里找个报酬优厚的工作，但是毕生真正的事业即将开始，而他觉察到企业任职的风险。博伊德知道，他必须自力更生，这样只有两条路：要么得到大笔财富，要么节衣缩食。博伊德说，如果一个人能使自己的需求减少到零，将会得到真正的自由：无欲无求的人，没有人能伤害他。

博伊德不再添置新衣服，他和玛丽的汽车过不了几年就会变成一堆废铜烂铁，他甚至拒绝为眼镜配个盒子，而是在它外面套只旧袜子。针对孩子们日益强烈的不满，他明确表示，他们将继续住在博勒加德的地下公寓里。

约有一年时间里，博伊德从人们的视野中消失了。但是，他虽然未曾露面，却从未停止发声——在经常持续数个小时的夜间通话中。斯普雷称这些通话为"苦差事"，说这是被博伊德接纳为友伴的代价。有一个周末，克里斯蒂、斯平尼和伯顿都不在城里，于是，博伊德星期五和星期六晚上几乎都在与斯普雷进行电话交谈。到了星期一，斯普雷打电话向 3 个人诉苦，责备他们不该在同一时间离开华盛顿。

从通话内容来看，博伊德不但把绝大部分退役金花在购买书籍上，而且确实阅读了它们。凌晨两点，克里斯蒂家的电话响了，他提起话筒，会听到博伊德说："我找到突破点了，听着。"接着立刻开始朗读黑格尔的著作，或者其他的有关宇宙哲学、量子物理、经济学、数学、历史学、社会学或教育学的高深莫测的著作。克里斯蒂在想，博伊德是不是发疯了。除了在 NKP 基地的一年，博伊德在过去 9 年里一直在与上司战斗。他是个以行动见长的人。但是，他一离开五角大楼，就走进了思想世界。这变化来得相当突然。他头一天还打电话询问 F-16 项目的进度，第二天就在凌晨两点打电话给别人朗读德国哲学。为什么？博伊德总是挂在嘴上的认知理论是什么东西？他说自己早在 NKP 基地的时候就开始琢磨它了，可到现如今也没拿出什么成果。他为什么退役？

汤姆·克里斯蒂现在是五角大楼里的超级明星，即将提升国防部副助理部长。他知道如何在事不关己的时候说"不"，而现在，他开始对老朋友不耐烦了。他说"约翰，这些我在大学里都读过"，或者"约翰，我自己能看书"。博伊德不理睬他的反应，继续念下去。过了 20 分钟，博伊德才说："好吧，你对此有什么想法？"终于，克里斯蒂也忘了说"没有"，两人会一直讨论到凌晨时分。

跟克里斯蒂聊完，博伊德打电话给下一个门徒，又一次开始以上历程。门徒们都有良好的教育背景，阅读面广，但是到了 1975 年底，或者更肯定地说，截至 1976 年初，博伊德的探索在深刻程度上已超越了他们当年读研究生时的水准，他闯进了人迹罕至的隐秘的知识天地。受强烈的自尊心驱使，门徒们不愿附和博伊德所说的每一件事。但如果他们想掌握讨论的话语权，就得去读博伊德提到的那些书。这样，当博伊德打来电话，他们已经有了准备。尽管他们彼此没有联系，却都知道博伊德是个幸运的家伙，他已经走出能量-机动理论，闯进更加高深莫测的领域。他们都觉察到了，他即将产生最伟大的作品。

但是，他们都期望这个产生过程不至于那么痛苦和漫长。

由于博伊德，友伴们家里的电话会连续几个小时被占线。伯顿引起了其他人的嫉妒，因为他妻子在家里装了一条"博伊德电话"专线，博伊德是唯一拥有电话号码的人。

博伊德所受的正规教育比不上任何一个门徒。但是，他是所有门徒的精神领袖——不仅由于他让他们阅读书籍的数量与内容，而且由于他在探求真理时所表现的热情、执着和钢铁意志。他与门徒们的关系各不相同。克里斯蒂是他宏观上的助手，也就是说，就研究的疏漏、冗杂和必须深入分析的地方提供建议。伯顿和斯平尼像他的儿子——用起来得心应手的特别聪明的儿子。他与伯顿、斯平尼之间，进行着常人所罕见的思想交流与碰撞。

斯普雷则属于另外一个类型。在某种意义上，他与博伊德关系最为亲密，两人就像亲兄弟。但是，当其他人为博伊德关于认识理论的探索喝彩的时候，斯普雷却丝毫不支持他。他说博伊德是在浪费自己的才华。他知道，与许多自学成才的人一样，博伊德极其渴望从学术研究以及他心目中的"正规"学者那里得到满足。斯普雷告诉博伊德，认知理论太过于抽象，是那种没有发展潜力的"科学哲学之类的东西"。自研制 A-10 之后，斯普雷对地面作战有了强烈的兴趣，认为那是唯一有意义的战争形式。他敦促博伊德放弃虚度光阴的游戏，开始研究地面作战。但是，博伊德已醉心于认知理论，他的确答应去读斯普雷推荐的几本书，但最后还是不了了之。至少斯普雷当时是这么看的。

博伊德对斯普雷的批评相当敏感。斯普雷每刺激他一次，他就钻研得更深入一些，挖出一批新资料。在他看来，如果他的东西经得起"皮埃尔·斯普雷式电锯"的考验，那么任何持批评意见的人都找不出它的毛病。

博伊德一稿又一稿地在黄色信笺簿上草拟认知理论。他打电话给门徒们，花几个小时讨论一个词语的意义。"当你听到这个词，会想起什么？"他问道，"你脑子里会出现什么图像？"这是个令人恼火的过程。博伊德喜欢模棱两可的表述方式，认为它能唤起无穷图景，引出出人意料的思路。伯顿却对博伊德语焉不详的习惯感觉极不舒服。"你是在滥用单词的一词多义现象。"伯顿说，"你使用单词、观点和概念的方式与一般人使用单词、观点和概念的方式不一样。"

更令门徒们搓火的是，博伊德说不知道他的研究指向何方，并且有意地拒绝确立研究目标。他事实上是在信马由缰、随心所欲。门徒们为之惊骇的是，博伊德居然声称，他的研究将把哥德尔不完备定理、海森堡测不准原理和热力学第二定律结合在一起。

哥德尔不完备定理认为，任何无矛盾的公理体系，只要包含初等算术的陈述，则必定存在一个不可判定命题，用这组公理不能判定其真假，或者，用博伊德的话来说，体系的完备性不能从体系内部得到证明。物理学家海森堡说，同时确定粒子的位置和速度是不可能的。博伊德在佐治亚理工学院时就知道，根据第二定律，所有自然进程都产生熵，即是说，它们从有序向无序演进。哲学家雅各布·布鲁诺夫斯基（Jacob Bronowski）认识到不同事物之间的联系。但是没有人对以上三者进行结合，抽象到新的高度，提炼出创新的观念。

博伊德晚上在电话里高声朗读一个段落之后，会在下一次晚上打电话时，用激动得颤抖的声音表示，他又有了一个突破，接着他开始把上次的那个段落再读一遍。听电话的那个人没听出任何区别。博伊德痛心疾首地告诉他，有一个单词不一样了。门徒们都拿博伊德的"突破"开玩笑。斯普雷说，博伊德就算挪动了一个逗号的位置，也认为那是一个突破。

"你只有把某样东西放在极端条件下，或者从反面考察，才能理解它。"博伊德是这样说的，他也是这样做的。他穷尽一切角度来思考每个用词和观点，在讨论中无休止地与人争论，重构自己的思路，然后再投入讨论。创新的过程痛苦、艰难、曲折而繁琐——这既是对于博伊德，也是对于他身边的那十来个人来说的。博伊德需要辩论中的针锋相对。他经常完全推翻自己的思考路径，从头再开始。伯顿、斯平尼和斯普雷开始感到好奇，想知道克里斯蒂是不是说得对，博伊德是不是在舍本求末、庸人自扰，他是不是走进了寸草不生的荒原。"这一切要到什么时候？"伯顿问，"什么事总有个头吧。"

"到时候一切会水落石出，"博伊德说，"我会知道的，但现在还不到时候。"

更加糟糕的是，博伊德接受了国家航空航天局的一个小课题，对战斗机飞行员在模拟器和实机上的迥异表现进行原因分析。通过这项研究，博伊德加快了在 1975 年就开始的《空战新理念》(*A New Conception for Air-to-Air Combat*) 简报的构思。斯普雷惊喜地发现，博伊德还开始写作名为《冲突的类型》的简报，对古往今来的地面战争做了回顾。与此同时，他继续研究和构思他的认知理论。

这是非凡的创造力的强烈迸发，尤其它还是一个退役军人在接近 50 岁、应该开始淡泊闲散的时候的产物。

门徒们觉得这个迸发过程会一直持续下去。

其实不然，或者说，以认知理论为目标的艰苦劳作至少在 1976 年 9 月 3 日结束了。在这一天，博伊德拿出了 11 页的《毁灭与创造》论文。他从 1972 年就开始为它而奋斗，除了 20 世纪 50 年代为战斗机武器学校杂志写的几篇文章，这是博伊德亲手写下的唯一文章。

博伊德《毁灭与创造》论文的完成，没有得到能量-机动理论问世时的那种欢呼与喝彩。考虑到多年来他在其中洒下的辛勤汗水，这结局的确特别虎头蛇尾。博伊德只给几个人发去了复印稿。

伯顿和斯平尼恳求博伊德将论文付梓出版。对博伊德来说，在军方杂志上发表文章还是很容易的，但是他从未提交发表，第一个原因是，他认为理论的研究应该永远是进行时，他在以后几年里将不断地对《毁灭与创造》进行修改完善。第二个更有猜测意味的原因，是他可能害怕发表之后遭遇批评意见。

博伊德历时 4 年多的研究和写作，全部浓缩在仅 11 页的篇幅之中，因此论文有一种近于金属铀那样的独特性质：致密、沉重而又生硬，满篇是警句、限定语和大量在以往人们看来风马牛不相及的高深理论的引用。阅读《毁灭与创造》的体验，可以用"拖着沉重的雪橇前行"来形容。论文最重要部分是博伊德关于观察主体与观察对象关系的详细论述。这并非新鲜理念，现实的本质是最古老的哲学命题之一。但是，博伊德对人们如何感知现实世界提出了新的说法。

观察同一进程或事件的几个人，可能对进程或事件有截然不同的观感。举一个简单的例子，观众们涌入大学橄榄球赛场的场

面，对大学联谊会成员、电视直播摄像师、啤酒商贩或球场保安来
说，呈现的是各不相同的图象，而在大学校长眼里，则又是另一幅
图象。

基于以上认识，博伊德引用海森堡的观点：观察的过程影响着
观察的结果。继续上面的例子，观众中的某个人知道正被电视直播
摄像师观察着，他可能挥手、喊叫或心血来潮地做表演。同样在这
群观众中，有人知道球场保安正观察着自己，他可能收敛举止、谨
言慎行，或者可能想寻衅滋事。观察主体意识到观察对象行为的改
变，会重新评估与他们的关系。这就是说，不仅观察过程塑造观察
对象，而且反馈信息会再次塑造观察主体的印象。电视直播摄像师
会转过镜头避开挥手的人。球场保安会更加警觉，因为他知道观众
中有人正掩饰自己的行为。这样形成一种循环，而且是时刻不停的
循环。

现在回到开头，在博伊德看来，处理观察得到的信息有两种
方法：分析和综合。把观察到的过程和事件分解为不同部分及其关
系，得出演绎结果；或者把各种有时不相关的东西综合，形成崭新
的整体。

博伊德认为，分析有助理解，但不利于创新。他甚至相当偏激
地认为，分析是一种意淫行为，只能使分析者本人感到满意。他谈
到"分析导致的瘫痪"，说华盛顿有一万名分析家，却没有一个综
合家。用他的话来说，就是"他们对越来越少的事物知道得越来越
多，直到最后，他们对不存在的事物无所不知"。

博伊德在《毁灭与创造》里最喜欢提到的一例思维测试，可以
帮助读者理解创新活动的本质。大意是这样的："分别想象四个场

面，或者称之为领域。从其中的要素及其关联，我们可以容易地理解每个领域的含义。"

这四个领域分别是山坡上的滑雪者、快艇、自行车和玩具坦克。在"滑雪者"下面是各种要素：索道吊椅、滑雪板、人、山峰和小木屋。博伊德请读者想象一幅关系网络图，这些要素被各种交错的连线联系起来。在"快艇"下面是太阳、快艇、舷外发动机、滑水者和水，相互有连线联系。在"自行车"下面，是链条、车座、人行道、小孩和车轮。在"玩具"下面是炮塔、男孩、坦克履带、绿色油漆、玩具店和大炮。

各标题下的每个要素都是有意义的，但是博伊德接下来切断要素与标题的联系，把要素们从关系网络中摘出来，请读者想象它们被随意地分散得到处都是，他称这个对领域加以分解的过程为"毁灭性演绎"（今天有人称这种思维发散为"跳出思维定势去思考"，可是博伊德认为定势的存在就是一种限制。只有把定势打破，才能有创新）。演绎之所以是毁灭性的，是因为要素与整体的关系被破坏掉了。不确定和无秩序取代了原来的有意义和有秩序。博伊德说，这种毫不相干的要素的大杂烩是"无政府状态的海洋"，并要求读者回答："怎样从这一团乱麻中建立意义和秩序？"

现在，博伊德开始演示综合过程如何构成创新活动的基础。他问："在无政府状态海洋中的要素中间，我们怎么才能发现共同性和相互联系，最后综合出新的、完全不同的领域？"没有人找到组合它们的办法。博伊德百般巧言哄劝，最后给出提示，要大家注意"把手""舷外发动机""坦克履带"和"滑雪板"。

这些东西，在他看来，就是构建他所说的"新事物"——"机动雪橇"——的要素。

为保证新事物不但可行而且有意义，博伊德说必须核实它的内在完备性以及它与现实世界的吻合度。但是，保证事物有意义这一做法本身就会引发新观点及其描述之间的不协调。哥德尔、海森堡和热力学第二定律现在要发挥作用了。不协调是不可避免和意料之中的，因为博伊德指出，"人不能从一个体系之内确认这个体系的特点或者性质。不仅如此，确认这一举动就会导致混乱和无序"。从不协调到毁灭再到创新，循环永恒地进行，它是"一种辩证性发动机的自然典范"。这个发动机就是观察主体与观察对象之间的关系。观察主体和观察对象有双重关系，观察过程会改变观察对象，我们对这种改变的意识将导致关系的重构，这些规律在我们日常生活的各侧面潜移默化地起着作用，是我们处理与外在世界关系的重要方法。风险——而这种风险是很多声称了解博伊德理论的人既不知道也不理解的——是如果我们把心理活动聚焦于内心的教条，并隔绝于变化万千的外在世界，我们就会亲身体验心理印象与现实世界的不协调。随之而起的，是混乱、无序和不确定性的产生与加剧。最后，在无序不断加剧的情况下，混沌出现了。博伊德指出，这是一种极其正常的过程，只有进行毁灭性演绎，重新构建与外在世界变化相应的心理印象，才能解决这一问题。

科学哲学家托马斯·库恩和经济学家约瑟夫·熊彼特发现了创新意味着毁灭。但是，博伊德的独特之处在于，他解释了这一过程是如何存在于哥德尔、海森堡和熵的理论所揭示的基本规律之中的。

辩证性发动机的概念经过提炼和优化，将立刻成为美军上下千呼万唤的新型战争理论的逻辑起点。

第二十四章　OODA 循环

完成《毁灭与创造》以后，博伊德迅速进入癫狂状态。他似乎在潜意识中听到了年轻军官们对改革、对指引他们走向胜利的宣言的呼唤。对博伊德来说，没有什么比美国的国防事业更重要的了。一个月内，他写就了两份简报。人物和事件逐渐有了意义，最终产出的是已多年未见的各种不可思议的机缘巧合的涌现。《快速瞬变》（Fast Transients）简报完成于 1976 年 8 月 4 日，是《毁灭与创造》用于解决作战问题的样例——即是说，它更出色、更透彻地定义了"机动性"。飞机的瞬时机动能力有防御性和进攻性两个侧面：它迫使前来攻击的飞机放弃有利的射击态势，或者使尾追敌人的己方飞机进入有利的射击态势。以瞬时机动抢占优势的启示在于，飞行员必须保持比敌人更高的行动节奏，必须始终抢在敌人前面一两步，必须以比敌人更小的单位时间实施机动。

YF-16 对 YF-17 的胜利给博伊德的研究助了一把力，但是他在简报中追溯自己初出茅庐的年代——在朝鲜战争中 F-86 对米格-15 取得惊人的击落比率，而米格-15 有格外出色的能量-机动性能。他又引用别的例子：德国于 1940 年对法国的闪击战、以色列为解救被乌干达扣押的人质而对恩德培（Entebbe）机场的闪电式打击。在以上两个战例中，快速转换行动方式的能力都是制胜的关键。考虑行动的节奏——不仅行动速度要快——快于敌人，这是新的战争理念。构造瞬息万变的环境——也就是说，采取快得令敌人难以捉摸、似乎不确定而又面目不清的行动——将使敌人难于调整、不能辨清形势并引发混乱，最后要么反应不及，要么反应过度。在简报的最后，博伊德提出结论，谁能把握最大变化速率，谁就能克敌制胜。

简报表明，博伊德的核心研究主题——基于时间的冲突理论——日渐成形了。它以关于闪击战和恩德培突袭的讨论为标志，表明博伊德研究工作的一个意义深远的转折，他开始关注地面作战了。

一个月后，博伊德的《冲突的类型》（Patterns of Conflict）简报已准备就绪。他这个简报以后将讲授数百场，以至人们简称其为《类型》，或者干脆叫它《简报》。《类型》不断改进，历经 10 多年才至臻完善，使幻灯片得以编辑成册。博伊德把初版称为《曲速 1》（"Warp I"，名称来自他的子女们喜爱的电视剧《星际迷航》）。同一档曲速之内的修改称为《汇编》（"wicker"，官式公文里意指"编辑"或"拼凑"的术语）。博伊德先把幻灯片内容写在信笺簿上，然后请人打印出来。他保留改动和增添的部分，积累到足够数量，然后再次打印全部草稿，给它取个新曲速标题。简报经过了几乎每个星期不重样的令人目眩的命名过程。到 12 月 8 日，简报叫《曲速 6，汇编 2 号》，到 1977 年 9 月 16 日，叫《曲速 10》，1977 年 10 月，他又改编号了：《曲速 11》变成了《冲突的类型，正、奇与重心》(Patterns of Conflict: Cheng, Ch'i, and Schwerpunkt)。《曲速12》之后，博伊德重拾《冲突的类型》这一名称，不再使用"曲速"或"汇编"编号法。每一稿报告都标注日期和他用粗体签下的龙飞凤舞的大名。他不留存各阶段的稿本，经常打电话给伯顿，问："对我的《曲速6，汇编3号》评价如何？"或者"《曲速9》里这部分是怎么说的？"伯顿收藏了差不多每一阶段的稿本，现在看来，他似乎是唯一这样做的人，那是摞起来有约两英尺高的稿纸。博伊德一开始用一小时作《冲突的类型》简报。10年后，博伊德将所有思想成果纳入一个名为《关于胜利与失败的对话》(A Discourse on Winning and Losing) 的汇编集，其中《冲突的类型》简报需要用14小时——两天——才能讲完。

博伊德的简报风格在退役后发生了巨大变化。以前，他是美国空军的头号简报高手，以简洁优美的幻灯片和精彩的口头讲解而闻名，现在他拿出的幻灯片杂乱无章，充斥着点句符和冗长句式，而且仍然语焉不详，因为博伊德坚持认为，模糊的语言会给丰富的想象留出空间。他以前的简报是内容完整的，人们只要看幻灯片，就能看懂全部含义。现在他不这样了。现在，他的简报如果没有现场解说根本无法看懂。博伊德还在讲解简报的问题上变得十分执拗——有人会说他是武断，也许甚至是傲慢。听众有没有时间不是问题，如果他要听简报，就得坐下来坚持到结尾。如果简报发布会持续个把小时，那倒没什么。但是，当它延伸到6小时，别人就会要求博伊德精炼一些了。他的回应是"要么全讲，要么不讲"，而且简报结束之前，不允许任何人看到幻灯片或者工作提纲。

虽然已是一介平民，博伊德仍经常在五角大楼战术航空分析组忙碌。有一次，斯普雷来到办公室，凑巧听到博伊德在与人通电话："我很乐意向他汇报，要 6 个小时。"电话那一头的人显然希望他汇报得简短些。"汇报时间是 6 个小时。"博伊德重复了一遍，他的脸板了起来："既然你的头儿时间这么紧，我有个主意，可以给他节省时间，不如取消汇报，怎么样？"他猛地扣上话筒，转过身对斯普雷说："是海军作战部长的助理。"于是，给海军作战部长的汇报取消了。陆军参谋长的情况也差不多，一个上校军衔的助理趾高气扬地走进克里斯蒂的办公室，要他命令博伊德为陆军参谋长做一个小时的汇报，但克里斯蒂的回答却让上校张口结舌，他说博伊德是个平民，不归他指挥。

有的事情没有改变。博伊德始终保持着他的研究方式。他在夜间进行大量阅读，直到很晚才睡。《冲突的类型》最后定稿时，参考资料多达 323 种。他与门徒之间的电话联系始终不断，涉及的内容无论就广度还是就深度来说，都是惊人的。博伊德对战争历史进行了罕见的深入探索，在外人看来，他似乎东拉西扯，漫无方向，没有重点，但是直到他们听到简报，情况就为之改观了。

跟博伊德的很多作品一样，《冲突的类型》利用了人们耳熟能详的事实，但是经过博伊德的融合提炼，就成了美国军方闻所未闻的创新事物。《冲突的类型》是他一例最不寻常的"机动雪橇"式创见之一，是一个军事人才所能提出的影响最深远的理论简报之一。

《冲突的类型》也是博伊德运用类比方法的典范。这是让务实人士斯普雷为之担心的过程。类比推理不仅比常用思维方法落后，而且特别危险。只要错上一步，特别是开头的一步出错，推理过程就会失控而陷入荒谬。可是博伊德总能保持过程不出错，这更让斯普雷心惊胆战了。

研究现代军事历史就不能绕过德国军队，特别是德国军队自1806年——拿破仑在这一年于耶拿和奥尔施泰特会战中战胜了腓特烈·威廉三世及其普鲁士军队——至第二次世界大战的历史。那次腓特烈战败后，出现了推动普鲁士军事改革并使军队重整旗鼓的5个人物，他们自称"改革者"，其中最有名的是冯·沙恩霍斯特和冯·克劳塞维茨，前者以军事才华闻名，后者则以《战争论》（*On War*）著称。

国会参议员加里·哈特（Gary Hart）的助理威廉·林德（William Lind）是一个高大圆胖、脸色红润的家伙，说起历史典故时如数家珍，对战争历史的掌握即使五角大楼里的大部分人也望尘莫及。林德参加《冲突的类型》简报发布会后，发现博伊德及其知识圈子与普鲁士军队规划者们不无相似，便戏称他们为"改革者"。

在研究闪击战时，特别是阅读有关坦克指挥官海因茨·古德里安的战术读物和埃里希·冯·曼施泰因的回忆录《失去的胜利》（*Lost Victories*）时，博伊德发现自己对历史事件的理解尚欠深入。他只能从头开始，追溯远古的希腊和波斯的战斗记录，捋清历史线索，直至彻底弄懂闪击战的原理。他的关注点主要落在4个方面：战争一般理论、闪击战、游击战及名将之诈术。

中国军事理论家孙武据信是约公元前400年的《孙子兵法》的作者。孙子的战争思想包括兵不厌诈、兵贵神速、兵无常势、出奇制胜和示形动敌等。他还提出兵分两路、寻机歼敌的思想。但是，孙子影响最深远的或许是正与奇、常规与变通、正统与另类的思想。关于正与奇最简单的诠释来自乔治·巴顿上将的谈话，他在第二次世界大战中论及自己进攻德国的计划为"抓住他们的鼻子，踢他们的屁股"。"抓住鼻子"的是正，"踢屁股"的是奇。

在博伊德看来，《孙子兵法》是他理解战争历史的罗塞塔石碑。他一遍又一遍地阅读它。《孙子兵法》是博伊德唯一认为基本上没有问题的军事理论书籍，他买了它的 7 种英文版本，每一本都在大段论述下划有重线，还在页边写下大量旁注。博伊德最爱的是塞缪尔·格里菲思（Samuel Griffith）的译本以及后来的托马斯·克利里（Thomas Cleary）的译本。他一再要求门徒们都去反复阅读这本书。

从孙子开始，博伊德追寻了公元前 300 年左右的亚历山大大帝、公元前 200 年左右的汉尼拔、公元 500 年左右的贝利萨留、公元 1200 年左右的成吉思汗、约公元 1400 年的帖木尔，然后是拿破仑、冯·克劳塞维茨，直到第一次世界大战和第二次世界大战。他发现伟大的将帅们，尤其是成吉思汗等东方将帅指挥的战役，都体现了从孙子的思想中汲取的智慧。

例如，有绝对优势的罗马军队在坎尼会战中败于汉尼拔及迦太基军队手下。在这场历史上著名的会战中，汉尼拔损失了约 3000 人，罗马军队损失约 7 万人。博伊德在历史中找到很多这种以劣胜优的战例，他发现了线索：胜方将领从不让部队与敌人进行硬碰硬的正面对抗，他们通常不进行所谓"消耗战"，而是运用阴谋诡计、快速机动、变化多端和集中优势兵力。他们经常采用迷惑和扰乱敌人的战术——用博伊德的话来说，是战斗打响之前就使敌人瓦解的战术。

冯·克劳塞维茨常被誉为最伟大的军事理论家。博伊德对他进行了前所未有的认真研究。与孙武的书一样，博伊德购买了各种英文译本，写下了大量注解。他花了几个月时间，对冯·克劳塞维茨早期、中期和晚期的言论做了对比。这是一项艰苦繁重的工作，因为冯·克劳塞维茨在书中使用辩证分析方法，有时似乎同时支持对立的观点。博伊德不只在阅读，他是在与克劳塞维茨战斗，是与克劳塞维茨在思想上进行对决。有一个深夜，博伊德打电话给斯平尼，说他有了个突破，继而开始大段朗读，并指出冯·克劳塞维茨与孙子的两处重要区别。第一，克劳塞维茨希望与敌人展开大规模"决定性会战"，而孙子力图在战斗之前瓦解敌人。换句话说，克劳塞维茨认为战争胜负决定于按规定套路进行的战斗而不是策略、诡计和游击战式的战术。这意味着，即使他取得胜利，那也是大屠杀的胜利。第二，博伊德说，克劳塞维茨的问题还在于，他用大量篇幅讨论指挥官如何减少"阻力"——总在"战争的迷雾"中出现的不确定性或机遇，不谈如何像孙子一样尽可能增加敌人的阻力，而只谈如何减少己方的阻力。正如博伊德告诉斯平尼的："孙子意图使敌人疯狂，而克劳塞维茨试图避免被搞得疯狂。"

斯平尼困倦地咕哝了几句，大意是冯·克劳塞维茨的书写在100多年前，而且从未写完。"那无关紧要，"博伊德吼道，"我现在抓住这家伙了，我搞到他的要害了。"

在博伊德看来，第一次世界大战的策略和屠杀是冯·克劳塞维茨战争理论的必然后果，也是西方将领在战术上落后于19世纪技术进步的结果：战术上是横列队形、集群对阵和线式防御，而技术上已经出现了机关枪和速射炮。那种战术在索姆河会战的头一天即告破产，当时英国方面有6万人伤亡。绞肉机式的战争打了3年多以后，德国人开始在交战前进行短促弹幕射击，用烟雾和毒气隐蔽作战意图，然后投入步兵小组。小组沿多条路线前进，寻找防线的缝隙。他们不强拼坚固防御点，而是绕开它们，不断前进，不顾侧翼，直插纵深。他们就像下山的流水，绕过障碍，始终流动和试探，然后发现裂口，涌流进去，越积越多，越积越深。这个战术最后失败了，因为德国将领对它没有信心，而且没有通信和后勤保障使之成为有决定意义的作战方法。而且因为德国输掉了这场战争，协约国没有认清新的渗透战术的意义。终于，新组建的德国军队充分地运用和发扬了这个战术。

第二次世界大战中，德国军队运用了同样的战术，不过这一次的主体是规模更大的装甲部队。新闻记者给它起名叫"闪击战"。德军绕过敌坚固据点——例如马其诺防线——并在航空兵和无线电支援下，沿着有利路径，突破敌军薄弱环节，迅速向敌纵深腹地实施机动，切断其交通路线、瘫痪其指挥与控制体系。德军前进速度如此之快，敌人尚搞不清发生了什么，就已经被切得支离破碎。希特勒以约两万人伤亡的代价，占领了波兰、挪威、丹麦、比利时、荷兰和法国，盟国损失约 350 万人，其中近 300 万人当了俘虏。

博伊德借鉴孙子的思想，指出最优秀的指挥官总是尽量不直接以战斗取得胜利，而是力图破坏敌军凝聚力、制造瘫痪局面，引致敌军混乱以至崩溃。博伊德指出，战争是有机体系之间的对决，最好的战争方法可比为切断敌军的神经、肌肉和筋腱，使其变成行尸走肉。

随着对德军战术研究的深入，德语词汇 Schwerpunkt 和 Fingerspitzengefuhl 等成了博伊德经常挂在嘴边的词语。这两个词很难直接表述，Schwerpunkt 在字面上指力量聚焦点，深层含义则有隐含的目标、引力的中心等。Fingerspitzengefuhl 意为指尖的感觉，可以引申为指挥官对战场环境或形势的本能认知或直觉。

如果把一次引用比作一根彩线，博伊德用了成百上千根这样的彩线，才编成《冲突的类型》这块挂毯。

简报的开头是博伊德后来为之享有盛誉的——而且是最不为人所理解的——遗产：观察-判断-决策-行动循环（ObservE-OrienT-DecidE-Act Cycle），即 O-O-D-A 循环。今天，人们只要打开互联网搜索引擎，输入"OODA 循环"，能得到上千条搜索结果。这个词已经是军队和企业界信奉基于时间的策略的人们挂在嘴边的流行语，然而这些能说会道的人根本不知道 OODA 循环的真正含义和作用。（博伊德先是倾向于写成 O-O-D-A，后来根据大部分人的习惯，接受了 OODA 的写法。）

在相当长一段时间里，博伊德和斯平尼都不愿详细解说 OODA 循环，因为害怕风险太高。如果有人真正搞懂了如何制造威胁、不确定性和相互猜疑，那么利用和放大这不和谐因素，OODA 循环将成为罪无可恕的、可怕的毁灭性力量。它将不可避免地引发恐怖和混乱，并且——博伊德的说法是最恰当的——"释放竞争之恶"，无论用于作战、商业竞争、体育竞赛还是人际关系，结果都没有区别。OODA 循环有一点使人颇感惊奇，失败的一方都不知道他们是怎么败的。

人们经常将 OODA 循环视为简单的单维度循环：对敌人进行观察、判断其行动、做出决策，然后采取行动。这种对复杂理论进行弱智式理解的做法在军队里特别流行，他们只看懂了表面的浅显部分。军队里的人们认为，速度是该循环最重要的因素，无论是谁，只要先于敌人走完循环就能取胜。速度当然重要，但此速度非彼速度。军方把循环如此简化，目的是建立计算机模型。但是，计算机模型不考虑该循环中至为关键的部分——判断，特别是判断部分中无法用语言说清的那些东西。

在博伊德之前，已经有人提出原始形式的 OODA 循环。理解博伊德版 OODA 的关键不是机械地看它的模式，而是要在运行循环时，进入对手内心和决策循环。这意味着对手得到的是赶不上趟的或无用的信息，因此摸不着头脑，糊里糊涂，不知向何处行动而只好束手就擒。

理解 OODA 循环格外不易。第一，它虽然以循环为名，实际上却并非循环。在曲线图上，该循环的要素以 30 只箭头彼此联系，表明其中可能存在好几百个"循环"。斯平尼给博伊德简报所画的曲线图是最形象的，它有个非常大的判断部分。在竞争性环境中做判断就是要带进判断者的文化习俗、基因遗传、增量信息、事前经验、分析 / 综合过程——这是一个因人而异的复杂的融会贯通的过程。不仅如此，判断部分本身就是个非线性的信息反馈系统，是引向未知的通道。不可预测性是 OODA 的关键。

主轴上只有 3 只箭头，就是人们看到的连接观察→判断→决策→行动的箭头。大部分人从线性角度理解它们——试图机械地利用该循环——却与博伊德的意思南辕北辙、相去甚远了。

即便博伊德的门徒们对他关于 OODA 的真实想法也时有意见分歧。如果看一下曲线图，可注意到博伊德在"判断"中引出的"隐式指导与控制"与"观察"和"行动"之间建立了连接。他以此指出，如果对环境的变化有相应的直觉（Fingerspitzengefuhl），就可以提高节奏，不走"判断"和"决策"等规定环节，几乎在"观察"的同时就采取"行动"。速度的提升应归因于人深刻理解其与环境的瞬息万变的关系的天生能力，这种能力是军事指挥官打破常规，在循环中走捷径的依据。正是这种适应能力使 OODA 循环有了令人生畏的力量。理解 OODA 循环的指挥官会用更少时间——观察环境之后、采取行动之前的时间，他可以利用由此产生的时间差（也是快速瞬变的表现）选择最出敌不意的行动，而不是可预测的最有效的行动。敌人也能估计什么行动最有效。选择最出敌不意的行动使敌人摸不清楚形势，迟疑不决，停下来思考。这样，指挥官节约了自己的时间，拉长了敌人的时间，使他们在争取正确决策的过程中逐渐落在后面。现在，分崩离析的下场离敌人不远了。

OODA 循环简报包含 185 张幻灯片。开头的"印象"幻灯片介绍了随后展开的内容。博伊德在此表示，为了塑造环境，必须拥有 4 个特质：多变性、快速性、和谐性和主动性。指挥官必须能不断应变，迅速落实，必须使自身行动协调起来，还必须不落入被动。记住这 4 个特质对理解 OODA 简报十分重要。

在全面考察战争历史的旅程之后，博伊德在 T. E. 劳伦斯这里停留了片刻，劳伦斯提出了指挥官必须对敌人实行"心理塑造"的说法。

另一幅重要幻灯片表明，闪击战——或称机动战——堪称 OODA 循环在战术上的运用典范。博伊德提出设问：闪击战的指挥官如何协调不计其数的突击分队，从而获得攻击的整体一致性？他的答案是，闪击战绝对不只是大部分人根据字面意义所理解的那种闪电般的攻势，而是以轻快灵巧的作战节奏和迅速抓住战机为追求。在闪击战形势下，指挥官之所以能保持较快作战节奏和快速抓住战机，因为他已经确信下属知晓他的意图，即作战重心（Schwerpunkt）。下属不受任何微观层面的控制，也就是说，没有人命令他们夺取和固守某个山头。恰恰相反，他们接到的是"任务式命令"，这样，他们理解上级的总体意图，知道自己必须尽力执行那一意图。下属和指挥官共享目标，彼此信赖，并以此为引力中心，把形式上分散的行动凝聚起来。突击行动强调在人际沟通上的心领神会，而不依靠有板有眼的联络手段，一切以突击为核心，给下属以极大的行动自主权。突击是一个很好的例子，说明精神力量对于把人群团结成为博伊德所称的"有机的整体"有相当大的促进作用。

与孙子和拿破仑一样，博伊德主张利用"心理打击"发动进攻——就是说，加强敌人的恐惧、不确定性和猜疑心，提高己方的主动性、适应性和协调性。博伊德举出了正确运用精神力量的范例，指出蒙古人只需少量骑兵就足以瓦解敌人的抵抗，使敌人乱作一团，惊恐万状。游击队也必须掌握心理打击的方法，确保在与人数更多、资金更充分的政府军作战时得到民众的支持。

机动战的心理和精神性质与大部分军人的气质不相契合，特别是习惯于管理视角的，或者倾向于群殴式消耗战的军人。他们不喜欢心理上的灵机一动、思想上的创新求变和对下属的充分信赖。他们不喜欢在瞬息万变和不落俗套的行动中寻找敌人弱点的战术，而是爱好集中火力对指定目标进行狂轰滥炸。传统的军人会问，既然战争野蛮而又残酷，为什么要玩那种揣着明白装糊涂的游戏呢？

真正理解 OODA 循环及其致命威力的指挥官是绝不会提出这样的问题的。

博伊德表明，机动战术是制胜法宝，以对手的心理为攻击目标，让敌指挥官在战斗打响以前心理崩溃，是打巧仗的秘诀。

可是，大部分现代军队指挥官对机动战术以及 OODA 循环持有偏见。乔治·巴顿上将在第二次世界大战里的一次经历就是很好的例子。巴顿是德军最惧怕的美军将领，他的闪击速度比闪击战名义上的所有者还快，他麾下的坦克横扫欧洲，冲入德国，要不了几天就能打到柏林城下。事实上，德军最高统帅部已经准备认输了。但是，艾森豪威尔对于机动战术是个外行，在胜利即将到手的时刻——在心怀嫉妒、因循守旧的英国将领唆使下——他开始担心巴顿的侧翼和补给线的安全，命令巴顿停止前进。德国人因得到这个喘息机会而惊喜万分。据估计，艾森豪威尔的胆怯造成了战争拖延 6 个月和丧失 100 万生命的代价。

OODA 循环——或者用它现在的名字"博伊德循环"——的关键是，一旦开始，就绝不能放慢脚步，而应分秒必争，大胆突进。对于初出茅庐的 OODA 循环新手来说，初战得手之际也是他马上要跌个大跟头的时候。他得意扬扬，顾盼自雄，于是略作休整，以便后续部队跟上他。殊不知，这时候才应该趁敌人乱作一团之机而乘胜前进。巴顿直觉地知道这一点，他不顾自己的侧翼安全，率领他的装甲部队高速推进，进攻矛头直指敌人的心脏地带。

在简报中间部分，博伊德开始构造他的"机动雪橇"。他先回顾历史，又拿出拿破仑的消耗战例（与拿破仑当将军时大胆创新的作战方针形成鲜明的对比）。他讨论了机动战和游击战进行心理打击的手段。

接下来是研究简报最难理解的部分。博伊德从其他角度剖析了同一个理念，只是为了更全面地展现它微妙的意义。这说明，单是阅读幻灯片是不可能完全理解 OODA 的意义的。

博伊德用两个关键词开始关于机动战的讨论，即"伪装、欺骗"——机动战术的要旨。这是巴顿上将对德国人采取的策略，世界拳王穆罕默德·阿里说过，他要"像蝴蝶一样翩飞，像黄蜂一样蜇人"。

当博伊德开始归拢所有因素，展示如何在以比敌人更快节奏的行动中运用制胜法宝时，他给出了简报最重要的一幅曲线图。尽管整个幻灯片有 185 页，但其实最后的 40 页都是连续引用战例说明 OODA 循环的应用。这一部分主要为了引起军人和军事历史学者的兴趣，它仍然是走那条主线：使敌人搞不清形势，然后出其不意地施以闪电般的进攻。

因此，博伊德的简报是对孙子思想的推陈出新和对冯·克劳塞维茨的严厉批判。事实上，如果要把简报内容浓缩到两个简单概念，那将应是：（1）战略的基本要素是正和奇；（2）正奇运用最有效的方法是使己方的 OODA 循环比敌人更快。

简报不是没有问题的。它重复、乏味到极点。博伊德经常插进一张幻灯片，上面写着"提出纠缠不休的问题？"而事实上，问题是他以设问的形式提出的。博伊德时而放出一张写着"洞见"字样的幻灯片，而这只不过提供了一个平台，使他得以离开主题进行即兴的精彩发挥。杂乱无序的幻灯片上充斥着沉闷而又令人费解的长句，丝毫不讲究一点学术规范。博伊德对他的听众进行填鸭式的强迫教育，这正是自学成才者的习性，也说明了他为什么坚持"要么全讲完，要么不讲"。

考虑到简报的意义，这些只不过是白璧微瑕而已，更多出于博伊德的个人性情，而不是内容的必需。简报的目的不是揭示"标准答案"，而是教训自以为是的听众，让他们在惊骇之余开始独立思考。博伊德憎恶奉简报内容为教条的想法。事实上，他经常说人们应该把他的讲稿拿出去烧掉，以免把它奉为圭臬。

简报的扩散就像墨渍一样渗透开来，首先是一小群人——门徒们——听到讲解，继而是以参议员南希·卡斯鲍姆（Nancy Kassebaum）的助理温斯洛·惠勒（Winslow Wheeler）为首的国会办公人员，然后是几十个新闻记者，再然后是部分在五角大楼任职的低级别军官。日复一日，周复一周，听众队伍逐渐壮大、融合，形成更大的听众群体，而其中的核心人物，博伊德及其门徒们，现在被称为"改革者"。

有一天，博伊德正在家里修改简报讲稿，这时他接到一个电话。吉姆·伯顿不但被排挤出上校晋升名单，而且遭到解职并被赶出五角大楼。这并非完全始料未及，伯顿不愿意向"五角大楼"的势力屈服。唐纳德·拉姆斯菲尔德于1975年11月当上国防部长之后，伯顿草拟了说明曲线图，表明F-16性能优于F-15。这话是不假，可是美国空军领导人不开心了，伯顿接到修改曲线图的命令，改为两种飞机有同样的转弯性能。伯顿拒绝服从。他还呼吁取消B-1项目，因为它的性能严重不达标，而且对空军来说太过昂贵。

博伊德得知这个消息后，给伯顿打了个电话，问："你挨了一记窝心脚，感觉如何？"

伯顿已经崩溃了，他在成长历程中一直是个天之骄子，现在在任职 16 年时——此时退役时间尚早——却被排除在外。这是一个清晰的信号，他的仕途生涯该结束了。明年还有一次提拔机会，但是对一个曾经被排挤出局的人来说，可能性相当渺茫。

"我理解，你很失望。"博伊德说。很久以前利奥波德曾经聆听的教导开始了："你还有晋升的机会。但是，你现在处于人生的十字路口，必须认清你是不是真的想要晋升及其带来的各种陷阱。按部就班地晋升和干一番事业，两者不可得兼。"

接下来，博伊德给伯顿做了"做官还是做事"的演说，最后问："你想做这个体制内的一分子，还是想改革这个体制？"

聪明的年轻人认为自己希望改革这个体制。经过据理力争，他获准前往安德鲁斯任职，从此不再考虑晋升之事，而是开始只想正直为人。他逐渐认识到，摆脱控制大部分军官的执念的过程是一次彻底的解放。

伯顿离开五角大楼不久，博伊德接到汤姆·克里斯蒂的电话。"蒙混者"现在是五角大楼级别最高的非委任制文职雇员之一，他给博伊德提供了战术航空分析组的一个职位。从博伊德的穿着——价值 10 美元的马德龙衬衫、格纹涤纶布裤子和拖鞋——来看，他经济上相当窘迫。然而，博伊德拒绝从克里斯蒂那里领取薪水，他特别反感"双重支薪的人"，即从一个部门领取津贴而在另一部门工作的有双重身份的政府官员。

在五角大楼里，博伊德偶尔担当顾问的角色，但克里斯蒂聘用博伊德主要是为他活动方便，因为博伊德需要电话和复印机。就这样，博伊德工作了 5 年，直到有通知下来，五角大楼不能聘用不支薪的顾问。博伊德发了一通牢骚，说只想领每次一美元的最低薪水。五角大楼内顾问的最短聘用期是每两周工作一天，所以博伊德领取的是每两周工作一天的薪水。

博伊德对战争的研究越来越深入了。他意识到，国家之间经常开战，人与人之间也会发生某种形式的战争，冲突是人类社会与生俱来的东西。为了在人际关系、商业场合，特别是战场上占有先机，必须理解人的内心世界。那么除了五角大楼，还有更合适的地方进行冲突研究吗？

博伊德需要一个值得信赖的工作伙伴。他与克里斯蒂谈起此事，克里斯蒂给斯平尼打电话，后者现在某个智库任职，正攻读博士学位。"过来一趟。"克里斯蒂说。斯平尼来了，克里斯蒂说："你想不想在我手下的战术航空分析组干？跟博伊德在一块。"斯平尼对此求之不得。跟博伊德共事意味着与五角大楼展开抗争，而斯平尼天生爱与人斗争。他还记得博伊德说过的话："世上的腐败和弊病就那么多，你得洁身自好，让别人去染病。"斯平尼马上应承下来。

战术航空分析组当时没有职位空缺，但这对"蒙混者"来说不算个事。他专门设立了岗位，让斯平尼两星期后来上班了。

在美国空军眼中，战术航空分析组自麦克纳马拉的系统分析办公室时代就是个不值得信任的部门。在五角大楼内部和少数空军基地里，关于博伊德的新简报和他的友伴的传言甚嚣尘上，说他们是以前那伙"战斗机黑手党"、该死的叛党和煽动者，全都是平头百姓，没有一个是团队成员。他们给自己起名"改革者"，声称属于

"军事改革运动"。有什么要改革的？偶尔来访的军官在贬损博伊德和改革运动的时候，不免会向他提问，他的理论怎么能契合世界上最重视技术的军队的需求。"机器不会打仗，"博伊德回答，"地形不会打仗，人才会打仗，你必须钻进人的内心，那里才是决定胜负的地方。"

军官笑起来了，他感到纳闷，汤姆·克里斯蒂怎么把博伊德弄回五角大楼来了。他不知道博伊德的底细吗？克里斯蒂还聘用了一个叫富兰克林·斯平尼的人，以前不是有个研究 B-1 预算的空军上尉也叫这个名字吗？

美国空军此时还蒙在鼓里，"蒙混者"在为博伊德作空中掩护，准备放手让斯平尼从事一项在未来多年里迫使美国空军采取守势的研究。空军认为克里斯蒂跟他们是一伙的，可是博伊德和斯平尼将把战术航空分析组变成一家恐怖小店、改革运动的爆心起点。

因为博伊德拿的是两周一天的薪水，他可以随时进出五角大楼。他仍然会去空军军官学校，在雷·利奥波德的学员班上做讲座。讲座最初取材于《毁灭与创造》简报，现在博伊德开始讲解《冲突的类型》。

有一次，利奥波德到科罗拉多斯普林斯机场迎接博伊德。两人穿过机场大厅时，博伊德瞥了一眼窗外，看见两架正在起飞的 F-16。他停住脚步，痴痴地注视着线条流畅的小型战斗机钻入科罗拉多州的天空。仿佛是在自言自语似的，他说这是他第一次见到服役状态的 F-16。想起另一种飞机，博伊德不禁摇头："你知道，我在五角大楼的时候，他们说让我坐一次 F-15，但是每次的安排最后都被取消了。"

利奥波德开车带着博伊德前往坐落在落基山脉东坡的空军军官学校，经过著名的刻有"与我栋梁"（Give Me Men）字样的大门坡道的时候，利奥波德看了一眼后视镜，说："院长在我们后面。"博伊德转过身，认出那个中将军官是鲍勃·凯利（Bob Kelly），他在20世纪50年代当飞行员时就认识的熟人。博伊德摇下车窗玻璃，向外探身，伸出手臂——竖起中指——上下挥动。

利奥波德大惊失色。列队上课的学员们更吓得不轻，面对院长的专车，他们"喀嚓"一声打个立正，然后齐刷刷地举手敬礼，可是目光都转向那个衣着寒酸的平民，只见他从一辆汽车里探出头来，一边大喊大叫，一边冲将军竖着中指。

"停车，雷。"博伊德不停地说。

"约翰，不要这样。"利奥波德说着，把车停下了。

在学员们的注视下，衣襟飞扬的博伊德跳下车，举手拦住院长。"你好啊，鲍勃。"他说。然后，他用响遍半个校园的音量，朗声说道："3颗星了！该死的。你拍谁的马屁了？"

两人握了手，将军问博伊德来学院有何贵干。聊了几分钟陈年旧事之后，博伊德回到车上，学员们继而列队离开了。

利奥波德沮丧地说："约翰，你不该冲院长竖中指的。"

"啊，"博伊德不当回事地说，"战斗机飞行员就是那样打招呼的。"

第二天，利奥波德被召到院长办公室，得到如下的命令："在没有事先向我报告的情况下，不要再带任何与军事改革运动有关系的人来学院。"

这是关于形势动向的不详之兆，针对博伊德和改革运动的偏执心态正在美国空军高级将领中疯狂蔓延。过不了几年，这种偏执心态将演变成为公开宣战。

1977 年 6 月，博伊德到佛罗里达州南部探望住在养老院的母亲。这个抚养了 5 个子女、带着他们熬过大萧条窘迫年代的坚强而又令人敬畏的女人，已经失去了以前的神采。她送走了丈夫、一个儿子、一个女儿，现在自己也将离开人世了。她一生历尽艰辛，现在已精疲力竭。

博伊德给在纽约的妹妹玛丽昂打了电话，说："妈妈情况很不好，非常虚弱。我觉得你最好过来一下。"

"哦，她心脏还是很强壮的。"玛丽昂说。

"我真的觉得你该过来一下。"博伊德又说了一遍。

玛丽昂说她得先去预订机票，然后会通知他航班号和到达时间。但是，没等她做好安排，博伊德打电话过来，说："妈妈已经走了。"

她被安葬在伊利的劳雷尔山（Laurel Hill）公墓，与安的墓地相邻。她的丈夫埋葬在城市另一边的三一教堂墓地，儿子比尔孤独地埋在伊利公墓，一个远离家里其他人的地方。

博伊德劝玛丽昂以后经常来伊利，来看看林肯大街的旧房子，把空置 3 年的房子收拾一下。格里、玛丽昂和博伊德凑了一笔钱，给旧房子翻新了房顶。

大约在博伊德回到五角大楼的时候，晋升上校的名单公示了。伯顿再次不在名单上。现在，从统计概率角度来看，他晋升上校的机会不到 3%。根据美国空军"非升即走"的规定，伯顿的下一次是最后一次机会。不然，他将被迫退役。

博伊德给伯顿打电话，承认他们的友谊妨碍了伯顿的晋升。伯顿认同这个说法，但是他对此一点也不在乎。他在乎的是能有所贡献，在一生中做有意义的事。而现在机会似乎正在流失。除非得到提拔，伯顿在美国空军只剩下一年时间了。

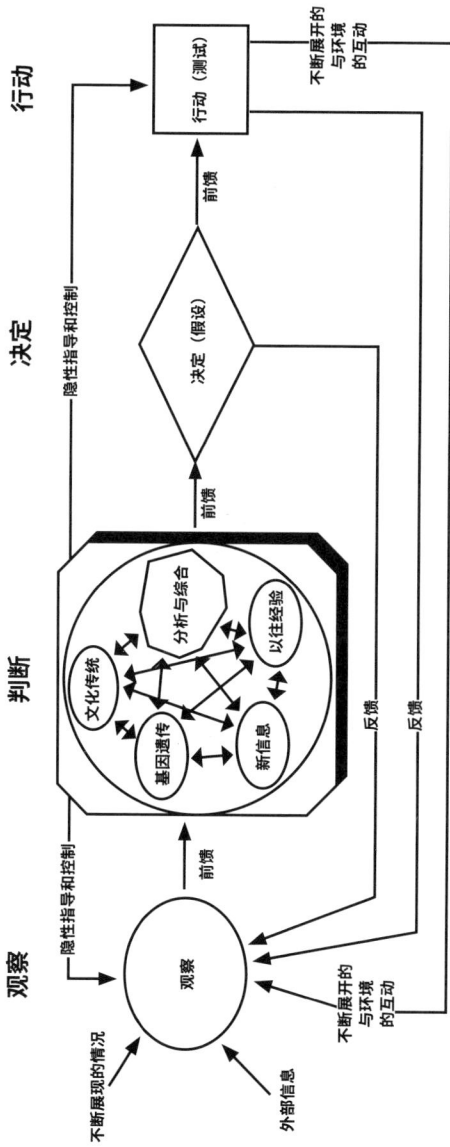

OODA 循环

观察　　　　判断　　　　决定　　　　行动

隐性指导和控制　　　　　　隐性指导和控制

观察

外部信息

不断展现的情况

不断展开的
与环境
的互动

前馈

判断

文化传统　　分析与综合　　以往经验

基因遗传　　新信息

反馈

反馈

前馈

决定（假设）

前馈

行动（测试）

不断展开的
与环境
的互动

要注意判断是如何影响观察、影响决策、影响行动、影响判断的，也要注意反馈和其他进入我们感知和观察窗口的其他现象又是如何影响判断的，而且要注意，整个循环（而不仅仅是判断）是一个持续不断的、多方面的、隐性支又参照的过程，它包括投射、同理心、关联和排斥。

约翰·R.博伊德，1992年

▶ 博伊德绘制的草图，然后查克·斯平尼对它作了专业化的编辑。最后，切特·理查兹在他建立的以博伊德为主题的网站上使用了如图所示的模式。

第二十五章　改革

截至 1978 年，大批美军官兵离开了军队。他们并非像军方领导在过去几年里所说的那样，因为报酬微薄而退役，而是出于对亲眼目睹的高级领导人的贪污腐败的愤慨而退役。军官队伍里的投机钻营风气压倒了职业精神。战备工作也有问题，大批昂贵而又极其复杂的武器没有充分试验就匆匆装备部队，它们不仅采购价格高，维护成本高，而且很少达到宣称的性能。新闻媒体开始刊登报道，讨论美国的"军事空虚"问题。

美国军方的应对方法，是更加突出强调所谓"电子化战场"，采购更昂贵和更高技术的武器。美军内部想必有人已经认识到整个体制正滑向一场大灾难，但是即便如此，没有人出来力挽狂澜。

有一天，克里斯蒂找到斯平尼说："我想让你研究一下官兵留队服役和战备问题。"研究的结果表明了为什么博伊德希望把斯平尼弄到自己身边工作。斯平尼年富力强、聪明绝顶、无所畏惧，而且拥有打桩机一样的顽强意志。几个星期后，他开始撰写一份后来被称为《生活中的防务事实》（Defense Facts of Life）的简报。现在很少有人还记得这个名字，人们更多地记住的是《斯平尼报告》

（Spinney Report）。自打最开始，听到简报的人们就意识到，它将对五角大楼产生深刻的影响。

斯平尼向任何愿意听讲的人进行简报讲解。后来的讨论表明，斯平尼的讲解有逻辑上的漏洞并且需要更多数据的支撑，他回去与博伊德交换意见，对讲稿作了些许调整。简报的讲解必须做到无懈可击。如果斯平尼被打败一次——也就是说，如果有人在讲解期间站起来，指出他在哪个地方讲错了——这将是对羽翼未丰的改革运动的沉重打击。终于，简报完美了，它连续流畅地结合运用各种事实，得出了一个不可避免的结论。

然后，斯平尼为斯普雷做了讲解。正如博伊德预言的那样，斯普雷发现了几十处别人没发现的瑕疵。斯平尼修改了讲稿，又讲了一次。他这一次得到了斯普雷的点头认可。如果讲解能经受住"皮埃尔·斯普雷式电锯"的考验，那么它就在天地间的全部风暴面前固若金汤、不可战胜，挺得住美国空军可能发动的任何打击。

《斯平尼报告》是史无前例的报告。仅凭这一点，它就可以称得上五角大楼发表的最重要的文件之一。

斯平尼的基本观点是，美军的主要武器系统复杂得超出了必要的范围，对军费预算造成了毁灭性的打击。他公布了只有美国空军内部少数人了解的事实：20世纪70年代的空军预算有相当大的部分用在了采购战术战斗机上，导致其他方面的预算一再被压缩。以F-15和F-111D为首的过分复杂的武器消耗了大量资金，甚至都无力维持飞机日常飞行和维修保养了。飞行训练现在都改用模拟器了。维护F-15所需的技术难度太大，美国空军不得不请承包商来为飞机做维护。航电系统故障频次过高，维修起来也比预期的时间更长。斯平尼表示，F-15 的保障成本比古老的 B-52 更高，战备完好率始终过低，而且如果发生大规模战争，美国空军青睐的那些弹药的补给将只能持续几天。

然而《斯平尼报告》最重要的部分是指出，造成战备问题的原因不是缺少资金，而是美国空军领导人故意采购昂贵和过度复杂的武器，使每一型武器采购数量越来越少。他们的意图是迫使国会增加预算拨款，然后把更多资金输送给承包商。为达到此目的，他们鼓唇摇舌，无所不尽其极。斯平尼证明，就 F-15 和 F-111D 而言，空军向美国人民所作的几乎所有承诺都是瞎编的。

美国空军发出了向斯平尼宣战的号令。

1978 年，斯平尼年仅 33 岁。对空军将领们来说，他青涩得没有资格作为攻击目标。但是曾经在五角大楼为博伊德工作的他，比很多更年长、更资深的人还了解"大楼"及其运作机制，加上他又性格自负，所以认为自己完全有资格向将领们发起挑战。像博伊德那样，他相信那些人除了在仕途上钻营，别的什么事都没干过，他们抛弃了自己的理想，成了不学无术的官油子。

斯平尼在讲解中没有提供政策建议，所以有人说他是个虚无主义者，或者是个毁灭者。但是，斯平尼这么做自有他的用意。他知道，如果按惯例给出一系列政策建议，听众关注的将不再是问题，而是哪个部门将得到哪个任务。斯平尼希望问题本身成为关注点，他决意做一个拆除者，拆毁那个领地，实行毁灭性演绎。他正在证明"改革者"的基本论点——五角大楼必须来一次大检修。

克里斯蒂认为，博伊德把斯平尼推到前面当靶子。斯平尼对此评价不屑一顾。他的态度是："也许如此，可舍我其谁？"他在恰当的时间，来到恰当的地点，成为了恰当的那个人。他履行了自己的职责，知道自己的简报坚如岩石、无懈可击。作为第一个敢于探摸五角大楼"软肋"的人，他感到格外骄傲。他的性格很像个"投石者"，喜欢乘敌不备而偷袭之的"臭鼬战法"。

"改革者"们团结在同一目标之下，但是他们对于改革路径的意见却分歧很大。博伊德是团结所有人的精神力量。如果说博伊德做事认真，那么斯普雷更是如此，对他来说，这就是世界末日来临之际的哈米吉多顿之役，是正义与邪恶的战斗。克里斯蒂是个善于生存下来的人，他知道如何既不引起别人注意又能把事情搞定。伯顿历经两次排挤，现在终于晋升上校。他比较沉默和高冷，没有"改革者"那种不受拘束地搞怪的癖好，而是信奉端正操守，坚持正派做人。他们，以及所有团结在博伊德周围的人，都认为五角大楼偏离了正确方向，有拨乱反正的愿望。斯平尼认同这一观点，但是他还认为这是件好玩的事——嬉笑打闹着冲过树丛下的沼泽，而那沼泽正是五角大楼。不必担心几十亿美元资金危在旦夕，不必担心美军最重要的武器项目出了问题，不必担心五角大楼即将以全部力量压向他的头顶——那真是一段非常快活的时光。

斯平尼之所以非常快活，部分原因是美国空军现在不知道如何对付他的报告。在对官僚体制发起战争方面，博伊德的一条基本原则是，要利用其他人不利于自己的信息。斯平尼的简报源自五角大楼的文件。他的论述已是比较柔和的了，这样如果有改动，得出的结论只会更加悲观。关于博伊德利用对手的信息来打击对手的说法，源自亚洲人的著作，特别是《日本人的兵法》(*The Japanese Art of War*)，译者托马斯·克利里在书中提及"无刃"，或者说不用武器而自卫的能力，含义为以彼之道，还施彼身。克利里说，这个技巧可以用在辩论、谈判及各种形式的竞争中。他说无刃是"武士道登峰造极的造诣"。

由于《斯平尼简报》涉及了战备问题，而新闻媒体正对这个问题有兴趣，因此它逐渐与相关新闻报道有了关联。但是，斯平尼的名字在"五角大楼"之外仍然鲜为人知。

正是由于军事改革运动的兴起，博伊德的研究内容变得无比复杂，它不再沿着明确的路径发展，而是向各个方向发散出去，其中有些方向乍看起来根本是风马牛不相及的。但是所有这些方向结合起来，体现了博伊德在思想领域的极其广泛的探索。斯平尼是一个方向，美国海军陆战队将成为一个独立方向，美国陆军是一个方向，吉姆·伯顿则又是一个方向。所有这些方向有两个共同点：博伊德和《冲突的类型》。博伊德及其简报是一切的核心。

现在，《冲突的类型》讲稿已成为军事改革运动的信条、宣言和凝聚点。这是一份将在以后岁月里影响势头不断增强的简报，是一份即将带来巨大而深刻变革的光辉的思想杰作。

斯平尼的讲稿更直接、更接地气。它全面地论及五角大楼的预算开支问题，举出 F-15 这种美国的一线战斗机和空军的宠儿作为军方所面临问题的例证。《斯平尼简报》记录了"改革者"认为存在的所有问题。

由于博伊德的耐心教诲和斯普雷的严厉批判，美国空军在简报中没有找到与事实有出入的地方，理论上也没有任何问题。美国空军将领们遂求助于讽刺挖苦、夸张和歪曲事实，甚至对斯平尼展开人身攻击。空军称他为"从未见识过枪林弹雨的上尉"，这是个愚蠢的说辞，但参过战的军官们却认为它杀伤力极大。他们的战术反映了"五角大楼"里的一个基本事实：将军们享受的放飞自我的特权之过分，是无论在企业界还是在政府部门里都是相当罕有的。簇拥在将军身边的，是仕途成败皆取决于《军官考绩报告》评语的人们。将军所说的每一句话都被当作金科玉律。在我们大部分人看来无伤大雅的俏皮话，从将军口中说出来就是法律，因而颇显得古怪。随着将军肩上星花数量增多，他们的古怪行径也以指数方式增长。有的将军不允许办公室里的人留胡须，有的将军下令在他进门前必须打开大厅的红色闪光信号灯提醒下级人员回避，有的将军命令把交通指示牌背面涂成棕色，有的将军禁止别人与他并排行进，别人必须恭敬地在他后面保持两步距离，有的将军要求下属必须与他戴同样的帽子，并且每小时交替戴大檐帽和军便帽，这样的故事比比皆是。将军有如此绝对的权威，很少有人敢于当面反抗他们，因此如果有人胆大包天到竟然指出他们错了——正如斯平尼所做的——他们通常只好用夸大其辞、情绪化宣泄和人身攻击等方法反击。对付斯平尼，美国空军实在别无良策。

玛丽经常谈起佛罗里达州。自从搬到埃格林，她就爱上了那个州，希望全家人每年夏天都能去那里住上几个星期，可是博伊德说他没时间做"度假那种无病呻吟的破烂事"。有三四年的时间，玛丽和孩子们每年自行前往佛罗里达州，而博伊德则去伊利。

斯平尼、斯普雷、克里斯蒂和伯顿都觉察到，博伊德家里的气氛不很和谐，但是他们把博伊德的工作和家庭生活区分得很开，不想过分打听他的家庭隐私。"玛丽是个圣徒。"他们除此之外不会再多说什么。看到博伊德对玛丽的态度，他们偶尔感到一丝尴尬，可是谁也不提出疑问。博伊德的友人们很少或压根不知道凯茜患上自闭症、杰夫蓄养毒蛇、约翰·斯科特与父亲发生冲突，也不知道玛丽·艾伦和博伊德在很多年里互相不说话。

博伊德对玛丽的态度让他的友人们特别疑惑。她是那么可爱，那么楚楚动人。尽管生了 5 个子女，她依然身材苗条，有阳光般明媚的、照亮整个房间的微笑。但是她有一种梦游者的气质，似乎在过一天算一天，对身边发生的事漠不关心。在聚会时，玛丽默默无语，而爱讲故事的博伊德则是全场的主角。

在聚会上，博伊德会完全沉浸在与别人的交谈中，他从不会在房间里四下张望。然而，博伊德偶尔也会坐在那里睡上个把小时。他一醒来，玛丽就想赶快把他拉走。要是拉他不成的话，此时神清气爽、精神振作的博伊德可能会玩到凌晨两点才走。

1979 年的一天，博伊德接到一个电话，来电人自称《大西洋月刊》驻华盛顿编辑，说他多年以前曾希望对国防问题做一次深度报道，全面和深刻地分析美国的军事形势，可是后来因为替吉米·卡特总统当了两年的主撰稿人，把这件事暂时放下了。现在他希望把以前的愿望付诸实现。这个时机选得恰到好处，因为卡特正准备与共和党总统候选人罗纳德·里根（Ronald Reagan）就国防开支问题展开一场决斗。里根说他将"重新武装美国"，这就是说，如果他当选总统，几十亿美元将流入五角大楼。里根知道，越南战争以后的美国军队到了内外交困的地步，他准备用钱来解决一切问题。

来电人先联系了参议员加里·哈特的助手比尔·林德（Bill Lind），林德建议他采访一下博伊德。因此，他能否来五角大楼聊一聊？

博伊德表示同意，但前提条件是来人必须先抽时间听一次《冲突的类型》。博伊德对顺手牵羊式的报道不感兴趣，他希望记者有严肃而认真的态度。那个记者同意了，这是他在《大西洋月刊》上做的第一篇报道，他也想把它做对、做好。

几天后，博伊德一抬头，看到一个约摸 30 岁的男人，他身材细高、身穿卡其布长裤、马球衫和运动衣。这位记者毕业于哈佛大学，获得过罗兹奖学金，与博伊德的经历有天壤之别。他伸出手，自我介绍道："博伊德上校，我是詹姆斯·法洛斯（Jim Fallows）。"

两个人都没给对方留下深刻印象。博伊德后来告诉斯平尼，法洛斯是个"混账预科生"。法洛斯打量博伊德，看到的是松垮的旧马德龙衬衫、落伍得无可救药的方格布长裤和五角大楼里少见的拖式鞋。博伊德站起身，把鼻尖凑到法洛斯面前，一边戳着他的胸脯，一边用整个走廊都听得见的音量说起话来。

"这家伙是个疯子吧？"法洛斯问自己。

法洛斯聆听了《冲突的类型》讲解，后来又花了 4 个多小时听取了斯平尼的脱密版本的《生活中的防务事实》，然后与皮埃尔·斯普雷做了一次长谈。法洛斯被斯普雷的热情真挚和超凡智识折服了。"那个家伙是真人吗？"他问斯平尼。之后，他又找到博伊德，做了几个小时的访谈。至此，博伊德已慢慢对法洛斯产生了敬佩之情，这个记者是个尽职的人。

《大西洋月刊》于 1970 年 10 月 2 日发表的《受缚的超级大国》

（The MusclE-Bound Superpower）一文把军事改革运动推入全国读者的视野。尽管此前已经有记者为博伊德、"改革者"及其理念写过少量文章，但是法洛斯作为国家级重要新闻媒体的记者，首次把所有这些联系起来，对五角大楼支出几十亿纳税人资金的方式提出质疑，并且质问美国军队是不是扛起了沉重的高技术负担，以致可能在未来战争中一败涂地。

法洛斯长达 14 页的报道以博伊德和《冲突的类型》为主要线索。法洛斯写道，较之别的接受采访的对象，他现在更加"尊崇和敬重"博伊德了。博伊德及其门徒"敢于大胆创新"并甘愿冒着在极少数情况下被人耻笑为傻瓜的风险。法洛斯写道，博伊德的结论都是众所周知的常识，但是却被主流人士斥为异端。法洛斯为博伊德和"改革者"们正了名。

博伊德与法洛斯结下了牢固的友谊。博伊德敬重法洛斯超群的才智和深刻的写作，法洛斯仰慕博伊德的正直和执着奉献精神。

当五角大楼算计着如何回应法洛斯的报道的时候，推进军事改革运动走向深入的第二起事件在国会山发生了。众议院拨款委员会下设的国防拨款小组委员会召开了一次听证会。在这个小组委员会里，来自亚拉巴马州的资深共和党众议员杰克·爱德华兹（Jack Edwards）特别重视战备问题，指派一名叫查尔斯·墨菲（Charles Murphy）的助手到美国空军各基地做实地调研。墨菲找到克里斯蒂，征求他关于调研目标的意见，克里斯蒂交给他一份《斯平尼报告》。墨菲结束考查后向众议员做了详细的汇报。听证会很快把重点放在某型全天候夜间轰炸机的战备状态上，即所谓"除了撒农药什么都能干的"F-111D。爱德华兹众议员以详细而具体的问题向国防部长哈罗德·布朗发出挑战，他尖锐地指出，美军主力战斗轰炸机的航材备件严重短缺，以致为了保持它们的良好技术状态，维护士官们经常要去无线电用品商店自费采购备件。

这种事在通常情况下无关大局，或许会作为轶闻趣事出现在某些报纸的内页栏目。但是，新闻媒体突然发现了"徒有虚名的军队"的象征，这个故事于是获得了生命力，出现在许多日报、电视节目以及各地小报上。士兵们从无线电用品商店为 F-111D 买备件成了经久不息的话题。

美国空军的应对措施是在五角大楼内搜寻泄密者。给布朗部长提出的问题牵涉很多内幕，只能是"大楼"内部人员提供的。五角大楼反间谍部门威胁说，对任何泄露秘密资料的人，将取消他的安全许可证，而几乎所有关于战备的东西都标上了"秘密"字样。这种针对"改革者"们的安全调查以后还会多次发生。

1980 年 4 月发生的第三次事件，把军事改革运动变成了全社会关注的焦点："沙漠一号"行动美军在沙漠里的大溃败，即卡特政府营救德黑兰人质那次失败的行动。5 人丧命，5 人重伤，损失 8 架飞机。（斯平尼此时已经再婚。在电视里看到"沙漠一号"行动新闻时，妻子即将临产。他取出计算器，根据自己掌握的直升机可靠性理论，手工计算行动成功所需的直升机数量。数据相当复杂，而计算结果一时算不出来，斯平尼的妻子紧张了。"我们走吧，查克！"她喊道，"我就要生了。"斯平尼埋头计算，口中喃喃自语："等一下，等一下。"他计算出，军方应动用 14 架而不是 8 架直升机。然后，他才送妻子去医院。）

半年时间里发生的 3 起事件清楚地表明，美国军队遇着麻烦了，"改革者"们可能是对的。

最后，5月，法洛斯再次出手，发表题为《美国的高技术武器》（America's High-Tech Weaponry）的报道，记叙了斯平尼的"不同寻常的报告"并详细引述了斯普雷的评价。

军方根本无法反驳"改革者"的批评。他们确实试着做了，最常见的指责称"改革者"是勒德分子（Luddites），天生地有反对技术进步的心理，这是之前他们在F-15的问题上对"战斗机黑手党"用过的招术。这次他们使用了同样的污蔑之辞，完全不顾博伊德、克里斯蒂和斯平尼都出身技术阶层，以及斯普雷坚持要求A-10采用最先进航炮等事实。事实上，"改革者"反对的是不恰当地运用技术，而不是技术本身。《冲突的类型》最有价值的地方之一，就是它奠定了评估不同技术路线的框架基础，促使科学和工程知识进一步满足人的需求。《类型》以战争中人类行为的心理和精神本质为研究对象。"改革者"认为，技术应该协助而不是主宰人类行为。博伊德的准则是"机器不会打仗，人才会打仗，而人是有脑子的"。他还提醒人们："人、思想、武器——这顺序是不可改变的。"因此，机器和技术必须服从于更高层次的目标。"改革者"认为，美国的技术优势被用在了错误的地方，并且实际上已经成为负面资产。

即使在几十年后看来，五角大楼对博伊德和"改革者"的无端恐惧也是令人吃惊的。五角大楼这样规模庞大和似乎无所不能的机构居然对几个人使用如此手段，真是让人难以理解。值得指出的是，无论博伊德还是斯普雷，都不在五角大楼、私营企业或学术机构里担任重要的或者正式的职务。博伊德是个退役人员，领取每两周工作一天的报酬。斯普雷在多家公司担任顾问。看起来，五角大楼最理智的选择是无视他们。但是，这些人做不到这一点。五角大楼遇到过来自各种团体的无数批评，那些团体以某一个议题为目标，其成员对军队或国防问题的了解只能说比肤浅略好一点，其关心的目标要么轻率可笑要么离题万里，因此很容易打发过去。现在，前所未有的事情发生了，五角大楼里的自己人、掌握内部机构的人、对美国空军预算诸事宜的了解不亚于任何内部人士的人，正在对"大楼"发起进攻。他们正与国会和新闻媒体结成联盟，后面两者足以使将军们心惊肉跳。军事改革已经成为媒体袒护的话题。《商业周刊》《纽约时报》等报刊纷纷采访"改革者"成员。支持军事改革的国会参、众两院议员惊喜地获得了众多在媒体上露脸的机会，这相应地激起他们推进军事改革的激情，并进一步使军事改革在媒体上产生广泛的影响。某个"改革者"成员将这一过程描述为"蛋筒冰淇淋的自我舔化"。

现在博伊德的听众遍及各阶层，从上尉、上校到四星上将，其中有一个是名叫艾尔·格雷（Al Gray）的海军陆战队军官。格雷后来成为将军，多次要求听取博伊德的讲解。他与博伊德进行长时间的私下交流，讨论《冲突的类型》的作用。众议员助手们聆听了博伊德的讲解，并把它介绍给他们的参议员和众议员上司。有一位来自怀俄明州的众议员迪克·切尼（Dick Cheney）不仅听了博伊德的《冲突的类型》和其他讲解——时间加起来长达 12 个小时，还不厌其烦地数次邀请博伊德到他的办公室进行个别见面，畅谈战术、战略问题以及美国在下一次战争中应当如何作为。"我被他研究的理论迷住了，"切尼后来追忆道，"他在军事理论上很有创见，是个创新型的思想家。"切尼又说"改革者"的"杰出见解""对我很有教育意义"。他说，军事"改革者"无论对当时作为众议员的他，还是后来作为国防部长的他，都具有珍贵的价值。当被问道他与博伊德是否曾讨论机动战问题，切尼说："他所介绍的思想全面贯彻了机动战理念。"

博伊德的门徒一般对国会议员并无多少好感，但是即使皮埃尔·斯普雷也对迪克·切尼印象深刻。他参加了博伊德与切尼在后者办公室的多次会见，知道这位众议员是个勤恳尽职的人。切尼对博伊德的战略思路作了深入而细致的思考。他是国会山上军事改革运动集团的创建人之一，参加该集团的参、众两院议员人数很快达到100多位。

多年以来，美国空军对博伊德和军事"改革者"的欠考虑的拙劣应对方式一直留在人们的记忆中，但是有一件事值得再次提起，因为它表明当年空军是多么歇斯底里。战术航空分析组是一个由几名文职分析员和来自四大军种的4名军官组成的小部门，其中代表空军的是个渴望向上爬的中校军官。根据五角大楼的管理体制，他的《军官考绩报告》必须由参谋长联席会议副主席签字。这位空军中校奉命向上司报告办公室内"改革者"的一举一动。他向秘书询问谁是博伊德和斯平尼，私下偷看别人办公桌抽屉里的文件。博伊德对他的行为产生了怀疑，最后在他翻查斯平尼的办公桌时当场抓住了他。中校承认了罪行，并告诉博伊德他之所以这么做，是迫于参联会主席办公室的压力。在克里斯蒂的要求下，这个中校被调走了。博伊德坚持要求由战术航空分析组而不是美国空军来挑选派驻这里的空军人员，他选择了雷·利奥波德。

他给空军军官学校的利奥波德打电话，说："雷，想不想来五角大楼跟我一起干？"

"上校，我已经接到去欧洲任职的命令，命令无法改变了。"

"雷，我问的不是你的命令，听着，老虎，你想不想来五角大楼？是或不是？"

"想，先生，但是——"

"没有但是，你等着好了。"

几天后，大出利奥波德意料的是，他的任职命令变了，他被派往战术航空分析组。

可是，美国空军参谋长得知了利奥波德曾经在博伊德手下工作，与斯平尼是好朋友。参谋长决定，利奥波德必须去欧洲。

博伊德又一次处于一触即发的体制性危机的核心。国防部副部长给空军参谋长发出指示，请他来办公室会面。副部长提醒空军参谋长，美国奉行文官治军的原则，并说了以下这几句话："如果你还想做参谋长，就必须改变派遣利奥波德去欧洲的命令，派他去五角大楼。"

利奥波德的命令再次发生变化，他来到战术航空分析组。

他的前任中校——那个间谍——被提升为上校。

利奥波德对五角大楼的运行状况有十分现实的认识。到任几天后，他偶然在走廊里发现一间办公室的门开着，里面空无一人。利奥波德走进去，在黑板上写道："责任、荣誉、国家。"然后，他划掉这几个单词，在下面写道："傲慢、权力、贪婪。"

现在，有两个门徒来与博伊德并肩战斗了。

有一天，博伊德对斯平尼说："告诉你，我对五角大楼的喜欢更甚于对内利斯的喜欢。"

斯平尼等他说下去。

只见博伊德满脸野性的笑容，他举起拳头，用力向下砸去，说："这里靶子真多。"房间里回荡起他粗嘎的笑声，他已对接下来的战斗准备就绪。

美国空军高级将领与战术航空分析组的尖锐对立干扰了正常工作，使美国空军纠缠于与"改革者"的斗争而停滞不前。一个中将设法接近斯平尼，表示空军要求跟他们讲和。空军高级将领希望听取斯平尼的简报。

将近 30 名将军聚集在五角大楼地下层的一间大简报室里。斯平尼的每一个结论都遭到讥讽，以往 20 分钟就能讲完的内容，这次用了两小时才讲完。满屋子的将军不断地发言和打岔，他们的脸由于气愤而扭曲。一个少将激动过分，以致焦虑症发作当场晕倒。博伊德出来控制局势，他叫了救护车，随员们把少将抬上车送往医务室。事情发生在简报室后面，所以斯平尼毫不知情，直到后来在体育馆里，有个上校走到斯平尼跟前，说："你现在是王牌飞行员了。"他向斯平尼讲述了那个少将昏过去的过程。"他现在身体没事了，"上校说，"但是你击败了他。算上他肩膀上本来的两颗星，加上我们打算免费给你的一颗星，你现在是王牌飞行员了。"

斯平尼的"救护车事件"在下一个周三聚会上成为众人一再欢呼的英勇事迹。

"改革者"被视为对国家安全的威胁。空军副参谋长鲍勃·马蒂斯上将（General Bob Mathis）始终称呼他们为"阴暗而邪恶的力量"。

来自佐治亚州的身材矮小的参议员山姆·纳恩（Sam Nunn）是参议院武装力量委员会里的活跃人物，由于沉默寡言而被人们视为能力出众的干才。那年春天，纳恩听说了《生活中的防务事实》，便请五角大楼派斯平尼过来为他做一次简报。布朗部长拒绝了。"改革者"在国会和新闻媒体中已经有太多拥趸，斯平尼的讲解过于危险，不能向参议员公开，因为这会使参议员产生"大楼"不认可的某些想法。

之后约半年里，纳恩多次请五角大楼派斯平尼来他的办公室。布朗则坚决不肯批准。

11 月，罗纳德·里根当选总统，布朗几乎在片刻之间——在可能接到国会传票的威胁下——反悔了。12 月初，克里斯蒂、博伊德和斯平尼前往纳恩办公室，向他全文讲解了《生活中的防务事实》。他们告诉纳恩，里根政府准备向五角大楼投放大量资金，而这只会使本来就严重的问题更加恶化。

纳恩要斯平尼把讲稿的涉密部分抽掉，改编为报告之后交给他。斯平尼请假回家，动手在信笺薄上写稿，一直忙到月底。经过安全审查后，斯平尼的报告获得了公开发行的许可。斯平尼在五角大楼里已经是声名狼藉，而这一次他将让美国公众初次听到他的大名。

1981 年初，军事改革运动的知名度和可信度再次得到了有力的提升，詹姆斯·法洛斯出版了他的第一本书《国防》（*National Defense*），读者反响强烈。这本书是对他发表在《大西洋月刊》上的文章的充实和丰富，它强烈谴责五角大楼和国防工业部门，将博伊德和"改革者"刻画成有能力解决当前所有问题的人。书中的精彩部分描述了博伊德提出关于 F-16 的构想的过程及其落到美国空军手里之后的下场——如何把原本轻盈敏捷的战斗机变成全天候轰炸机。"扣勾回切"已经成为久远的历史。

《国防》出版之后，关于"改革者"和军事改革运动的书籍大量上市。但是法洛斯是首个提出议题的作者，他的书使军事改革运动在新闻媒体和公众中获得了极大的信任。此书不仅获得当时的美国图书奖提名，而且在美国国家书评奖的非虚构书籍名单上排名第二。法洛斯的辉煌年代就此开始。

这本书的面世恰逢其时。罗纳德·里根于 1 月就职，他对军事改革的强烈兴趣在历任美国总统中无出其右者。里根就任后的第一项举措就包括恢复生产 B-1 轰炸机，生产商罗克韦尔公司就在他的家乡加利福尼亚州。

B-1 后来在雷达截面指标、航程指标、电子对抗性能指标等方面都没有达到要求，在作战挂载下连很多山脉都越不过去。它的升限是保密的，但可以确定的是，它的升限甚至不及商用客机能飞到的高度。设计缺陷造成的风湍流导致炸弹无法从后部弹仓中投出，只好采用旋转弹架和加长挂臂。这意味着炸弹将以数秒间隔依次投下，无法形成地毯式轰炸的效果，B-1 还不得不因此而多次重返目标上空——这在防空严密的地区可不是一件好事。

但是，这些都无关紧要。这种飞机因其每架 1.67 亿美元的高成本而曾被吉米·卡特毙掉，现在终于正式投产了……它现在的价格是每架 2.87 亿美元。

第二十六章　"阴谋巨轮"

　　国会于 1981 年 2 月召开的关于提名卡斯帕·温伯格（Caspar Wein-berger）担任里根政府国防部长的听证会，令很多人回想起 20 世纪 60 年代盛行的嬉皮士爱情聚会。参议员心里都明白，国防资金很快将如同洪水一般从华盛顿汹涌而来，因此无不期盼着尽可能多给自己搞些份额，于是对温伯格异乎寻常地诚挚友好。

　　但是就在此时，山姆·纳恩表示，他认识五角大楼内部的某些人士，他们认为向军队里面猛投资金无法解决国防预算的问题。纳恩说这些人正在遭到打压。他有一份《斯平尼报告》的脱密副本，想知道温伯格是否读过这份报告。温伯格会前准备时没有预料到这个问题，他对报告一无所知。

　　纳恩的披露让参加听证会的记者们感到无比激动和愉悦：首先，纳恩是国防系统的中坚人物；其次，五角大楼多年来成功地掩盖了大量内幕消息，已经引起外界的极大愤慨。新闻媒体现在要大显身手了。自越南战争以来，还没有过这么多记者蜂拥而至五角大楼的现象。

　　以后几天里，全世界几百种报纸报道了有关《斯平尼报告》的新闻，更多内容则以"内幕报道"或"深度报道"的形式在接下来的几个星期里陆续公之于众。默默无闻的查克·斯平尼一夜之间成为全体美国人关注的对象，并且始料未及地成为五角大楼里除温伯格以外知名度最高的人之一。

5月，项目分析与评估办公室主任朱思九发下话来，要斯平尼停止《生活中的防务事实》简报，转做别的工作。在接下来的 18 个月里，斯平尼埋头撰写新的简报讲稿，它将比以前更具有爆炸性意义。

与此同时，博伊德继续研究、修改和补充《冲突的类型》，并经常举办简报会。关于博伊德的报道频繁出现在美国各地报纸上。没有人能向博伊德的简报发出挑战，因为"大楼"里谁也不做这种研究，五角大楼没有军事理论学者。博伊德单枪匹马闯入军事理论领域，身后的拥趸与日俱增。新闻记者把五角大楼围得水泄不通，无端的恐慌情绪在"大楼"内部蔓延。

这种情绪最好的体现，是"改革者"所称的"阴谋巨轮"。里根总统任命的国防部文职领导来五角大楼上任的时候，被引着到各处巡视和听取汇报——这是五角大楼式的欢迎花车巡游。汇报在很大程度上以自家利益为核心，意在使文职领导人了解军方对各种问题的立场，表明军方的这些立场具有唯一的参考价值。此时，汤姆·克里斯蒂已经是国防部的副助部长，是五角大楼里地位最高的文职公务员之一，但是沃尔特·克罗斯中校（Lieutenant Colonel Walt Kross）起草的为国防部新文职领导人汇报用的稿本内容非常敏感，克里斯蒂只能看而不能带回办公室研究。稿本厚达 5 英寸，论及驱动军事改革运动的"阴暗而邪恶的力量"。它一开头就描绘了一个巨轮，有多根车辐自中心伸向四方，每根车辐代表美国空军眼中的军事改革运动的重要分支。当克里斯蒂看到自己的名字也处在巨轮中心，不觉一笑。克罗斯中校认为，克里斯蒂是军事改革运动的领袖，也许这是因为战术航空分析组是他的手下部门，是"改革者"的前驱机构。因此，在等级森严、上下有别的美国空军看来，克里斯蒂一定是领头人。事实上，克里斯蒂是斯平尼和博伊德的保护人，他利用关系把斯平尼调进政治角斗场，使斯平尼为之做了出色工作的战备议题成为国防部预算进程关注的重点，积极参与了提请国防部长注意 F-111D 的问题的工作。但是所有这一切，他都是特别隐秘地在幕后进行的。他不是领袖人物。

"阴谋巨轮"之事生动地说明了美国空军对"改革者"多么无知，他们将军事改革运动视为有组织的阴谋活动的看法是多么荒谬。尽管在"改革者"和国会军事改革小集团之间存在某些交叉渗透，大部分体现在博伊德的简报讲解中，但"改革者"依然是人数较少、观点独立的群体，只是在奉博伊德为领袖这一点上，这派人方才有点组织的样子。美国空军把基本事实都弄错了，"阴谋巨轮"把博伊德和斯普雷置于一根车辐上，并且标上"顾问"字样。

还有一根车辐代表新闻媒体，法洛斯的名字在其上十分显眼，下面还有采写过有关"改革者"报道的其他记者的名字。

参议员加里·哈特、众议员杰克·爱德华兹和国会里其他被五角大楼视为"改革者"的人们出现在代表国会人员的车辐上。参议员南希·卡斯鲍姆的助手温斯洛·惠勒被列为参与阴谋的国会助手群体的领袖。

克里斯蒂具有过目不忘的本领。他在下一次周三聚会上，格外详细地介绍了阴谋巨轮的内容。在"老卫队"酒吧里，没有过比那天晚上更响亮的笑声了。然而也可能有个例外，那是多年后，当消息传来，构思"阴谋巨轮"的那个中校被提拔为四星上将的时候。

现在，博伊德简报中的部分思想，特别是 OODA 循环，已迅速地被各种出版物所引用，而它们大都没有指明引用来自博伊德。他对此似乎从不在乎。从只希望自己的思想被接受这个意义上说，他是个真正的游击队员。在方兴未艾的军事改革运动引发的辩论中，当其他人偶尔走到台前时，他也是满不在乎。事实上，他鼓励他们那样做。斯平尼和《时代》周刊之间发生的事就是很好的证明。

随着斯平尼的新简报稿完成，军事改革运动意义最深远的一场战斗打响了。斯平尼将简报起名为《计划 / 现实的不协调》（*Plans / Reality Mismatch*）。简报的主题是五角大楼多年以来始终在低估新研制武器系统的成本。当武器系统投入生产时，实际成本比预期高了许多。斯平尼表明，里根政府关于军力重建成本的估计比实际需要低了 5000 亿美元。如果只低数亿美元，甚至 10 亿美元，那还可以解释。但是 5000 亿美元的缺口要怎么解释？

斯平尼开始在五角大楼广泛进行简报讲解。令人称奇的是，美国空军将领们对它特别感兴趣，空军参谋部大部分将军都听过他的简报。然后，有命令要求斯平尼停止简报，由五角大楼对讲稿进行一次独立调查。调查期间，五角大楼承受着巨大压力，希望尽快结束这一调查，因为几十位人士还在等着听取简报。一年后，调查结果出来了，斯平尼的简报内容准确，结论正确。朱思九召见了斯平尼，表面上是想看看能不能为简报的讲解做些工作。他说，明年将采取某种行动。斯平尼想，他们开始压制他的研究了。

1982 年夏末，《时代》周刊防务专栏的记者对军事改革运动有了兴趣。这在很大程度上归因于休·赛迪（Hugh Sidey），他是当时美国新闻界的前辈人物之一。赛迪是一个名为"总统职位"的栏目的撰稿人，曾与博伊德交谈过好几个小时，后来成为一位皈依者。赛迪曾召集《时代》周刊资深编辑开会，聆听博伊德的讲解和斯普雷的理论。在他的大力推动下，《时代》周刊派出一组记者，花了几个月时间对国防工业部门进行调查报道。

在那几个月里，博伊德十分忙碌。他不仅是《时代》周刊记者的主要联络人，而且要身体力行地向斯平尼展示如何在官僚体制内开展工作，推动五角大楼的变革。博伊德认为，针对斯平尼的研究的独立调查应该"还有很多小兄弟姊妹"。斯平尼知道那是什么意思：他应该把调查结果复印几十份，发给每一个听过《计划 / 现实的不协调》简报的人。因为调查报告没有密级，而且直接点出斯平尼的名字，它还提到《计划 / 现实的不协调》简报。斯平尼是在直白地告诉众人，他们现在可以公开听取简报了。

正如博伊德所预料的，记者们得知了调查报告的事。可以比较有把握地说，消息是一个"改革者"捅出去的。几十名记者再次蜂涌，要求得到斯平尼最新研究成果的复印件。五角大楼再次进行安全调查，想找出泄密者。朱思九出席了一场新闻发布会，告诉记者不存在什么研究成果——只是几页装订起来的手稿而已。记者们怀疑这是对他们的敷衍搪塞，遂致电参议员和众议员朋友，让他们给五角大楼打电话。他们给"五角大楼"里的所有关系人打了电话。一场大冲撞开始了。凑巧的是，大约就在此时，另一项支持斯平尼结论的研究流出五角大楼，美国空军自己秘密地对预算进行了研究，得出了与斯平尼相同的结论。美国传统基金会是与共和党关系密切的一家保守派智库，发布了另一份研究报告，表示五角大楼的预算存在严重问题。

1983 年 2 月，《时代》周刊内幕报道完成了。它的影响力巨大，被安排为封面报道。于是，《时代》周刊需要一个新闻线索和可用于封面的军事改革运动人物。此时，参议员和众议员们对五角大楼的封锁政策已经厌恶至极。来自艾奥瓦州的保守派共和党参议员查尔斯·格拉斯利（Charles Grassley）打电话给国防部长温伯格，要看斯平尼的研究报告。令格拉斯利错愕的是，温伯格拒绝了。格拉斯利认为，他作为参议员的职责受到了某个总统任命的政务官员的侵犯，于是他跳上自己的旧福特斑马汽车，驶抵五角大楼，要求会见斯平尼。他被拒绝了。

格拉斯利回到参议院要求召开听证会，他一定要听到斯平尼的简报，哪怕用传票召他过来也在所不惜。现在，文官能否掌控五角大楼的宪法性议题再一次出现了。五角大楼不想卷入这场战斗，因此"大楼"求助于最亲密和最有权势的朋友之一。来自得克萨斯州的共和党参议员约翰·托尔（John Tower）是参议院武装力量委员会主席，他对五角大楼的强力支持使"改革者"称他为"大楼"的"全资子公司"。托尔参议员说，格拉斯利的预算委员会无权召开涉及一名五角大楼雇员的听证会——关于五角大楼的问题的听证会应该由他的委员会召开。但是，格拉斯利也知道如何操纵权力游戏，他征集了参议员同事们的足够支持，强迫召开了一场联合听证会。

现在，《时代》周刊有新闻线索可以发表封面报道了。但是，周刊仍然需要一个"改革者"人物当封面。《时代》周刊想选博伊德或者斯普雷，但是，令周刊人士大吃一惊的是，两人都拒绝了。他们都没有当公众人物的愿望。由于博伊德是《时代》周刊记者的联络人，他们请求他提供一个可作封面人物的候选人。博伊德把斯平尼拉到一旁，说："你去当《时代》周刊封面人物。"

斯平尼退缩了："见鬼，我才不干呢。"

"听我说，"博伊德说，"一旦你在国会山做了证，你就将变得脆弱，他们会全力攻击你。这样做是对你的保护。"

博伊德知道，当五角大楼的官僚们开始报复的时候，最好的策略不是——像大部分人认为的那样——保持低调，而是要大造声势，引人注目，这样任何对你的报复都将暴露在光天化日之下。

斯平尼穿上细条纹西装，拍了写真照片。

在听证会召开之前一周，关于斯平尼的报道出现在《纽约时报》上。下一个周日，斯平尼的电话铃响了，一个自称"副水手长"的人在电话里说："里科弗海军上将希望与你通话。"片刻之后，海曼·里科弗海军上将（Admiral Hyman Rickover）接过电话，他祝贺斯平尼做了一项了不起的研究，他想看一看斯平尼的最新成果。

"我会把它寄过去的，上将，但是我要先说明一句，您得花几个小时才能读完。"

"我从来只读摘要部分。"

"我没有写过摘要。"

斯平尼寄出了成果复印件，几天后，上将再次打电话来向他表示祝贺。然后，里科弗谈及即将召开的听证会，说："孩子，你会输掉这场战斗。但是，你将因此成长起来。"

这个电话着实让斯平尼深思了五分钟。

托尔参议员负责安排此次听证会事宜，他证明了自己凡事以五角大楼的关切为出发点的行事原则，把听证会时间定在星期五的下午，也就是很多参议员已经离开首都返回各自的家乡州的时候。更重要的是，星期五下午是最不易吸引新闻媒体注意的时间之一。托尔甚至试图把场地设在最小的听证室，并禁止电视摄像机进入会场，然而被他的同事们否决了。

为了争取更多的人来参加听证会，《时代》周刊记者给同行们打电话，告诉他们这次听证将是《时代》周刊下个星期的封面新闻。尽管记者们对被迫在星期五还要上班牢骚不少，但他们深知，这则封面新闻将是华盛顿各家媒体下一个星期的报道活动的主要题材。

1983 年 3 月 4 日，斯平尼在参议院联合委员会上发言，会场上坐满报纸和电视媒体记者。斯平尼的近旁坐着上司朱思九。如果后者意欲担当潜在的妨碍斯平尼做证的角色，那么他的希望可以说是破灭了。斯平尼直言不讳地侃侃而谈了两个多小时。他说，里根政府的国防预算将给美国带来财政灾难。

格拉斯利和预算委员会里的参议员们惊愕不已，但是托尔从容而又镇定。联合委员会要求朱提供意见。朱说，斯平尼的研究具有历史意义，但是时代已经进步了，请相信我们，里根政府将不会重蹈覆辙，斯平尼的报告并没有反映当前的现实。

正如托尔参议员和五角大楼预计的，星期六的媒体对此报道不多，到了星期日，各大报纸的相关报道更加稀少。记者们的很多新闻稿件被压着不发。星期一早晨，五角大楼已经开始自鸣得意于巧施计谋打败"改革者"了。海军部长约翰·莱曼（John Lahman）在一次会议上说："哦，我想我们已经搞定那个斯平尼的事了，让他歇着吧。"

就在他们扬扬得意、弹冠相庆的时候，1983 年 3 月 7 日，新的一期《时代》周刊送达五角大楼。斯平尼赫然出现在封面，名号为"五角大楼里的特立独行者"（Pentagon Maverick）。用红色加重线的封面标题是："美国国防支出"（U. S. Defense Spending），下面用大写字体印着："几十亿美元正在被挥霍吗？"（Are Billions Being Wasted?）长达 11 页的报道以军事改革运动为对象，认为博伊德和斯普雷是运动的"创建者"，并重点叙述了他们关于革新五角大楼计划武器项目的想法，整篇报道读起来仿佛直接出自他们之手。

报道称，排除通货膨胀因素，美国陆军 1983 年为新式坦克支出的经费与 30 年前相同，但坦克的生产数量却下降了 90%。1951年，五角大楼用 70 亿美元采购了 6300 架飞机，现在耗资 110 亿美元却只采购了 322 架飞机，换句话说，比 1951 年少 95%。

五角大楼官员们愕然了。在这一天里，邮件收发员不停地把一批又一批杂志送到"五角大楼"里。《时代》周刊，共和党事业的强有力的保护者，用 11 页的报道对神圣不可侵犯的五角大楼和国防工业发起了攻击，居然还是在共和党当政期间？这件事的影响是极其深远的。

看到杂志封面，博伊德面带微笑，浏览了一下报道内容，把它丢到一边。他看着斯平尼，说："好了，成了。"

正如人们预料的那样，继《时代》周刊封面报道之后，美国新闻媒体相继开始刊载有关里根政府预算、五角大楼军费开支和低劣的高技术武器的新闻。不仅如此，像莫比乌斯环一样的国会-媒体关系也发挥了作用，参议院和众议院要求召开更多听证会，每一次听证又带出更多新闻报道。新闻报道促使参议员和众议员要求召开更多听证会。这件事忽然之间成了美国的热门事件，国会里的每个人都希望参与其中。他们就像博伊德说的那样，"来朝拜母爱之山"。

一连几个月，斯平尼在朱的陪同下到国会各委员会做证，进行华盛顿人所称的"查基-朱表演秀"（ChuckieChu Show）。表演的脚本甚至都是不变的。听到斯平尼的简报之后，人们为之惊愕，全场一片静寂，然后，委员会主席开始提问朱，后者表示报告过时了，因而与现实不符。

格拉斯利参议员促请预算委员会主席做了一件其他人想不到的事情：要求斯平尼根据当前里根政府的预算，对结论进行修正。国防部长禁止斯平尼那么做，因为这是对参议员职权的直接侵犯，由此触发了国会与五角大楼关于宪法条款的新争议。五角大楼对此无能为力。如果某参议员公开提及文官治军问题，全国的新闻媒体就会刊载卡通漫画，把五角大楼的将军比喻为某个香蕉共和国军事强人，或者描绘他们站在美国宪法上面，使劲践踏的画面。

1984年2月，斯平尼在参、众两院预算委员会上做证，他的新简报名为《历史是否在重演？》（Is History Repeating Itself?）他的证词引用了里根政府3年来的预算数据。对简报的标题所提问题的回答是坚决而不容置辩的"是"。

朱没有陪同他出席此次听证会。

随着军事改革运动接近高潮，美军各大军种正发生着一连串事件。乍看起来，美国陆军和海军陆战队的改革与博伊德的人生似乎不可能有什么关联。但是事实将证明，博伊德及其思想是两大军种改革的核心。

多年后，约翰·博伊德去世以后，美国陆军将否认他参与过他们的改革实践，海军陆战队则将声称博伊德是他们中的一员。

第二十七章　博伊德加入海军陆战队

　　美国空军从来没有对战争做过认真研究，因为任何基于历史的研究都得出不可逃避的结论，即空中力量的运用必须配合——或者更准确地说——从属于地面力量的作战计划，这一结论与空军具有独立存在意义的说法相矛盾。由于美国空军从最开始就以独立于地面力量为原则，因此这个大军种始终无法就空中力量如何纳入指导战争的整体战略进行有创见的思考。

　　因此，当博伊德的思想逐渐获得理解和首肯的时候，当部分空军将领已经认识到，以战争而非项目管理的视角考虑问题更具有进步意义的时候，美国空军所谓致力于改革的努力就沦为幼稚可笑的公关噱头了。以建立空中作战和战略研究智库为目标的"决胜"（Check Mate）项目很快退化为一场舞台闹剧；然后又设立了"每月斗士"这个奖项，即在五角大楼4楼陈列展示获选人员大幅照片；最后是发布关于战争的文章和书籍的阅读推荐清单，此创意来自博伊德《冲突的类型》简报后面列出资料来源的做法。一句话，美国空军依然故我、纹丝不变。即使今天，空军退休高级将领仍然自豪地认为，博伊德的思想对美国空军没有产生任何影响。

他的思想对美国海军也没有任何作用。

与之相反，美国陆军努力做了一番认真的改革。它在越南战争中遭受了比其他大军种更严重的创伤，毒品泛滥、种族冲突频发和刺杀军官案件都是明显的例子。而且，高级士官队伍在战争以后近乎荡然无存。美国陆军必须重新塑造自己。但是，没人知道该怎么办。

1976 年，美国陆军试图修改古老的作战条令，这些过时的条令是建立在消耗战理论的基础上的，但是结果证明，作战条令的弃旧图新对军队来说极其困难。新版陆军野战手册仍然奉行几个世纪以来对火力和按部就班的正面进攻的极力推崇，依旧采取谁的火炮口径大、士兵数量多，谁就能取胜的思路，条令倾向于短兵相接、伤亡惨重的群殴，最后不倒下的那个人就是胜者。

博伊德经常嘲笑陆军花了几个月时间，制订了跟原来的条令在实质上一模一样的新条令。当陆军将领来听取他的简报时，他会高高地举起一份 1976 年版陆军野战手册，用他惯常隐晦而轻描淡写的方式，说："这是一堆大便。"

人们现在不得而知，博伊德频繁和不留情面的批评是不是起了作用。但是，也许是巧合，随着博伊德的简报得到越来越多人的追捧，美国陆军受到了来自内部和外部越来越多的批评。不论出于什么原因，陆军于 1982 年再次开始修改作战条令。人们把新的空地一体作战条令的问世归功于领导训练与条令司令部的四星上将唐·斯塔里（General Don Starry），但是事实上，主要撰稿人是哈佛大学毕业生，年轻有为的军官休巴·沃斯·德切格中校（Lieutenant Colonel Huba Wass de Czege）。那时候，沃斯·德切格被视为思想开放、乐于接受新鲜事物的军人，经常邀请博伊德前往设在利文沃斯堡的美国陆军指挥与参谋学院，给他的同事和学员们作简报，并与博伊德经常通过电话讨论问题。

1982 年，博伊德和德切格在西点军校举行的有关军事改革运动的研讨会上相识。德切格告诉博伊德，即将公布的新条令将以主动、灵敏、纵深和协同等 4 点原则为要点。博伊德认为前 3 点原则特别精彩，说明陆军的确准备摒弃旧有的重火力理论，转而采取机动战理论。可是协同这玩意在新版陆军条令中起什么作用？协同是对前锋线的取齐，意味着陆军只能以其最慢吞吞的那支部队的速度前进。协同是奉行消耗战的旧条令的基本要求，它与前面所有新内容是相抵触的。以协同为重点的陆军不是实施机动战的陆军。"你可以对表，"博伊德喊道，"但不能让人协同。"

德切格对此表示赞同。但是他说，他的上司坚持把协同放进条令。博伊德指着德切格说："再也不要让他们对你做这种事情。"美国陆军必须改弦更张、重新作为。博伊德说："他们还相信'正面强攻'这种话。"

美国陆军不仅吸收了博伊德关于机动战理论的大部分内容，甚至创建了高级军事研究院（School of Advanced Military Studies），简称"SAMS"，由德切格担任院长，从指挥与参谋学院每一届毕业生中挑选优秀者，再进行为期一年的战争历史研究。博伊德的简报直到 20 世纪 80 年代中期仍被列入课程教学内容。从最开始，研究生院出来的毕业生就笼罩在光环之下，他们被称为"绝地武士"（Jedi Knights），被视为美国陆军最有发展前途的年轻军官。斯平尼认为这预示着激烈的变革。如果美国陆军还想抓着"协同"这把旧保护伞不放手，那么好吧，随他们去吧。"你有点反应过激了。"他对博伊德说。

但是，博伊德仍然不肯让步："这个协同观念会毁掉陆军的。"

事实会证明，而且会以格外戏剧化的方式证明，博伊德是正确的，那个时刻即将到来。

继美国空军、海军、陆军之后，海军陆战队接踵而至。博伊德对美国海军陆战队的影响是现代军事史上不为人知的最伟大的事件之一。为了理解博伊德带来变革的剧烈程度，人们必须了解一些海军陆战队的基本事实。

首先，美国海军陆战队总兵力约 17.3 万人，比空军（35.7 万人）、陆军（48 万人）和海军（37.2 万人）规模小得多。海军陆战队员们经常担心被编入陆军或海军。当它的上级美国海军下拨年度经费的时候，海军陆战队总是吃亏的一方。没人要的老旧装备么？交给海军陆战队吧。

美国海军陆战队在军中有独立和独特的文化。在别人眼中，海军陆战队员既原始野蛮又优秀精干，说他们原始野蛮，是因为所有海军陆战队员基本上都是步兵，说他们优秀精干，是因为他们人数稀少，任务完成得却很漂亮。他们是斗士，对他们来说，没有比在战斗中保卫国家再崇高的号召了。这支光荣的海上部队的战旗上写着历史性的"蒙特苏马的大厅和的黎波里的海岸"。他们最先投入战斗，执行最龌蹉和最血腥的任务。夺取敌人绝对优势兵力把守的海滩？某个国家需要教训一下？派海军陆战队去吧。

其他大军种在征兵时会许下各种承诺，海军陆战队征兵时只挑选少量优秀人员。海军陆战队员几乎从最开始就被视为军中的笨汉，他们进攻山头时不达目的绝不罢休，作为标准的正面进攻部队，不仅承受惨重伤亡，而且以惨重伤亡为荣。然而，在美军内部，没有哪个地方比海军陆战队更具有集体主义精神，更推崇军人生活，更尊重军人个体。美国海军陆战队的箴言——永远忠诚（Semper Fidelis）——是个有生命会呼吸的事物。当一个海军陆战队员同意做什么事时，他会直视对方的眼睛，说："永远忠诚！"别人就会知道，他将坐言起行，信守承诺。海军陆战队不只是一个军事组织，它还是一个国家机构。

美军各大军种之中，空军和海军陆战队之间的差距大得不能再大了，两者间的文化鸿沟是普通平民几乎不可能理解的。有的区别十分明显：空军是最年轻的军种，它的战场在对战争结局很少有决定性意义的天空，而海军陆战队自从 1775 年就为美国的独立而战，今天仍然在泥泞中搏斗，决定着国家的命运和历史发展的方向。但是有的区别也不那么明显：空军奉行技术文化，而海军陆战队推崇斗士文化。所有这些可以归结为一个事实：海军陆战队完全不把空军放在眼里。

思考博伊德对美国海军陆战队的影响时，人们必须始终记住以上背景。

无论军官还是士兵，海军陆战队员的教育和训练都主要在华盛顿以南约 30 英里的匡蒂科海军陆战队基地进行。博伊德前往匡蒂科，是经由一个不同寻常之人的安排，此人即迈克尔·邓肯·怀利中校（Lieutenant Colonel Michael Duncan Wyly）。10 年之间，博伊德和怀利是海军陆战队发生的剧烈变革的局外人和局内人。博伊德思想是变革的基石和动力，而怀利作为现役海军陆战队军官是变革的主导者。从 1980 年起，怀利就成为博伊德的故事中一个关键的角色。

从迈克尔·怀利记事起就想成为一名海军陆战队员。他成长于密苏里州堪萨斯城，少年时就经常听关于他的叔叔唐纳德·邓肯（Donald Duncan）的故事。唐纳德叔叔是海军陆战队上尉，于 1918 年 6 月 6 日带领海军陆战队第 6 师第 96 连远征法国东北部一个叫作贝劳伍德的地方。那一天早晨，唐纳德叔叔穿上绿军服，点燃烟斗，指挥部队向战场开进。前方遇到一个德军机枪点时，他从嘴里抽出烟斗，指点着德军说："准备进攻，孩子们，以右翼为基准点。"

海军陆战队员们排成整齐的队列，唐纳德叔叔站在前方，挥手示意部队跟上。于是他们向机枪点发起了攻击。唐纳德叔叔在那天阵亡了。贝劳伍德后来成为美国海军陆战队历史上一个神圣的名字，因为那是海军陆战队史上一天内伤亡人数最多的地方，还因为那是海军陆战队挡住德军前进的地方。也是在那里，海军陆战队员们获得了他们最为珍视的绰号之一——"恶魔狗"（Teufelhunden）。

讲完故事以后，迈克尔·怀利的亲人总会说，如果唐纳德叔叔现在还在世，他应该是海军陆战队司令了。

怀利希望加入海军陆战队，而且打算从士兵干起。直至今天，他仍然不十分清楚为什么这样做。父亲的想法是让他进入安纳波利斯海军学院当个军官。怀利 17 岁时与父亲做了个约定，他将向海军学院提出入学申请，而父亲将允许他加入海军陆战队预备役部队。于是怀利递交了申请，报名参加海军陆战队，进了新兵训练营。

海军陆战队新兵要学习的第一件事，是如何列队行进、前后对正和左右看齐。前后对正是对准前面的海军陆战队员，让训练教官在列前只看到第一名队员。左右看齐是与旁边人对齐，让训练教官从第六、第八或第十排排面看过去时，只看到第一名队员。当整个班，或者整个连乃至整个营的士兵的皮靴落在路面时，每次应只听到一个"啪"的声音。海军陆战队员以准确的 30 英寸步长行进，皮靴同时落地，步伐错半秒比步伐完全跟不上还令人气恼。前后对正、左右看齐，几百只皮靴同时落在地面——这就是海军陆战队的训练方式。

怀利进入安纳波利斯海军学院时，还是个海军陆战队预备役部队的列兵。他选择成为海军陆战队军官，先在冲绳服役一年，然后当上了设在彭德尔顿（Pendleton）兵营的游击战学校的教官。彭德尔顿的教官重视知识素养，喜欢阅读有游击战经验国家的资料：阿尔及利亚、中南半岛国家、古巴、肯尼亚和其他十几个国家。"莽汉"维克托·克鲁拉克上将（General Victor "The Brute" Krulak）来到彭德尔顿兵营，他告诉教官们，如果美国涉入越南战争，那将是一场旷日持久的战争，其方式将完全不同于海军陆战队以往打过的任何一场战争，美军将伤亡惨重，因为他们不知道怎么打游击战。怀利加入了空降学校、心理作战学校、特种作战学校，并且经常与陆军部队一起训练。他读过伯纳德·福尔（Bernard Fall）关于法国人在越南经历的经典著作《没有欢乐的街道》（*Street Without Joy*）。他站在讲台上，对来彭德尔顿参训的海军陆战队员们说："如果去越南，我们不会犯下法国人当年的错误。"

1965 年，迈克尔·怀利中尉前往越南担任心理战军官。他在村庄里工作，每天在上级催促下清点敌尸数量。任职期结束时，他认识到海军陆战队员吃苦耐劳、训练有素、英勇无畏，但是他们真的理解这场战争吗？

怀利后来到华盛顿任职。1969 年，这个 29 岁的上尉重返越南。与唐纳德叔叔一样，他担任连长，带领陆战 5 师 1 营 D 连在岘港以西的安和地区作战。这是一个厄运缠身的连队，人称"濒死 D 连"。怀利发现，战争形势与 1965 年已经完全不同。手下一个海军陆战队员说："连长，这里每个人都是敌人。"D 连每天晚上都在与敌人交火，但是年轻的海军陆战队员们已经懂得如何生存——不是依靠传统的海军陆战队战术。他们学会了如何拉大间距，运用游击战术——像敌人那样战斗。怀利记得在彭德尔顿学过的课程，发现那些课程是有用的。他安排了饱和式巡逻，让海军陆战队员们始终埋伏在丛林里。他让敌人猝不及防，对敌人来说，D 连可能在任何时间出现在任何地方。

海军陆战队领导人却没有汲取教训。有一天，怀利在乘飞机前往营部的半路上，看到下面的海军陆战队员们正排成线式队形向前推进。敌人放他们过去，然后从后面对他们发动攻击。怀利意识到，美国海军陆战队遂行作战的方法有根本性问题。

怀利手下有个名字叫詹姆斯·韦布（James Webb）的排长。有一次韦布少尉带队外出巡逻。他跋涉过小溪，到达对岸时，后面的人遭到攻击了，韦布急忙返身救援。一个年轻的海军陆战队员在事后向怀利报告事情经过的时候，感动地说："韦布少尉是从水面上跑过来的。"此后，D 连的人都相信，韦布少尉有"水上漂"的本事。后来，怀利推荐授予韦布海军十字勋章，它是仅次于荣誉勋章的嘉奖。

怀利和韦布的人生以后还会有交集。

怀利离开越南的时候，陆战5师1营D连已是海军陆战队里人尽皆知的机动灵活、积极求战的连队，是在泥泞中摔打出来的真正的海军陆战队员。怀利得到的最好赞誉，是当他交接连队指挥权的时候，一个年轻海军陆战队员对他说的话："连长，我们不再是'濒死D连'了。"

怀利现在是战功卓著的老兵，即将晋升少校的资深上尉。他曾承诺在军中服役5年，以回报在海军学院所受的教育。现在这个承诺已经实现。他得定下决心，是留在海军陆战队，还是脱下军装，重返平民世界。在越南战场的两段作战经历，使他认识到海军陆战队的作战方法从根本上是错误的。如果他留下，将有很大的作为空间。

他选择后者，赶赴他的下一个任职地匡蒂科，去海军陆战队两栖作战学校（AWS）做一名进修生。该学校设在盖格楼里，这是一座矗立在高丘之上、俯瞰着波托马克河支流的两层红砖小楼。两栖作战是海军陆战队独有的作战方式，海军陆战队也因此得以一直独立于陆军或海军之外。海军陆战队必须比世界上任何军事组织都更擅长实施两栖作战。然而怀利发现，美国海军陆战队讲授的，仍然是滩头的线式进攻战术，而此战术是第二次世界大战中美军死伤惨重的原因。

从两栖作战学校毕业后，怀利被调到基础学校担任教官，年轻尉官在这个学校里学习连级战术。教官们都是参加过越南战争的老兵，但是他们奉命不得谈论越南。既然下一场战争将是在欧洲与苏军集群的对决，干吗还要老揪着越南战争不放呢？美国海军陆战队仍然讲授线式推进战术，正像怀利的唐纳德叔叔在第一次世界大战中和海军陆战队员们在第二次世界大战中所做的那样——都是越南战争中美军使用的自杀战术。甚至当时对一名参加野战演习的学员最严厉的批评，就是他破坏了一条横线的推进队形。

西贡陷落了，而在匡蒂科的美国海军陆战队高级军官却无人认识到海军陆战队战术的失败。有人甚至对怀利说："我们干掉的敌人，比敌人杀死我们的人的数量要多。"官方文件认为，美国海军陆战队打赢了越南战争。但是，迈克尔·怀利以及其他敢于面对现实的年轻军官亲身经历了战斗，目睹过战友的牺牲，对自己幸存下来的人生无比珍惜，在他们看来，那完全是无稽之谈。

尽管美国海军陆战队以独具一格而自豪，它现在却面临着与其他大军种一样的问题：种族骚乱和军纪败坏。海军陆战队司令罗伯特·库什曼（Robert Cushman）大腹便便，体重超标，年轻尉官们开玩笑说海军陆战队的体能测试是"绕着大个子库什曼跑3圈"。

教官任期结束以后，怀利晋升为少校。但是他认为自己在匡蒂科的任职是一场失败，他没做成任何事。他前往指挥与参谋学校，被要求对某国的战略进行分析。他选择了芬兰，开始研究1939-1940年的冬季战争。怀利认为，芬兰战胜了数量占绝对优势的苏联军队，因此那场战争很值得研究。他的教授要求他回到大学里去研读历史。他报名参加了乔治·华盛顿大学的硕士课程，但是不久就被调到日本冲绳。然后，又来了一道去匡蒂科的任职命令。怀利写过一篇关于"二战"期间的塔拉瓦（Tarawa）战役的论文，那是一场唤起每个海军陆战队员内心深情的战役，因此论文得到了海军陆战队训练总监伯纳德·特雷纳少将（Major General Bernard Trainor）的青睐。特雷纳将军派怀利去负责两栖作战学校的战术教学工作。"战术课程毫无生气，你的任务是改变它。"特雷纳说，"我不希望你把现有条令顶在头上，要大胆探索，开动脑筋。"这个任命是对怀利极高的评价。两栖作战学校对海军陆战队不仅有理论上的重要性，因为那里只接收最有才干和最有前途的青年军官，因此是海军陆战队未来的领导者初露头角的地方。怀利到两栖作战学校，真是得其所哉。

两栖作战学校的课程教学计划可以追溯到20世纪30年代，两栖作战刚刚问世的时候。怀利废除了所有旧教学计划，开始讲授历史上的著名战役。他最爱讲的战役之一是1805年的奥斯特里茨会战，它有时也叫"三皇会战"，是军事史上最重要的会战之一。拿破仑不仅打败了数量上占优势的敌人，而且取得了彻底的胜利，迫使奥地利和俄国退出战争。拿破仑对敌方将领的心理了如指掌，他在给约瑟芬的信中说，他经常觉得自己是双方军队的指挥官。

两栖作战学校的学员都是上尉和少校，他们并非都准备在海军陆战队干出一番事业，但是作战经历丰富，而且性格坦荡、直言不讳。自从有了怀利，战术课程多年以来第一次得到高度评价。但是，怀利希望不只教授古代会战和如何在欧洲平原对付苏联坦克，他还对以劣胜优、攻心为上等课题入了迷。有一种线索，能够把所有这些因素结合起来，形成新的作战方式——但是这个线索在哪里？

怀利求教于第一个把博伊德的门徒们称为"改革者"的比

尔·林德，请他推荐一个具有创新作战思想的人。

"约翰·博伊德上校就是你要找的人。"林德说。手拿着卡其色封面的作战手册，怀利心想，无论那个博伊德肚子里有什么货，都应该比手里这东西好。他打电话给博伊德，说："我听说您有一种关于战争的理论。"

"那不是理论，是个简报。它叫《冲突的类型》，时间长度 5小时。"

怀利哈哈大笑："我的课只有 2 小时。"

"我不能分两次讲，它需要 5 小时。"

"我们没有 5 小时。"

"那你听不成了。"

怀利终于答应了。既然上级要他大胆探索，为什么不把一堂课延长为 5 小时呢？怀利决定开放教学，让全校学员都来听博伊德的简报。

博伊德于 1980 年 1 月抵达匡蒂科。怀利没听过博伊德的简报，不知道会是什么情况。但是，如果简报没有实质内容，如果直率的学员们认为这个退役空军上校在浪费他们的时间，那么这堂课将会上得一塌糊涂。怀利想得越多，就越担心。自己到底在干什么？退役飞行员——还不是海军陆战队的而是空军的飞行员——给泥腿子海军陆战队员讲课，教他们如何打仗，如何运用对现代战场有意义的观念？太可笑了。这些咄咄逼人的上尉和少校们会把这家伙驳斥得体无完肤的。

怀利向大家介绍了博伊德。博伊德站起身，目光炯炯，全场为之肃然。他低沉的声音响起来，"糖果仙子"开始施展魔法了。他向他们讲述孙子、公元前371年的留克特拉会战、公元前331年的阿贝拉会战和公元前216年的坎尼会战，讲述成吉思汗、贝利萨留和拿破仑，讲述海因茨·古德里安和优秀指挥官的素质。他驱除冯·克劳塞维茨的战争迷雾，告诉他们如何构建"机动雪橇"。他告诉他们，尽管美国陆军有了新的空地一体作战理论，但仍然信奉"正面强攻"，遵守着"一堆大便"一样的条令。他向他们讲述OODA循环、作战重心、战场直觉、攻击正面与突破口、任务式命令和"水之形避高而趋下"。

5个小时匆匆流逝，但是海军陆战队员们无人离开。有几十个海军陆战队员站起来，争先恐后地博取博伊德的关注，认真地提出深思熟虑的问题，他们无一不是满怀敬畏，脸上的表情显然在说：这个老者虽然来自空军那个垃圾场，但他比我知道的任何人都懂战争。现场洋溢着慷慨激昂的情绪。迈克尔·怀利知道，学员也一样知道，他们正目睹一种崭新、强大而美妙事物的诞生。

6个小时过去了。夕阳西下，少部分海军陆战队员开始离去。7个小时过去了，仍待在现场的海军陆战队员已然忘记博伊德是个空军上校，而是把他视为古代斗士的化身。这些年轻人没有资深军官那种体制性记忆的负担，他们想要的是行之有效的思想，而这正是博伊德给予他们的。8个小时过去了，博伊德端坐着，周围是求知若渴的青年海军陆战队员，他们专注地前倾身体，好像怎么也听不够。当授课终于结束的时候，夜幕早已笼罩匡蒂科周边起伏的群山。然而，青年军官们仍然欢欣而热切，他们想知道博伊德什么时候再来。

迈克尔·怀利在今后的一生中都将铭记这一天。博伊德赋予他的新思想证实了浮现在他头脑中的那些模糊念头，博伊德向青年军官们讲授的理论将转化为现代战场上大显身手的战术。

迈克尔·怀利已经成为第六位门徒。他与约翰·博伊德携起手来，准备挑战美国海军陆战队。

第二十八章 "永远忠诚"

怀利几天以后开始经历那种"痛苦"：博伊德打来的漫长的夜间电话。他极为受宠若惊，他是个中校，而对方退役时的身份是资深上校。在等级森严的美国海军陆战队里，两者之间存在着巨大鸿沟。

后来，博伊德回到匡蒂科，与怀利讨论后者的课程。他们在怀利的办公室会面，墙上挂着一幅表现唐纳德叔叔在贝劳伍德率部冲锋的画作。"我该教点什么？"怀利问道。他让博伊德看了卡其色封面的海军陆战队两栖作战学校教学计划。"这东西读起来让人昏昏欲睡，"他说，"我们有世界上最激动人心的课题——战争，而我们却把它搞得乏味透顶。"

博伊德和怀利认为，两栖作战学校的本质是一所教学机构，而教学机构是让学员们思考各种理论的地方。为此，最好的方法之一是让学员们阅读。因此，怀利和博伊德经过讨论开出了一份阅读书单。对海军陆战队这个美军最不看重文化的军种而言，这是一个相当不同寻常的激进做法。但是特雷纳将军，人们眼中怀利的保护人，给这个想法开了绿灯。很快，年轻的尉官们开始阅读《高潮时的胜利》(*Victory at High Tide*)、《游击队》(*Guerrilla*)、《白色死神》（*White Death*）和《战略论》(*Strategy*)，甚至第二次世界大战时德国军官的著作，如埃尔温·隆美尔的《步兵攻击》(*Attacks*)和冯·梅林津的《坦克战》(*Panzer Battles*)。博伊德和怀利都是从战场下来的老兵，所以他们所说的阅读量关系到带兵打仗的本领的教诲，被学员们当作至理名言记在心里。现在，他们在上课时间之前，会早早地进入教室讨论读过的理论。很快，他们就提出要求，阅读书单需要扩充新的书目了。

此时，博伊德已经把《毁灭与创造》等全部简报文稿收拢起来，编成足有一英寸厚的名为《关于胜利与失败的对话》(*A Discourse on Winning and Losing*)的文集，由克里斯蒂复制了几百本。文集采用绿色封面，人们称它为"绿皮书"。怀利想让他的学员阅读文集，但博伊德手里也只剩几本了。于是怀利拿着样书到匡蒂科的野战印刷厂，告诉那里的人："我需要复印400本。"然后把它们全部分发给了海军陆战队的军官们。

博伊德经常到匡蒂科讲课，并积极参加战术课程教学。学员参加两栖演习的时候，博伊德会走到各学员小组中间，分析他们的作战计划。有一次，如何让登陆部队登上伊朗海岸的问题难住了学员们，博伊德认为，美国海军陆战队过分重视建立滩头阵地。"滩头阵地过大了，"他说，"你们太专注于地形，应该把重点放在敌人身上，要与敌人作战而不是地形。"

这一番话让怀利思忖良久。

滩头阵地过大……要与敌人作战而不是地形。

课程内容完全不同以往了。怀利现在全力支持的，是叫敌人摸不清头脑的飘忽不定和快速运动的战术。在战术演习期间，他告诉学员不要向他汇报说他们已经夺取并坚守某个目标，而是希望他们绕过敌人抵抗的据点。"不要担心侧翼，"他说，"让敌人担心他的侧翼吧。"他向学员们下达任务式命令，让他们练习寻找作战重心（Schwerpunkt），教他们像埃尔温·隆美尔元帅那样靠前指挥部队。他们应该走遍战场的各个角落，从而对战局的转换产生直觉性的理解，即战场直觉。

"这是一种只能意会、不可言传的东西，"博伊德说，"如果诉诸语言，行动就会慢下来。"博伊德的讲授不同于大学里的教授。他极度厌恶所谓准则、清单、规则或者演绎式思维，一切来自本能。"你们必须学会归纳式思维。"他一遍又一遍地告诫海军陆战队员们。"任何问题都不只有一个解决方案，"他说，"每个问题都有2个、3个或5个解决方案。不要只埋头于一个思路。"

博伊德从来不说"海军陆战队应该像这样作战"或者"你们应该这样实施两栖登陆"这样的话。相反，他讲授的是思考作战问题的新方法。他的新方法颠覆了传统军事思想。军队一般最看重武器，但是博伊德说："应该把人放在首位，其次是思想，再次才是武器。"

星期日的下午，一群年轻尉官会聚集在怀利家里，围坐在宽大的红木桌旁，一边啜饮着红酒，一边畅谈机动战。他们还在比尔·林德位于亚历山德里亚的家中举行研讨会。这支队伍不断壮大的海军陆战队中坚力量现在被人们称为"机动战主义者"，而他们对此称呼颇感自豪。但是，在匡蒂科军官俱乐部，高级军官们对机动战主义者不屑一顾，他们嘲笑地说，那些海军陆战队员对OODA

循环的兴趣胜过对力量练习的兴趣，宁愿看古代战争的书，也不肯跑 5 英里。怀利正在美国海军陆战队领导一场内部游击战，有时他会想起自己讲课时说过的一句话："游击队员是战争的赢家，但是他们不会在回家的路上举行胜利大游行。"

特雷纳请怀利为海军陆战队草拟新战术手册，但是怀利的顶头上司刚看完前 3 章就将它弃之不顾，并且嫌恶地表示："它太新了。"1981 年夏，特雷纳调离匡蒂科，怀利失去了保护人。不久，捕食者们开始在空中盘旋了。

大约在此时，设在北卡罗来纳州勒琼（Lejeune）的占地宽广的海军陆战队军营里，一则故事之中的故事、至关重要的故事以及以后几年里将引起极其深远影响的故事启幕了。那年夏天，艾尔·格雷将军奉命来到勒琼军营担任海军陆战队第 2 师的师长。格雷还是上校时，曾聆听过博伊德的课。他是铁路列车员的儿子，喜欢咀嚼烟草，无论到哪里，都穿着海军陆战队员们称为"工装"的作训服。他像巴顿和隆美尔一样，钢盔上面套着护目镜。格雷是个斗士般的人物：性格坚定、杀伐果断而标新创异，也是博伊德虔诚的学生和机动战思想的信仰者。

勒琼军营的两个海军陆战队上尉，比尔·伍兹（Bill Woods）和 G. I. 威尔逊（G. I. Wilson），定期召集军官们研究机动作战问题。这个群体被称为"土耳其青年党"。怀利听说格雷要来勒琼，他马上打电话给伍兹，说："你得把格雷拉入伙。"伍兹照做了。他和威尔逊邀请格雷参加他们的研讨会。格雷不但参加了，还表示："你们不再是业余研究团体了，而是陆战第 2 师机动作战委员会。你们要做的头一件事，是把博伊德请到这里来。"

博伊德来了，并作了简报。由于格雷多次听过博伊德的课，他在简报开始后约一小时离开了会场。很快，其他高级军官也纷纷退场。然而，部分激情澎湃的听众仍然坚持不走，他们是博伊德的忠实信仰者。

发生在勒琼的这一幕场景折射了机动战理论在美国海军陆战队的处境：只要它有高级军官的保护，这个理论就得到奉行——对很多人来说是半心半意的奉行，对少部分人来说是全心全意的奉行。他们不情愿的原因在很大程度上是因为比尔·林德。大个子胖男人林德在参观战术演习的时候，喜欢穿长披风，戴猎鹿帽。在给高级军官们做讲座时，他是他们中间最不协调的人物，而且他们中很多人对这个夸夸其谈的文员十分反感。毕竟，他没见识过枪林弹雨，没带过兵打过仗，甚至没穿过军装。所以不可避免地，某个高级军官会愤怒地站起来，向林德提出挑战。同样不可避免地，林德会打断他。有一次，一个体格强壮的光头军官打断了林德的讲课，嫌恶地说："重心也好，废话也好，对我来说都一个样。"林德低头看着他，微笑着说："是的，你说的没错。不幸的是，这种问题你永远是搞不懂的。"

机动作战理论在海军陆战队内得到的评价比其他地方都两极分化。

格雷要求伍兹制订一个自由作战演习计划。到那时为止，美国海军陆战队的演习都是根据预先安排的程序进行。在简报时，某个营长接到命令："进攻并夺取目标 A，然后，进攻并夺取目标 B。"就作为营长的中校们而言，这种命令没什么问题。担任营长是他们晋升车票上必打的一个孔。再过一两年，如果没有什么大问题，上校的晋升命令就是板上钉钉的事了。但是，青年军官听到这个命令，会感到疑惑："如果敌人在目标 A 拥有无法预料的兵力，我们做不到夺取和固守，那怎么办？"

在自由作战演习中——没有剧本，没有规则——精心调度的表演被踢出场外。没有什么方法比自由作战演习能更好地挑选和考验作战指挥官。自由作战演习意味着有赢家，也有输家，意味着演习之后士兵和低级军官都有权力指出问题、提出意见。没有一个营指挥官喜欢被一个士官顶撞，特别是当这个士官持正确意见的时候。如果营指挥官输掉自由作战演习，他可能失去晋升机会。投机钻营分子对自由作战演习，乃至对机动作战理论恨之入骨。真正的战地指挥官却对它们一见倾心。

1981 年夏末，美国海军陆战队在皮基特堡（Fort Pickett），即设在弗吉尼亚州布莱克斯通市（Blackstone）附近的一个荒废已久的陆军基地，举行了首次自由作战演习。格雷十分欣赏这个基地，因为所有参演人员都对此地非常陌生，谁也不了解这里的地形特点。格雷坚持让这场演习尽可能逼真地模拟战场形势瞬息万变、出人意料的特点。某营指挥官可能正在带队行进中，他突然发现第 82 空降师的一个分队已经空降到他的侧翼。没有人提醒过他可能遭到空降部队的有力攻击，现在该怎么办？

演习得到了大多数下级军官们热烈的欢迎，也遭到大多数高级军官们强烈的厌恶。

博伊德在这些年月里似乎无处不在，他进行了几百场简报，听众不仅来自海军陆战队，而且来自陆军、海军和空军，还有来自各大军种的指挥与参谋学院以及无数学术研讨会的听众。大部分情况

下，主办方都向博伊德支付了报酬，但他只接受差旅费用。OODA
这个词汇不断出现在从报纸新闻报道到企业咨询书的各种媒介上。
跟能量-机动理论一样，很多人引用这个词汇时并未提到博伊德。
他的成果已经成了通识。同样，跟能量-机动理论一样，他对此一
笑置之，说并不在意。他的思想现在已经广为人知了，这才是最重
要的。

但是"广为人知"并不意味着"广为接受"。在匡蒂科，怀利
发现，他激进的教学思路并不为两栖作战学校的新校长所欣赏。怀
利没有受邀参加本该参加的很多会议，无数人在冷落他。1982 年 2
月 25 日——他 42 岁生日那天——怀利来到办公室，接到他已被解
除战术部主任职务的通知。他的新职务是两栖作战演示组的组员，
那个演示组的任务是巡游各地，向人们展示美国海军陆战队遂行两
栖作战的程序。

在为古老而又过时的两栖作战作简报的这段时间，怀利进入
了人生中最痛苦的时期。旧版两栖作战学校手册中都是关于线式攻
击、夺取并固守滩头阵地和消耗战的传统思想。他想，海军陆战
队正大踏步倒退。他称自己的办公室为"施潘道城堡（Spandau）"，
并且准备调出这个岗位。

他不是唯一做此准备的人。他某次出差返回，发现办公室被
翻得乱七八糟，私人信件被打开，这是联邦法律规定的一种犯罪行
为。文件被丢得到处都是，邓肯叔叔的画作被扔在地上。怀利怀疑
有入室盗贼，向宪兵报告之后，他意外地得到通报，附近从没有发
生过入室盗窃案件。一名被解职的海军陆战队军官会被视为伤员。
他现在是捕食者的囊中猎物。

1982年春，美国西点军校举办了一次关于军事改革运动的学术会议，邀请各大军种代表参加会议。怀利到会了，他开诚布公地呼吁军事改革，但是他的发言直抒胸臆，深入敌人腹地而无后方支援，支撑他的只有对自己的信心。别的军官认为他既没有对正，也没有看齐，与海军陆战队这个集体出现了步调不一致——有只皮靴自顾自地落了地——并且提醒了他。当怀利几个月后与博伊德打电话时，他掩饰不住内心的失落与颓唐。

"迈克，我会帮你在一个月内调出匡蒂科。"博伊德说。

怀利笑道："上校，我不知道你对美国海军陆战队的人事制度了解多少，但是——"

"我知道美国空军的人事制度，"博伊德打断了他的话，"我认为两者没有多大差别。你只要告诉我：你以后打算干什么？"

怀利毫不犹豫地说："干点有意义的事。"

"你希望离开匡蒂科吗？"

"上校，离开匡蒂科是我想也不敢想的事情。"

博伊德大笑起来："很好。但是要记住，这次谈话没有发生过。"

怀利叹了口气，挂上电话。对这位他十分尊敬的退役军官，他只能听之任之。但是，怀利和很多其他军官始终不知道的是，即使在军事改革运动高潮时期，当博伊德这个名字为五角大楼深恶痛绝的时候，在政府高层内部仍然有格外欣赏他的人。当然，他还有汤姆·克里斯蒂这样的老朋友，后者深知在"五角大楼"里行事所需的全部非正式的渠道和关节。

怀利与博伊德通话几天以后，一道紧急命令抵达匡蒂科，命令写道："M. D. 怀利中校应不迟于 1982 年 9 月 15 日，向国防部长办公厅报到，并担任有关国家安全的职务。签名：卡卢奇。"

"卡卢奇"即弗兰克·卡卢奇，当时的国防部副部长。

怀利大为吃惊，这个仕途失意的中校本来被困在一潭死水的匡蒂科，可是突然之间，国防部副部长点名下来，要求调他进五角大楼。即使将军也很少得到国防部长办公厅点名调职的待遇，对中校来说，这种事情差不多是史无前例的。

怀利打电话给博伊德，说："上校，我接到命令，要离开这里了。是卡卢奇本人的命令。"

博伊德笑了。

怀利拿着命令，在几天之内办完了全部手续。以后的两年里，他在卡卢奇办公室里人们所说的"黑洞"工作岗位上，处理美军某些最机密的业务。在那里，他是唯一来自海军陆战队的军官。怀利顺利地提拔为上校了。如果不是他的保护人特雷纳将军在他的晋升选拔委员会担任主席，怀利也许不可能得到提拔。

晋职上校之后 6 个月，怀利与博伊德已经建立起十分融洽的关系，开始叫他"约翰"。

1983 年，美国海军陆战队把机动作战理论付诸实战的机会来了。驻贝鲁特（Beirut）美国海军陆战队兵营遭到恐怖分子袭击，241 名官兵丧命。美国海军陆战队某营当时正在赴贝鲁特执行任务的途中，事件发生后，这个营改变了目的地，前去参加对格林纳达的入侵行动。这个营的营长是雷·史密斯中校（Lieutenant Colonel Ray Smith），机动战主义者兼皮基特堡自由作战演习毕业生。

史密斯在格林纳达所做的两件事体现了机动战的效果。情报部门说有一幢挂着奇怪旗帜的大楼，上级认为那里是格林纳达革命组织的办公楼。一个海军上将命令史密斯率领海军陆战队员发起攻击。根据以往的惯例，海军陆战队军官会毫不犹豫地执行这个命令。但是，机动战的基本原则是给现场指挥官以战术决策权。史密斯手下的一名年轻上尉对大楼里有革命分子的说法有所怀疑，建议派人侦察一下。史密斯相信上尉的判断，于是同意了。自始至终，他都可以呼叫海军炮火夷平那座大楼。当侦察人员接近大楼时，一个平民出来迎接他们。现场的几十个枪口指向那个人，只要他有一点不正常的动作，只要他手一伸进衣兜，也许他就当场毙命了。只见他挥着手说："先生们，见到你们我太高兴了。我是委内瑞拉大使。"

史密斯那天所表现出的成熟和谨慎使美国得以避免一次相当不光彩的羞辱。

史密斯在格林纳达的总体表现更能说明机动战理论在实践中的运用。陆军的精锐游骑兵部队被以古巴建筑工人为主的敌军压制在机场，进退维谷。但人数相对较少的史密斯海军陆战队营游刃有余地在格林纳达开展了大迂回，绕过敌人的坚固据点，向其薄弱环节集中力量，像流水下山那样寻机前进，敌军中间发生了混乱和犹疑，几百个士兵举手投降，其中有一个人说："美军海军陆战队员无处不在，满世界都是。"

在他所写的《向后转》（*About Face*）一书中，美国陆军退役上校大卫·哈克沃思（Colonel David Hackworth）引用某陆军将领的话说："海军陆战队两个连在岛上神出鬼没，而规模上万人的陆军部队却一筹莫展，束手无策，这他娘的到底是怎么回事？"这就是机动战。再过几年，海军陆战队将以更强有力、更清晰透彻的方式，向世人证明这种古老而新颖的作战理论的优越效果。

怀利结束在五角大楼的任期后，申请调去了堪萨斯大学，主管那里的海军后备军官训练团。这么做并非为了仕途进步，而是他不得不这么做，因为他住在堪萨斯城的母亲病得很重。博伊德经常来这里讲课，来这里讲课的还有怀利在越南战争期间的老排长詹姆斯·韦布、现在的助理国防部长。艾尔·格雷上将也是这里的客座教授。所以，这里的后备军官训练任务相当重要。[到领导机关任职以前，韦布写过描写海军陆战队某连队在越南战争中的战斗经历的畅销小说《烈火战场》。这个连队人称"濒死 D 连"，书中最主要的人物之一是英勇的连长，他把厄运不断的连队改造成干劲十足的海军陆战队模范。当然，这个人物的原型就是迈克尔·怀利。]

1983 年，P. X. 凯利上将（General P. X. Kelly）出任美国海军陆战队司令，他语带嘲讽地提及机动战主义者和"地下室里的密会者"——意指比尔·林德的研究小组。机动战理论要生存下来，必须得到海军陆战队最高首长的支持，突然之间，这种支持消失了。

《海军陆战队公报》（*Marine Corps Gazette*）却是个例外。

《海军陆战队公报》是像美国海军的《海军学会志》（*Navy Institute's Proceedings*）、空军的《航空空天力量期刊》（*Aerospace Power Journal*）和陆军的《陆军军事学院杂志》（*Parameters*）那样的月刊。这个奇特的小型刊物早在 1941 年就翻译和发表了毛泽东关于游击战争的论述，还刊登过关于孙子的文章。在 1955—1962 年间，它发表了军事理论家利德尔·哈特的 25 篇文章。然而，直到大约 1980 年，靠私人资金运作的《海军陆战队公报》还是一种没有活力的内部刊物，是啦啦队杂志一样的存在，即使在海军陆战队内部也是默默无闻。后来，退役海军陆战队上校约翰·格林伍德（Colonel John Greenwood）担任主编。格林伍德这个人性格谦逊、淡泊名利，是个传统意义上的绅士。如果他穿着便装，别人很难想到他曾经是一团之长，拥有堪称毫无瑕疵海军陆战队服役履历。格林伍德有 4 个担任海军陆战队军官的儿子，这使海军陆战队员们对他平添了一份敬重。他或许较之任何人——包括海军陆战队司令在内——更契合海军"陆战队先生"的形象。无人能怀疑格林伍德的奉献精神，无人能怀疑他每一次签发文章都是以他所认定的海军陆战队利益的最大化为出发点，而且他想要的是那种能使海军陆战队员们永远保持头脑清醒的文章。

因此，格林伍德做了所有历史上伟大的杂志编辑都会做的事情——引入争议性观点。他向机动战主义者敞开了大门，整个 20 世纪 80 年代，讨论机动战的文章络绎不绝，还有海军陆战队高级军官关于机动战的言辞激烈的斥责文章。这份杂志成了海军陆战队内不断激励知识发酵的平台。

怀利撰写了许多在当年影响深远的文章，其中份量较重的一篇叫作《超越滩头的思考》（Thinking Beyond the Beachhead），灵感来自博伊德的"滩头阵地过大……要与敌人作战而不是地形"的说法。在文章中，怀利表示，在两栖作战行动中登上滩头不是问题，离开滩头并向敌纵深前进才是真正值得考虑的问题。

文章不断地发表，怀利越来越不能与同僚对正和看齐，他与大部队越来越步伐不一致了。

正如很难区分博伊德与门徒们的思想，博伊德与怀利的观点偶尔也会混杂在一起，以至怀利本人有时也搞不清楚。博伊德打来电话，祝贺他在《海军陆战队公报》上发表了多篇文章，怀利感谢他为文章的思路提供了灵感。博伊德会笑着说："这完全归功于你的思考和你的观察，迈克。"

1987 年，詹姆斯·韦布获任海军部长，他必须任命新的海军陆战队司令。怀利和 G. I. 威尔逊做了安排，让韦布会见将机动战理论带入勒琼陆战 2 师的艾尔·格雷中将。"他精力充沛，我们认为他是个斗士般的人物。"他们告诉韦布。很快，格雷在自己完全没有思想准备的情况下，被提拔为上将并被任命为海军陆战队司令。

1987 年，怀利奉命调往冲绳。他有两个女儿，按照在海外任职的军人多年来的习惯做法，他把妻子和女儿们留在国内。他一直希望成为团级指挥官，但他是个务实派，深知一个领导游击战的人不可能成为正规军团长。他的新职务是参谋长助理，负责海军陆战队在西太平洋的作战与训练工作。

怀利仍然为推进军事改革运动而苦思冥想。他写了一篇关于将领们应该研究战术的文章之后，上司来到他的办公室，关上房门——这通常不是个好兆头——说："迈克，写这种文章对你的前程没有好处。"上司是对的：自从怀利开始发表文章，他就与指挥官岗位无缘了。在被排挤出晋升将军的名单后，怀利开始认真考虑退出现役了。

这时，老友们给他来信，说："迈克，事情才刚开始，你得留在匡蒂科。"怀利在匡蒂科工作的时间之长在海军陆战队里几乎无人能与其相比，他真心不想回去。但是，信件纷至沓来。"新司令希望你参与匡蒂科的改革。"人们这样说。老友们劝他："不要退役，格雷是个有眼光的人，看他在勒琼陆战2师所做的一切就知道了。他会让你回来的。"终于，命令到了。他被海军陆战队司令点名要求留下来。怀利在宿舍附近的直升机停机坪上徘徊良久。这是他一生中最困难的决定。对于他来说，问题不是其他人所说的，"这对我的仕途发展有什么好处？"或者"我能从中得到什么？"而是"国家正在召唤我，我必须响应"。如果还有机会复兴机动战理论，他将奉献出自己的全部。

当怀利在匡蒂科办理报到手续的时候，人事办公室挤满了来报到的军官。一个职员站起来问道："谁是怀利上校？"怀利表明了身份，职员说："长官，司令本人要你接电话。"在场的几十个军官都把好奇的目光投向这个上校，这个还未解开行装就引得司令本人打来电话的人。"我的大门始终为你敞开，"格雷在电话上对他说，"你做的都是大事，你可以任何时候过来。"

怀利满面春光地办完了报到手续。事实证明留在海军陆战队的选择是正确的。

格雷交给怀利两个任务，两个梦幻般的任务。第一，怀利必须为海军陆战队起草一份战役规划，描绘海军陆战队今后5年的发展方向。第二，怀利必须把若干年前向格雷提出的想法付诸实现，筹划一所世界级的优秀作战大学，即海军陆战队大学。

怀利的直接上司是跻身美国海军陆战队最优秀飞行员之一的迈克·沙利文少将（Major General Mike Sullivan）。像其他飞行员一样，沙利文对机动战没有特别的好感，他凡事遵循官方条令，相信预算应重点照顾航空部门。怀利毫不气馁，着手制订战役计划的时候，他告诉妻子："这是一项光荣的使命。乔治·华盛顿前去参加制宪会议的时候，应该与我有一样的心情。"怀利从未想到能有这样珍贵的机会，他现在获得了司令本人的支持。格雷告诉怀利："海军陆战队作战条令落后于时代几十年。我希望有人能把有关战争的新思想写进作战手册。你和博伊德就是这样的人。"

博伊德和怀利都知道，他们的名字不能出现在手册上，因为他们引起的非议太多。如果在手册上署名的是个青年军官，那么它将更容易被下级军官接受。他们去找了一个参与起草新手册却陷入困境的年轻上尉，博伊德和怀利与他进行了长时间的讨论。博伊德说："不要把它写成方程式那样的东西。要写得深入浅出，启发军官们以新方法思考战争。战争永远在变化，人总是容易犯错误。僵化的教条是不行的。要教会人们思考。"博伊德停顿了一下，最后加上一句："要把这东西写得尽量简单，即使将军都看得懂。"

最初，手册的标题中有一长串数字，体现着海军陆战队战术手册的嬗变过程。但是格雷拒绝了："标题应该表明我们是从头起步，重新开始。封面上应只有数字 1。"

手册最后被称为《FMFM-1 作战》(*FMFM-1 Warfighting*)。

格雷不顾手下大部分参谋军官的意见，直接在文件上签了字，并且表示这就是他希望得到的手册，这才是我们组织训练的方式，这才是我们遂行作战的方式。他下令把手册作为海军陆战队官方条令下发部队使用。不久，博伊德和怀利前去会见格雷上将。司令官特别开心，他认为博伊德也应该很开心。但是，博伊德看着 98 页篇幅的手册，说："好了，将军，现在你得开始修改它了。"他仍然认为目前的手册还远算不上一个理论成果。

在此期间，怀利不断向沙利文提交战役计划草稿。他表示，海军陆战队要做的第一件事是整顿人事管理体制，肃清投机钻营分子。他指出必须为海军陆战队员提供军事职业教育，培育职业道德，增进团队凝聚力。他还强调了机动战的重要地位。

所有这些意见都被拒之门外。沙利文把草稿删改得七零八落，并一次又一次地踢回给怀利重写。他甚至在某一稿上写了"大便"这个词。他用一个战斗机飞行员所能使用的最污辱人的说法，集中表达了他对怀利的看法："我觉得你这样的人不配作我的僚机。"

后来，怀利参加了一次会议。在那次会议上，他手下的青年军官向一个少将做关于机动战的汇报。少将对他们说的每一句话都嗤之以鼻。作为海军陆战队的老资格机动战主义者，怀利觉得有责任保护他们。他站起来，说："将军，在您提出批评之前，请让他们把话说完。"

足有几分钟时间里，怀利与将军怒目相视，僵持不下。"我们必须坚守那些经过战争考验而靠得住的东西。"将军吼道。

"你指在越南的那种战争？"怀利更大声地吼道。

在场的其他军官连忙后退。在大象打架的时候，最好的策略是与他们保持距离。

后来有人告诉怀利，与少将的对峙抹掉了他晋升将军的所有机会。他不相信这话。美国海军陆战队鼓励坦率真诚的意见交换，不是吗？

沙利文将军拒绝接受怀利关于5年规划的所有设想。海军陆战队司令赋予了怀利人生中最重要的工作，可顶头上司却对他费尽心血的结晶置之不理。显然，沙利文只接受陈腐的旧版条令，而那是怀利极力坚持弃之不用的。

1989 年复活节的周末，怀利返回堪萨斯城，与在那里的妻子和女儿相聚。怀利太太准备在那里住到本学期结束，再举家迁往匡蒂科。

"我已决定退役。"他对妻子说。妻子表示支持。她的丈夫在海军陆战队遭遇了太多不公正对待，是时候回到平民世界了。

怀利刚回到匡蒂科的那天晚上，博伊德来电话了。他预感事物的能力是非同寻常的。他虽然没有明说，但话语中的那股劲头清楚地表明，他知道怀利打算做什么。终于，怀利开口了："约翰，我已决定从海军陆战队退役了。"

"迈克，你不能退役，现在还不是时候，你有一项任务需要完成，一项大任务，你负有使命，必须坚持下去。"博伊德循循善诱地开导了怀利将近一个小时，让他想想 OODA 循环，想想过往遇到的阻挠，想想对敌人坚固据点实施多路、多方向突击的道理。"多路突击会使沙利文惊慌失措，"他说，"你知道作战重心所在，而沙利文不知道。"博伊德把怀利带到梦幻般的山顶，向他描绘了一幅五彩缤纷的美妙图景，海军陆战队员们将专心演练机动战法，蛮横阻挠新生事物的将军们将灰飞烟灭，荡然无存。

怀利放下电话，想了想刚才博伊德说的话，然后打电话给妻子，告诉她自己将留在海军陆战队。"把家里东西收拾一下，和女儿们来跟我一起住吧。"他说。

第二天，他又一次打电话给妻子，告诉她自己由于决定留队服役而感到多么如释重负。"想到一觉醒来发现自己已不是军人，真是叫我灰心丧气。再也没有博伊德夜里打来的电话，再也没有

OODA 循环、机动战术的讨论。我舍不得那些通话。"他和妻子都
笑了，两人都曾被博伊德的夜间来电搞得怒气冲天，怨声连连。

怀利决定仿照博伊德的榜样，将机动战原则付诸实践。他将一
如既往地向沙利文提交 5 年规划草稿，但是在将军把注意力放在那
上面的同时，他将发动另一次突击，直抵海军陆战队司令。他邀请
博伊德来匡蒂科，向海军陆战队司令汇报关于多路多方向突击和示
假隐真战法的最新研究进展。这两个思想都是博伊德最近几个月才
开始强调的。

怀利深知，沙利文会阻止博伊德进入海军陆战队司令办公室，
所以他绕开了常规指挥程序。怀利、博伊德和格雷进行了 3 个小时
的讨论，助手们不断试图打断他们，提醒司令注意预定日程安排，
但是都被司令打发走了。格雷拒绝接听所有电话。第二天，格雷不
经事先通知，到访了指挥与参谋学院正在上课的一个教学班，与学
员们谈起多路多方向突击、示假隐真和作战重心等问题。他向他们
介绍机动战理论，并且表示："这就是海军陆战队未来的方向。"

被下级和上级撇到一边，少将们当然不高兴。沙利文召来了怀
利，把他骂得狗血喷头。

过了几天，怀利起草了一份备忘录，附上他的 5 年规划草案
复印稿——沙利文始终横加阻拦的草案——提交给格雷的办公室。
这份保留了修改痕迹的复印稿上，到处写满了沙利文冷嘲热讽的
评语。

怀利在备忘录中表示，他之所以向格雷提交规划草案，并非
是要报复沙利文的责骂，而是出于失望和沮丧。他必须打破僵局，
而且格雷早前曾告诉他："我的大门永远为你敞开。随时可以来

找我。"

怀利又做了一份复印件，塞进办公桌。他估计有人会搜查他的桌子，发现复印件，把这事报告沙利文。这是有可能的，但是还有一种可能，随着事情后来的发展，这种可能性应该更大些：格雷本人或他的办公室里某个人会给沙利文看那份备忘录。

反正几周以后，备忘录的复印件被如期送到了沙利文的办公桌上。

怀利晋升准将的时间到了。他想到对海军陆战队的突出贡献，认为自己这次可能成功。他自信满满，几天后，怀利陪同大卫·哈克沃思巡访匡蒂科，参加了野战演习，这时有个信使拿着折叠的黄色纸条来找怀利。"给沙利文将军打电话。"怀利把纸条放进衣兜，继续陪哈克沃思巡视。又来了一个信使，带着同样的黄纸条，上面写着："给沙利文将军打电话。"纸条上没说有什么急事，怀利心想："将军知道我的去向，也知道我何时回去。"于是又把纸条塞进衣兜。

几小时后，怀利回到办公室，他的助手告诉他："上校，你必须赶快去见将军。"

怀利看着自己沾满泥巴的军靴和皱巴巴的作训服，说："我得先换套军装，然后过去。"

几分钟后，他在办公室的镜子前欣赏起自己的仪容：作训服笔挺，军靴锃亮，身材颀长而健壮，标准的海军陆战队员。

他到沙利文的办公室报告，将军递给他一份《军官考绩报告》，然后指了指桌上的文件，那是他发给格雷的 5 年规划修订稿。

"看到这份文件了吗？"沙利文问他。

"遵命，长官。"

"是你签发的？"

"遵命，长官。"

"你可以走了。我已经让人办好了你的调离手续，你被解职了。"

博伊德打来电话的时候，怀利正在清理自己的办公室。博伊德总是在危机时刻打来电话，怀利相信他有通灵能力。"出了什么事？"博伊德瓮声问道。

"坏事，约翰。"他向博伊德讲述了事情的经过。

"这就是你的报偿了。你受到始料未及的侮辱，这意味着你做得是对的。意外受辱是做事正确的报偿。"

沙利文给怀利写的《军官考绩报告》极其刻薄尖酸，以致作为批注人的中将领导拒绝把它转发给晋升选拔委员会。后来，委员会的人打电话给怀利说《军官考绩报告》被弄丢了。怀利回答说，那是沙利文将军应负责的问题，不是他的问题。他请求格雷为他出具一份《军官考绩报告》，但是格雷没做任何表示。

怀利的新职务是个闲职。这个奉了海军陆战队司令的使命来到匡蒂科的人又一次随波逐流、无所适从了。他不知道格雷是否清楚这里发生的一切，但这个把他带回匡蒂科的人肯定会来救他一命的。

几天后，怀利接到海军陆战队司令助理的电话："坐稳了，你将获得一个意义重大的职务，不要消沉。"

终于，任职命令来了：新组建的海军陆战队大学（MCU）副校长。怀利本来想着，由于海军陆战队大学是他首先提议组建的，他将担任大学的首任校长。但是，校长的级别必须是将军，因此怀利只能做第二号人物。他的副校长头衔在海军陆战队里是独一无二的，它表明怀利是个思想家、教师和理论构造者。尽管这与怀利的理想相去甚远，但他从事这个职务再适合不过了。

格雷上将对怀利说，想为海军陆战队员们开列一份阅读书单。怀利取出多年前在两栖作战学校编列的书单，增补了博伊德推荐的书目，又向其他人征求了意见。于是美国海军陆战队有了首份司令官推荐阅读书单。书单虽非强制性的，但其中列举的书籍成为大多数军官和士兵阅读的对象。

怀利每周工作五六天，常常忙碌到深夜。他隐约感觉到，掠食者们已经在他的身边徘徊。

1991 年 4 月的一天，他的父亲去世的翌日，怀利奉命去一个中将的办公室报到。他正准备出门，博伊德打电话来了。

"出了什么事情？"

怀利仍然沉浸在父亲去世的悲痛中，他说："我不知道，将军要我 5 分钟后去见他。"

"什么事？"

"我什么也不知道。"

博伊德沉吟了一下："迈克尔，按我说的去做：回来之后马上给我打电话。明白吗？一旦回来，马上打我的电话。"

将军开门见山，直截了当地告诉他，他没有获得晋升将军的提名，必须退出现役。退役时间定在 10 月。

怀利被这个消息惊得目瞪口呆。他回到办公室，打电话给博伊德："我该怎么办？"他问道。

博伊德在电话里连声咆哮，怒骂不已。

"我现在还不能把事情告诉我妻子。"怀利说。

"不，你必须告诉她。"

两人讨论了很长时间。在以后几个月里，怀利每天跟博伊德通四五次电话。他正经历人生最痛苦的时刻，四顾茫然，不知所措，但是他仍然像个海军陆战队员那样尽职尽责。他在海军陆战队大学主持了一次研讨会，在座的每个人都明白，他即将被迫离开海军陆战队了。

有时候，命运故意要把许多不幸强加在他的头上。怀利邀请著名军事理论家马丁·范克里韦尔德参加研讨会并做演讲，但是上级认为马丁·范克里韦尔德争议太多，怀利不得不收回邀请函。他又邀请战功卓著的越战英雄大卫·哈克沃思来做演讲，可是他也被认定为争议性人物，怀利又不得不撤回邀请。

在海军陆战队生涯的最后几天，怀利不无欣慰地看到，青年军官们在海军陆战队大学图书馆找出他当年的硕士学位论文，开始就他关于两栖作战的思想作简报。怀利要求他们不要标出他的名字，因为他是个"贱民"。青年军官向他汇报说，不仅简报会取得了极大成功，而且人们已经开始想要修订两栖作战条令，使之契合机动战原则和主张。

海军陆战队在未来战争中如何遂行两栖登陆的计划属于高度机密，但是今天如果有人希望知道其理论依据，或者绝密计划背后的思想，他只要去读怀利的学位论文就行了。不需要成排的两栖舰艇向绵延几英里的海岸滩头发起线式攻击，而是由两栖舰船组成攻击群，选择较小的滩涂地带，以两艘到三艘登陆艇为一波，实施登陆突击，让海军陆战队员迅速上陆并向敌纵深机动。军官必须身先士卒，靠前指挥，对作战重心胸有成竹。他们将绕开严密防守的敌据点，不顾侧翼安全，在不断运动中寻机向敌人深远纵深穿插过去。

怀利还特别自豪地看到，20世纪80年代，美国海军陆战队员已经从只会攻打高地的笨拙大汉转变为美军最讲文化的军人，连普通士兵都在捧读《孙子兵法》。

当一名海军陆战队上校，尤其是一名战功卓著的资深上校退出现役，海军陆战队会举办游行和勋章颁发仪式，他的夫人会收到大捧花束，海军陆战队司令会写来感谢信，感谢上校多年来值得称赞的贡献。

怀利却什么都没有。他开车离开匡蒂科大门时，甚至没有人注意到他。

就是这样了，游击队员们不会在回家的路上举行胜利大游行。

第二十九章　不屈不挠的硬汉

　　我们要暂时回到20世纪70年代后期，从头讲述博伊德在其中担任关键角色的另外一个故事。故事的主角是吉姆·伯顿。它和迈克尔·怀利的故事一样，体现着博伊德提携后辈的非凡本领。博伊德幼年丧父，不知道怎么做个好父亲，但是因为阿特·魏贝尔和弗兰克·佩蒂纳托，他的确懂得如何做个好导师。毫无疑问，博伊德以怀利和伯顿的研究成果为豪。通过他们，博伊德的研究得以发扬光大。正如他当年如饥似渴地吸收导师的期待和引导，这两人也对博伊德的期待和引导求之若渴、甘之如饴。

　　经过3次努力终于成为上校以后，伯顿知道，他已不再是美国空军的骄子和宠儿，他永无可能成为将军。他虽然在空军已没有机会出人头地，但他仍然有机会干点大事，有所作为。

　　在20世纪70年代末回到五角大楼后，伯顿在空军部连续3任助理部长手下担任军事助理。这最有力地证明了他品行正直，也说明了上级如何看待他这个人。军事助理是美军内部最敏感的职务之一——敏感到它的任期一般只有一年左右。随着政府换届，军事助理们来去匆匆，这已成为铁律。然而，伯顿在卡特和里根政府中始终担任军事助理。

军事助理很少效忠于他的文职上司，因为他知道，自己干上一年左右，就会回到军中正常岗位。如果他效忠于他的将军，维护所在军种的利益，他通常会得到提拔。在五角大楼里活跃着三四十个军事助理。他们名义上的作用是作为文职上司与所在军种的联络官，但是事实上，他们是打探情报的间谍，就是为了保护他们的将军及所在军种的利益。文职上司的每一次会见，每一通电话，甚至他们的个人爱好和兴趣，都会被报告到将军们那里。

伯顿与众不同。他无数次提醒自己的文职上司，空军企图蒙蔽和误导他。他多次出手帮助上司免于令人尴尬的错误。正因如此，有个将军某一天把他逼到墙角，怒斥他对空军不忠，并提醒他注意，他很快将返回空军正常岗位，再也不会得到助理部长的庇护。

然而，伯顿在国防部长办公厅开始了第三个任期，而且负责监督武器装备试验工作。美国空军副参谋长听到伯顿的新任职消息时相当不开心。他清楚伯顿的背景、他与博伊德及"改革者"的关系，他知道这个人可能给美国空军和其他军种造成重创。伯顿任职的消息传来时，这位副参谋长还有3天即将退休。"只要我还在空军，这事没门儿。"他对一名助手说。他下达了在任上的最后一道行政命令，撤销了伯顿的任命，分配他去莱特-帕特基地管理降落伞和氧气面罩。

助理空军部长表示，需要伯顿留在办公厅工作。战线又一次拉开了。一群不同军衔、肩上的星徽加起来足有18颗之多的空军将领集体前往助理部长的办公室，表示伯顿一事属于空军内部事务，助理部长无权干涉，这是人事管理问题。助理部长坚持要求伯顿留下，将军们则拒绝让步。

要更好地理解将军们如何看待这个重要问题，我们需要补充一点背景知识。不熟悉"五角大楼"运作方式的平民，一般不清楚五角大楼的功能，他们认为，五角大楼的真正任务与保卫美国有关。其实不然，五角大楼的真正任务是采购武器。美国军方对严格的武器试验过程有一种病态的恐惧感，因为几乎毫无例外地，武器或武器系统的性能都远低于广告上的吹嘘，因而远低于最初他们说服国会时保证的性能指标。武器研发风险很大，成本可能难以预料，但是最大的问题是斯平尼所说的"借用后期预算"，故意低估成本，以争取国会拨款。武器采购很少得到约束与制衡，它自始至终都是争取支持的活儿。重大武器采购项目的主管不仅得到军方的奖赏和提拔，而且几乎总是能在退役时在国防工业企业，尤其是在他引入五角大楼的那个项目的所属公司里，谋到一份高管工作。这才是"大楼"的真实面目，这也是为什么美国空军将领不想让吉姆·伯顿这种性格刚强、品行端正的人掌管武器试验，也是扛着18颗将星的空军将领们企图集体威吓助理部长的原因。

助理部长认为，有必要采取其他文职领导人在类似情况下采取过的措施了：他提醒这些将军们，掌握这支军队的是文职官员。助理部长说，如果将军们坚持对抗他的意志，他将召开新闻发布会宣布辞职。如果记者追问理由，他将回答是因为宪法基本原则遭到破坏。事已至此，18颗将星顿失气焰，不得不偃旗息鼓了。

1982年6月，伯顿到国防部长办公厅试验办公室就任。从他走进办公室的那一刻起，皮埃尔·斯普雷就不断催促他开展旨在揭露美军飞机和装甲车辆如何不堪苏联武器打击的试验。斯普雷是美国陆军新式 M1-A1 艾布拉姆斯坦克最直言不讳的批评者之一，他尤其对美国坦克和装甲车辆用未经过战地试验的计算机模型进行易损性试验的做法痛加指斥。所以，在斯普雷看来，计算机模拟试验毫无说服力。必须把坦克和步兵战车拿到逼真的战场条件下做试验，他说，这关乎美国士兵的性命。

在斯普雷的协助下，伯顿提出进行实弹试验的构想——也就是向美国坦克发射苏联火箭弹和炮弹的实弹以检验坦克的易损性。这种做法现在看来好像合乎常理，但在那个时候，它彻底背离了业界通行的做法。博伊德预言，美国陆军会奋起反对这一建议。

伯顿就此构想向五角大楼各级参谋军官作了历时一年的简报推广。通过铺垫工作获得各军种广泛的支持后，伯顿选好了接受试验的第一种武器——陆军的"布拉德利"战车。他的选择让美国陆军太心惊胆战了。根据设计方案，"布拉德利"战车将更优于仅作为安全运输人员的装甲盒子的传统装甲运兵车，它在装甲盒子上增加了一座轻型炮塔，使其在理论上既能运输人员又能"战斗"。但是，"布拉德利"战车的装甲防护在坦克火力面前太薄弱了：该战车未来的具体目标是什么，美国陆军还没想好。

"布拉德利"战车的问题关系重大。第一，这种装备的安全性影响着数量最多的美军士兵群体的生命。如果美国卷入战争，多达7万名美军士兵将驾着它进入战场。第二，"布拉德利"战车研发项目已经进入初期生产阶段，就是说，在成千上万辆战车配发部队之前，任何问题都能得到纠正。第三，"布拉德利"战车从未进行过针对敌武器的易损性试验。

"布拉德利"战车项目是即将上演的一出悲剧。战车满载弹药、油料和人员，外面包以最薄的铝制装甲。所以，伯顿给陆军弹道研究实验室划拨了 50 万美元用于试验"布拉德利"战车，而且嘱咐他们必须使用真正的苏联武器。

美国陆军同意了。但是，"近似实战"的第一轮试验使用了罗马尼亚生产的火箭弹而不是苏联原产品。陆军故意隐瞒了罗马尼亚弹头比苏联弹头小得多的真相。为进一步使战车表现得坚不可摧，陆军还在战车油箱里注满了水而不是柴油，这将保证即使威力不足的罗马尼亚弹头穿透"布拉德利"的防护装甲，也不会引发爆炸。

"你准备怎么处理这事，吉姆？"博伊德问道，"如果你这次放过他们，他们会变本加厉、为所欲为。"

伯顿仍然相信他的职务岗位赋予了他足够权威，可以迫使陆军履行它之前的承诺。他试图劝说陆军高官，对其晓以利害，但是无济于事。

当第一轮试验发现"布拉德利"战车内部有毒气体超标的时候，陆军直接中止了气体含量试验。他们把猪和绵羊塞进战车里面，检验战车直接中弹后烟雾对人体的影响。但是，陆军人员不等烟雾消散，也不像其他试验那样，给出充分时间让肺组织形成病变，更不对动物进行体检，就匆匆宰杀了动物。陆军军医局长办公室宣布，烟雾对动物未造成严重后果。

美国陆军一次又一次在试验条件问题上弄虚作假。但是即使如此，结果也十分不利，于是美国陆军决定将实弹试验推迟两年进行，无论最终试验结果如何，这都能确保合同承包商顺利拿到合同费用中的很大部分，并使"布拉德利"战车进入较难逆转的大规模生产阶段。

"吉姆，你一定喜欢这个，"博伊德打趣说，"你得让他们接着干下去。"他看着伯顿，知道他心里在想什么。就分量而言，这件事比他以前遇到的任何事情都来得重大，"布拉德利"战车之于美国陆军，就像 F-15 之于美国空军。110 亿美元即将付诸东流——对美国陆军来说——这是为避免认真做试验带来的不利影响而值得付出的代价。博伊德不断向伯顿施加压力。"吉姆，仕途进步和干大事，两者不可兼得，"他说，"你得拿定主意。"

伯顿知道，他正处于无论对自己的个人生活，还是对于自己的职业生涯都至关重要的时刻，这是他无数次听博伊德说起过的时刻，"做官还是做事"的抉择点。从此刻开始，无论他做何选择，将没有回头之路。如果他屈从军方的意志——也就是说，如果他放手让陆军为所欲为——他将是个好军人。如果他向陆军提出挑战，那么遭到报复是顺理成章的。

博伊德一生中很少如此激情飞扬。他把即将开场的战斗视为《冲突的类型》在实战条件下的现场试验。以区区一己之力挑战美国陆军，还有什么更好的方法能检验他的理论的威力？乍一看，战斗双方力量的悬殊不能再大了。

但是，《冲突的类型》强调的是冲突的心理因素。博伊德认为，美国陆军出于不正当的理由，做着不光彩的勾当，意图保住价值几十亿美元的项目，用博伊德的话来说，他们是"只顾自家的一亩三分地"。伯顿的目标是保护美国士兵的生命。美国陆军会试图碾压伯顿，以它能动员的全部资源压垮伯顿，这将是最原始形态的消耗战。伯顿所拥有的只有自己的智慧和机动战策略与战术。博伊德想要伯顿利用这次战斗提供的机会，进入美国陆军的大脑深处，启动

OODA 循环，使陆军陷入混乱、迷失方向。

博伊德相信，伯顿一定能击败美国陆军。

伯顿深知，博伊德是把自己当作其理论的试验品，但他并不以为意。事实上，他求之不得。

博伊德与伯顿每天保持联系。博伊德要知道陆军将领们在每一次会议上都说了什么，他要知道是谁抛出了哪份报告或研究成果。"不要用你的观念或解释代替事实，"他说，"只要告诉我发生了什么，然后我们才能分析其中的含义。"他专注地倾听，深沉地思考，然后告诉伯顿，陆军正向何方行动以诱使他进入圈套，他明天应如何拿出应对之策。他经常向伯顿说起丘吉尔在第二次世界大战中的名言——陆军将不得不动用"谎言做成的防弹衣"来保护自己。博伊德说，伯顿必须打破谎言做成的防弹衣，找出事情的真相。他要求伯顿始终保持战斗中的主动权。"决不能陷入恐慌。他们对你发动突袭，甚至是置人于死地的突袭的时候，也总有反击和取胜的机会。"

博伊德给伯顿传授了三条指导原则。第一条原则是与博伊德共事过的人们既难懂又熟悉的。"吉姆，不要犯任何错误，你必须尽自己的职责。做技术方面的声明时，最好不要出错。如果有差错，他们会向你射击，而如果他们向你射击，你就死定了。因为一旦你失去可信度，就不再构成威胁，就没有人再会关心你说的话。他们将不会尊敬你、关注你。"

博伊德的第二条指导原则是，不要批评"布拉德利"战车本身。"如果你这么做了，你就将混同于其他"布拉德利"战车批评者。你的重点是试验过程。"

博伊德和伯顿注意掌握分寸，但美国陆军却做不到这一点。对陆军来说，批评试验过程跟批评"布拉德利"战车是一码事。然而，这两者之间的区别没有什么可以隐讳的。伯顿把关注的焦点放在试验方法上，为的是保护美国士兵的生命，他无论在心理上还是在道德上都占据了制高点。

第三条原则，博伊德建议伯顿不要向新闻媒体或者国会泄露消息，要把事情控制在体制之内。他说，如果你走出体制，你将被视为又一个"吹哨人"，而"吹哨人"是得不到尊重的。"吹哨人"指望其他人伸出援手，完成他自己做不到的事情。

所有这些意见和建议的提出，不能意味着伯顿是博伊德的傀儡。恰恰相反，伯顿是必须亲自走进挤满陆军将领的房间，向他们发起挑战的那个人，是使命的执行者，而且他有时置博伊德或斯普雷的意见于不顾。

1984 年 6 月，伯顿向国防部长温伯格提交了他的所谓《卢比孔河备忘录》。伯顿表示，美国陆军没有对"布拉德利"战车进行近似实战条件的试验，置多达 7 万名美军官兵的生命于危机之中。他请求向陆军下令，进行全装试验——让"布拉德利"战车按战斗需要携带全部燃料和弹药，用真实的苏联武器而非仿制品进行射击试验。

9 月 28 日，美国陆军同意对满载油料和弹药的"布拉德利"战车进行至少 10 发实弹的射击试验。但是两个星期以后，陆军意识到该战车生存能力太低，于是陆军部副部长下令取消试验。伯顿约见了陆军部副部长，对其晓以利害，副部长再一次反悔，陆军将依之前的安排实施试验。

然而，美国陆军不希望伯顿在试验进行时在场，因此陆军将领们与空军将领们沟通，由后者下令把伯顿调往阿拉斯加州。空军给伯顿 7 天时间考虑他的选择，要么接受调动，要么辞职。事情的发展正如博伊德所预料的——粗暴而野蛮的正面进攻。这看起来效果不赖，毕竟，如果想除掉单位里捣蛋闹事的员工，有什么比把他调走更好的办法？伯顿觉得这场战斗他打不下去了。可是博伊德大笑着说："吉姆，这是美国空军能想出来的最蠢的主意。提出这个主意的人，不论他是谁，真是一块做将军的好材料。"他叫伯顿收集、复印"布拉德利"战车争议的所有相关备忘录、信函和研究报告，让这些"小兄弟姊妹们"像潮水一样淹没"五角大楼"。

伯顿不满地说："是你要我把事情控制在体制之内的。"

"吉姆，有的时候，把事情控制在体制之内意味着每一个有权知道事情真相的人都拥有所有文件的复印件。"他停顿了一下，当他再次开口的时候，伯顿听出了话语之中的笑声："如果有什么消息必须泄露给'五角大楼'外的人，我们只能顺其自然了。"

即使最好斗的对手，也不能苛责伯顿向与"布拉德利"战车项目有关人士提供资料的行为，所以伯顿把文件柜里的各种文件全部取出来，一一复印。他向部分人士发送了复印文件，其中居于首页的备忘录解释道，由于他已被解除职务，这些文件将有助于他们及时了解项目进度和状况。当他把文件夹递给一个陆军高级将领时，对方顷刻间脸色苍白，知道这些资料肯定将泄露出去。伯顿这是在发出信号，他不仅没有出局，而且还提高了赌注。

伯顿接到通知，他不会被调走了。为了解决他与美国陆军的冲突，他的岗位职责做了调整。陆军将继续对"布拉德利"战车进行试验，但试验必须严格按伯顿的要求进行，他甚至可以到现场监督。

博伊德告诉伯顿，他打赢了这场战斗，而且是在体制之内打赢的。如果新闻媒体获知此事，切勿接受记者采访。

有几个"小兄弟姊妹"跑到国会军事改革小组成员那里，他们接着捅给了新闻媒体。几十名记者出现在五角大楼，想要知道伯顿为何被调往阿拉斯加州。"伯顿上校不会去阿拉斯加州。不存在上述命令。"一位五角大楼发言人这样说。

记者们回头找他们在参众两院的线人，是后者向他们提供了7天预先通知的副本。当他们醒悟过来是五角大楼发言人欺骗了他们的时候，记者们简直义愤填膺。伯顿的电话连续几天响个不停，但是伯顿谁的电话也没接。

然而，美国多家大报几天后刊登报道，伯顿指控美国陆军在"布拉德利"战车试验中造假，五角大楼为了报复，撤销了他的职务，后来被迫取消撤职命令。伯顿仍然拒绝接受记者采访，可是关于他的新闻到底还是发出来了。

五角大楼的内部报纸《晨鸟》(*Early Bird*) 汇编了全美各地媒体的相关报道，它们都指出"布拉德利"战车试验存在问题，并指责五角大楼竟以撤销伯顿的职务作为回应。五角大楼最惧怕的《华盛顿邮报》和《纽约时报》都站在伯顿这一边，抨击五角大楼笨拙的处理方式。以南希·卡斯鲍姆为首的国会军事改革小组也加入了批评五角大楼的行列。

这样的压力即使五角大楼也招架不住了。一个五角大楼发言人表示，伯顿可以继续监管"布拉德利"战车项目，直到全部试验结束。

现在，伯顿已经成为全国瞩目的人物。正如斯平尼一样，这个身份将是他的保护伞。但是，尽管完成了两项重大研究，斯平尼却没有改变五角大楼。他阻止了里根政府国防预算的增长，但国防预算即使没有他也会在一年左右之后自动恢复正常。军事"改革者"让美国公众认识到，五角大楼的资金使用是多么轻率甚至不负责任。但是，他们没有造成持续影响。伯顿才是最后的一击，如果他不能迫使五角大楼进行结构性变革，过去几年的努力都将付诸东流。

伯顿在初次攻防战中大获全胜。将军们恨得牙根痒痒。一个上校，不仅公然反抗他们、击败他们，而且全身而退，令人无法反击。下一次军方决不能放过他了。

伯顿办公室里的某个上校同事开始监视他的一举一动，悄悄记下伯顿在电话里的谈话，记录伯顿与别人的会见。伯顿所写的每一份备忘录都被复印下来，呈交陆军最高领导，复印件会再被复印，从上将、中将传递到少将、准将，甚至到上校手中。伯顿知道军方为他建立了秘密档案，其唯一目的是找到开除他的理由。

博伊德现在备感欢欣鼓舞。他认为，这是伯顿向躲在幕后的陆军领导人施加重大影响的机会。他让伯顿记住，在撰写备忘录的时候，他针对的不是备忘录的接受者，而是针对将军们。博伊德把这叫作"反向泵送"，即伯顿向监视他的人提供信息。这意味着伯顿所说的和所写的都必须极为准确。博伊德一而再、再而三地警告伯顿说："尽你的职责，如果被他们抓住向你射击的机会，他们将再也不把你放在眼里。"

恪尽职守的伯顿在陆军试验场成了人们眼中没完没了地提问的

人。他面对着在部队防护诸冷门领域奉献终生的陆军专家们，例如装甲理论、末段弹道学、有限空间内爆炸对人体的杀伤效应、聚四氟乙烯效应、"蒸气效应"即爆炸产生的毒气效应。但是，伯顿与专家们的区别在于，陆军要用计算机模拟方法掩饰"布拉德利"战车的风险，而伯顿致力于找到证实风险存在的试验数据。

在博伊德替伯顿出谋划策的同时，斯普雷也向伯顿提供了专业技术支持。斯普雷知道有关中东战争中装甲车辆及其战斗效能的完整文献。在他的建议下，伯顿到国防科技信息中心清理出了关于装甲车辆战场生存能力的全部研究报告。他研读资料，记下要点，对试验提出种种质疑。陆军专家们一次又一次地——要么是故意为之，要么是蠢笨无知——作着谬误百出的表态，以为伯顿不懂其中的事实。伯顿放任他们表演，让他们为自己辩护，然后收紧套索。"从数据来看，结果不是这样的。"然后，他从公文包里取出陆军专家未曾听说，或者竭力忽略的研究报告。

伯顿的研究表明，坦克内部起火和爆炸是第二次世界大战中各国坦克部队和中东战争中的以色列坦克部队伤亡的最主要原因。伯顿要求试验过程尽量接近实战环境，他对一位陆军专家说："我想让你知道，我所做的一切，都不是为了个人利益。"他深吸了一口气，说："我想看一看你的计算机模型对起火、爆炸、有毒气体和肺爆震伤等情况的计算处理结果。"

陆军专家说，没有考虑这些状况。

伯顿从公文包里取出一份研究报告，摔在桌上，说："那么你怎么解释这些来自第二次世界大战、英国和以色列的数据？它们表明以上情况是人员伤亡的主要原因。"

陆军专家说："唔，是有这些数据，不过计算机模型处理起来太困难，所以我们省略了它们。"

1985年9月，温伯格亲自写信通知伯顿，从即日起伯顿必须随时向他本人报告"布拉德利"战车试验的进展。当时，科林·鲍威尔将军（General Colin Powell）是温柏格的军事助理，其职责就像伯顿在3位助理空军部长手下所做的一样。但是，伯顿和鲍威尔是完全不同的类型。伯顿知道，他的信还未送达温伯格时，陆军领导人就会拿到副本。"反向泵送"依然在进行。

现在，伯顿掌握的弹道、蒸气、肺爆震伤等高深专业知识已经不输于陆军人士了。他进入了他们的头脑空间，熟悉他们的心理活动和应对方式。只要走进房间，看到满屋子文职和陆军高级军官，他立刻知道游戏将于何时开始。伯顿有在OODA循环中出神入化地迅速机动的直觉，他始终占着对手的上风，而且很享受这种感觉。这给了他一种类似于"跑步者高潮"的体验，让他在交锋中找到了乐子。每一次他都是这样开场："我想让你知道，我所做的一切，都不是为了个人利益。"接着来一个摧毁式打击。他向上司提交备忘录，指出有人总是给参议员、众议员和新闻记者泄露消息，让陆军不断陷入焦头烂额、尴尬丢脸的境地。他种下恶魔的种子，陆军不得不收获苦果。

不久，有传言说伯顿的专业知识来自其背后的斯普雷。鉴于斯普雷对"艾布拉姆斯"坦克的批评，美国陆军对他恨之入骨，其程度不亚于美国空军由于斯普雷发起A-10项目而对他的仇恨。因此陆军向温伯格提出抗议。温伯格则抱着恻隐之情听取了陆军的抗议，调整了五角大楼出入管理制度：不佩戴官方徽记的人，除非有人陪同，否则不得自行出入五角大楼非保密区域。这项规定是必要和正确的，但是它几乎完全是针对皮埃尔·斯普雷制订的。

自那以后，如果斯普雷有研究报告或者成果需要交给伯顿，他们就在五角大楼外的南停车场会面。

现在，不仅军事改革小组，而且整个国会上下都开始强烈关注"布拉德利"战车。国会相当担心，美国陆军很可能在批准伯顿监督试验的问题上出尔反尔，于是通过法案要求陆军必须履行针对伯顿所做的所有承诺。

国会的肯定再一次说明，截至1985年夏季，美国陆军试验项目组的人已经知道，伯顿是下定了决心要让"布拉德利"战车有能力保护那些将驾驶它们冲入战场的人。只有坚持原则的人才甘愿付出如此惨重的个人代价，与美国陆军进行如此旷日持久的战斗。美国陆军的文职人员，包括很多曾在陆军服现役的文职人员，认识到伯顿与其他参与试验项目的军官不同，他不是出于一己私利，也不是为了获得勋章、晋升军衔而推进"布拉德利"战车的研制，他是为了在战场上浴血奋战的官兵。他要在体制内部肃清流弊、正本清源。

文职试验人员开始往伯顿家里打电话。几乎每个打电话的人都告诉伯顿，有人命令他们伪造试验结果。现在，伯顿利用他爱好提问题的形象，来保护提供消息的线人。他回到试验场，故意不停地问这问那，直到有人正面告诉他之前私下得到的那个信息。

伯顿把他在陆军内部的线人组织起来建立了一个消息网。当他想知道陆军打算干什么的时候，他就向他们征求有关消息——"我的系列捕兽夹子"，他这样形容自己的消息网。然后，他找到陆军高官，对他说："我想让你知道，我所做的一切，都不是为了个人利益。"

那个时候，这是让美国陆军将领心惊肉跳的一句话。

1985年12月，伯顿完成了一份独立报告，指出"布拉德利"战车携带的弹药对乘员生命安全构成重大威胁。如果伯顿的报告被证实，"布拉德利"战车项目将面临被取消的风险。美国陆军急忙制止他向外扩散报告，并抛出一份表明车上弹药基本上不构成威胁的报告。

美国广播公司（ABC）新闻节目主持人彼得·杰宁斯（Peter Jennings）报道了伯顿未发表的报告及其对"布拉德利"战车项目的威胁。伯顿的名字出现在《纽约时报》编者按语里，他被视为与腐败堕落的美国陆军斗争的正直人士。伯顿的上司离职开办顾问咨询公司以后，《60分钟》（*60 Minutes*）新闻节目采访了他，并证实他曾向伯顿发出威胁：如果再接听国会打来的电话，将立即开除他。

记者们开始给五角大楼打电话，打听伯顿关于"布拉德利"战车的报告。五角大楼此时已经确定，伯顿不会接受采访，所以竭力否认伯顿写过什么报告。可是，报告的"小兄弟姊妹"已经四散跑开了，有几份复印件落到记者们手里，五角大楼再一次被驳得体无完肤。

有一天晚上，一个陆军少将打电话打到伯顿家里。他极力恭维伯顿所立下的不朽功勋，"我们早就应该做这些试验，"将军说，"你的工作将挽救无数人的生命。"将军说，尽管他本人赞同伯顿所做的一切，但出于职责要求，他明天必须向伯顿发起攻击。

伯顿现在异常疲惫。由于始终要保持警惕、不出差错，这压力已经使他接近崩溃。他每天晚餐要喝下一整瓶红酒，他向博伊德谈起自己能支持多久的疑问。

"吉姆，你虽然可能打不赢，"博伊德告诉他，"但是你没有让这帮混蛋为所欲为。你做的是正义的事业，坚持下去，老虎。"

美国国会下令召开关于"布拉德利"战车的听证会，由领导"布拉德利"项目的美国陆军高级将领与伯顿上校展开对质。斯普雷帮助伯顿起草了发言稿。伯顿知道，有了斯普雷出手相助，他的发言将无懈可击。

美国陆军突然通知伯顿，他即将进行的发言全部涉及机密，他将不会获准发言。

"如果此决定不撤销，我将告知国会，我的证词由于受到审查而被删去了。"伯顿说，"我还将证实，陆军将领为了支持'布拉德利'战车项目，向新闻媒体泄露了保密资料。"

忽然之间，伯顿的发言不再是机密了。

伯顿的发言启动了历时两年之久的国会关于"布拉德利"战车的辩论。华盛顿等地人士现在都认为伯顿是正义的。《纽约时报》1986年2月4日发表头条社论，痛斥美国陆军处理"布拉德利"战车试验问题的态度及其篡改试验结果的做法。编者按语呼吁陆军接受伯顿的建议。当陆军反对采用斯普雷和伯顿拟制的安全方案时，国会表示，必须对伯顿的方案进行验证，否则"布拉德利"战车生产线将被关闭。

若干年前，国会军事改革小组在五角大楼内设立了一个监管武器装备试验工作的新岗位，它以后将成为军事改革运动仅有的保留下来的遗产。作战试验与评估办公室主任不同寻常之处是，他直接向国防部长和国会汇报工作。设置这个岗位的目的是制衡五角大楼为鼓吹上马武器装备项目的倾向。五角大楼强烈地反对这个新职务，因此国会不得不采取强制措施。可是在接下来的近两年里，温伯格一直拒绝为这个职位任命人选。最后迫于强大压力，他请南希·卡斯鲍姆推荐人选。她说愿意推荐，但前提是温伯格必须保证被提名人不会仅仅因为是改革派而受到迫害——也就是说，不能因为被提名人是国会军事改革小组负责人而受到迫害。温伯格表示理解。

卡斯鲍姆提名伯顿担任这个职务，并向伯顿承诺，如果五角大楼不接受提名，她会确保五角大楼不会惩罚他。

结果不仅温伯格拒绝了提名，而且美国空军又一次企图调走他。他接到通知，7天内必须作出决定，要么接受新任命，要么退役。国会军事改革小组成员怒不可遏，公开发出了抗议。但是，卡斯鲍姆仍然保持沉默。博伊德和斯普雷赶赴她的办公室，提醒她有责任保护伯顿。但是卡斯鲍姆表示，这次调动不是因为伯顿被提名担任国防部作战试验与评估办公室主任，而是空军根据轮值规定所做的正常安排。

卡斯鲍姆的助理温斯洛·惠勒长期以来坚信军事改革运动，他是博伊德、斯普雷与参议员会面的现场目击者。时至今日，他仍然能忆起他们脸上的失望、轻蔑和卡斯鲍姆的一脸羞愧。他认为，这件事标志着军事改革运动即将载入史册。

伯顿最后一次牵动他的"系列捕兽夹"，发现陆军在最近的"布拉德利"战车试验中，把内部弹药箱更换为水箱，从而把炮弹击穿舱室的效应篡改了。如果用弹药箱做试验，"布拉德利"战车早被击毁了。事实上，某些陆军军官由于提出粉饰试验结果的方法而升了官。对此，伯顿起草了他最著名的备忘录，严厉地指责美国陆军在试验中作弊，表示陆军进行试验的目的不是挽救美国军人的生命，而是为了采购武器。美国陆军参谋长在指责的压力下中止了试验，众议院武装力量委员会也要求召开听证会。但是伯顿的胜利，正如他自己或许已经预料到的，是皮洛士式的代价高昂的胜利。他又一次接到通知将被调往阿拉斯加州任职。如果不接受任职，他将被强迫退役。他必须在 7 天内做出决定。

美国陆军从国家科学院找了一些人组成委员会，为其试验程序提供支持。部分成员与陆军有合同关系的这个委员会没有让陆军失望。陆军将领们觉得，他们的试验方法现在安然无虞了。但是，伯顿给委员会每位成员写了一封信，指出他们不是科学家，而应该称为煽动家。美国陆军惊恐地发现，委员会被重新召集起来，而这一次他们的讨论结果是伯顿的试验方法更优秀。

但是此时，伯顿已是身心俱疲。他办理了退役手续。

皮埃尔·斯普雷在听证会上出面与美国陆军对质。斯普雷的专长是统计学，他提交国会的报告是历史上针对美军某个大军种提出的最让人惊骇的证词之一——欺诈、彻头彻尾的谎言、对普通官兵的漠视——起码在国会历史上如此。

然而，伯顿已经消失了。

第三十章 他们认为我是个傻瓜

由于常年在五角大楼工作到很晚，博伊德有时在第二天将近中午时分才离家去上班。这时候，住在小区里的青年创业者经常聚集在停车场上，聊天晒太阳。他们向博伊德挥手、点头致意，开玩笑地喊他"总统先生"。毕竟博伊德身材高大、四肢修长，有里根总统的粗犷英俊的形象。但是，他却没有里根那种快活的幽默感，至少在 1984 年没有。

博伊德和玛丽·艾伦已经两年互相不说话了。终于，博伊德伸出橄榄枝，请她帮助修改《冲突的类型》。她成了他的打字员，杰夫为他绘制曲线图。

玛丽每个星期为父亲工作两三个晚上，周末工作更经常些。博伊德想让每个词都准确传达自己的本意。玛丽追忆说，有一次她和博伊德用了几个小时时间讨论"旋动（swirling）和旋转（whirling）"的区别。气氛时而相当紧张，勾起两人过去的对立情绪，博伊德和女儿不得不各自走开，等心情平静下来再继续工作。但是，与父亲一起工作对玛丽来说意义重大，这是弥合与父亲关系的机会。

1984 年，军事改革运动进入了高潮阶段。星期三晚间的聚会上，人们大声喧哗，吵吵闹闹，畅论他们将开火射击的下一拨将军。他们一再聊起过去的故事——斯平尼的"白色货车"、某将军的"空对地毯机动""斗篷戏法"和"火热大拼盘"，尤其是百试不爽的所谓"热狗"和"墨西哥鸡肉卷"技巧。"改革者"并不总是占上风，有时也会钻进对方的圈套。这个时候，他们会放声大笑，晃着脑袋说：我这次搞砸了。然后喝上一顿酒，接着计划下一次进攻。

五角大楼官僚知道他们的星期三聚会，偶尔派几个间谍过来刺探消息。这些人落落寡欢，显然不像他们一伙的人，所以很容易被认出来。博伊德可能正在发表演说的兴头上，周围聚起二三十个人，这时，有人会指着房间对面两三个人说："约翰，间谍在这里呢。小心点。"博伊德说："去他的。"他的嗓门更响亮了。

但是，聚会的表面之下却涌动着凶险的暗流。博伊德和"改革者"正与世界上最强大的军事机构展开战斗。他们寡不敌众、缺粮少弹、少有外援。他们的胜利常常要付出高昂的代价，损失惨重。

斯平尼是一个很好的例子。博伊德知道，五角大楼因为无法反驳斯平尼的《计划 / 现实的不协调》简报，会使出更阴险的必杀技。他坚持让斯平尼做《时代》周刊的封面人物是有道理的（他说，军事改革运动不会真正被美国大众接受，除非某"改革者"人物出现在《超人》漫画书的封面）。然而，这把保护伞最终还是失去了。1984 年，改革运动的重点已经从斯平尼转向军事采办合同的浪费和欺诈行为——价值 600 美元的抽水马桶盖那种事。当斯平尼不再处于新闻媒体的聚光灯下，"五角大楼"的反攻开始了。这个写过五角大楼迄今为止发表的最重要的两个文件的人，也许比任何人更深刻地揭露了五角大楼利用马虎凌乱的会计程序挥霍浪费纳税人资金，却得到了相当糟糕的考绩评价。为开除员工而使用的战术是这样的：连续几年低劣的考评结果，意味着该员工无可救药，可以立即开除。但是，在另一方面，如果考评结果证实有打击报复的成分，那就是非法的。一群律师主动为斯平尼提供免费法律援助。他们正准备查封斯平尼上司的办公室，搜检他的档案文件的时候，有一个"改革者"把这件事透露给了《华盛顿邮报》的乔治·威尔逊（George Wilson）。当斯平尼的上司表示他是被迫给斯平尼较低评价时，温伯格下令立即取消原有评价，重新给斯平尼更高、更积极的评价。

斯平尼赢得了这场战斗，但是漫长的消耗战还在后面。

不久，"五角大楼"使出了它知道的唯一招术。朱思九的助理告诉斯平尼，他在五角大楼停车场的车位被取消了。

1987 年 1 月，博伊德满 60 岁了。这是很多人开始回首人生经历的年纪。无论一个人多么乐观向上，当他 60 岁时，会发现维持中年时代立下的志向越来越不容易了。他现在站在老年的门槛前，感觉时光犹如生翼的马车飞速前行，人生无常的宿命感日益强烈了。

吉姆·伯顿为博伊德张罗了一次生日聚会。老伙计们大都参加了，总共有 20 多人。玛丽花了几个星期准备了一台诙谐小品，以展示她自称的"些许艺术家天赋"，在伯顿妻子的钢琴伴奏下，她宣读回顾博伊德军队生涯的长文，列举他的轶事，有火烧日本飞机棚，有在埃格林基地窃取计算机上机时间，有击败所有对手，有"火热大拼盘"和"热狗"等。聚会现场回荡着《飞翔的女武神》的旋律，伯顿送给博伊德一个缚着砖头的 B-1 飞机模型。博伊德还像以前一样得到了花园水管作为生日礼物。他话语不多，始终若有所思。但是，回到博勒加德街的家里，他立即大发雷霆，斥责玛丽对他的乖张行状的夸奖，尽管他自己多年来一直在讲述自己的故事。"别人会觉得我是个傻瓜，"他说，"他们不在乎我的研究成果，因为他们认为我是个傻瓜。"他把多年收藏的水管、恶作剧礼物、照片和很多文稿都扔进了垃圾箱。

现在，一切似乎都在退潮。军事改革小组和改革运动正不断地瓦解。博伊德想必还记得，就在几年前，他和斯普雷还是华盛顿炙手可热的人物，可以面见任何一位参议员或众议员。两人都没有政府官职或头衔，也没有民选或委任官员拥有的那种威势——但是思想的力量将他们变成华盛顿风头强劲的明星。新闻媒体追捧着博伊德，与他往来的是休·赛迪、詹姆斯·法洛斯和阿尔文·托夫勒（Alvin Toffler）这样的人。

但是，所有这些都在悄悄地流逝。博伊德开始谈起死亡。"我想走得干脆些，"他说，"像关上电灯开关一样，唰的一下，立马消失。如果说还有别的什么方法，我会打电话给凯沃尔基安（Kevorkian）医生 [1]，对他说，'嘿，你又有活儿要干了，就是我'。"

博伊德仅凭自己的人格魅力就可以使军事改革运动持久不衰。但是，他现在决定退出。参议员和众议员们心有旁骛，新闻媒体已

---

[1] 美国争取安乐死合法化运动的代表人物。——译者注

经兴趣索然。迈克尔·怀利和吉姆·伯顿遭受重创。斯平尼已成为某些人的眼中钉，恐怕再无出头之日。斯普雷厌倦了每天剑拔弩张、怒火中烧的日子，搞起了音乐录制的业余爱好，他已经决定开办一间录音工作室。

1987 年夏天，博伊德又写了两篇简报稿。《指挥与控制的有机设计》（Organic Design for Command and Control）于 5 月完成。以前人们的有关指挥与控制问题的简报都围绕"如何"这个主题，就是说，在瞬息万变的战场形势下，谁跨过不同指挥层级向谁报告。博伊德的简报直面指挥与控制是"什么"的问题——它是隐含的关系与纽带，是各指挥层级间信息流动的基石。被传递的"事物"凌驾于传递线路，这在历史上是破天荒的头一次。

《? 与? 的战略博弈》（The Strategic Game of ? And ?）完成于 6 月，它的主题是相互作用与孤立，即如何在物理、心理和精神上孤立对手，保持己方与外界环境及友军的交流和互动。这个简报的主要内容是对《冲突的类型》《毁灭与创造》和《指挥与控制的有机设计》中的材料重新处理和利用。

博伊德同时着手构思另一个叫作《思想的螺旋》的简报，对《毁灭与创造》作进一步阐发。因此在一定程度上，他的研究回到了起点。

博伊德经常告诉斯平尼，要树立一种不那么容易实现的人生目标。他说，当一个人进入晚年，发现人生目标全部实现，心中会是万念俱灰的感觉。而现在，博伊德的研究历程已完成闭环。他已经实现了他的全部人生目标。

大约这个时候，著名航空作家杰夫·埃塞尔（Jeff Ethell）表示，希望为博伊德写一部传记，但是博伊德抽不出时间，杰夫·埃塞尔放弃了这个打算。

终于，博伊德身体状况的不祥之兆开始出现了。有一次，他在安德鲁斯空军基地作简报，忽而感到呼吸困难，胸痛的像要炸开一样，冷汗直流。他无法继续说话，在椅子上坐了一个多小时，然后才开车回家。第二天凌晨 3 点，玛丽打电话给女儿："我想你父亲心脏病发作了，必须去医院。他不肯听我的话，你说的话他才听。"

"让他接电话。"玛丽·艾伦说。

"爸爸，我要送你去医院。你想进哪家医院？"

博伊德嗫嚅着表示自己不需要住院治疗，后来说想去安德鲁斯医院。他觉得，玛丽·艾伦不会开车来亚历山德里亚接上他，再一路赶去安德鲁斯。"等着我。"她说。

她带着父亲在日出之前抵达安德鲁斯。医生做了心电图检查，发现只是心脏功能轻微异常，不需要治疗，他说博伊德的心脏强健有力。但是博伊德认为自己得了心脏病，他在一夜之间改掉了饮食习惯，不再进食红肉。

继而，博伊德开始遭受耳鸣之痛。对上年纪的人来说，耳中不正常的鸣响是常见的。博伊德的耳鸣症应该相当严重，因为他曾经对伯顿说："它总是响个不停。那种吱吱声，简直搞得我要发疯了。"他开始失眠，服药也无济于事，强效药物反而使他精神抑郁。然后他去看心理医生，医生试用了不同药物，每一次都使抑郁情绪更强烈。博伊德断定药物治疗只会加重他的问题，于是不顾医生反对，停止服用任何药物。耳鸣症和抑郁情绪都消失了。

但是几个月后，博伊德陷入与药物无关的、更严重的抑郁状态。有一天，他正在斯平尼的办公室里，突然开始全身发抖，眼里满含泪水，他伸手从衣袋里取出一只小药瓶，迅速吞下几片药。

"约翰，你怎么了？"斯平尼问。他从未见到这种状况的博伊德。

博伊德断断续续地、几乎泣不成声地向斯平尼坦陈，抑郁情绪经常在黑夜里攫住他的身心，使他陷入不可名状的痛苦和无法抗拒的恐惧之中。

他告诉克里斯蒂自己抑郁了，克里斯蒂问："你对什么抑郁？"对此，博伊德只能苦笑着摇头。他也不知道他为什么担忧，为什么沮丧，但那种感觉是真切的，给他带来的恐慌是前所未有的。

大约这个时候，克里斯蒂那边也是焦头烂额。他刚进入青春期的女儿离家出走，不久又频繁进出戒毒机构。克里斯蒂耗尽全部医疗保险金，但收效甚微。他爬上了非委任文职人员能达到的最高职位，却支付不起女儿日益增高的治疗费用。他辞去五角大楼的职务，前往国防部长手下的智库即国防分析研究所工作。博伊德很少去五角大楼，现在他每次去那里会与克里斯蒂花上大把时间聊后者的女儿。事实上，有时候这差不多成了他去五角大楼上班的唯一原因。克里斯蒂对博伊德的热心很感到纳闷，但是他不知道，博伊德正在担心是不是该送自己患严重抑郁症的女儿凯茜入院治疗。她将永远失去生活自理能力。博伊德想知道，精神失常的家族病史会不会在凯茜身上重演？

1988年底，博伊德开始打算换个居所。他在弗吉尼亚州北部看了几处公寓，但是没找到理想的地方。于是，他驱车前往佛罗里达州南部见了哥哥格里，在劳德代尔堡和棕榈滩之间一个叫作德尔雷比奇的小区挑选了一套公寓。公寓有两间卧室，一间给博伊德和玛丽，另一间给凯茜。博伊德回到华盛顿，宣布将于新年第一天搬往佛罗里达州。朋友们特别意外，都不明白为什么。

问题的核心答案是，他这么做全是为了玛丽。自从埃格林时期，她就爱上了佛罗里达州。玛丽多年来对他忍气吞声、逆来顺受，所以他终于也要为她做一些事情。

与往常一样，在涉及家庭及个人生活时，博伊德总是含糊其辞，没有和盘托出真相。他们在博勒加德街的地下室公寓住了23年，邻居们总是对博伊德的家人提出抗议。先是杰夫的蛇经常爬出笼子，然后是史蒂芬在家里维修电视机——博伊德觉得这些事都过去了，因为杰夫和史蒂芬相继搬了出去，但是现年30岁、还在上大学的斯科特住在家里。斯科特开始痴迷摩托车——拆掉消音器的摩托车——并且轰着油门出没在小区，让发动机的排气声浪回荡在楼群中间。他不按规定把车留在停车场，而是停在公寓楼后的天井里，有时甚至骑着它进入公寓。最后，物业部门再也不能忍受博伊德一家人，他们想出的驱赶这家人的官方理由是，公寓已经使用了23年，现在需要修缮、整理。

博伊德其实知道真正的原因是什么。

第三十一章　贫民窟上校与国防部长

　　在德尔雷比奇的 3 楼公寓，博伊德正坐在拥挤的起居室里，电视机在播放新闻。看到有关五角大楼、军队将领或武器项目的新闻，他立刻会勃然作色，喊道，"干掉他"，或者"砍掉他的头"。

　　博伊德身边摆满了上千本书籍、历次简报打印稿和散落的有关《冲突的类型》的信笺簿修改稿。他时不时地回到卧室，在床上伸展四肢，给斯普拉德、卡顿、克里斯蒂、斯普雷、利奥波德、斯平尼、伯顿和怀利打电话。公寓里装了两部电话，分别由博伊德和凯茜使用。但博伊德把两个电话号码都告诉了友人们。他不希望在通话的时候错过打进来的电话。

　　这一天，博伊德在打给皮埃尔·斯普雷的电话中，用近乎玩世不恭的语气说："老虎，这里的生活节奏真是不一样，人们一天只能干一件大事，比如去超市购物。"他对斯普雷讲述了他如何去亚拉巴马州蒙哥马利的空军战争学院做讲座以及在各地巡回作简报。但是，他总是不得不回到佛罗里达州，这个在他嘴里"烂透了"的地方。斯普雷听了哈哈大笑，并未把博伊德的评语放在心上。

　　事实上，博伊德在佛罗里达州过得格外凄惨，只有玛丽知道他的痛苦有多深。他们举家搬到德尔雷比奇之后的第六个月，他告诉玛丽，他已经被人们遗忘了——人们认为，他已经精神不正常，而且研究的东西没多大意义。

在不出去讲课，也不打电话的时候，他总是每天到书店里消磨时光，在非虚构类著作的架子上寻找日渐增多的提到他或他的理论的著作。他倚靠在书架上，一读就是几个小时，然后把书放回书架。在海滩附近，他找到一家比较中意的"比米尼·鲍勃家"餐馆，每周两三次去那里吃海螺杂烩浓汤。再也没有星期三晚间的聚会，再也没有五角大楼里的漫步，博伊德能感到，自己在消沉下去。

1989 年初，博伊德的老伙伴们开始讨论他的机动战思想及其对战争新形态的启示。他们座谈后撰文提出，第一代战争是滑膛枪和密集兵力的时代，第二代战争是密集火力取代密集兵力的时代，第三代战争是以时间为驱动因素的时代，例如闪击战。他们接着写到新的、他们称之为第四代战争的新观念。

海军陆战队上校 G. I. 威尔逊是 5 位作者之一。撰文期间，他基本上每天与博伊德探讨如何以弱胜强、如何利用低技术乃至无技术的手段击败高技术对手、如何不经大规模会战而获得胜利。文章的标题是《战争新面貌：关于第四代战争的研究》(The Changing Face of War: Into the Fourth Generation)，发表在《海军陆战队公报》和陆军的《军事评论》(*Military Review*) 的 1989 年第 10 期上。两大军种刊物同时发表同一篇文章，这在美国军事史上也许是空前绝后的。

文章认为，第四代战争可能产生于"伊斯兰传统习俗"，"战争与和平的界线将模糊乃至消失"。他指出，恐怖分子将自由地穿行于美国社会，"处心积虑地谋求暗中破坏美国社会"。

文章的论点如此超越时代，如此悖离传统的军事思维，以致五角大楼直接无视了它。然而，文章在美国海军陆战队和陆军特种作战部队引起了强烈的兴趣和热烈的争论。

博伊德青少年时代的友人切特·赖克特从伊利来德尔雷比奇过冬。博伊德带他去了市里的书店，取出一本又一本著作，翻到相应页码，自豪地指着上面赞扬他的研究的注释部分给他看。他告诉赖克特，一年左右之内将有更多类似著作出版，其中一本将题献词给他本人。据赖克特回忆，他和妻子时而邀请博伊德和玛丽去餐馆吃饭，由赖克特买单。博伊德从不回请他们，也不邀请赖克特来家中做客。赖克特并不知道，博伊德的退休金少得可怜。由于他仍然在全国各地讲课和作简报，赖克特猜想，他应该收入不菲。但是事实上，博伊德只接受差旅费用，而且当差旅费用支票寄到以后，他把它扔进抽屉，再也不去想它。博伊德去世后，孩子们在抽屉里发现一叠价值几千美元的未兑现支票。

博伊德审视自己的暮年人生，看不到一点儿亮色。

然而，1990 年 8 月 2 日，萨达姆·侯赛因入侵了科威特。

在不到一周的时间里，美军开始抵达沙特阿拉伯实施"沙漠盾牌"行动。

于是，多年以来只存在于传言之中的博伊德的人生又一个新阶段开始了。

在迪克·切尼后来谈到那段时间之前，关于其真相只有零星的和片面的证据。它们无可辩驳地指出，博伊德在美国为制订海湾战争的战略方针而进行的高度机密的筹划过程中，发挥了至为关键的作用。

"沙漠盾牌"行动启动几个星期后，博伊德突然开始频繁飞往华盛顿。他告诉玛丽，时任国防部长切尼有事召见他。博伊德在华盛顿没有接触门徒们，他每星期花许多小时进行电话交谈的那些人——谁也没见，除了吉姆·伯顿。伯顿问他："您来这里做什么？"博伊德只是回答说："我来见切尼。"伯顿等着他说下去，但是博伊德没再说什么。伯顿明白了。他懂得秘密行动和保密规定，所以不再追问详情。然而，他能猜出事情的大概。国防部长每天连续工作 18 个小时，指导"沙漠盾牌"部署行动，筹划即将开始的战事，所以他不会有什么空闲时间。博伊德和切尼的交集只有《冲突的类型》简报和无数次关于战争战略的讨论。因此，伯顿认为，如果切尼召唤博伊德来华盛顿，唯一可能的原因就是讨论如何发动战争。

还有一个与斯平尼有关的事实证据。伊拉克入侵科威特后，他用自己渊博的军队战术知识，从指挥者的角度思考战争，花了几个星期时间构思进攻计划。计划完成后，斯平尼兴冲冲地打电话给博伊德。当他告诉博伊德想聊一下战争计划时，博伊德一反常态地沉默不语。斯平尼没有觉察到博伊德的变化。"我认真地想过了，"他说，"美国只有两个选择。"博伊德还是不接他的话头。斯平尼向博伊德介绍他的第一套方案，对方只给了不置可否的咕哝。然后斯平尼介绍了他认为更可取的第二套方案：让海军陆战队佯装对科威特实施两栖攻击，然后趁伊拉克注意力被引开之际，深入沙漠腹地实施远距离左勾机动，继而调头向北，包围伊拉克军队，消灭他们。"这是经典的合围，"他说，"这几乎是冯·施利芬计划的翻版。"

接下来是长时间的沉默。终于，博伊德说："查克，我希望你忘掉刚才说的话。不要与任何人谈起此事，切记。"博伊德的语气是斯平尼从未听到的。他不是用下命令的语气，而是用一种平淡的、不容置疑的语气，表明他是在极其严肃地说话。斯平尼吃了一惊，他与博伊德近 15 年来情同父子，但从未见过他的这一面。斯平尼把他的方案塞进抽屉，再也没有向人提起过。

还有一个事实证据，一个海湾战争结束以后才为世人所知的事实证据——此时相关著作开始出版——是在"沙漠盾牌"行动期间，切尼逐渐让人看到，他反对诺曼·施瓦茨科普夫上将（General Norman Schwarzkopf）的初步作战计划。施瓦茨科普夫计划对伊拉克军队主力实施正面攻击，这是信奉消耗战理论的陆军将领的典型思路。在面对面的肉搏战中给对手以重击，坚持到最后不倒下的那一方即是胜者。

但是，在参谋长联席会议主席科林·鲍威尔将军的支持下，切尼拒绝了这个作战计划，要求施瓦茨科普夫将作战计划推倒重来。著名的"绝地武士"、陆军高级军事研究院毕业的年轻中校们，赶来帮助施瓦茨科普夫制订作战计划。"绝地武士"深谙机动战理论，掌握博伊德的思想。他们向施瓦茨科普夫将军提出进行直接正面进攻的计划和两个以左勾合围为核心思路的比较保守的计划。他们的计划不仅被断然拒绝，而且成为冷嘲热讽的对象。

迈克尔·R. 戈登（Michael R. Gordon）和伯纳德·特雷纳在他们于战后所写的《将军们的战争》（*The Generals' War*）一书中，引述了切尼对鲍威尔说过的原话："我不能让诺曼实施他那个'正面强攻'方案。"切尼不仅否决了施瓦茨科普夫的作战方案，而且使用了博伊德式的评价。

国防部长指责战地指挥官的作战方案，这种事情实在少见，即使参谋长联席会议也不愿意这样做。

但是从五角大楼的角度来说，迪克·切尼是一个另类国防部长，他与博伊德进行的面对面会谈，使他有足够知识和自信对诺曼·施瓦茨科普夫这种刚愎自用的四星上将评头论足。一句话，切尼对战略的了解超过了手下的将军。

切尼后来常说，就海湾战争而言，"博伊德无疑影响着我的思考"。切尼贬低了自己在更改施瓦茨科普夫初步计划时所起的作用，表示"没有人"喜欢"直接冲进伊拉克军队核心阵地"的想法。他说，自己对最终计划"没有任何直接影响"："处理细节问题不是我的职责，施瓦茨科普夫才是干那个的。"

然而，切尼制定了作战方案已经成为不可否认的事实了。海军陆战队将实施两栖进攻伴动，陆军在西部沙漠同时进行大范围机动，然后掉头北上，切断伊拉克军队的后路。

公众并不十分了解，海军陆战队在海湾地区特别出色地完成了任务。陆战1师师长迈克·迈亚特准将（Brigadier General Mike Myatt）参加过在皮基特堡举行的多次自由作战演习，熟悉并掌握了博伊德的理论。他在战争正式打响3天之前，就派人进入伊军防线后方实施偷袭。他们绕开敌人阵地，大胆地放弃侧翼安全，直插敌人纵深腹地。惊慌的伊拉克军队急忙调兵对抗他们认为的美军主攻力量。最后，伊军开始大批地向美军投降。博伊德"使敌人封闭在自己的心理空间"的思想在这里得到了最好的证明：共有约 15个伊拉克师向两个美军陆战师投降。

斯平尼正在弗吉尼亚州亚历山德里亚市的家中书房的时候，海湾战争期间的美军发言人理查德·尼尔准将（Brigadier General Richard Neal）出现在电视上，向记者介绍联军部队取得的辉煌胜利，他描述了成千上万伊拉克军队士兵惊慌失措地举手投降的场面，在被问到其中原因时，他说："可以说，我们进入了他们的决策循环。"

"狗东西！"斯平尼叫道。他马上给博伊德打电话，说："约翰，他们竟然盗用你的语言形容我们取得的胜利。这场战争完全是按你的思路来打的，完全以《冲突的类型》为指导。"

他是对的。美军在海湾战争中取得的所有成功都是博伊德的《冲突的类型》的直接体现——用多路多方向突击和欺骗行动创造迷雾一般的战场环境，使敌军纷纷投降。美军（以及联军部队）没有经过旷日持久的地面战斗，就取得了战争的胜利。美国不仅能够以自己的意志选择战争的时间与地点，而且能够选择在某些时间和地点避免交战。联军部队以快于敌人的节奏展开行动，以致敌人被迅速击败时，甚至还搞不清楚发生了什么。历时 100 个小时的地面闪击是机动战的光辉典范，也是正与奇相结合，即常规与反常用兵相结合的优秀案例，战场形势瞬息万变，敌人惊慌失措、判断失据，于是自行瓦解和崩溃。

切尼方案的卓越才华已经为胜利所证明，不过在执行过程中出现了很多问题。美国陆军问题尤其严重，它那个有名的左勾拳在沙漠里滞留了 3 个整夜，因为有个将军害怕暴露侧翼——换句话说，他想让所有部队齐步协同。这极大地迟滞了部队的行进速度，使撤退中的伊拉克共和国卫队和大部分伊拉克陆军部队逃出了包围圈。

自那个时候起，施瓦茨科普夫等将领终日互相指责彼此的过失，但是僵化地死守过时的消耗战理论才是导致伊拉克人逃脱的原因。博伊德早前关于美国陆军与协同问题的预言，如今得到了证实。

在战争结束之后的欢欣鼓舞的日子里，博伊德在接听友人们对他表示祝贺的电话时，从未表现得如此惬意。博伊德始终未提及前往华盛顿会见切尼之事。他最接近于披露自己的作用，是在施瓦茨科普将军召开他那一次有名的新闻发布会，描述他绕过伊军西翼的大胆强势推进，也就是他所说的"孤注一掷的计划"的时候。博伊德愤怒地驳斥了这个用词。"孤注一掷的计划"意味着闭上眼睛拼死一搏，他对斯平尼说："就合围行动来说，没有什么需要拼死一搏的，按方案干就行了。"

博伊德的友人们还饶有兴致地指出，他对 B-1 轰炸机的批评在海湾战争中得到了证实。美国空军全部现役作战飞机都参与了海湾上空的任务——除了 B-1。里根总统使之起死回生的飞机在国家发出战争召唤的时候未能挺身而出。博伊德又一次说准了。

1991 年 4 月 22 日，星期一，美国国会众议院武装力量委员会在雷伯恩（Rayburn）众议院大厦就高技术武器在"沙漠风暴"行动中的作用召开听证会，邀请博伊德出席做证。博伊德的激情达到了顶点。前参议院军事委员会成员和国会军事改革小组成员加里·哈特、前海军部长约翰·莱曼、国防部负责研发与工程的助理部长唐·希克斯（Don Hicks），还有皮埃尔·斯普雷等，也获邀提供证词。

委员会主席莱斯·阿斯平（Les Aspin）首先发言，他指出每一做证者都"对部队、条令和关于在'沙漠风暴'行动里表现极其优异的军事体制的辩论产生过重大影响"。博伊德身着鲜橙色涤纶运动外套、马德拉斯格纹裤，在以深色西装为主的与会者中显得鹤立鸡群，但是那天更让他大出风头的是他雄辩的口才。他先是冷静地回顾了以往对机动战理论和高技术的评价，继而开始赞扬两位因提倡机动战而对所在军种有重大影响的军官——休巴·沃斯·德切格和迈克尔·怀利上校。几天之前，怀利接到通知，海军陆战队已将他列入提前退役名单。博伊德把怀利之事作为他此次做证的"作战重心"。

那天，博伊德把关于高技术武器的听证会变成了关于军队人事问题的听证会，那是他一生中最精彩的发言之一。他说，尽管在海湾战争中成功地实施了机动战，有的美国海军陆战队高级军官仍坚持古老的消耗战理念。他目光炯炯，倔强地昂着头，眼睛扫过在座的众议员，打量并逼视他们每一个人。继而，他声音低沉下来。"糖果仙子"放弃隐居，来到舞台中为战友伸张正义，他的表现堪称完美。尽管博伊德是 64 岁的老人，但他的人格力量却达到感召力和威严的顶峰。会场的各个角落里都回荡着他的声音，清晰、坚定、不可抗拒。他说，他对海军陆战队对怀利的处理决定感到"不满和愤慨"。他告诉众议员们，如果他们不采取行动，会束缚海军陆战队青年军官的手脚，使他们再无能力创造决定性的新思想，海军陆战队将为"恐龙们"所统治。人才比预算或武器都来得重要，他说，军官选拔制度固然不可违背，但国会应该设法施加影响。他将乐于向国会提供建议和意见。他说，对于德切格和怀利这样的叛逆者必须加以保护，不然，"我们将重新拾起'正面强攻'的做法，我们将深陷泥潭，无力自拔"。

虽然另外3位证人职位很高，也都能言善辩，但是博伊德是听证会的焦点人物。那天晚上，形势没有发生变化，但博伊德在国会为怀利做了辩护。当他走出国会山的时候，他神采奕奕，满面笑容。

喜悦是短暂的，他不得不面对更严重的事态。

他被诊断为前列腺癌晚期。

症状已经持续好几年了，但是博伊德一直置之不顾。1975年退役以来，他就没做过体检。现在医生说他只有5年的存活期了。

他打电话给门徒们，告诉他们自己得了癌症，但是对关于病情的预断轻描淡写。只有皮埃尔·斯普雷知道，博伊德曾经不懈地研究过各种疗法。哥哥格里极力建议他做外科手术，博伊德拒绝了。他不喜欢这个比例——术后幸存者中50%的人小便失禁。他对玛丽·艾伦说，他不能想象无法控制自己的膀胱。他一再说："我不想成天挂着尿袋子。"博伊德迫使美国国家卫生研究院透露了不想公开的欧洲临床试验结果，选择了在前列腺里植入放射性粒子这种在美国尚属新鲜的疗法。

1992年，杰夫搬到德尔雷比奇来住。他先后试着与斯科特和玛丽·艾伦住在一起，但都没坚持下来。他跟他们都合不来，所以搬过去与父母和妹妹凯茜住在一起，睡在起居室的地板上。他想带着 7 英尺长的斯里兰卡眼镜蛇、40 只狼蛛、绿树蚺、藤丛响尾蛇、木纹响尾蛇和人称"醋蝎"的无尾鞭蝎，但是博伊德说不行。于是，杰夫把醋蝎和狼蛛养在自己的汽车里。他总是把车停在阴凉处，定时走出家门喂蝎子和狼蛛，跟它们说话。时至今天，他仍然为博伊德不准把宠物带进家里而心怀不满。

在晚年岁月里，使博伊德在事业上感到极大慰藉的，是切特·理查兹的研究和空军战争学院的格兰特·哈蒙德博士（Dr.Grant Hammond）的那本书。

理查兹是一个数学奇才，他于 1973 年进入五角大楼，并奉克里斯蒂之命找到每周三晚间聚会的场地。理查兹为博伊德所有的简报做过校对工作，他后来到洛克希德公司研究闻名遐迩的丰田生产体系，发现它与自己研究的机动战有"惊人的相似之处"。然而，丰田生产体系起步于 20 世纪 50 年代，比博伊德开始研究《冲突的类型》早了 20 多年。相互信任、任务式命令、个人责任制、"和谐"与"流动"概念以及最重要的，把时间作为可操作的生产工具，在丰田生产体系和机动战术里都是核心理念。

大约在此期间，汤姆·彼得斯的《乱中取胜》（*Thriving on Chaos*）出版了。这本书给美国的管理理论带来了革命性的影响。彼得斯在书中谈到创造和利用混乱——机动战的精髓——在塑造市场和相互信任中的重要性。理查兹致信彼得斯，指出他的书与博伊德的理论有异曲同工之妙。彼得斯回信表示，他读过詹姆斯·法洛斯的书，也知道博伊德的研究成果。因为没有在书中承认博伊德对他的重要影响，彼得斯略显尴尬。他后来在某报纸的专栏文章里纠正了这一疏忽。

多年以来，理查兹与博伊德一直在讨论向商业领域拓展理论应用的问题。但是到了1993年，在博伊德的身体状况开始走下坡路的时候，理查兹却开始失去兴趣了。博伊德鼓励他加把劲干下去，提炼他自己的思想并发表论文，他将此事视为他的理论遗产不只涵盖战争领域的证明：他的思想普遍适用、不随时间改变，可以解决所有类型的冲突。

理查兹发现，精益制造在美国商业界的影响不亚于机动战在美军的影响。尽管精益制造已成为商业界热议的流行观念，却很少有公司真正将它付诸实践。因为精益制造的成功取决于某种文化基础，公司与军队一样不愿意进行推行这种模式所必需的积极变革。例如，麦克唐纳·道格拉斯公司就像美国陆军，它大肆张扬地推行它所说的精益制造，但正如美国陆军因为固守"协同"理念而停滞在沙漠里，麦克唐纳·道格拉斯公司也无法摆脱自上而下的管理模式和集权控制的生产体系，于是公司落得个被出售给波音公司的下场。

理查兹发现，创造丰田体系的丰田公司副总经理大野耐一（Taiichi Ono）的说法是有道理的：情况过得去的公司不会采用丰田生产体系，但它们会在个别部分采用精益制造，并且炫耀给外人看。博伊德对此有个简洁的说法："除非来一场灾难，否则别想改革庞大的官僚体系。"

在博伊德的鼓励下，理查兹撰写了几篇把博伊德的理论应用于商业领域的文章。他还以同样的主题编写了简报，并向各大公司做讲解。他前往丹麦哥本哈根商学院做讲座。该学院的奥勒·斯特伦格伦（Ole Stromgren）教授以博伊德的理论为核心，开设了许多课程。最后，理查兹建立了两个网站来展示博伊德的思想与商业实践的联系。东罗马帝国军队指挥官贝利萨留是博伊德最欣赏的军事将领之一，也是机动战的早期践行者。他总是能以少胜多，从未败北，而且精通战争的心理制胜之道。

博伊德现在想必相当后悔，当初没有听从门徒们的劝告，把简报改写成正规著作。只有书面作品才能把博伊德其人留存在人们记忆中。当后世学者对某人的文字潜心专研、深思熟虑，然后写出有见地的心得体会，他的思想就能得以永恒保存。或许出于这个原因，博伊德对格兰特·哈蒙德的书抱以极大的热情。

哈蒙德最初计划把这本书作为博伊德的个人传记。但是，博伊德发出了他仅有的一次警告，从而改变了最初的计划：书中不得涉及他的任何个人信息。博伊德不愿意谈起伊利、家人或者婚姻与生活中的个人隐私。哈蒙德的《战争心灵》（*The Mind of War*）于2001年春天出版，他以博伊德的思想为研究对象，目标读者是军事学术研究人员或爱好军事的普通读者。

1994年，博伊德开始感到腿部和髋部强烈不适，他怀疑癌细胞已经转移到骨髓中，每天在腿上抹"奔肌"止痛药膏，并按摩一个多小时。

玛丽·艾伦送给他一只名叫"布丁派"的黑色小猫，于是博伊德每天把猫放在腿上，在心爱的椅子上一坐就是几个小时。即使后来"布丁派"长大被别人领走，这只猫依然对博伊德超乎寻常的殷勤。它显然是"他的猫"。他还是那个桀骜不驯、不屈不挠的约翰·博伊德，最喜欢打电话找拉斯维加斯的斯普拉德、斯波坎的罗纳德·卡顿、沃尔顿堡的拉斯贝里和华盛顿的门徒们聊天。卡顿曾坐飞机过来看望博伊德，并逗留数日，专门聆听博伊德理论的"完整版简报"，持续时间长达 14 个小时。

玛丽、杰夫和凯茜很少目睹博伊德流露激情，他观看电影《燃情岁月》（*Legends of the Fall*）那一次算是例外。这部电影描写了一位父亲与三个儿子之间的关系。博伊德悲怆异常，泪流满面，以致全身颤抖，嚎啕大哭。凯茜搞不明白，他明明对自己家人无动于衷，怎么银幕上的家庭剧倒让他这般多愁善感？

在友人们看来，博伊德正在战胜癌症。但是，当他开车前往伊利市，参加 1995 年文森特高中同学聚会时，他沉默寡言，显得消沉抑郁。聚会之前，他独自开车来到林肯大街，缓缓地在街道上徘徊，长时间凝望他度过童年和青少年时代的街区。车子驶过他家的老房子，来到大街尽头。他的目光越过湖湾，投向半岛，然后转回车头，回到来时的方向。博伊德一次又一次地徘徊在这里，仿佛知道他再也不会看到这所老房子。博伊德对伊利的访问缺少了一个重要环节：弗兰克·佩蒂纳托已经退休，目前住在佛罗里达州。

当晚的同学聚会地点选在游艇俱乐部，几码以外，就是他和切特·赖克特少时划着独木舟去半岛当救生员的地方。博伊德仍旧穿着马德拉斯格纹山裤和橙色外套，但他没有用响若洪钟般的嗓门讲述自己的事迹。他沉默不语，时常转头面对湖湾的茫茫夜色，向半岛方向凝望。有几个老友打趣他没当上将军，他也只是报以微笑，耸一耸肩膀。当切特·赖克特的妻子特丽表示听说他得了癌症，但已经好转时，博伊德的眼睛转向别处，过了好长时间，才凑近她，低声说："它现在复发了。"

博伊德当时不知道，他还得了结肠癌。

1995 年夏天回伊利是博伊德一生中的最后一次。也是在这一年，他最后一次修改《冲突的类型》。他的腿疼如此剧烈，以致在他去华盛顿探望玛丽·艾伦期间，"奔肌"止疼药膏、维生素 C 和鲨鱼软骨素也不起作用了。在华盛顿逗留期间，博伊德叫玛丽·艾伦开车送他去看了越南战争纪念碑。尽管在华盛顿工作多年，但他从未去过那里。在黑色大理石墙上，找到了战争初期阵亡的战友的名字，他又流泪了。

博伊德经常求诊的泌尿科医生说，他已经束手无策了。如果博伊德想进一步治疗，可以咨询别的医生，博伊德在棕榈滩找到一位以延长癌症病人生命而著称的肿瘤科医生，但是那个医生也没有办法了。

1995 年，正当博伊德与他已心知肚明的不治之症展开搏斗的时候，大儿子斯蒂芬被诊断出恶性黑色素瘤。玛丽崩溃了。她能想到的原因，只能是很久以前在埃格林的时候，她曾长时间与儿子在海滩停留。斯蒂芬的癌症来得十分凶猛，病程已到晚期，博伊德怀疑儿子会死在他前面。他希望斯蒂芬过得舒服些，说要给他买一辆空间较大的汽车，也许是凯迪拉克，这样更方便收纳他的轮椅。

博伊德总是以相当强悍的语气说起自己的死亡。他希望人们在他死后举行维京海盗式的葬礼，把他的尸体绑在旧木船上，拖到伊利湖中间，放一把火烧掉。他经常想到他的著作、文稿和简报手稿，担心它们在他去世后会发生不测。他会兀自独坐，看着自己的作品，泪流满面。

1996 年底，博伊德已经长时间卧床不起。他不想住进医院。他多次摔倒，杰夫有时带他去棕榈滩的医院做放疗。当汽车沿 I-95 公路向北行驶时，博伊德盯着近旁车上的人说："看这些人，他们称心如意、红光满面，可是我就要死去了。"

博伊德的胸部皮肤遭受惊人的损伤。放射性治疗导致他不可控制地腹泻。他身上插满导管。杰夫有些幸灾乐祸，这个曾经主宰他生命的男人，这个总是要掌控一切的男人，现在威势不再了。

有一次，凯茜走进博伊德的房间，看到他坐在自己的椅子里，周围是他的书和文稿，泪水正肆意地沿着他布满皱纹的脸颊上流下来。

"什么事，爸爸？"她问道。

"我再也见不到老朋友了。"他说道。说完，他放声大哭起来，双唇抖动着说："我再也见不到汤姆、皮埃尔、雷和查克，我再也见不到迈克和吉姆了。不可能了。"

凯茜极力抑制心头的怒火。父亲为什么不说他将见不到自己的家人？

博伊德好像觉察到她的心理，抬起头，说："我爱你们。"

"知道了。"凯茜说。可是她此时更生气了，这是父亲有生以来第一次当面说爱他们，却等到即将离开人世的时候才说。这么多年了，为什么不早说？

现在，当门徒们打来电话时，博伊德经常虚弱到无法接听电话。他的身体越来越无力。终于，1997 年 2 月底，他住进了医院。家人都明白，他的生命为时不长了。

在最后的日子里，杰夫坐在父亲的床前。博伊德服用了大量镇静剂，几乎一直在昏迷状态。一天晚上，杰夫突然听父亲谈起汤姆·克里斯蒂，重温他们一起盗用价值百万美元的计算机上机时间的经过。过了几分钟，他叫了一声"皮埃尔"，咯咯笑着说："老虎，我们狠揍了那帮混蛋。"他又一次昏迷过去，然后他叫了一声"查克"，笑着说有一次半夜里给斯平尼打电话。"因为我是他娘的上校，我说了算。"他喃喃自语。他又叫了利奥波德、伯顿和怀利的名字。杰夫意识到，父亲正在重新经历他的一生，向与他一起奋力拼搏的战友们发出最后的呼唤。杰夫注意地倾听着，想听到某个家人的名字，可是哥哥格里是博伊德唯一提到名字的家人。格里不在医院，他仍因为博伊德拒绝外科手术而愤恨不已，拒绝来探视。

玛丽致电汤姆·克里斯蒂，告诉他博伊德已来日无多。克里斯蒂给博伊德的友人们发了电子邮件。斯普雷打电话给斯平尼："我们得为博伊德的书和手稿做点事情。"

"我知道，我想可以把它们送给某个军种的院校。"

"海军陆战队？"

"我正是那么想的。"

第二天一大早，斯平尼给海军陆战队的 G. I. 威尔逊上校打了电话，后者又汇报给海军陆战队司令查尔斯·克鲁拉克（Charles Krulak）。不到中午，克拉克就做出决定："就这么办。"

不久，美国海军陆战队的领导人就开始做筹划，不仅要专门收藏博伊德的手稿，而且要在匡蒂科海军陆战队研究中心建一个约翰·博伊德展室。

门徒们每天打电话过来了解博伊德的病情。他不能说话。玛丽对斯平尼说不必来探望，因此斯平尼坐下来给博伊德写了一封长信。这并不容易，因为与克里斯蒂和伯顿不一样，他有温暖而充满爱意的童年，与父亲感情至深，很难在不贬损自己父亲的同时表达对博伊德的感情。然而，信还是写成了。

然后，在博伊德尚可以说话的时候给他打去电话。伯顿说："你是我不曾有过的父亲。你使我的生命更有意义。"伯顿不是个善于言辞的人，但是那个晚上，他对博伊德说："约翰，我爱你。"他和博伊德相互道别时，两个人都哭了。

博伊德希望以这样的形象留在友人们的记忆中：火烧日本飞机棚的人、大名鼎鼎的"40秒博伊德"、疯子少校、老卫队酒吧聚会上的主角、贫民窟上校、击落十几名将军并有传奇般的诱敌深入手段、"火热大拼盘"和"热狗"传说的主人、"成吉思约翰"。他不希望给他们留下一个身插导尿管，床下挂着集尿袋的憔悴老人形象。

有两个人不顾他的病情，来到棕榈滩的好撒玛利亚人医疗中心（Good Samaritan Medical Center）探望他。雷·利奥波德走进病房，坐在博伊德床前，给他看自己的新蜂窝式移动电话，是全国出售的首批产品。这是博伊德最后的欢乐时光之一，他和利奥波德喧闹说笑了一晚上。

皮埃尔·斯普雷乘飞机赶来了。他坐在病房角落的椅子上，与这个相识30多年的人平静地谈着话。那天晚上，他们有谈不完的话题，两个人都能听到彼此的心声。他们情同手足，是上百次打败官僚体制的"战斗机黑手党"的创始者。

从世界各地寄来了几十封慰问信。有的来自博伊德的密友，有的来自博伊德工作上的熟人，有的来自飞行员、士兵和数量最多的海军陆战队员。很多信的作者与博伊德素昧平生，但都表达了敬意和挚爱，表示他的思想和经历改变了他们的一生。这些信件博伊德都没看到，他已经病得不行了。

3月8日，斯普雷来后的第二天，玛丽打电话给住在弗吉尼亚州的玛丽·艾伦，说："你最好过来。我想你父亲不行了。"玛丽·艾伦接上斯蒂芬，驱车直奔佛罗里达南部。斯蒂芬疲惫不堪，所以她把他安置在母亲家里，然后急忙赶往医院。

博伊德知道玛丽·艾伦正在路上，但是当天下午约3点，他对护士说："我恐怕撑不到她来了。"他陷入了昏迷，于是那就成了他所说的最后一句话。

当玛丽·艾伦赶到好撒玛利亚人医疗中心，一位护士微笑着对他说："你一定是他一直等着见到的女儿。家里其他人呢？"

"什么意思？"

"他已经处于弥留状态。你得通知其他人立即过来。"

玛丽·艾伦打电话到家里，但是玛丽、凯茜、杰夫和斯蒂芬现在无法做好准备，同时赶到距离15分钟车程的医院。玛丽·艾伦坐在病床上，握着父亲干枯的手，诉说着她是多么爱他。他的宝贝儿陪着他。玛丽·艾伦感到父亲特别疲惫，她俯身下去，在他耳边说，她知道他曾拼尽全力，坚持着等待她来。"你知道，爸爸，现在好了。如果你愿意，那就去吧。现在好啦。"她泪流满面地告诉父亲，他将找到渴望中的安宁与永眠。"现在好了，爸爸。"

过了片刻，下午5点左右，博伊德的脸上浮现出一丝微笑，他的面容舒展开来，紧握的手放开了。玛丽·艾伦感到父亲的灵魂正穿越她的身体。于是，他去了。

尾声：熙德将军继续驰骋疆场

像很多功成名就的人士那样，约翰·理查德·博伊德强烈关注事业而忽视了家人，他留下的遗产中涉及家人的部分是令人尴尬和羞于启齿的。

今天，玛丽、凯茜和杰夫仍然居住在德尔雷比奇的两居室公寓里。除了做劳务的帮工，没有外人走进过他们的家门。首先，玛丽说家里拥挤而杂乱，她无颜让别人进门。其次，杰夫养着蛇、狼蛛和昆虫。据杰夫说，他现在只养了一条 7 英尺的北美牛蛇和少量别的东西，但是说这话的时候，他低着头四下窥视，仿佛害怕被别人听到。玛丽担心杰夫养宠物的事传出去，会引来物业的干涉。友人不断劝她把杰夫撵走，但她实在没有勇气那么做。玛丽每月的社保金和养老金加起来，能拿到 1600 美元左右，她现在每天麻木地熬着，过一天算一天，唯一的担心是在她死后，凯茜和杰夫如何过活。

她的担心不无道理。凯茜的抑郁症已经加重，越来越与外面的世界隔离。她说自己被诊断为分裂情感性障碍，说耳朵里有指责和批评她的声音，说她多么差劲。她偶尔去看心理医生，但医生询问完她吃的抗抑郁药之后，就把她打发了。她每个星期在一家专收精神障碍者的机构工作 3 天。她不敢自己乘坐公共汽车，所以玛丽和杰夫轮流开车送她上班。她早已年过四旬，可是对父亲的怨恨丝毫未减。

杰夫在一个自然保护区打过零工。他说自己坚持原则、为人正直，让别人难以接受，所以丢了工作。他现在将近 40 岁，与凯茜一样深受抑郁的困扰。他不愿意服药。他说，已婚女人都认为他很有魅力，经常试图接近他，而他总是拒绝她们。他的文件夹里装满了蜘蛛、蛇、昆虫的各种素描，画得相当不赖。他本可以出售宠物赚钱，但是拒绝那样做。他每天花好几个小时横躺在母亲的床上煲电话粥。他说，玛丽对他的作用只是经济上的，而不是情感上的。

约翰·斯科特放弃了自己的姓氏，现在居住在加利福尼亚州，在一家计算机企业工作，闲时爱好组装摩托车。他的幼子名叫亚历山大，取自亚历山大大帝。约翰原打算给他起名亚历山大·"成吉思"，后来改为亚历山大·约翰，其中的"约翰"是为纪念父亲。他对父亲怀有强烈的仇恨，家人认为他可能不会参加父亲的葬礼。他来了，但恨意并未完全消除。现在，他对孩子的期望是让他成为一名空军战斗机飞行员。他有时引用父亲说过的话，偶尔也承认心里极度思念他。工作不顺心的时候，约翰会想起父亲的"正直和责任感"，获得前进的力量。

玛丽·艾伦以编写计算机手册为生，现住在华盛顿郊区。她是家里最年幼但是最坚强的孩子，打理着父亲房产的诸多事宜，并照看存放在匡蒂科的文稿和著作。她收藏了博伊德用过的电话通讯录，上面记着五角大楼与迪克·切尼住处之间的未公布的直拨电话号码。她的性格与父亲非常相似：直率坦白，极端诚实，有时爱喧闹。玛丽·艾伦已经离婚，她偶尔猜测，博伊德家族的遗传性抑郁性格会不会有一天出现在女儿瑞巴（Rebah）身上。

玛丽·艾伦和约翰·斯科特与父亲交恶多年，却都曾为加入军队做了努力。两人都没成功，玛丽·艾伦是因为过敏症，而约翰·斯科特则因为有少年犯罪记录。

斯蒂芬于 1998 年 6 月 3 日去世。他做完化疗后中风发作，和比尔叔叔一样死于呕吐带来的窒息。

再来说说博伊德的门徒们。他们仍然保持着不同寻常的特点，继续强势地影响着各自所在的世界。在某种程度上，他们是博伊德最宝贵的遗产。通过他们，博伊德的理论和思想保持着经久不灭的生命力。门徒们和几十位博伊德的老友们差不多每年在温斯洛·惠勒的西弗吉尼亚小屋举行博伊德周末聚会，他们在美味佳肴和觥筹交错中重温记忆，畅谈往日的轶事。

博伊德去世后，家人打算把他葬在老家伊利，但是博伊德的哥哥格里说博伊德本人曾希望长眠在阿灵顿国家公墓。玛丽和孩子们都很错愕，博伊德从未向他们提起阿灵顿，总是说想要在伊利湖上的维京式葬礼，可是格里态度坚决，玛丽·艾伦只好打电话求助克里斯蒂。"蒙混者"没有告诉她，阿灵顿公墓的空位极少，现在很难接收新的逝者安葬，他再次运用神通，为博伊德最后一次尽了朋友之道。

克里斯蒂现住在弗吉尼亚州维也纳市一座 30 年前他和妻子凯茜刚来华盛顿时买下的房子里。2001 年春，离退休时间还有一周，克里斯蒂接到乔治·布什政府代表打来的电话，请他担任五角大楼作战试验与评估办公室主任。这是军事"改革者"在20世纪80年代初奋力争取的职位。克里斯蒂接掌他过去参与推动设立的职位，这当中有令人啼笑皆非的讽刺意味，军事改革运动的成员们可谓心知肚明。

在接下来的若干年里，克里斯蒂的决策将对国防工业产生深远影响。在迈尔堡聚会的人们猜测着，哪一个克里斯蒂将胜出：十足的体制内人，还是"蒙混者"。但是，此时阿富汗战争打响了，他们的注意力转向了别处。在美国军方引导下，新闻媒体相信"捕食者"无人机是多年来最了不起的技术成就，它使指挥官能实时监控战场环境。克里斯蒂发表的报告指出，"捕食者"未经充分测试就仓促装备部队，可靠性差，机载监视相机存在严重问题。

皮埃尔·斯普雷把在五角大楼工作时的不苟且和不妥协精神带进设在马里兰州乡间的音乐录制工作室里。梅普尔谢德公司的座右铭是斯普雷构思的，即"不妥协的音乐"。他说这里制作的音乐是"严格以经验打造"的产品，即每一件录音器材都以耳朵的倾听来挑选，而不用数字或测试仪器。他没有混音台，不做原带配录、音频压缩、声音均衡和混响等——提高音效的把戏一个都不用。他录制的音乐采用纯模拟制式和双声道立体声，深受追求温暖、生动而纯粹音乐的人们的欣赏。他有忠实稳定的客户群，是高保真音响爱好者杂志里的偶像。

斯普雷的儿子约翰是听着自己因之得名的那个人的故事长大的。

现在，斯普雷基本不涉足防务领域的问题。一切都已成为历史。可是他在那个领域的天鹅之歌足以令他感到自豪：A-10"疣猪"攻击机投入战斗时的嘶鸣声，听起来就像博伊德的女武神之歌那样悦耳。美国空军的查尔斯·霍纳将军（General Charles Horner）原本不打算派"疣猪"到海湾去；它们廉价、丑陋、行动迟缓，而A-10飞行员却招摇地挂起标语："1000英尺以上全是笨蛋。"隐形轰炸机是海湾空中战争的新闻热点，然而A-10对战局演进的作用超过了其他飞机。伊拉克军队最惧怕这种他们称为"黑色死神"的飞机。伊拉克战俘说，其他飞机来了以后，迅速发起攻击，然后扬长而去，可是A-10会长时间徘徊在战场上空，飞行员发现目标，杀伤力强大的30毫米机炮立刻会向地面部队施以闻所未闻的毁灭性打击。霍纳将军说："我收回对A-10说过的全部不恭敬的评语，我爱它们，它们是我们的救星。"

海湾战争期间，有一天，斯普雷看到电视上播放一架A-10降落的画面，它满身弹孔，尾翼被打掉一半，机翼上是大得足可透视的窟窿。飞行员从浑身硝烟的飞机上爬出来，转过来对机身吻个不停。斯普雷笑了。目睹他参与设计的飞机成为战场上唯一在遭受如此重创之后，还能带着飞行员安全返航的飞机，是斯普雷一生中最快乐的时刻之一。

雷·利奥波德在摩托罗拉公司担任副总裁兼首席技术官，继续取得不凡成就。他是创造"铱星"卫星通信网络的3名工程师之一，也是技术与通信学术研讨会上的热门人物。利奥波德拥有26项美国专利，在大约50个国家已经拥有或正在申请专利。他是麻省理工学院的高级讲师，居住在亚利桑那州，并与其他门徒保持着密切联系。

博伊德病重卧床之际，富兰克林·"查克"·斯平尼在写给他的信中表示："我会尽全部力量，推进你教我从事的工作。"他实践了自己的诺言，留在五角大楼，成为博伊德思想的薪火继承者和坚定守护者。博伊德去世后，有关他的最精彩的文字之一——海军《海军学会志》杂志刊登的一篇名为《成吉思约翰》（Genghis John）的文章——就出自斯平尼之手。斯平尼以其一贯的直率和不妥协风格，继续战斗在战术航空分析组。他使用着博伊德原来的办公室，墙上挂满博伊德的格言和照片，这里已经被视为神圣的殿堂。斯平尼是美国政府部门里最受敬畏的 GS-15 级文职雇员，他的大名足以使国防承包商簌簌发抖。五角大楼已经放弃将他解职的打算，改为采取孤立他的政策：不理睬他，不给他任务，让他与同事隔离，或许他就会自动辞职。在他的办公室与几个年轻文员的办公室之间竖起了一面墙，称为"斯平尼墙"，目的是防止斯平尼带坏年轻人。他自从 1979 年以来就未见晋升，最后一次获得实质意义的职务是在 1989 年。他没有奖金或补贴，大部分时间用来撰写富有洞察力的文章，抨击他称为"大型绿色花钱机器"或"波托马克河上的凡尔赛宫"的五角大楼。斯平尼说这些文章是"毁灭性武器"，用电子邮件把它们发给有影响的政府人士和新闻媒体。这个在大学时代写作成绩并不怎么好的人，现在成了激情四射、有理有据的煽动家。他的"毁灭性武器"不仅在事实性和逻辑性上无懈可击（从未有人在重要事实上找出他的错误），而且在政府内部引发了变革。他使得 F/A-18 的机翼缺陷成为全国关注的问题，还是《华盛顿邮报》和《洛杉矶时报》高产专栏作者。斯平尼曾开玩笑地警告克里斯蒂，如果他不在作战试验与评估办公室认真干活，那么就要等着被他干掉。

作为目前在世的仅有的 3 个能够讲解《冲突的类型》简报的

人之一（另外两个人是切特·理查兹和皮埃尔·斯普雷），斯平尼有时会开车去匡蒂科为海军陆战队青年军官讲课。目前，他正与切特·理查兹编写解读材料，使博伊德的简报更加通俗易懂。他们想让博伊德最伟大的成果保持永远的生命力。

吉姆·伯顿，这个本来应该当上将军的人，搬进了弗吉尼亚州布尔山（Bull Mountain）下奥尔迪村（Aldie）的一座旧房子里。在他退职以后，美国国会命令陆军按他要求的方法完成了实弹测试。而且，国会要求陆军采纳他提出的十几项改进建议，不然将取消"布拉德利"战车项目。最后，国会颁布法案，要求所有武器系统都必须像"布拉德利"战车那样进行接近实战条件的测试。仅"布拉德利"战车的一项改进——在载员舱内增铺"凯夫拉"材料衬层——就在海湾战争中挽救了很多美军官兵的生命。伯顿赢得了对美国陆军的战斗，尽管这个胜利 3 年后才姗姗来迟。美国陆军的唐纳德·菲尔中将（Lieutenant General Donald Phil）在国会就实战测试一事做证时表示，美国陆军"接受了很大教训"，而"伯顿上校在推动我们走上正确道路方面起了主要作用"。

伯顿写了一本名为《五角大楼的战争》（*The Pentagon Wars*）的书，并被拍摄成由凯尔希·格兰莫（Kelsey Grammer）主演的电影，于 1998 年 2 月 28 日在 HBO 电影频道作为原创电影播放。书的后记部分重点记录了海湾战争中的失败，曾经单独发表在海军《海军学会志》杂志上。在这本书出版后的 8 个月里，陆军高级将领们纷纷写信对伯顿提出质问，伯顿利用他们信中的资料编写了一份关于美军在海湾战争中的失败的精彩简报。

搬到奥尔迪村后，伯顿十分痛心地看到高速经济开发对弗吉尼亚乡村自然风景的破坏。劳顿县（Laudoun）是弗吉尼亚州经济发展最快的县之一。伯顿主张控制开发的思想与部分居民不谋而合，于是他们邀请他参加角逐县政委员的竞选。"我愿意参加竞选，但我不会争取竞选经费，"他说，"我将不对任何人承担义务，你们凑够资金，我就参加。"他当选了，并且出色地实现了参加竞选时许下的诺言。有一个位列弗吉尼亚州最大富豪之一的开发商在伯顿面前挥着拳头说："我就是要修建房屋。你无论如何也阻止不了我，我可是个好战分子。"

伯顿无所畏惧地直视着他说："我已经有半年没好好打一仗了。我们走着瞧吧。"

几个月后，那个开发商从劳顿县撤出了。"这跟五角大楼里的游戏是一样的，"伯顿说，"只不过这里涉及的资金数目小一点。"

伯顿从博伊德那里得到的教导是，只要一个人行得正直，那么任何艰难困苦都不必放在眼里，总有办法抵达胜利的彼岸。"不论环境如何，无论形势看起来多么暗淡和阴郁，多么令人恐惧，出路总是存在的。"伯顿说，"这是一种屡试不爽的信念，它的源头可以追溯到博伊德机动战思想那里。"

迈克尔·怀利在缅因州皮茨菲尔德附近买下了一个农场种植葡萄，准备打造他心目中的"荒野葡萄园"。但是此时，他听说当地芭蕾舞团由于负债累累而濒临解散。董事会成员们成天喧闹不休，都企图为自家子女争抢主角位置，没有人关心舞团的正常运营。怀利自告奋勇地接掌了芭蕾舞团，召集詹姆斯·韦布、G. I. 威尔逊上校等十几个海军陆战队的老战友，把海军陆战队的思维理念灌输到芭蕾舞团的经营管理中，结果发生了天翻地覆的变化。今天，博索夫芭蕾舞剧院（Bossov Ballet Theater）已经是非凡成功的典范，《华尔街日报》甚至为这位管理芭蕾舞学校的退役海军陆战队上校做了头版报道。

怀利在博伊德逝世那年夏天举办了一场博伊德研讨会。博伊德的几十位友人不辞路途辛苦，来到缅因州进行了为期一周的聚会。2001 年初，正值剧团上演《灰姑娘》（Cinderella）的时候，怀利召开了剧团董事会，董事和顾问纷纷从遥远的加利福尼亚州和佐治亚州等地，来到缅因州中部这座小镇集合。演出结束后，怀利和朋友们来到酒吧。所有人共同起立，为约翰·博伊德上校干杯，向他致敬。

每天早晨起床的时候，怀利会问自己："我今天的作战重心是什么？"每当这个时候，他就会深深地怀念起自己身穿海军陆战队制服的美好时光。

30 年过去了，迈尔堡的星期三晚间聚会依然人气不减。如今参加聚会的很多人年事已高：G. I. 威尔逊、温斯洛·惠勒、吉姆·斯蒂文森（Jim Stevenson）、乔治·威尔逊、唐·范登格里夫（Don Vandergriff）、查克·迈尔斯、克里斯·扬克（Chris Yunker）、丹尼尔·穆尔（Daniel Moore）和格雷格·威尔科克斯（Greg Wilcox）。今天有人讥讽他们是冷眼向世的老人、麻烦制造者和反技术分子。但是，美国应该深深地感激这些人。外来访客中偶有见识的，在得知参加聚会者的背景后，都会肃然起敬地四下环顾，因为他们知道，自己正与鲜活的传奇人物在一起。好多个晚上，上百人聚集在这里，啤酒飞溅，笑语喧哗不绝于耳，他们谈论着旧时的故事，仿佛这些故事是他们第一次听说。2001 年，美国空军宣布将把 B-1

轰炸机约 93 架的机群规模削减至约 60 架。"博伊德早在 20 世纪 70 年代初就发出这一呼吁了。"有人追忆道。

博伊德的研究成果被近 300 种期刊、杂志和著作引用。他在科学与航空领域的遗产尽管始终没有得到承认，却有着经久不衰的典范作用。就他的贡献而言，博伊德完全有资格进入美国空军史册。他孤军奋战，引领了美国空军从过去注重高速平飞性能，到今天推崇高机动性能的转变。过去 30 年来美国战术空中力量的形成首先应归功于他：正是因为有了博伊德，美国空军的 F-15、F-16 和美国海军及海军陆战队的 F-18 才成为世界天空的主宰。当然，这一评价可能激怒那些自己没有什么建树的退役四星上将们，他们可能说博伊德不专业、不可靠，让美国空军蒙羞——只是个碰巧有点数学天赋的人，仅此而已。

博伊德的能量-机动理论对航空事业有以下四个影响：它为空中战术训练提供了定量基石；它彻底改变了战斗飞行的面貌；它提供了评估飞机机动性和制定空战战术的科学方法，使克服己方飞机的设计缺陷并抑制敌方飞机的优势成为可能；最后，它是现代战斗机设计的基本工具。

1991 年 5 月 6 日，《美国新闻与世界报道》（*U.S. News & World Report*）刊登关于在海湾战争中克敌制胜的创新性战术的文章。文章指出，约翰·博伊德、迈克尔·怀利和休巴·沃斯·德切格是该战术的缔造者。1998 年 1 月 4 日，《纽约时报杂志》（*New York Times Magazine*）出版了以《他们的人生》（*The Lives They Lived*）为主题的年刊，向最近去世的为社会做出杰出贡献的人们致敬，其中有一篇纪念博伊德的文章。

了解博伊德的军事理论的学者都同意他是 20 世纪主要的军事战略家之一，是唯一把时间作为其核心思想的战略家。他们的评价也就止步于此。然而，博伊德是自孙子以来最伟大的军事理论家。

军事理论学者可能对这个断言表示蔑视。冯·克劳塞维茨才是他们的最爱，尽管读过博伊德和冯·克劳塞维茨著作的人们都承认，博伊德揭示了冯·克劳塞维茨的重大理论缺陷。军事理论学者不愿将博伊德跟孙子相提并论的另一个原因是，他没有正式出版著作——尽管他的思想以口述的形式广泛传播，但他的作品仍然只在有限范围内流传（尽管流传范围不像某些专业刊物那么有限）。学者们之所以轻视博伊德，还因为他留给他们研究的文本太少。他们表示，由于博伊德的战略和战术从未接受批评和审查，他们很难将博伊德放到与孙子同样伟大的地位。学者们态度审慎，凡事喜欢讲究证据。将博伊德与孙子并称必须有不容置疑的、不可辩驳的证据，这个是令他们不安的问题。"这可不是随便说的。"他们常常在最后强辩说。

但是，随着岁月的流逝，切特·理查兹继续在大型企业界发表演讲，这一断言将为更多的人们所接受。理查兹——考虑到他数学专业博士和前情报军官的身份——对于博伊德的评价是相当与众不同的。他认为博伊德是从孙子开始，经过 16 世纪的日本武士宫本武藏，而后经过毛泽东，至今还在延伸的历史链条上最近的一个环节。理查兹表示，宫本武藏与博伊德的相似点很多：博伊德亮闪闪的战斗机就像武士涂了清漆的盔甲；两人都喜欢在战斗中一对一地单挑；两人都有在别人看来粗野不雅的个人习惯；两人都终身坚守严格的荣誉和自我牺牲的道德标准；两人都相信，如果能在战斗之前迷惑敌人，他们就可能不战而胜；两人都博览群书，在追求启悟的路途上忠贞不渝；两人都在有生之年声名显赫；两人都是出身斗士的教师，在身后留下了具有顽强生命力的作品。宫本武藏的作品是《五轮书》（*A Book of Five Rings*），博伊德则是 OODA 循环。OODA 循环由 5 个部分组成，循环本身是第五个部分。"博伊德就是过去所说的武士。"理查兹说。

现在已经有些研究生开始把博伊德作为研究论文的主题。切特·理查兹创建的两个网站每年访问量高达 30 万次，而且还在不断增加。

博伊德对自己职业生涯的关注，在程度上次于他对美国军人命运的关注，他们——用美国军方的话来说——是长矛的矛尖。他希望他们拥有能得到的最优秀的武器，无论是飞机还是坦克。那是他终生的事业。

博伊德使人们相信，他们能做到自己想也不敢想的事。在遇到博伊德之前，他们大部分为人正直、事业有成。他激发出他们身上的优秀潜质，让他们振作精神，焕发崭新面貌。博伊德的思想和研究成果并未消失，它仍在生生不息，就像墨渍的扩散，最初是孤立而隔阂的墨点，然后融合起来，不断汇成更大的共同知识库。有人说，博伊德已成为偶像人物，但是人们只要稍微了解今天的门徒、美国海军陆战队或者商业界对博伊德的理论日益兴起的应用，都不会认为他们是在从事偶像崇拜活动。

在对 2001 年 9 月 11 日世界贸易中心和五角大楼的袭击作初步报道之后，新闻记者们开始深入探索和发掘这场悲剧的深层意义。事件发生几个星期后，关于第四代战争的报道开始出现了。1989 年

10 月的《海军陆战队公报》上的文章也得以重见天日。写作于 10 多年前的这篇文章以令人震惊的准确性，预言了恐怖分子未来在美国的活动方式。《海军陆战队公报》在 2001 年 11 月重新刊登了这篇文章。一夜之间，G. I. 威尔逊上校成了人们心目中的预言家。

以博伊德为主题的某网站的日点击量突然间猛增至 1600 次，很多访客查阅 1989 年那篇文章。令人吃惊的是，许多访客来自正就如何应对恐怖袭击展开激烈争论的五角大楼里。部署 B-1 和 B-52 的对策意味着空军传统思维还在起作用，但是副总统迪克·切尼和国务卿科林·鲍威尔都呼吁采纳博伊德的思路。鲍威尔现身全国电视节目，介绍多路多方向突击策略和进入敌人决策循环的重要性。

副总统切尼对博伊德在军事历史上的地位有自己的看法。"我们现在又要用到他了，真希望他还活着。我很想让他对当前国防体制做一番调查分析，看一看他能提出什么解决思路。我们仍然一切以过去为依据。必须着眼于下个 100 年，而不是过去的 100 年。"

美国军方却不像切尼那么确信。

罗纳德·卡顿在博伊德的葬礼上致了催人泪下的悼词后，顺访了他所在选区的国会众议员乔治·内瑟克特（George Nethercutt），请他帮忙做一件事。卡顿希望美国空军以官方形式给博伊德表彰。卡顿现在是身家百万美元的财务顾问，也是选区的名流人物，如果他向众议员提出请求，十有八九会得偿所愿。美国空军最初的答复是，空军大学教官格兰特·哈蒙德正在写作关于博伊德的书，那足以代表对博伊德的认可。内瑟克特拒绝接受这个说法。终于，1999 年 9 月 17 日，美国空军在内利斯空军基地举行了博伊德会堂落成仪式，这座小楼与战斗机武器学校仅一街之隔。落成仪式的致词原定持续 20 分钟，但有个退役将军说，博伊德不够那个资格，下令把致词砍掉一半。同样是这名将军，几年前在互联网上看到本书的前言以后，给他的朋友发电子邮件，大肆诋毁博伊德，声称当年在战斗机武器学校，在模拟空战中"我不得不打得他屁股起火"。听到此话，认识他们两人的人们发出了嘲讽的哄笑。

战斗机武器学校现在改名了。由于它现在也接收 B-1、B-52 等轰炸机的飞行员，因此校名中的"战斗机"去掉了，只剩下"武器学校"。1999 年夏天，为庆祝建校 50 周年，美国空军出版了《美国空军武器评论》(*USAF Weapons Review*) 的特别版，其特刊文章以来自博伊德的《空中攻击研究》的《空战机动》(*Air Combat Maneuvering*) 为标题，但是没有提及他的名字。

在美国空军军官学校，高年级学员需要进修航空工程高级课程，所用的教材基本上是对能量-机动理论的阐释。博伊德的名字没出现在书中，讲授课程的教官也不提及博伊德的贡献。有人曾经对即将毕业学员做调查，结果没有一个学员知道约翰·博伊德上校是何方神圣。

美国陆军已经忘掉了某位将军在海湾战争期间，率领部队在沙漠里止步 3 天的历史，陆军骄傲地宣称奉行机动战理论。陆军还表示，博伊德与 20 世纪 70 年代末的条令改革没有任何关系，改革的构想来自陆军内部人士。

现在说到美国海军陆战队了。博伊德去世时，海军陆战队司令查尔斯·克鲁拉克在某防务杂志上发表了动人的纪念文章，表示博伊德是美国的海湾战争胜利的缔造者。他后来又有所补充，表示

"赢得战争的是机动战理论、决心和灵活的策略"。海军陆战队青年军官了解博伊德，读过他的作品。退役海军陆战队军官克里斯·扬克资助了每两年一次的博伊德研讨会，对博伊德的思想进行深入探讨。

设在匡蒂科的海军陆战队研究中心是一座红砖与玻璃混合结构的高大建筑，其风格颇受迈克尔·怀利的影响。当访客走进宽敞而通风良好的门厅，会看见矗立在其前方的是擦得簇新锃亮的两门黄铜大炮，墙上挂着神情严肃的海军陆战队将领像，还有自美国立国之初到现在的历次战争场面的画作。侧楼和会议室以著名的海军陆战队中将或上将的名字命名。在这个庄严神圣的殿堂里，保存着海军陆战队之所以成为美国最精锐作战部队的全部奥秘。它是海军陆战队斗士的纪念地。但是，访客的眼光迅速地掠过这一切，被左边那个最显眼的陈列物吸引了：一座穿着蓝色飞行服的人物塑像。塑像身后有一架 F-16 飞机模型。塑像的肩头是上校军衔的银鹰标志，右胸的名牌上用大写字体写着："约翰·博伊德"，他伸出双臂，托举着褪色的绿色封面的厚厚简报稿——《关于胜利与失败的对话》。

最后要说到的是宾夕法尼亚州的伊利市，那个博伊德年复一年地归来，探索灵魂重生和寻求认可的地方。在博伊德青少年时代的友人中，有五六个人看过《纽约时报》刊登的他的讣告。他们后来也许读过詹姆斯·法洛斯在《美国新闻与世界报道》上热情洋溢的颂词，甚至可能读过大卫·哈克沃思所写的广为传诵的悼文，为此而感到震惊。约翰·博伊德，这个与他们一起长大的伙伴，这个他们以为是大嗓门推销员的人，确实做了他说的那些事。他们长途跋涉到华盛顿参加悼念仪式，聆听罗纳德·卡顿和皮埃尔·斯普雷的悼词，为一个伊利孩子取得如此成就感到由衷自豪。

他们后悔太晚知道这一切。

林肯大街的房子几经转手，现在已经无人居住。尽管博伊德去世几年前，《伊利时报新闻》对他做了整版报道，尽管偶尔有人在报纸专栏里提到他的名字，这座城市却从未完全认识博伊德其人。伊利市内有一座纪念被历史学家忽视的斯特朗·文森特上校的雕像，伊利自豪于1812年战争中奥利弗·哈泽德·佩里曾搭乘此地建造的军舰作战。然而，伊利不知道她获得了最了不起成就的儿子，伊利的孩子们不认识约翰·博伊德。

毕竟，伊利始终是一座粗硬的城市。

附　录

博伊德为之困扰和长期思考的一个问题是，为什么是他，而不是其他受过良好教育的工程师提出了能量-机动理论。《毁灭与创造》是他为数不多的书面作品之一，是他分析自己的思考过程的产物，也是理解他的行为的心灵之窗。

毁灭与创造

约翰·R.博伊德
1976 年 9 月 3 日

摘　要

为了理解和应对我们的环境，我们建立起了意义的思维模式或概念。这篇文章的目的就在于概略地叙述我们是如何毁灭和重建这些模式，从而让我们在塑造环境的同时，也被不断变化着的环境所塑造。从这个意义上讲，这个讨论也确实表明，为什么我们如果要按照自己所处的条件生存，就不能不去毁灭和创新。毁灭与创造的活动在本质上是辩证的，既有条理，也有杂乱，表现为与不断变化和发展的被观察到的现实相对应的理念也会不断变化与发展。

对人类行为的研究表明，我们作为个体采取的行动与生存密切相关，更重要的是按照自己所处的条件生存。自然地，这个概念隐含着，我们应该能够相对自由和独立于任何削弱自身的外界影响，否则生存将是危险的。从这个意义上审视生存的本能，隐含着这样一层意思，即个人的基本目标和目的，是提高我们独立行动的能力。我们与他人合作或竞争的程度是由实现这个基本目标的需要来决定的。历史告诉我们，如果我们相信没有别人的帮助自己不可能独自去实现这个目标，那么我们将会同意限制我们个人的行动，以便集中集体的能力与智慧，如国家、公司、工会、黑手党等。这样一来，阻碍实现基本目标的障碍，要么可以被排除，要么可以被克服。另一方面，如果一个集团无法或不去克服那些对某些个人来说很重要的困难，这个集团就必须冒着失去这些个人的危险。在这种情况下，这些独立出去的个人可能解除与他们的关系，保持独立，组成一个他们自己的集团，或者加入另外一个相关的集团，以便提高他们独立行动的能力。

在一个资源与技巧有限的现实世界中，个人和团体在不断地排除或克服物质与社会环境的障碍时，将不断解除或重新形成他们合作或竞争的姿态。[11][13]从合作的角度来说，在技巧与智慧聚集的地方，排除或克服困难代表所有相关人员独立行动能力的提高。从竞争的角度来说，在个人或团体竞争稀有资源与能力的地方，一些个人与团体能力的提高，就限制了其他个人与团体能力的提高。自然地，现实世界存在短缺之处与努力去克服这种短缺的目标之间的矛盾状况，加剧了个人和团体与他们的物质与社会环境的斗争。[11][13]

在这样一种背景下，行动和决策变得至关重要。必须不断采取各种各样的行动，必须为了监测、确定与目标相符的行动而做出决策。为了做出这些及时的决策，我们必须对所观察到的现实形成观念，并且也能根据现实发生的变化，改变这些观念。这些观念就可以用作提高我们独立行动能力的决策模式。对确实影响我们生存的决策的需求使人不禁要问：我们如何能产生或创造一种能够助力决策的思想？

我们形成和运用理念有两种方法：一种方法是，我们可以从一个综合的整体出发，然后将它分成小块，或者我们从小块出发，直到形成一个整体。[28][24]用另外一种表达相同意思的说法就是，我们可以从一般到具体或者从具体到一般。归纳是从具体到一般，演绎是从一般到具体。按照这种思维方式，我们还能想到其他类似这种有两个对立方面的思维活动吗？分析不是从一般到具体的吗？分析的相反行为——综合——不是从具体到一般的吗？将所有这些放在一起，难道我们不能说，从一般到具体与演绎和分析相关，而从具体到一般与归纳和综合相关吗？现在，我们能想到一些同时符合这两对相对立概念的例子吗？我们不需要看得那么远。微分演算是从一般到具体——从函数到它的微分。因此，微分演算的使用或应用难道不与演绎和分析相关吗？积分演算则正好相反，是从导数到一般函数。因此，积分演算的使用和应用难道不与归纳和综合相关吗？总而言之，我们可以看出，从一般到具体与演绎、分析和微分有关，而从具体到一般，与归纳、综合和积分有关。

现在让我们把这两个相反的思维链放到脑海中，让我们换一个稍微有些不同的方向。想象一个领域（一个综合的整体）和它的组成部分，然后想象另外一个领域和它的组成部分，然后再想象一个领域和其组成部分。重复这个思维，我们能够想象任何领域和每个对应的部分。很自然地，在生活中，我们设计出了很多意义的概念（包括要素），用这些概念来代表被观察到的现实。难道我们没有可能将这些概念及其相关要素与我们想象中的领域和其组成部分相比吗？很自然地，我们会这么做。假设我们把每一个领域和概念与其组成部分的关系放到脑海里的各个角落，将这种联系保存在脑海中。换句话说，我们设想这些部分存在，但是假设与这些部分相关的以前的领域或概念并不存在。结果是，我们有许多组成部分或小块，在脑海里游弋。我们在意义与秩序方面是不确定的和无序的。此外，我们可以看到，这种对许多领域的非结构化或毁灭是与演绎、分析及区分相关的。我们把这种"非结构化"称为毁灭性的演绎。

面对这种无序与混乱，我们如何重建秩序与意义呢？回到从具体到一般这个思维链，想想产生思维的归纳、综合和合成，如果我们能找到一些组成部分，我们将会形成一些新的思维，重新回到从具体到从一般的思维链。很明显，这样一种综合表明，我们产生了一些与以前存在不同的新东西。回到我们的思维链，它表明创新与归纳、综合和合成相关，因为我们将没有整理的零散片段提高到一个新的一般模式或概念。我们称这样一种行动为创新性或建设性归纳。重要的是要注意，进行创新性归纳的很重要的和关键性的一步就是通过毁灭性的演绎，将这些零散的片段从原来的所属中分离出来。如果没有这种分离，就不会有新的结构产生，因为那些片段仍然是处在未受挑战的领域或概念内的意义，紧紧地联系在一起。

回忆一下，我们使用概念或理念来代表现实，因此以上所说的解体或重建表明一种改变我们现实感觉的途径。[28] 自然地，这个概念的言外之意是，新出现的思维与互动的方式必须是内在协调一致的，并且是符合现实的。[14][25] 为了测试或证实内在的协调一致，我们尝试追溯在建设性或创新性归纳中使用的原始材料。如果我们不能在相反的方向上成功，理念与它们的互动就不能在相反的方向上没有矛盾地融合，那么它们就不是内在协调一致的。然而，这并不意味着我们拒绝或抛弃整个结构。相反，我们应该明确区分那些似乎融合在一个连贯整体中的思维（部分）和互动与那些不融合的思维。为了完成这个任务，我们尝试用反向的方法来测试哪些思维和互动符合我们对现实的观察。[27][14][15] 使用那些通过了这个测试的思维和互动，并将它们与从新的毁灭性演绎方法而来的新思维，以及那些从最初的毁灭性演绎中跳脱出来的思维结合在一起，我们再次尝试去找到一些一般性特征、属性或作用，从而去重建概念，或创造一个新的概念。同时，我们还要进行可逆性和现实匹配性检测。毁灭与创造这个循环不断重复，直到我们证明内在的协调一致性，并与现实相符。[19][14][15]

当达到这种有序（和令人愉快的）状态时，概念就成为观念和相互作用的协调一致的方式，这些观念和相互作用可以用来描述被观察到的现实的某一个方面。这样，人们就不再感到需要另外的观念和相互作用，以补充、完善或修改这种概念了。[19] 相反，人们现在会把精力转向内部，对观念与相互作用进行微调，以提高其普遍性，并且使概念与现实更加精确地吻合。[19] 为达到这个目的，概念及其内在形成过程被反复以不同和微妙的方式进行测试，并与观察到的现象进行比较。[19] 这样一种不断重复和深入解释更加微妙的现实的努力意味着一种令人不安的结论，即模糊性、不确定性、不规则和明显的不连续性可能会扼杀概念寻求与观察到的现实进行更广泛和更精确吻合的机会。[19] 为什么我们会产生这样的想法呢？

我们认识到，一方面，从以前的观察和思维方式中得出的事实、感知、观念、印象和相互作用等联系在一起，创造出一个新的概念模式。另一方面，我们认为，现在更精确的观察，最终将会表现出多种或一种与以前不同的精确与细致的观察和思维方式。很明显，任何一种或者多种预期中的不同将提醒我们，在新的观察和对这些观察的预期概念的描述之间会有不相吻合现象。不同意这一点，就等于承认以前的要素和相互作用，会产生与任何一种新的要素和相互作用所产生的一模一样的合成体，而这种新的要素与相互作用已经显示出多种或一种不同的精确与细致。这就像承认一等于二。要避免这种令人不安的结果，就意味着我们应该预料到观察以及对这种观察进行的概念描述之间的不一致。这一点并不新鲜，已经被科特·哥德尔和维尔纳·海森堡的发现证实。

1931年，科特·哥德尔在数学与逻辑世界中掀起了一场革命。他发现无法将数学纳入任何一个单一的逻辑系统中。[12][13] 他首次证明了，任何一个包括整数算术的完备系统都是不完整的。换句讲，在这个系统中存在着无法从构成该系统的假设中推论出来的正确陈述或概念。之后，他证明，即使这个系统是完备的，他的完备性也不能在系统内被证明。

这样一个结果，并不表明证明一个系统的完备性是不可能的。它仅仅意味着，这样一个证明不能在系统内完成。事实上，在哥德尔之后，格哈德·根岑和其他人已经证明，算术中的完备性能够在算术之外的系统中得到实现。这样一来，哥德尔的证明间接地表明，要证明任何新系统的完备性，我们必须构建或开发它之外的一个系统。[29][27] 这个循环必须不断地重复进行，以便证明越来越复杂的系统的完备性。[29][27]

记住这一点之后，让我们看一看哥德尔的理论如何促使人们提高概念与观察到的现实之间一致性。为此，我们将考虑两种完备性：概念的完备性和观测到的现实与对现实的概念描述之间一致的完备性。从这个意义上来说，如果我们假设有一个完备的概念和完备的吻合（这是我们进行毁灭性的演绎与建设性的归纳的结果），我们应该看不到观察与概念描述之间有什么差别。然而，正如我们已经看到的那样，一方面，我们通过观察来形成或确立一个概念；另一方面，我们要使用概念去塑造下一步探索或观察的本质。循环往复，我们通过观察使概念变得更加精确，也通过概念使观察变得更加细致。在这种情况下，一个概念必然是不完整的，因为它的形成或确立是建立在我们一系列不断变化的观察之上的。同样，我们对现实的观察也必然是不完整的，因为我们依靠一个变化的概念，去形成或确立新的问题与观察的本质。因此，当我们不断用更加准确和细致的方式进行探索时，我们必须承认我们的观察与概念描述之间可能存在差异。因此，我们不能在一个系统的内部来确定这个系统的完备性，无论在概念上，还是在概念与观察到的现实之间的吻合上。

再说，就算被观察现象的精确和细致程度接近观察主体（他使用以概念形式存在的观念和相互作用进行观察）的精确和细致程度，这种完备性也难以确定。完备性的这个特点不仅被哥德尔所证实，也被海森堡的不确定性和模糊性原则所证实。

维尔纳·海森堡于 1927 年发现的测不准原理表明，一个人不可能同时准确判断或确定一个粒子或物体的位置与速度。[14][9] 具体来说，由于观察主体的存在和影响，速度不确定性与位置不确定性的乘积将等于或大于普朗克常量（一个很小的数字）与被观察的粒子或物体质量的商。也就是说，

$$\Delta V \Delta Q \geq h/m,$$

其中，

ΔV 代表速度不确定性，

ΔQ 代表位置不确定性，

h/m 是普朗克常量（h）与被观察物质量（m）的商。

海森堡原理的研究显示，当质量变得极小时，不确定性与模糊性就变得极大。那么，根据以上关系（在观察活动中），当客体现象的精确性很小（也即客体现象的质量很小），或者与主体现象的精确性（或主体现象的质量）相当时，不确定性值将与被观察物体速度与质量这两个参照系的数值一样大，甚至更大。[9] 换句话说，

当观察主体与被观察客体预期的区别开始消失时[3]，不确定性只将（大到足以）隐藏或掩盖被观察现象的活动方式，或者说，观察主体只会观察到变幻不定的或无常的活动。在这种情况下，不确定性值表明，我们无法在一个系统内部去确定这个系统的特性或本质。另一方面，当（观察活动中）客体现象的精确性远小于主体现象的精确性时，不确定性值也会大大小于被观察物体的速度和质量。[9]在这种情况下，系统的特性或本质就可以被确定（尽管这种确定并不精确），因为不确定性值（很小以至于）不会隐藏或掩盖被观察现象的活动方式，也不会表现出明显的变幻不定的行为。

鉴于海森堡原理其实是依赖于不确定的观察主体的存在及其影响[14]，我们可以明白——就像以上两个例子表明的那样，不确定性值的大小显示了观察主体对被观察主体的介入程度。当这种介入是完全（也就是说，当观察主体与被观察主体的区别消失）的时候[3]，不确定性值就表现出变幻不定的行为。当介入程度较低时，不确定性值不会隐藏或掩盖被观察现象的活动方式，也不会表现出明显的变幻不定的行为。换句话说，不确定性值不仅表明观察主体对被观察客体的介入程度，也表明观察主体观察到的混乱和无序程度。

混乱与无序也与熵的概念和热力学第二定律相关。[11][20]熵是一个代表工作和采取行动的潜在能力的概念，或者说是代表任何物理活动和信息活动中混乱与无序程度的概念。高熵意味着工作潜力小，采取行动能力低，或混乱与无序程度高。低熵意味着工作潜力大，采取行动的能力高，或混乱与无序程度低。考虑到这种情况，热力学第二定律指出，所有观察到的自然过程都产生熵。[20]从这条定律可以知道，在任何封闭的系统中，在任何无法从其他系统或环境中引入与这些系统或环境相一致的行动方式的系统中，熵必然会增加。[20] 因此，每当我们试图在这样一个系统——概念及其与现实的匹配——中工作或采取行动时，我们都应该预期到熵会增加，从而混乱与无序也会增加。自然地，这表明我们无法在一个系统内部去确定这个系统的特性与本质（一致性），因为这个系统正在不可逆转地向着更高的、尚无法知晓的混乱与无序发展。

多么有趣的结果！根据哥德尔的理论，一般来说，我们不能在一个抽象系统内部确定这个系统的一致性，因而也无法确定其特性或本质。根据海森堡的理论和热力学第二定律，任何这样做的努力都会导致混乱与无序。综合起来，这三个理论都在证明一个观点，即任何使概念与被观察到的现象更加一致的深入的、持续的努力只会适得其反。很自然地，在上述情况中，就像海森堡理论和热力学第二定律分别证明的那样，不确定性和无序会增加。或者说，我们可以预期，无法解释的、令人烦恼的模糊性、不确定性和不规则性，或明显的不一致性会越来越经常地出现。而且，除非有什么拯救的办法，否则我们可以预判混乱会增加，直到无序接近混沌——死亡。

幸好还有一条出路。记住了，就像之前所说的，我们可以通过毁灭性的演绎和建设性的归纳的思维活动来形成一个新概念。同时也要记住，为了进行这些辩证的思维活动，我们必须首先抛弃那些深深植根于我们意识中的僵化的概念模式，这应该不是很难，因为不断增加的混乱与无序已经让我们不信任任何模式。然后，我们必须找到一些普遍的特性、属性和方法，将零散的事实、感知、观念、印象、相互作用与观察等联系起来，从而形成一个可能代表真实世界的概念。最后，我们必须重复这个毁灭与创造的过程，直到我们获得一个能与现实相一致的概念。为了这样做，根据哥德尔、海森堡和热力学的第二定律，我们发现内部系统产生的混乱与无序能够通过走向外界和创造一个新系统而得到抵消。简单地说，一个更高、更宽泛和更普遍代表现实的概念可以减少不确定性及与之相关的混乱。

　　然而，当我们再一次转向内心，开始使用新概念——它具有自身的概念模式与相互作用——来更细致地把握现实世界的时候，我们会发现这一新概念及其与现实的一致性开始像以前的概念一样，走向自我毁灭之路。相应地，毁灭与创造的辩证循环又开始重复了。换句话说，如哥德尔证明非完备性那样，在向更高更广阶段发展时，构造、拆掉、重建、拆掉、重建是无止境的循环往复。在这一不断展开的戏剧中，熵增加、混乱加剧与熵降低、有序加强的循环似乎是某个控制机制的一部分，这个控制机制在驱使并规范着向更高水平、更广领域把握世界的毁灭与创造的循环过程。现在，将这一演绎与归纳行为与我们最初开始讨论的基本目标联系在一起，我相信我们已经发现一个"辩证的发动机"，它能建立一种个人和社会需要的决定和监控行动的决策模式，这些行动是为了提高他们的独自行动的能力。此外，既然这个发动机是为了满足以上基本目的与目标，这就说明，寻求这个目标本身似乎就构成了驱使并规范着向更高水平、更广领域把握世界的毁灭与创造的循环过程的控制机制的另一侧面。这样，在一个僵化或基本封闭的系统中，个人或组织似乎试图增强独立行动能力的努力就可能会产生朝着无规律和死亡方向发展的无秩序。另一方面，如前所述，由于系统的概念与被观察到的现实日益不符而产生的不断增加的无序将迫使该系统开放或陷入解体。解体或我们称为毁灭性的演绎逐步展开时，它将转而向创造性的归纳的方向发展，从而制止混乱与无序的趋势，以满足我们在追求目标过程中对于秩序的需要。然而，与之相反的是，熵的增加在使一个封闭的系统解体的同时，又产生一个新系统，以阻止无规则与死亡的发展。综上所述，与热力学第二定律相关的熵原理、个人与社会的基本目标，二者在推动和规范毁灭与创造、演绎与归纳方面，似乎形成了和谐的辩证统一体——我们将其描述为辩证性发动机。结果是一个不断变化与扩展的概念领域，与一个不断扩展与变化的被观察到的现实领域相对应。[28][27]如前所述，在决定采取行动或监控行动过程中，个体与社会使用这个概念作为决策模式，而决定采取行动或监控行动的目的是适应环境——或者提高独立行动能力。

参考文献：

1. Beveridge, W. I. B., *The Art of Scientific Investigation*, Vintage Books, Third Edition 1957.

2. Boyd, John R., "Destruction and Creation," 23 Mar 1976.

3. Brown, G. Spencer, *Laws of Form*, Julian Press, Inc. 1972.

4. Conant, James Bryant, *Two Modes of Thought*, Credo Perspectives, Simon and Schuster 1970.

5. DeBono, Edward, *New Think*, Avon Books 1971.

6. DeBono, Edward, *Lateral Thinking: Creativity Step by Step*,

Harper Colophon Books 1973.

7. Foster, David, *The Intelligent Universe*, Putnam 1975.

8. Fromm, Erich, *The Crisis of Psychoanalysis*, Fawcett Premier Books 1971.

9. Gamow, George, *Thirty Years that Shook Physics*, Anchor Books 1966.

10. Gardner, Howard, *The Quest for Mind*, Vintage Books 1974.

11. Georgescu-Roegen, Nicholas, *The Entropy Law and the Economic Process*, Harvard U. Press 1971.

12. Gödel, Kurt, "On Formally Undecidable Propositions of the Principia Mathematica and Related Systems," pages 3–38, *The Undecidable*, Raven Press 1965.

13. Heilbroner, Robert L., *An Inquiry into the Human Prospect*, Norton and Co. 1974.

14. Heisenberg, Werner, *Physics and Philosophy*, Harper Torchbooks 1962.

15. Heisenberg, Werner, *Across the Frontiers*, World Perspectives, Harper and Row 1974.

16. Hoyle, Fred, *Encounter with the Future*, Credo Perspectives, Simon and Schuster 1968.

17. Hoyle, Fred, *The New Face of Science*, Perspectives in Humanism, World Publishing Co. 1971.

18. Kramer, Edna E., *The Nature and Growth of Modern Mathematics*, Fawcett Premier Books 1974.

19. Kuhn, Thomas S., *The Structure of Scientific Revolutions*, University of Chicago Press 1970.

20. Layzer, David, *The Arrow of Time*, Scientific American, December 1975.

21. Levinson, Harry, *The Exceptional Executive*, Mentor Books 1971.

22. Maltz, Maxwell, *Psycho-Cybernetics*, Wilshire Book Co. 1971.

23. Nagel, Ernest, and Newman, James R., *Gödel's Proof*, New York U. Press 1958.

24. Osborne, Alex F., *Applied Imagination*, Scribners and Sons 1963.

25. Pearce, Joseph Chilton, *The Crack in the Cosmic Egg*, Pocket Book 1975.

26. Pearce, Joseph Chilton, *Exploring the Crack in the Cosmic Egg*, Pocket Book 1975.

27. Piaget, Jean, *Structuralism*, Harper Torchbooks 1971.

28. Polanyi, Michael, *Knowing and Being*, University of Chicago Press 1969.

29. Singh, Jagjit, *Great Ideas of Modern Mathematics: Their Nature and Use*, Dover 1959.

30. Skinner, B. F., *Beyond Freedom and Dignity*, Bantom / Vintage Books 1972.

31. Thompson, William Irwin, *At the Edge of History*, Harper Colophon Books 1972.

32. Thompson, William Irwin, *Evil and World Order*, World Perspective, Harper and Row 1976.

33. TsE-Tung, Mao, *Four Essays on China and World Communism*, Lancer Books 1972.

34. Waismann, Friedrich, *Introduction to Mathematical Thinking*, Harper Torchbooks 1959.

35. Watts, Alan, *The Book*, Vintage Books 1972.

36. Yukawa, Hideki, *Creativity and Intuition*, Kodansha International LTD 1973".

致　谢

　　我在写作过程中得到了众多人士的慷慨相助，这对作家来说是极为罕见的。这并非因为我善于交际或待人热情，而是因为约翰·博伊德曾燃起他们的炽烈情感，他们了解博伊德，希望有人以正确的方式讲述他的生平。

　　在本书写作过程中，我得以频繁且长期地接触博伊德的亲密战友和"门徒"们交流。与他们相遇后，我以往总试图与写作对象保持距离的习惯消失了。在我从事研究和创作这本书的两年多时间里，富兰克林·"查克"·斯平尼是我一有需求就去找的人，我向他致以最诚挚的感谢。"查克"·斯平尼、汤姆·克里斯蒂、皮埃尔·斯普雷、雷·利奥波德、吉姆·伯顿和迈克尔·怀利依然保持着 20 世纪 60、70 和 80 年代的火热情怀和理想主义精神。对于他们向我追述那些激情年代和他们友情的无数个小时的交谈，我将永远感激不尽。

　　玛丽·博伊德、凯茜·博伊德、杰夫·博伊德和约翰·斯科特·博伊德曾真诚坦率地与我讨论他们的家庭生活。对他们每个人来说，这往往是相当痛苦的过程。玛丽·艾伦·霍尔顿（Mary

Ellen Holton）作为博伊德的遗嘱执行人，在协助我获得他们家庭个人档案时提供了特别有用的帮助。

前美国副总统迪克·切尼先生在百忙之中拨冗接受了我的采访，充分说明博伊德这位老友在他心目中的崇高地位。切尼先生慷慨赐予的评论使本书平添了几分色彩。

在向我提供协助的几十位人士中，有几位必须特别加以说明。才华横溢的空军军官杰克·沙纳汉（Jack Shanahan）花几个月时间给我展示了美国空军历史、空军文化、军官考绩报告制度的秘密、复杂的空战过程以及空军生活的上百种细节。

格兰特·哈蒙德总是热情地与我分享他在 20 世纪 90 年代中期与博伊德相处的几百小时中收获的见闻和领悟。

弗农·斯普拉德林始终是空军战斗机武器学校在 20 世纪五六十年代集体回忆的象征性人物。他证明了人们的记忆并不会随着时间的流逝而褪色。

罗纳德·卡顿有着来自奔放不羁的青春岁月、优异服役的空军生涯和成功商务经历的丰富人生智慧。他的指导是我始终极其珍视的。

切特·理查兹从事有关博伊德思想应用于商业领域的咨询和教学工作。他以数学家所特有的敏锐的逻辑思维，帮助我避免了许多错误。

美国空军历史办公室的韦恩·汤姆森博士（Dr. Wayne Thompson）向我提供了大量外界闻所未闻的档案资料。

佐治亚理工学院的鲍勃·哈蒂（Bob Harty）、玛丽·麦克维（Marie Mcvay）、黛比·威廉姆森（Debbie Williamson）和凯茜·汤马吉科（Kathy Tomajko）等为书中有关博伊德在这所倍受敬仰的学院两年求学生活的章节提供了多角度和有深度的资料。我的朋友格雷迪·屈赛（Grady "Himself" Trasher）花几个小时的时间，向我介绍了 20 世纪 60 年代初在理工学院上学时的见闻。

吉姆·史蒂文森对各种飞机了如指掌，并与我分享了他的知识。

在大约 30 年里，每到星期三晚上，有一群人会相聚在与华盛顿特区隔河相望的迈尔堡军官俱乐部里。在美国其他地方很少能见到国家防务领域的传奇人物如此济济一堂的情况。因为他们，我总是精心安排访问华盛顿的行程，以确保每个星期三来到聚会现场的原因。

还有几句补充的话。

我有幸遇到了纽约州最优秀的作家代理人。威廉·莫里斯代理公司（William Morris Agency）的梅尔·博格（Mel Berger）为本书做了代理工作，他的工作效率极高。

本书讲述的是美国军事史上一个风云激荡的年代。为保证事实准确无误，书中提及的很多人士审读了部分或全部书稿。然而，书中如果出现任何错误，都将由我本人承担。

我在圣凯瑟琳斯岛（St. Catherines Island）上修改了书稿，那里有最好的写作环境，因此我永远对好友罗伊斯·海斯（Royce Hayes）抱有感激之情，他是佐治亚州沿海这个偏僻小岛的监管人。

最后，我要一如既往地对妻子珍妮·亚当斯（Jeannine Addams）致以最深的感恩之情。因为她，我的生活才与众不同。

来　源

本书内容主要来自下列来源及后面的部分参考文献。采访有时持续几分钟，有时持续数个小时。有的人士仅接受一次采访，有的则接受了几十次采访。采访通过电话、电子邮件或面对面交谈的方式完成。

下列的部分人士现已以上校或将军的军衔退出现役，但采访内容涉及事件发生时，他们还是中尉或上尉，因此为避免误解和混乱，我在这里省略了所有人士的军衔。

Arbuckle, Jack 杰克·阿巴克尔

Barshay, Donald 唐纳德·巴尔夏

Bellis, Ben 本·贝利斯

Booth, Jim 吉姆·布斯

Boyd, Jeffrey 杰弗里·博伊德

Boyd, Kathryn 凯瑟琳·博伊德

Boyd, Marion 玛丽昂·博伊德

Boyd, Mary 玛丽·博伊德

Greenwood, John 约翰·格林伍德

Grossman, Elaine 埃兰妮·格罗斯曼

Guild, Richard 理查德·吉尔德

Hallock, Dick 迪克·哈洛克

Hammond, Grant 格兰特·哈蒙德

Hillaker, Harry 哈里·希拉克

Holton, Mary Ellen 玛丽·艾伦·霍尔顿

Horner, Chuck 查克·霍纳

Hosmer, Bill 比尔·霍斯默

Ingvalson, Roger 罗杰·英格瓦尔森

Isham, Marty 玛蒂·艾莎姆

Jones, John C. 约翰·C.琼斯

Kan, Bobby 博比·简

Knox, Robert 罗伯特·诺克斯

Krulak, Charles 查尔斯·克鲁拉克

Leopold, Ray 雷·利奥波德

Maitland, Jock 乔克·梅特兰

Marshall, Michel 迈克尔·马歇尔

MacAlpine, James 詹姆斯·麦卡尔平

McDowell, Robert 罗伯特·麦克道尔

McGarvey, Michael 迈克·麦加维

McInerney, Thomas G. 托马斯·G.麦金纳尼

McKinney, Cindy 辛迪·麦金尼

Mogan, Bill 比尔·莫干

Moore, Daniel 丹尼尔·穆尔

Morrisey, John C. 约翰·C.莫里西

Morrison, Blake 布莱克·莫里森

Mortensen, Dan 丹·莫滕森

Moser, Dick 迪克·莫泽

Murphy, Charles 查尔斯·墨菲

Myers, Chuck 查克·迈尔斯

No Kum-Sok 卢今锡

Nordeen, Lon 朗·诺迪因

O'Donnell, John 约翰·奥唐纳

Persky, Arnold 阿诺德·珀斯基

Peterson, Douglas B. 道格拉斯·B.彼得森

Pettinato, Frank Jr. 小弗兰克·佩蒂纳托

Pyle, Joe Mike 乔·迈克·派尔

Raspberry, Everett 埃弗里特·拉斯贝里

Reichert, Chester 切斯特·赖克特

Riccioni, Everest 埃弗里斯特·里乔尼

Richards, Chet 切特·里查兹

Shanahan, Jack 杰克·沙纳汉

Smith, R. L. R.L.史密斯

Sparks, Bob 鲍勃·斯帕克斯

Speir, Bob 鲍勃·斯皮尔

Spinney, Alison 艾利森·斯平尼

Spinney, Franklin C. 富兰克林·C.斯平尼

Spradling, Vernon 弗农·斯普拉德林

Sprey, Pierre M. 皮埃尔·M. 斯普雷

Stevenson, James 詹姆斯·史蒂文森

Street, Frank 弗兰克·斯特里特

Stromgren, Ole 奥勒·斯特伦格伦

Tedeschi, Jim 吉姆·泰代斯基

Thompson, Jim 吉姆·汤普森

Thompson, Wayne 韦恩·汤普森

Titus, Robert 罗伯特·泰特斯

Toperczer, Istvan 伊斯特万·托佩切尔

Vandergriff, Donald 唐纳德·唐·范登格里夫

Vincent, Hal 哈尔·文森特

Wass de Czege, Huba 休巴·沃斯·德切格

Weinert, Charlie 查利·韦纳特

Whatley, James 詹姆斯·惠特利

Wheeler, Winslow 温斯洛·惠勒

Whitcomb, Darrel 达雷尔·惠特科姆

Williams, Lynn F. 林恩·F. 威廉姆斯

Wilman, Jane 简·维尔曼

Wilson, George 乔治·威尔逊

Wilson, G. I. G.I. 威尔逊

Winer, Ward O. 沃德·O. 维纳

Winters, John 约翰·温特斯

Wolford, Connie 康妮·沃尔福德

Woods, Bill 比尔·伍兹

Wyly, Mike 迈克尔·怀利

Yates, Dave 戴夫·耶茨

参考文献

Air Warfare Center. Office of History Headquarters. *A Brief History of the Nellis Air Force Range*. Nellis AFB, Nev., 1997.

——. *A Chronology of Nellis Air Force Base*. Nellis AFB, Nev., 1997.

——. *A Concise History of Nellis Air Force Base Nevada*. Nellis AFB, Nev., 1997.

Barnett, Correlli, ed. *Hitler's Generals*. New York: Quill / William Morrow, 1989.

Baugher, Joe. "General Dynamics F–111 History." August 9, 1999 Online posting. <http://www.F–111.net/JoeBaugher.htm>.

Berent, Mark. *Phantom Leader*. New York: Jove Books, 1992.

Beyond the Wild Blue. Written by Walter Boyne and John Honey. The History Channel. VHS.

Blesse, Frederick. "No Guts No Glory." *Fighter Weapons Newsletter* (March 1955).

Booth, Jim. "John Boyd: An American Patriot." *Erie Daily Times*

(July 4, 1994).

Boyd, John R. "A Discourse on Winning and Losing." Briefing. 1987.

———. "Air to Air Missile Analysis." Study. Circa 1968. Possession of Tom Christie.

———. "Fundamentals of Air-to-Air Combat." Briefing. 1965. Possession of Tom Christie.

———. "New Conception for Air-to-Air Combat." Briefing. August 4, 1976. Possession of Tom Christie.

———. U.S. *Air Force Oral History*. Interviewed by Jack Neufeld. Washington: Office of Air Force History, 1973.

———. U.S. *Air Force Oral History. Corona Ace Interview*. Interviewed by John N. Dick Jr. Maxwell AFB: Office of Air Force History, 1977.

Broughton, Jack. *Going Downtown*. New York: Orion Books, 1988.

———. *Thud Ridge*. New York: Bantam Books, 1985.

Burton, James G. "Desert Storm: A Different Look." Briefing. June 21, 1995.

———. *The Pentagon Wars*. Annapolis: Naval Institute Press, 1993.

Carter, Gregory A. "Some Historical Notes on Air Interdiction in Korea." Santa Monica, Calif.: The RAND Corporation, September 1966.

Casti, John L., and Werner DePauli. *Godel*. Cambridge: Perseus Publishing, 2000.

Clausewitz, Carl von. *On War*. Edited and translated by Michael Howard and Peter Paret. Princeton: Princeton University Press, 1976.

Coulam, Robert F. *Illusions of Choice*. Princeton: Princeton University Press, 1977.

Cowan, Jeffrey L. "From Air Force Fighter Pilot to Marine Corps Warfighting: Colonel John Boyd, His Theories on War, and Their Unexpected Legacy." Diss., United States Marine Corps Command and Staff College, 2000.

Creech, Wilbur L. U.S. *Air Force Oral History*. Interviewed by Hugh N. Ahmann. Maxwell AFB: Office of Air Force History, 1992.

Creveld, Martin Van. *The Transformation of War*. New York: The Free Press, 1991.

D'Amato, Martin J. "Vigilant Warrior: General Donn A. Starry's Air-Land Battle and How It Changed the Army." *Armour* (May / June 2000).

"Defense Technology." *The Economist* (June 10, 1995).

Dorfer, Ingemar. *Arms Deal*. New York: Praeger Publishers, 1983.

Dupuy, T. N. *A Genius For War*. Falls Church, Va.: Nova Publications, 1984.

Fadok, David S. John Boyd and John Warden: *Air Power's Quest for Strategic Paralysis*. Maxwell AFB, Ala.: Air University Press, 1995.

Fallows, James. "America's High-Tech Weaponry." *Atlantic Monthly* (May 1980).

——. "A Priceless Original." U.S. *News & World Report* (March

24, 1997): 9.

———. "I Fly with the Eagles." *Atlantic Monthly* (November 1981).

———. "MusclE–Bound Superpower." *Atlantic Monthly* (October 1979).

———. *National Defense*. New York: Random House, 1981.

Fastabend, David A. "That Elusive Operational Concept." *Army Magazine* (June 2001): 37–44.

FMFM- 1 Warfighting. Washington: U.S. Marine Corps, 1989.

Gabriel, Richard A. *Military Incompetence*. New York: Hill and Wang, 1985.

Gentry, Jerauld R. "Evolution of the F–16 Multinational Fighter." Research Report No. 163, Industrial College of the Armed Forces, 1976.

Goodwin, Jacob. *Brotherhood of Arms*. New York: Times Books, 1985.

Gordon, Michael R., and Bernard E. Trainor. *The Generals' War*. Boston: Little, Brown, 1995.

Gordon, Y. W. "Mission Bolo." *7th Air Force Working Paper 67 / 3* (February 1967). USAF History Support Office.

Gray, Colin S. *Modern Strategy*. Oxford: Oxford University Press, 1999.

Hackworth, David H. "Col. John R. Boyd: A Fighter on Many Fronts." *New York Times Magazine*. (January 4, 1998): 32.

Halberstam, David. *The Best and the Brightest*. New York: Ballantine, 1993.

Hammes, Thomas X. "Rethinking Air Interdiction." *Proceedings* (December 1987): 50–55.

Hanson, Victor Davis. *The Wars of the Ancient Greeks*. London: Cassell, 1999.

"Harry Hillaker: Father of the F–16." *Code One*. (July 1991). Fort Worth: General Dynamics.

"Harry Hillaker: Father of the F–16. Part II. " *Code One*. (July 1991). Fort Worth: General Dynamics.

Higgins, J. W. "Military Movements and Supply Lines as Comparative Interdiction Targets." Santa Monica, Calif.: RAND Corporation, July 1970.

Hooker, Richard D. Jr., ed. *Maneuver Warfare*. Novato, Calif.: Presidio Press, 1993.

Kaplan, Fred. "Beast of Battle." *Boston Globe Magazine* (July 21, 1991): 12.

Keaney, Thomas A., and Eliot A. Cohen. *Gulf War Air Power Survey*. Maxwell AFB, Ala.: Air University Press.

Keegan, John. *A History of Warfare*. New York: Alfred A. Knopf, 1993.

———. *The Face of Battle*. New York: Penguin, 1976.

Kofsky, Frank. *Harry S. Truman and the War Scare of 1948*. New York: St. Martin's Press, 1993.

Kross, Walter. *Military Reform*. Washington: National Defense University Press, 1985.

Krulak, Victor H. *First to Fight*. Annapolis: Naval Institute Press, 1999.

Leader, C. A. "Lambs to the Slaughter." *Marine Corps Gazette* (January 1982): 38–43.

Lind, William S. *Maneuver Warfare Handbook*. Boulder: Westview Press, 1985.

Lind, William S., et al. "The Changing Face of War: Into the Fourth Generation." *Marine Corps Gazette* (October 1989): 22–26.

——. *Maneuver Warfare*. Novato, Calif.: Presidio Press, 1993.

Llinares, Rich, and Chuck Lloyd. *Warfighters: The Story of the USAF Weapons School and the 57 th Wing*. Atglen, Pa.: Schiffer Military / Aviation History, 1996.

McKenzie, Kenneth F. Jr. "On the Verge of a New Era: The Marine Corps and Maneuver Warfare." *Marine Corps Gazette* (July 1993): 63–67.

McMaster, H. R. *Dereliction of Duty*. New York: Harper Perennial, 1998.

Millett, Allan R. *Semper Fidelis: A History of the United States Marine Corps*. New York: The Free Press, 1980.

Minutaglio, Bill. "Tales of the Fighter Mafia." *Dallas Life Magazine* (May 3, 1987).

Moore, Daniel E. Jr. "Bosnia, Tanks, and 'From the Sea.'" *Proceedings* (December 1994): 42–45.

Muller, Mary M. *A Town at Presque Isle: A Short History of Erie,*

Pennsylvania, to 1980. Erie: The Erie County Historical Society, 1997.

Murray, Williamson. *Air War in the Persian Gulf*. Baltimore: The Nautical & Aviation Publishing Company of America, 1995.

Musashi, Miyamoto. *A Book of Five Rings*. Woodstock, N.Y.: The Overlook Press, 1974.

Myrer, Anton. *Once An Eagle*. Carlisle, Pa.: Army War College Foundation Press, 1997.

Neufeld, Jacob. *The F–15 Eagle Origins and Development 1964 – 1972*. Washington: Office of Air Force History, 1974.

No Kum-Sok. *A MiG–15 to Freedom*. Jefferson, N.C.: McFarland & Company, 1996.

Operation Desert Storm Evaluation of the Air War. Washington: United States General Accounting Office, 1996.

O'Shaughnessy, Hugh. *Grenada*. New York: Dodd, Mead & Company, 1984.

Prados, John. *The Blood Road*. New York: John Wiley & Sons, Inc., 1999.

Richards, Chester W. "Agile Manufacturing: Beyond Lean?" *Production and Inventory Management Journal* (Second Quarter, 1996): 60–64.

——. *A Swift, Elusive Sword*. Washington: Center for Defense Information, 2001.

——. "Riding the Tiger: What You Really Do with OODA Loops." In *Handbook of Business Strategy*. New York: Faulkner & Gray, 1995.

Robinson, Clarence A. Jr. "USAF Studies Fighters for Dual-Role." *Aviation Week & Space Technology* (January 3, 1983): 36–40.

"Rollover Beethoven... Bail Out! Bail Out!" Lost Birds (Jan / March 1998): 13–16.

Romm, Joseph J. "The Gospel According to Sun Tzu." *Forbes* (December 9, 1991).

——. *The Once and Future Superpower*. New York: Morrow, 1992.

Salter, James. *The Hunters*. New York: Vintage International, 1999.

Schwarzkopf, H. Norman. *It Doesn't Take a Hero*. New York: Bantam Books, 1993.

Sherry, Michael S. *The Rise of American Air Power*. New Haven: Yale University Press, 1987.

Smallwood, William L. *Warthog*. Washington: Brassey's, 1993.

Smith, Hedrick. *The Power Game*. New York: Ballantine, 1988.

Smith, Perry McCoy. *The Air Force Plans for Peace 1943 – 1945*. Baltimore: The Johns Hopkins Press, 1970.

Spector, Ronald H. U.S. *Marines in Grenada 1983*. Washington: U.S. Marine Corps, 1987.

Spick, Mike. *The Ace Factor*. New York: Avon, 1988.

——. *The Complete Fighter Ace*. London: Greenhill Books, 1999.

Spinney, Franklin C. *Defense Facts of Life*. Boulder: Westview Press, 1985.

——. *Defense Power Games*. Washington: Fund for Constitutional Government, 1990.

———. "Genghis John." *Proceedings* (July 1997): 42–47.

Sprey, Pierre M. "Austere Weapons Systems." Briefing. Late 1960s.

———. "F–XX and VF–XX–Feasible High Performance, Low Cost Fighter Alternatives." Staff Study, Office of the Assistant Secretary of Defense, June 9, 1969.

Stevenson, James P. *The Pentagon Paradox*. Annapolis: Naval Institute Press, 1993.

Stevenson, William. *Zanek!* New York: Bantam Books, 1971.

Sun Tzu. *The Art of War*. Edited James Clavell. New York: Delacorte Press, 1983.

———. *The Art of War*. Translated by Samuel B. Griffith. London: Oxford University Press, 1963.

———. *The Art of War*. Translated by Thomas Cleary. Boston: Shambhala, 1988.

———. *The Art of Warfare*. Translated by Roger Ames. New York: Ballantine, 1993.

Taylor, Maxwell D. *The Uncertain Trumpet*. New York: Harper & Row, 1959.

Thomas, Robert M. Jr. "Col. John Boyd Is Dead at 70: Advanced Air Combat Tactics." *New York Times* (March 13, 1997): 22.

Thompson, Warren, and Joe Mizrahi. "Air War over Korea." *Airpower* (September 2000): 8–39.

Tilford, Earl H. Jr. *Setup: What the Air Force Did in Vietnam and Why*. Maxwell AFB, Ala.: Air University Press, 1991.

"The United States Strategic Bombing Survey." September 30, 1945.

Watts, Alan. Tao: *The Watercourse Way*. New York: Pantheon Books, 1957.

Watts, Barry D. *The Foundations of U.S. Air Doctrine*. Maxwell AFB, Ala.: Air University Press, 1984.

Webb, James. *Fields of Fire*. New York: Bantam Books, 1979.

Wells, Linton II. "Maneuver in Naval Warfare." *Proceedings* (December 1980): 34–41.

Williams, Michael D. *Acquisition for the 21st Century*. Washington: National Defense University Press, 1999.

Wilson, George C. *This War Really Matters*. Washington: CQ Press, 2000.

Wilson, G. I. "The Gulf War, Maneuver Warfare, and the Operational Air." *Marine Corps Gazette* (June 1991): 23–24.

———. "Maneuver / Fluid Warfare: A Review of the Concepts." *Marine Corps Gazette* (January 1982): 54–61.

Wilson, G. I. and W. A. Woods. "The Controversy: Attrition or Maneuver?" *The Word Publication Marine Corps Reserve Officer Association* (January–February 1984): 38–42.

Wolfe, Tom. The Right Stuff. New York: Farrar Straus Giroux, 1979.

Woods, William A. "A Reevaluation of Doctrine: Applying Infiltration Tactics to the Water-Borne Assault." Amphibious Warfare

School. Quantico, May 1,1981.

Worden, Mike. *Rise of the Fighter Generals*. Maxwell AFB, Ala.: Air University Press, 1998.